SVIZZERA

AUSTRIA

SLOVENIA

FRANCIA

**S0-BDQ-122**

TRENTINO-
ALTO
ADIGE

Cortina d'Ampezzo

FRIULI-
VENEZIA GIULIA

AOSTA
• Aosta

Trento

VENETO

Udine •
• Gorizia
Pordenone

• Novara
Milano •
Brescia •

Vicenza •
• Trieste

Vercelli •

Verona •
• Padova

*Burano*

Torino •

LOMBARDIA

*Murano*

• Asti

Venezia

PIEMONTE

Parma •

EMILIA-ROMAGNA

Genova •
Rapallo
Portofino

Bologna •

Ravenna •

**REPUBBLICA
DI SAN MARINO**

L I G U R I A

San Remo •

LE CINQUE
TERRE

La Spezia
Portovenere

• Pesaro

Pisa •
Firenze •

Urbino •

MARCHE

• Ancona

Livorno •

Città di Castello •

*Mare
Ligure*

Siena •

TOSCANA

• Gubbio
• Assisi
• Macerata

*Elba*

• Perugia

UMBRIA

• Ascoli Piceno

Orvieto •
Todi •

• Teramo

*Giglio*

• Spoleto

• Pescara

Terni •

*Corsica
(Francia)*

Civitavecchia •

L A Z I O

• L'Aquila

• Chieti

ABRUZZO

*Isole Tremiti*

**VATICANO**

• Roma

• Gargano

MOLISE

*Isola Maddalena*
*Isola Caprera*
*Costa Smeralda*

• Campobasso

Porto Torres •
• Sassari

Alghero •

CAMPANIA

P U G L I A

• Bari

Olbia •

Napoli •
▲ *Vesuvio*

• Nuoro

*Ischia*

Potenza •

• Alberobello

SARDEGNA

*Capri*

• Salerno

• Brindisi

BASILICATA

• Taranto

*Mare
Tirreno*

• Sibari

Cagliari •

Cosenza •

*Mare
Ligure*

*Ustica*

*Stromboli*
▲

• Crotone

0    50   100   150   200   250 Chilometri

*Isole Lipari*

C A L A B R I A

0        50        100        150 Miglia

Catanzaro •

Gioia Tauro •

*Isole Egadi*

Palermo •

• Locri

Cefalù •

Messina •

*Mare
Mediterraneo*

Reggio Calabria •

*Etna* ▲

*Mare
Ionio*

Taormina •

SICILIA

• Catania

AFRICA

• Agrigento

• Siracusa

*Mare Adriatico*

ALPI

DOLOMITI

Lago Maggiore

Lago di Como

Lago di Garda

•Milano

Po

Po

Adige

Venezia

*Golfo di Venezia*

Genova•

APPENNINI

*Golfo di Genova*

*Mare Ligure*

Firenze•

Arno

Elba

Lago Trasimeno

Lago di Bolsena

Tevere

Roma•

Liri

*Mare Tirreno*

SARDEGNA

Napoli•  ▲*Vesuvio*

*Ischia*

*Capri*

*Golfo di Napoli*

Bari•

*Mare Adriatico*

*Golfo di Taranto*

| 0 | 50 | 100 | 150 | 200 | 250 Chilometri |
|---|----|-----|-----|-----|----------------|
| 0 | 50 | | 100 | | 150 Miglia |

*Mare Mediterraneo*

Palermo•

SICILIA

*Etna* ▲

Messina•

*Stretto di Messina*

*Mare Ionio*

# PONTI
## ITALIANO TERZO MILLENNIO

### Intermediate Italian
Third Edition

ELISSA TOGNOZZI
University of California, Los Angeles

GIUSEPPE CAVATORTA
University of Arizona

HEINLE
CENGAGE Learning·

AUSTRALIA · BRAZIL · JAPAN · KOREA · MEXICO · SINGAPORE · SPAIN · UNITED KINGDOM · UNITED STATES

**Ponti: Italiano terzo millennio,
Third Edition**
**Elissa Tognozzi and Giuseppe Cavatorta**

VP, Editorial Director: PJ Boardman

Publisher: Beth Kramer

Executive Editor: Lara Semones

Assistant Editor: Patrick Brand

Assistant Editor: Cat Mooney

Editorial Assistant: Laura Kramer

Marketing Program Manager:
Caitlin Green

Senior Content Project Manager:
Aileen Mason

Senior Art Director: Linda Jurras

Manufacturing Planner: Betsy Donaghey

Rights Acquisition Specialist:
Mandy Groszko

Production Service: PreMediaGlobal

Text Designer: Alisa Aronson

Cover Designer: Anne Dauchy

Cover Image: (bridge) © Massimo
Dallaglio/Alamy; (film strip) ©iStock.com

Compositor: PreMediaGlobal

For product information and technology assistance, contact us at
**Cengage Learning Customer & Sales Support, 1-888-915-3276.**

For permission to use material from this text or product,
submit all requests online at **www.cengage.com/permissions**
Further permissions questions can be emailed to
**permissionrequest@cengage.com**

ISBN-13: 978-1-111-97003-1

ISBN-10: 1-111-97003-3

**Heinle**
20 Channel Center Street
Boston, MA 02210
USA

Cengage Learning is a leading provider of customized learning solutions with office locations around the globe, including Singapore, the United Kingdom, Australia, Mexico, Brazil and Japan. Locate your local office at **international.cengage.com/region**.

Cengage Learning products are represented in Canada by Nelson Education, Ltd.

For your course and learning solutions, visit **www.cengage.com**.

To find online supplements and other instructional support, please visit **www.cengagebrain.com**.

**Instructors:** Please visit **login.cengage.com** and log in to access instructor-specific resources.

Printed in the United States of America
2 3 4 5 6 7 19 18 17 16 15

# Contents

## CAPITOLO 1 · Italamerica?    2

*Per comunicare: Fare paragoni; discutere l'influsso dell'inglese sull'italiano; discutere l'influsso americano sull'Italia e l'influsso italiano sull'America; discutere tradizioni italiane associate al caffè*

## CAPITOLO 2 · Mito o realtà?    38

*Per comunicare: Narrare e descrivere avvenimenti nel passato; riassumere e discutere notizie attuali; parlare di riviste e giornali italiani*

## CAPITOLO 3 · Terra di vitelloni e casalinghe?    66

*Per comunicare: Indicare luoghi; discutere relazioni interpersonali; discutere problematiche legate ai ruoli dell'uomo e della donna*

## CAPITOLO 4 · O sole mio?    104

*Per comunicare: Fare richieste e suggerimenti; impartire ordini; parlare di musica e di musicisti*

## CAPITOLO 9 · Tutti in passerella?

*Per comunicare: Esprimere opinioni sulla moda e sull'abbigliamento; parlare di cose da far fare ad altri; chiedere e dare permesso; esprimere ipotesi*

## CAPITOLO 10 · Fortunato al gioco, sfortunato in amore?

*Per comunicare: Dare indicazioni; dare e ricevere istruzioni; parlare di vari tipi di giochi e passatempi; parlare in maniera impersonale*

*Per comunicare: Parlare di diversi generi di film; parlare di fumetti italiani moderni; raccontare il dialogo di un film; raccontare una conversazione*

*Per comunicare: Parlare dello stile di vita e delle abitudini degli italiani; parlare degli aspetti della vita quotidiana; affittare un appartamento in Italia; riconoscere e usare espressioni idiomatiche*

# Reference

## VERB APPENDIX

## VOCABOLARIO ITALIANO-INGLESE

## INDEX

# To the Student

*Ponti* is intended to bring today's Italy to you by offering an array of rich, culturally authentic materials. These materials provide a context for communicating both in and out of class on many themes, such as music, food, and relationships, as well as topics that include current social issues, such as immigration and technology. The text supplies structure, guidance, learning strategies, and opportunities for cultural exploration. In *Ponti*, oral activities move from controlled practice to improvisation using the language skills you have already acquired. Activities are designed to develop your skills in listening, speaking, reading, and writing in Italian and to offer meaningful opportunities to express yourself. *Ponti* consistently presents overviews of Italy—its places, customs, and people and their ways of doing things both at home and around the world. Opportunities to compare and contrast Italian culture with your own will help you refine your understanding of the similarities and differences between the two.

The following tips are designed to help you get the most from your study of Italian.

- READ the information in the Program Components to familiarize yourself with the chapter organization and the many Web resources available to you.

- COMMUNICATION is your ultimate goal. Take every opportunity to participate orally in class.

- STUDY on a daily basis and do all assigned homework. Coming to class prepared will make the time spent in class most effective.

- FOCUS when listening, reading, or viewing the **Cinema ponti** videos, on getting the information asked of you instead of worrying about trying to comprehend every word. Use context or visual clues to help you understand and be alert to cultural information provided. You will find that you gradually understand more and more easily.

- WATCH **Cinema ponti's** authentic clips or short films and do the pre-viewing, viewing, and extension activities to increase comprehension, pronunciation, fluency, and cultural awareness.

- USE the various program components, especially the Student Activities Manual, to practice and reinforce what you learn in class.

- DO the activities on the Student website to practice and reinforce what you study as you progress through each chapter. The activities and exercises serve as review material for elementary structures and for new material. They can help you prepare for tests because they include vocabulary and grammar practice with immediate correction.

Finally, we hope that you will approach your study of Italian as an adventure, with a willingness to make mistakes, laugh at yourself, and try new things.

ELISSA TOGNOZZI
GIUSEPPE CAVATORTA

# Program Components

 **Student Activities Manual (SAM)**

The SAM is designed to reinforce the structures and vocabulary presented in the text and to provide guided practice in the reading, writing, listening, and speaking skills needed for communicating in Italian. Varied vocabulary and grammar exercises in the Workbook section include guided exercises as well as personalized practice, open-ended questions, and illustration-based activities. The activities in the Lab Manual section provide pronunciation practice and explanation of the differences between Italian and English sounds, exercises designed to practice responding to oral cues, and practice that helps develop listening-comprehension skills. The accompanying SAM Audio CD program contains the listening activities in the Lab Manual section. A new Video Manual section provides short situational scenes for each chapter that support chapter themes, vocabulary, and grammar.

 **Video**

The *Ponti* video contains twelve short situational vignettes related to the chapter themes in the text. They include scenes such as an invitation, ordering at a restaurant, shopping, apartment hunting, making wedding plans, and reliving traditions. The video segments are included on the Premium Website, accompanied by comprehension exercises that include responding to oral questions or cues.

 **In-Text Audio Program**

Available in CD format and as MP3 files on the Student Website, the in-text audio contains the pronunciation of words and phrases in the chapter **Lessico** lists and end-of-chapter **Dizionarietto**. The audio for each chapter also includes the two **Radio ponti** listening-comprehension activities. Varied announcements, ads, news reports, and conversations are designed to help you apply different listening strategies as you develop your listening skills.

**Student Website**

The Student Website offers interactive grammar and vocabulary quizzes and flashcard exercises that further practice chapter vocabulary and grammar. The site also includes **Internet Café** Web Search Activities, which introduce you to the cultural topics that are explored in the textbook chapters. It also includes review of first-year grammar basics in Chapters 1–8 (**Ripasso di grammatica elementare**), Chapters 9–12 (**Ripasso di grammatica** with extra self-correcting exercises for the structures covered in those chapters), and Writing Tips (**Errori comuni**) for each chapter. A passkey-protected section contains MP4 files of the video, MP3 files of the in-text audio, MP3 files of the SAM audio, and a brand new set of Italian grammar tutorials offering a comprehensive presentation of Italian grammar.

 **Heinle eSAM powered by Quia®**

This electronic version of the Student Activities Manual contains the same content as the printed SAM in an interactive environment that provides immediate feedback on many activities. The audio associated with the Lab Manual section of the SAM is included.

See the Instructor's Edition for further information and for resources available for instructors.

# Acknowledgments

Many people have worked hard to bring this text to its third edition and they have earned our heartfelt thanks. We would like to acknowledge the Heinle editorial team: Beth Kramer, Publisher; Lara Semones, Executive Editor; Patrick Brand, Assistant Editor; and Laura Kramer, Editorial Assistant, for their critical support in developing a forward-looking, innovative third edition. We also thank the design, art, and production staff, particularly Senior Art Director Linda Jurras and Senior Content Project Manager, Aileen Mason, for their innovative and creative contributions. We would also like to thank the production team at PreMedia Global: Kathleen Allain, Julie Caruso, and Jennifer Wagner, whose day-to-day coordination of the project was invaluable. Finally, we would especially like to thank Veruska Cantelli for her help with **Cinema ponti** and Christine Cervoni at Camelot Editorial Services, for her careful eye and helpful guidance that helped bring this project to fruition.

Special thanks also goes to Anna Minardi, Dartmouth College, who has worked with us since the first edition. Her contributions as "another set of eyes" have been many and varied. In addition to her careful reviews of the text and her insights into the exercises and activities, she has helped to reinforce the foundations of activities and exercises throughout the book.

We would like to thank the many people who have contributed to the supplementary website materials:

**Revision of the testing program:** Cristina Villa, University of Southern California

**Web quizzes:** Lillyrose Veneziano Broccia, University of Pennsylvania

**Web Search activities:** Evelina Badery Anderson, The University of Montana – Missoula

**PowerPoint presentations:** Borbala Gaspar, University of Arizona

Veruska Cantelli for copy edit, native read, and her invaluable help with permissions on this volume

The authors would like to thank the many users of the second edition whose comments and feedback have helped shape this new edition, and, in particular, the following reviewers who generously shared their recommendations for improving the program.

CLAUDIO CONCIN, City College of San Francisco

JESSICA GREENFIELD, University of North Texas

CATHERINE SAMA, University of Rhode Island

LILLYROSE VENEZIANO BROCCIA, University of Pennsylvania

EVELINA BADERY ANDERSON, The University of Montana-Missoula

ENRICO CESARETTI, University of Virginia

SIMONETTA MAY, Pasadena City College

JANICE ASKI, The Ohio State University

BEATRICE D'ARPA, University of Arizona

MARIA ENRICO, Borough of Manhattan Community College

VICTORIA SURLIUGA, Texas Tech University

DENISE CATERINACCI, Case Western Reserve University

DANIELA CUNICO DAL PRA, University of North Carolina at Charlotte

SANTA ZANCHETTIN, Muhlenberg College

LIONEL CHAN, New York University

ANTONELLA BASSI, University of California, Davis

ANNA ROCCA, Salem State University

NICOLETTA TINOZZI MEHRMAND, University of California, Riverside

RITA D'AMICO, Pasadena City College

CINZIA NOBLE, Brigham Young University

To my son, Anthony

E.T.

Ai miei

G.C.

# PONTI

# Italamerica?

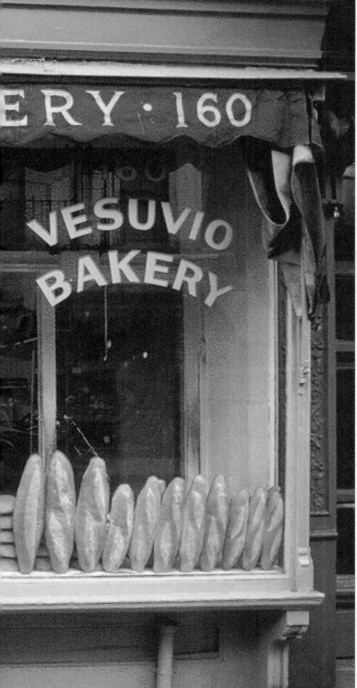

## Per comunicare

- Fare paragoni
- Discutere l'influsso dell'inglese sull'italiano
- Discutere l'influsso americano sull'Italia e l'influsso italiano sull'America
- Discutere tradizioni italiane associate al caffè

### INTERNET CAFÉ

**INDIRIZZO:** www.cengage.com/italian/ponti

**ATTIVITÀ:** La nostalgia comincia dalla pancia... per fortuna che c'è McDonald's!

**IN CLASSE:** Stampa una pagina del sito di McDonald's Italia dedicata ad un prodotto o ad una strategia pubblicitaria che ti ha colpito per essere diversa dai prodotti o strategie dei McDonald's del tuo Paese. Portala in classe, descrivila ai compagni e spiega la ragione per cui pensi che McDonald's l'abbia scelta per la sua campagna pubblicitaria italiana.

 Web Search Activity

**RESOURCES**  Audio  Web  SAM Workbook

© Ambient Images Inc./Alamy

◀ Un tocco d'Italia in una panetteria newyorkese

# Ponti sul primo anno

In this section you will be able to do a quick assessment of grammar structures that you learned in your first year of elementary Italian. Once you have completed the exercises, you can check your answers in the answer key found on the *Ponti* website: www.cengage. com/italian/ponti. If you miss more than three questions, we suggest that you refer to the grammar review and self-correcting exercises found on the *Ponti* website.

**A** **Articoli determinativi e indeterminativi.** Inserisci l'articolo corretto.

**Articolo indeterminativo**

1. _____ stereotipo
2. _____ paninoteca
3. _____ ristorante
4. _____ freccia
5. _____ caffè

**Articolo determinativo**

1. _____ sottotitoli
2. _____ internet
3. _____ piazza
4. _____ cibo
5. _____ automobili

**B** **Il genere.** Cambia le parole dal singolare al plurale.

1. trattoria _____
2. gelato _____
3. caffè _____
4. amico _____
5. slogan _____

6. fabbrica _____
7. carne _____
8. aereo _____
9. negozio _____
10. disco _____

**C** **Ancora gli articoli.** Completa l'esercizio con la forma corretta dell'articolo indeterminativo o determinativo.

Sicuramente sono molti _____ influssi americani evidenti nella cultura italiana. Nel cinema, per esempio, _____ genere dove si respira _____ evidente aria americana è quello degli Spaghetti Western, molto popolare negli anni sessanta e settanta. _____ mondo dei «cowboys» ha sempre affascinato _____ italiani. Questi film sono stati girati (*were filmed*) soprattutto in Sardegna e in Abruzzo e _____ attori principali erano spesso affiancati da attori non professionisti. Alcuni di questi film sono diventati dei veri e propri cult. _____ regista più famoso di Spaghetti Western è sicuramente Sergio Leone e _____ film che nessuno può dimenticare è, senza dubbio, *Il buono, il brutto e il cattivo* con Clint Eastwood. _____ successo di questi film ha costretto (*forced*) _____ produttori e _____ registi americani a tenere in considerazione _____ stile di questi film e a modificare lo stile classico e _____ trama dei film americani alla John Ford. Questo è quello che succede normalmente quando due culture si incontrano: _____ arricchimento per entrambe le parti.

## Italamerica?

IN ITALIA IL GRANDE BOOM verso l'americanizzazione nasce intorno agli anni '40 e '50. In questo periodo i cinema italiani proiettano° centinaia di film che, dal western al dramma, presentano una civiltà di grandi sentimenti, di successo e sempre all'avanguardia in tutti i campi°. Il fascino per l'America è testimoniato° anche dalla musica e dal cinema italiani* che, tra il serio e il faceto°, ironizzano° sulla mania degli italiani verso lo stile di vita degli Stati Uniti.

*show*

*fields / è... is manifested / tra... half-jokingly / they speak ironically*

In confronto ad altri Paesi europei, gli italiani e la lingua italiana sembrano più aperti ad una «contaminazione», specialmente quando arrivi dagli Stati Uniti.

*Primi*

**Lasagna al Forno** 15.75
Homemade baked meat lasagna with tomato sauce

**Spaghetti alle Vongole Veraci** 18.75
Seafood spaghetti with fresh clams, in a white wine and garlic sauce

**Ravioli di Zucca** 15.75
Homemade butternut squash-filled ravioli, brown butter parmesan and sage

**Penne alla Boscaiola** 16.75
Penne pasta, mushrooms, Italian sausage and tomato cream sauce

**Pappardelle al Pesto e Fagiolini** 16.75
Home made pappardelle pasta, with fresh basil pesto and green beans

Tra esotismo e praticità: nomi dei piatti in italiano, ingredienti in inglese.

L'esplosione tecnologica, inoltre, ha portato ad un continuo incremento di termini inglesi nella pubblicità e nella vita di tutti i giorni. Ma anche lo stile di vita sembra in parte adeguarsi° a quello americano: dall'introduzione di numerosi fast food alla cena davanti alla televisione invece del tradizionale pasto a tavola tutti insieme. Perfino la recente introduzione della festa di Halloween ha avuto enorme successo nelle grandi città, che di giorno in giorno acquistano un aspetto sempre più americaneggiante°.

*to adapt*

*American style*

A questo si aggiunge la novità di alcuni negozi aperti anche la domenica e di molti altri che sono passati all'orario continuato°, adattandosi così ad un modello dominato dalle leggi del consumismo°.

*orario... continuous business hours / consumerism*

**«PRANZOALSOLE»**
Tra i neologismi coniati da Filippo Tommaso Marinetti per sostituire vocaboli stranieri: «polibibita» invece di cocktail, «pranzoalsole» per picnic, «traidue» per sandwich (*Futurismo I, Cult*, 21).

Ma dobbiamo anche riconoscere che l'Italia ha contribuito a modificare alcuni aspetti della vita degli altri Paesi, esportando soprattutto la propria immagine culinaria e quella della moda. Pizzerie e ristoranti italiani in primo luogo, ma anche il grande successo delle gelaterie italiane e dei caffè (si pensi al fenomeno Starbuck's), portano un po' dei sapori° italiani fuori dalla penisola, mentre gli stilisti italiani continuano a godere di un illimitato successo.

*flavors*

---

\* Pensa alla canzone «Tu vuo' fa' l'americano» di Renato Carosone e a film quali *Un americano a Roma* con Alberto Sordi.

### DOMANDE

1. Oltre al cinema, quali possono essere altre ragioni dell'influsso degli Stati Uniti sull'Italia?

2. Le pubblicità che vedi alla televisione usano a volte la lingua di altri Paesi? Quali possono essere le ragioni per cui lo fanno?

3. Conosci film o programmi televisivi che parlano dell'Italia o degli italiani all'estero? Quali immagini offrono dell'Italia, degli italiani o degli italiani all'estero?

4. Quali sono alcune parole inglesi che si usano in Italia? Quali sono parole di altre lingue che si usano comunemente in inglese?

5. In base a quanto presentato dall'attività Web, ti sembra che i fast food italiani siano influenzati dall'ambiente italiano? In che modo?

# Lessico

Jamies Estrin/The New York Times/Redux

CD 1
2-3

## INFLUSSI CULTURALI

| | |
|---|---|
| americaneggiante (*adj.*) | *American style* |
| americanizzato/a | *Americanized* |
| appropriarsi | *to appropriate* |
| il caffè | *coffee* |
| il caffè corretto | *coffee with liqueur* |
| il caffè macchiato | *coffee with a dash of milk* |
| il caffè ristretto | *strong coffee* |
| il campo | *field* |
| il consumismo | *consumerism* |
| contraddistinguere | *to mark, to distinguish* |
| da asporto / da portar via | *take-out* |
| il doppiaggio | *movie dubbing* |
| il doppiatore/ la doppiatrice | *dubber* |
| essere a disagio / sentirsi a disagio | *to be uncomfortable* |
| essere a posto | *to be fine, to be in order* |
| essere a proprio agio / sentirsi a proprio agio | *to be at ease* |
| fare concorrenza a | *to compete with (in business)* |
| l'influsso | *influence* |
| l'interprete (*m./f.*) | *interpreter* |
| italianizzato/a | *Italianized* |
| la paninoteca / la paninería | *sandwich shop* |
| la pizza al taglio | *pizza by the slice* |
| lo scambio culturale | *cultural exchange* |
| i sottotitoli | *subtitles* |
| lo stereotipo | *stereotype* |
| straniero/a | *foreign* |

## L'INGLESE NELL'ITALIANO*

| | |
|---|---|
| il/la babysitter | il bambinaio/ la bambinaia |
| il best-seller | |
| il boom | l'esplosione |
| il club | il circolo |
| l'email (*m./f.*) | la posta elettronica** |
| il fax | il facsimile |
| il fast food | |
| il film | la pellicola cinematografica |
| il garage | l'autorimessa |
| l'hi-tech | la tecnologia avanzata |
| l'Internet | |
| il meeting | la riunione |
| OK | va bene |
| il/la partner | il compagno/ la compagna |
| il popcorn | |
| lo shock | il trauma |
| lo shopping | le spese |
| il/la single | lo scapolo / la nubile |
| lo slogan | il motto pubblicitario / politico |
| lo smog | l'inquinamento |
| il test | l'esame di laboratorio |
| trendy | alla moda |
| l'UFO | l'oggetto volante non identificato |
| il Web | la Rete |
| il weekend | il fine settimana |

\* Le parole italiane di questa sezione possono essere usate anche se spesso sono preferite quelle di origine straniera.

\*\* Ancora oggi si discute se email sia maschile o femminile. Gli autori, in linea con alcuni tra i più autorevoli vocabolari di lingua italiana hanno deciso di appoggiare la forma maschile della parola. Nell'italiano parlato la forma che sembra essere di moda è femminile, ma si basa sull'italianizzazione del vocabolo inglese: «la mail» per «l'email».

## PRATICA

**A Insieme al cinema.** Completa il brano con le seguenti parole in modo appropriato.

Coca-Cola      garage      film (2v.)      computer      skateboard
UFO            email       OK              doppiatori     sottotitoli

*Marco e Giorgio hanno deciso di andare insieme al cinema a guardare un _____ con John Travolta. Marco voleva invitare anche Sandra ma il telefono era sempre occupato; allora ha deciso di mandarle un _____ dal suo nuovo _____. Intanto Giorgio era andato a prendere la macchina in _____ e quando Marco ha finito di scrivere sono partiti. Quando sono arrivati al cinema Sandra era lì che li aspettava.*

**Giorgio:** Ciao Sandra, come hai fatto ad arrivare così presto?

**Sandra:** Appena ho ricevuto il messaggio di Marco sono scesa e con il mio _____ ci sono voluti solo cinque minuti per arrivare qui.

**Marco:** Bene! Sono contento che tu sia qui, e sono sicuro che ti divertirai. John Travolta è bravissimo! Questa volta è la storia di un pilota della Delta che ha un incontro ravvicinato con un _____ che viene da un pianeta lontano.

**Sandra:** Mah, non lo so. I vostri gusti sono diversi dai miei. Speriamo bene. Io preferisco i film in lingua originale.

**Giorgio:** A me piacciono quelli in italiano. I _____ italiani sono molto bravi e l'ultima volta che ho visto un _____ in lingua originale, invece di gustarmelo, ho passato le due ore a leggere i _____.

**Marco:** _____. Ora basta con le discussioni. Volete qualcosa prima di entrare? Io prendo un po' di popcorn e una lattina di _____.

**Sandra:** Per me niente, grazie.

**Giorgio:** Anch'io sono a posto.

**B Una lingua unica?** A coppie, ricreate una breve conversazione tra un padre/una madre e suo figlio/sua figlia, ricordando che il genitore è un professore/una professoressa d'italiano e preferisce usare solo termini italiani mentre il figlio/la figlia utilizza molte parole straniere facendo spesso arrabbiare il genitore.

**ESEMPIO**

**Genitore:** Cosa hai fatto oggi?

**Figlia:** Sono andata a fare shopping con le amiche.

**Genitore:** Fare le spese! Quante volte devo dirti di parlare correttamente in italiano?

**Figlia:** Ma dai! La lingua di oggi è diversa...

**Genitore:** Capisco per parole che non hanno un equivalente italiano come skateboard, ma...

**C Una città cosmopolita?** Abbiamo visto che l'Italia è aperta alle suggestioni del mondo americano e, a poco a poco, comincia a cambiare in alcuni aspetti, come per esempio l'apertura di fast food. Con un compagno/una compagna, verificate se il vostro Paese sia aperto o meno agli influssi esterni. In caso affermativo, in quali campi e verso quali culture? Poi parlatene con la classe e identificate almeno una cultura che non vi sembra ben rappresentata nella vostra città.

| Tipo di cultura | Influssi evidenti |
| --- | --- |
| italiana | |
| francese | |
| africana | |
| araba | |

**D Le nostre parole.** Pensa a due o tre parole relative all'argomento di questo capitolo che ti sembrano importanti e che non sono presenti nella sezione lessicale. Possono essere parole dall'attività Web, parole contenute nella lettura iniziale o semplicemente parole che ti servono per comunicare meglio. Cercale sul dizionario e presentale in classe spiegando il loro significato in italiano.

**ESEMPIO**

> *Come si dice «whipped cream» in italiano? Si dice «panna montata»!*

Poi, in classe:

> *La panna montata è bianca e dolce. Normalmente la mettiamo sulle torte o sulle fragole. Attenzione che in italiano non si dice «crema» ma «panna».*

Poi scrivi le parole che tutti pensano siano importanti nel *Dizionarietto* alla fine del capitolo.

*Radio ponti*

Throughout the *Radio ponti* activities, pay attention to context or the type of text you will listen to: Is it an announcement, an advertisement, a conversation, a debate, a telephone message? This will help you identify the purpose for listening and the type of language you will hear. Also review the questions in the post-listening activity to help focus your listening on key words and phrases.

🔊 CD1 4 **A** **Halloween in Italia.** Ascolta un annuncio su una festa in strada e completa le seguenti frasi scegliendo tra le possibilità offerte.

1. In Italia, per Halloween, i bambini dicono _____ alle persone che gli aprono la porta.
   a. «dolcetto o scherzetto»
   b. «trick or treat»
   c. «da porta a porta»

2. La strada dove si tiene la festa sarà _____.
   a. aperta al traffico
   b. chiusa ad auto e scooter
   c. aperta solo per gli scooter

3. L'ingresso alla casa stregata (*the haunted house*) è _____.
   a. solo per i bambini
   b. libero
   c. in piazza

🔊 CD1 5 **B** **Gelati che passione!** Ascolta una pubblicità radiofonica e decidi se le seguenti informazioni sono vere o false.

|  | Vero | Falso |
|---|---|---|
| 1. C'è molta gente per strada. | _____ | _____ |
| 2. Ci sono quasi 45 gradi. | _____ | _____ |
| 3. Questi gelati non sono artigianali. | _____ | _____ |
| 4. La gelateria della nonna offre 100 gusti differenti di gelato. | _____ | _____ |

Practice Quizzes, Flashcards

SAM Workbook Activities

## Tutta l'Italia fa slurp

### LA STORIA

Courtesy Sammontana  Courtesy Sammontana

Il carretto nella comunicazione

All'inizio del secolo in una latteria[1] di Empoli Romeo Bagnoli si guadagnò un'ottima reputazione per il gelato che produceva. Per farlo più buono usava un latte di prima qualità proveniente da una fattoria[2] vicina che si chiamava Sammontana, e che finì con il dare il nome alla gelateria e poi all'azienda[3] che nacque. Da lì ebbe inizio la storia di quella che oggi è una delle realtà più importanti sul panorama nazionale per la produzione del gelato.

Una storia fatta di scelte lungimiranti[4] ed all'avanguardia come l'acquisto di nuovi macchinari all'estero[5], un rapporto stretto con i venditori e soprattutto, per primi assoluti, la proposta di mettere i primi banchi frigo nei bar.

Così negli anni '50 Sammontana si trasforma da una realtà artigianale[6] in un'industria, che da locale diviene rapidamente nazionale, iniziando ad operare con successo in tutta Italia. Nascono poi in rapida successione i prodotti che hanno costruito la fama del gelato Sammontana e che sono ancora grandi successi di vendita: Barattolino, Coppa Oro e Stecco Ducale, il primo stecco estruso lanciato sul mercato italiano.

1. *dairy shop*  •  2. *farm*  •  3. *business*  •  4. *forward-looking*  •  5. *abroad*  •  6. *home-made production*

### PRATICA

**A Tutta l'Italia fa slurp.** Il gelato è sicuramente un prodotto che porta il nome dell'Italia fuori dai propri confini. In tutto il mondo, infatti, si cerca di imitare il gusto inconfondibile del gelato italiano. Sammontana, un'importante industria gelatiera, pubblicizza i suoi gelati con slogan spesso innovativi. Ora leggi la storia del gelato Sammontana e decidi se le informazioni sono vere o false.

| | Vero | Falso | Dato non fornito |
|---|---|---|---|
| 1. Sammontana fa gelati dagli anni Cinquanta. | | | |
| 2. Si chiama Sammontana per il nome della fattoria da cui il proprietario comprava il latte. | | | |
| 3. Hanno comprato macchinari per produrre il gelato anche all'estero. | | | |
| 4. Sammontana produce anche torte. | | | |
| 5. Sono stati i primi a pensare di mettere i banchi frigo nei bar. | | | |
| 6. Nei gelati Sammontana c'è un ingrediente segreto. | | | |
| 7. Dagli anni Cinquanta, da attività artigianale diventa una vera e propria azienda nazionale. | | | |

**B L'Italia all'estero.** Con un compagno/una compagna, fate una lista di alcuni prodotti italiani che sono pubblicizzati nel vostro paese. Poi descrivetene uno, tenendo in considerazione soprattutto il modo in cui viene presentato. Quali caratteristiche italiane vengono enfatizzate? La pubblicità usa stereotipi? Perché vi sembra efficace?

**C Una pubblicità.** Dovete creare la pubblicità televisiva di un prodotto del vostro Paese da vendere in Italia. Volete usare una giusta miscela di lingua italiana, per lanciare il messaggio, e di lingua inglese, per mettere l'accento sulla sua provenienza. In gruppi di tre, pensate alla breve descrizione del prodotto in italiano e ad una frase ad effetto in inglese. Poi pensate alla realizzazione grafica della vostra pubblicità e ad ogni particolare che potrebbe funzionare per il vostro prodotto.

descrizione del prodotto

slogan in inglese

|  | GRAFICA | | |
|---|---|---|---|
|  | Sì | No | Perché / Quale |
| Volete usare un modello famoso/una modella famosa? |  |  |  |
| Volete usare una canzone per aiutarvi a lanciare il prodotto? |  |  |  |
| C'è un altro prodotto a cui dovete fare concorrenza? |  |  |  |

# Grammatica

## I IL COMPARATIVO

The comparative form is used to compare qualities or attributes of people, things, ideas, or actions. There are three types of comparisons:

- **il comparativo di maggioranza** (*more than*)
- **il comparativo di minoranza** (*less than, fewer than*)
- **il comparativo di uguaglianza** (*equal to, as … as*)

### A Il comparativo di maggioranza e di minoranza

Comparisons of inequality are expressed using **più… di / più… che** (*more than*) and **meno… di / meno… che** (*less than, fewer than*).

**1** **Più... di** and **meno... di** are used

    **a.** when comparing people or things in terms of a quality (adjective) or a possession or attribute (noun).

| La California è più grande **dell'Italia.*** | *California is bigger **than Italy**.* |
| La Danimarca ha meno **abitanti dell'Italia**. | *Denmark has fewer **inhabitants than Italy**.* |

    **b.** when one noun is attributed to two or more people or things.

| Hanno più giorni di festa **di noi**. | *They have more holidays **than we have**.* |

    **c.** with stressed pronouns.

| Maurizio beve più caffè **di me**. | *Maurizio drinks more coffee **than I drink**.* |

    **d.** before **quanto** and **quel che**. **Quanto** can be followed by the indicative or the subjunctive. **Quel che** is followed by the subjunctive.

| Gli italiani mangiano **più** hamburger **di quanto pensassi**. | |
| Gli italiani mangiano **più** hamburger **di quanto pensavo**. | *Italians eat **more** hamburgers **than I thought**.* |
| Lucio Dalla fa **meno** concerti **di quel che pensiate**. | *Lucio Dalla gives **fewer** concerts **than you think**.* |

    **e.** before a number.

| Teresa ha **più di quattro** amici italiani. | *Teresa has **more than four** Italian friends.* |

**2** **Più... che** and **meno... che** are used

    **a.** when comparing qualities (adjectives) or attributes (nouns) of a single person, place, or thing.

| Grazia è **più intelligente che ricca**! | *Grazia is **more intelligent than (she is) wealthy**!* |
| Il gelato italiano è fatto con **più frutta fresca che frutta surgelata**. | *Italian ice cream is made with **more fresh fruit than frozen fruit**.* |

    **b.** before an infinitive.

| È più economico comprare **che affittare un telefonino**. | *It's cheaper to buy a cell phone **than to rent one**.* |

    **c.** before a preposition + noun or stressed pronoun.

| È stato più divertente per **Anna che per me**. | *It was more fun for **Anna than for me**.* |

---

\* When the preposition **di** precedes an article, they combine to form a contracted preposition.

## Il comparativo di uguaglianza

Comparisons of equality express equivalence in qualities, attributes, or actions using (**così**)… **come** or (**tanto**)… **quanto.** In both expressions, the first comparative term can be omitted.

Lucia è **tanto** intelligente **quanto** Riccardo.

Lucia è intelligente **quanto** Riccardo.

*Lucia is **as** intelligent **as** Richard.*

**1** **Così… come** is used with adjectives, verbs, adverbs, and pronouns when comparing people or things. It is invariable.

Roma è (**così**) **grande come** Sydney? (*adjective*)

*Is Rome **as big as** Sydney?*

Gli americani si vestono (**così**) **bene come gli italiani**? (*adverb*)

*Do Americans dress **as well as Italians**?*

**2** **Tanto… quanto** may also be used with adjectives, verbs, adverbs, and pronouns.

Quel film era (**tanto**) **brutto quanto** pensavamo. (*adjective*)

*That film was **as bad as** we thought.*

Cucina (**tanto**) **bene quanto** uno chef. (*adverb*)

*He cooks **as well as** a chef.*

Loro vanno in Italia (**tanto**) **quanto te**? (*pronoun*)

*Do they go to Italy **as much as you do**?*

Gli italiani **viaggiano** (**tanto**) **quanto** gli americani? (*verb*)

*Do Italians **travel as much as** Americans?*

Note that unlike **così… come, tanto… quanto** can also be used with nouns. When used with a noun, **tanto… quanto** agrees in gender and number with the noun it modifies.*

Gli italiani comprano **tanti televisori quanti telefonini**?

*Do Italians buy **as many television sets as they do cell phones**?*

Gli italiani esportano **tanto olio quanta pasta**.

*Italians export **as much oil as pasta**.*

---

* When there is only one noun compared in the sentence, the form of **quanto** may agree with that noun or remain masculine singular. **Esempio:** Gli italiani comprano **tante macchine quanto / quante** i canadesi.

## PRATICA

**A Geografie a confronto.** Completa le seguenti frasi con la forma corretta del comparativo e della preposizione articolata quando necessaria.

1. L'Italia è _____ piccola _____ Stati Uniti. (maggioranza)

2. L'Australia è _____ vasta _____ popolata. (maggioranza)

3. L'acqua dell'oceano Atlantico è _____ fredda _____ quella del Pacifico. (minoranza)

4. Venezia è _____ bella _____ interessante. (uguaglianza)

5. Piazza Navona ha _____ fontane _____ Piazza del Campo. (maggioranza)

6. Londra è _____ bella _____ Parigi. (uguaglianza)

7. Gli Appennini sono _____ alti _____ Alpi. (minoranza)

8. Milano ha _____ ristoranti etnici _____ altre città. (maggioranza)

**B Al bar italiano.** Completa le seguenti frasi con la forma corretta del comparativo e della preposizione articolata quando necessaria.

1. Il caffè italiano ha _____ acqua _____ caffè americano. (minoranza)

2. I turisti bevono _____ cappuccini _____ caffelatte. (maggioranza)

3. Gli italiani possono bere un caffè in _____ _____ trenta secondi. (minoranza)

4. Nel bar ci sono _____ paste _____ panini. (uguaglianza)

5. Si ordinano _____ paste _____ gelati. (minoranza)

6. Andare al bar è _____ divertente _____ quanto pensassi. (maggioranza)

7. Il Florian è un bar _____ interessante _____ accogliente. (uguaglianza)

8. Quel bar è aperto _____ ore _____ quella trattoria. (maggioranza)

**C Come un animale?** Spesso le caratterische di persone vengono paragonate a quelle di animali. Pensa ad alcune espressioni nella tua lingua che si riferiscono agli animali. Poi, a coppie, provate ad indovinare quali di questi animali completano l'espressione idiomatica italiana. Scegliete risposte che sembrano logiche e provate a spiegare la ragione per almeno tre di loro. Non tutte le espressioni corrispondono all'inglese.

| cane | cavallo | gallina | leone | | lepre (*hare*) | mosca (*fly*) |
| mulo (*mule*) | pesce | uccellino | tartaruga (*turtle*) | toro (*bull*) | volpe (*fox*) |

1. Mi sento come un _____ fuor d'acqua.

2. Lei mangia (così) poco come un _____.

3. Sei tanto veloce quanto una _____.

4. È veramente lento come una _____.

5. Sei testardo come un _____.

6. Sono furbi come una _____.

7. Siete tanto coraggiosi quanto un _____.

8. È noioso come una _____.

**D Due città.** A coppie, paragonate una grande città del vostro Paese ad una grande città italiana. Considerate i seguenti elementi.

**ESEMPIO**

> inquinata
>
> **St. 1:** San Francisco è più inquinata di Milano.
>
> **St. 2:** Secondo me, invece, San Francisco è tanto inquinata quanto Milano.
>
>     *o* Sono d'accordo…

| | | | |
|---|---|---|---|
| 1. popolata | 3. caotica | 5. vecchia | 7. divertente |
| 2. industriale | 4. tranquilla | 6. ricca | 8. vivace |

**E Il cinema.** A coppie, formate delle frasi complete usando il comparativo pensando alle caratteristiche e alle differenze che contraddistinguono il cinema italiano e quello americano. Uno studente crea delle frasi e il compagno/la compagna dirà se è d'accordo o no. Fate attenzione alla forma del verbo e all'uso di **di** o **che**.

**ESEMPIO**

> il cinema italiano / avere / messaggi politici / messaggi religiosi
>
> **St. 1:** Il cinema italiano ha più messaggi politici che messaggi religiosi.
>
> **St. 2:** Hai ragione…
>
>     *o* Non sono d'accordo. Il cinema italiano ha tanti messaggi politici quanti messaggi religiosi.

1. gli attori italiani / essere / pagati / gli attori americani

2. i film italiani / presentare / trame (*plot*) realistiche / trame fantascientifiche

3. nel cinema americano / esserci / film romantici / film politici

4. i registi italiani / essere / capaci / i registi americani

5. in Italia / esserci / teatri all'aperto / sale cinematografiche

6. i personaggi dei film americani / essere / sentimentali / i personaggi dei film italiani

7. gli scenografi italiani / essere / bravi / gli scenografi americani

8. nelle colonne sonore (*soundtracks*) americane / esserci / musica moderna / musica classica

 **F Amici di origine italiana.** Paragona te stesso/a ad un tuo amico/una tua amica italo-americano/a, italo-canadese, italo-australiano/a, se ne hai. Se non hai nessun amico/nessuna amica di origine italiana, paragonati ad una persona della tua famiglia. Scrivi otto affermazioni e poi leggile al tuo compagno/alla tua compagna che dopo potrà farti delle domande e chiederti di giustificare le tue affermazioni.

**ESEMPIO**

> **St. 1:** Il mio amico è molto meno sensibile di me.
>
> **St. 2:** In che senso è meno sensibile di te?

**G Chi è il migliore artista?** In gruppi di quattro, pensate ad un personaggio famoso. Quindi cominciate a descriverlo ad alta voce per gli altri gruppi (per esempio: ha i capelli lunghi, porta sempre i jeans, ecc.) e chiedete agli altri di disegnare il personaggio che state descrivendo. Alla fine della descrizione rivelate il nome del vostro personaggio e discutete le differenze che ci sono tra l'originale ed i disegni dei compagni (per esempio: Brad Pitt è più bello dell'uomo nel disegno di Chris; Brad Pitt ha i capelli meno lunghi dell'uomo nel disegno di Mary, ecc.).

Practice Quizzes, Flashcards

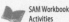
SAM Workbook Activities

## II IL SUPERLATIVO

Superlatives can be either relative or absolute.

### A Il superlativo relativo*

**1** The relative superlative expresses the ultimate degree of a particular quality (*the most, the least, the ... -est*) compared to that of other people or things. It is formed using the definite article and an adjective with **più** or **meno**. When the superlative immediately follows the noun, the definite article is not repeated.

| | |
|---|---|
| La vita italiana è **la meno** frenetica dei Paesi europei. | *Italian life is **the least** hectic of any European country.* |
| Il vino **più** bevuto dai toscani è il Chianti. | *The wine **most** commonly drunk by Tuscans is Chianti.* |

**2** Sometimes the relative superlative is used with varying forms of **tutto**.

| | |
|---|---|
| È lo scrittore più famoso di **tutti**. | *He's the greatest author of **all**.* |
| Quella è la pasta più venduta di **tutte**. | *That pasta is the most widely sold of **all**.* |

**3** If the adjective is one that ordinarily precedes the noun, it does so in this construction as well.

| | |
|---|---|
| Piazza del Campo è **la più bella** piazza **d'**Italia. | *Piazza del Campo is **the most beautiful** piazza **in** Italy.* |
| La Fiat è **la più vecchia** fabbrica **di** automobili italiane. | *Fiat is **the oldest** Italian car factory.* |

---

\* When the **superlativo relativo** is followed by **che**, it requires the subjunctive: **è il più bel libro che abbia mai letto**. (See **Capitolo 8**, p. 257.)

## B Il superlativo assoluto

The absolute superlative expresses the highest possible degree of a quality, independent of comparisons.

**1** The absolute superlative is expressed by adding the suffix **-ssimo/a/i/e** to the masculine plural form of an adjective. Like all adjectives, the superlative agrees in gender and number with the noun it modifies.

| | |
|---|---|
| Ornella Muti è una **bravissima** attrice. | *Ornella Muti is a **great** actress.* |
| Alcuni attori americani sono **ricchissimi.*** | *Some American actors are **very rich**.* |

**2** Adjectives that ordinarily have only two forms (**triste, tristi**) have four possible forms when modified by the suffix **-ssimo/a/i/e**.

| | |
|---|---|
| *Nuovomondo* è un film **tristissimo**. | *The Golden Door is a **very sad** film.* |
| Una delle protagoniste nel film *Nuovomondo* è **elegantissima**. | *One of the protagonists in the film* The Golden Door *is **very elegant**.* |

**3** Adverbs are invariable and use only the masculine singular form (**-issimo**) after dropping the final vowel. This form cannot be used with adverbs ending in -mente. In some cases, however, the two forms can be combined: **lento → lentissima → lentissimamente**.

| | |
|---|---|
| Jovanotti canta **benissimo**. | *Jovanotti sings **very well**.* |
| Maria sta **malissimo**. | *Maria is **very ill**.* |
| La lettera è arrivata **rapidissimamente**. | *The letter arrived **extremely quickly**.* |

**4** The absolute superlative can also be expressed by using adverbs like **molto, assai, decisamente, incredibilmente**, or **estremamente** to intensify an adjective. The adverb takes the place of **-ssimo** and is not used in conjunction with it.

Alcuni italiani considerano la presenza di fast food in Italia **molto** offensiva.

*Some Italians consider the presence of fast-food restaurants in Italy **very** offensive.*

ImagesBazaar/Jupiter Images

— Come ti è sembrato il concerto?
— Bellissimo! Anzi, strabello!

---

*** Because the masculine plural form of **ricco** is **ricchi**, when forming the superlative, the **h** is retained.

**5** The prefixes **ultra-**, **stra-**, **extra-**, **sovr(a)-**, **super-**, and **iper-** added to an adjective create an absolute superlative. As with many prefixes, there is no rule to apply in deciding which prefix to use; you have to learn by using the forms.

| | |
|---|---|
| Il pendolino è un treno italiano **superveloce**. | The Pendolino is an **extremely fast** Italian train. |
| Durante i mesi estivi, il treno è spesso **sovraffollato**. | During the summer months, the train is often **overcrowded**. |

**6** The absolute superlative may also be expressed by repeating an adjective.

| | |
|---|---|
| Quella mozzarella è **fresca fresca**. | That mozzarella is **very fresh**. |

**7** Some idiomatic expressions are used as superlatives.

ESPRESSIONI SUPERLATIVE

| | | | |
|---|---|---|---|
| bagnato fradicio | soaked, drenched | pieno zeppo | jam-packed |
| chiaro e tondo | crystal clear | povero in canna | dirt poor |
| innamorato cotto | madly in love | ricco sfondato | filthy rich |
| morto stecchito | stone dead | stanco morto | dead tired |
| pazzo da legare | totally crazy | ubriaco fradicio | dead drunk |

| | |
|---|---|
| Billy è **innamorato cotto** di quella ragazza italiana. | Billy is **madly in love** with that Italian girl. |
| Dopo quel viaggio lunghissimo, ero **stanca morta**. | After that extremely long trip, I was **dead tired**. |
| Bisogna essere **ricchi sfondati** per comprare una villa a Forte dei Marmi. | You have to be **filthy rich** to buy a house in Forte dei Marmi. |

**8** A few irregular superlatives are rare in spoken Italian but commonplace in literature.

FORME IRREGOLARI

| | | |
|---|---|---|
| acre | acerrimo | extremely harsh |
| celebre | celeberrimo | very famous |
| misero | miserrimo | very miserable* |

| | |
|---|---|
| Solo scrittori **celeberrimi** hanno vinto quel premio. | Only **very famous** writers have won that award. |

---

* With reference to income, **misero** means *poor*: **una misera pensione**, *a very small pension.*

## PRATICA

 **A Un viaggio in Italia.** Un amico/Un'amica chiede a un altro amico/un'altra amica del suo viaggio in Italia. A coppie, uno/a fa le domande e l'altro/a risponde usando superlativi regolari e irregolari come nell'esempio.

**ESEMPIO**

l'albergo

**St. 1:** Com'era l'albergo?

**St. 2:** Era bruttissimo.

*o* L'ho trovato pulito pulito.

*o* Era un albergo misero.

1. i mezzi di trasporto
2. il cibo
3. gli italiani
4. il tempo
5. i negozi
6. le montagne
7. l'acqua del mare
8. il ritmo di vita

**B Gli studenti d'italiano.** Esprimi le qualità degli studenti d'italiano usando il superlativo assoluto. Forma ogni frase in due modi utilizzando gli aggettivi offerti o altri che, secondo te, li potrebbero descrivere meglio.

**ESEMPIO**

interessante

*Gli studenti d'italiano sono interessantissimi.*

*Gli studenti d'italiano sono estremamente interessanti.*

1. creativo
2. simpatico
3. divertente
4. curioso
5. romantico
6. interessato
7. flessibile
8. attento

**C Espressioni idiomatiche.** Esprimi le seguenti frasi in un altro modo usando un'espressione idiomatica.

**ESEMPIO**

Non ha nemmeno i soldi per comprarsi un cappuccino.

*È povero in canna.*

1. Tommaso ha perso la testa per quella ragazza.

2. Nel teatro non c'era più un posto libero.

3. Non ho dormito bene e ho lavorato molto.

4. Non avevo l'ombrello e sono arrivato a casa tutto bagnato.

5. Quell'uomo ha più soldi di Bill Gates.

6. Non ha più dubbi su quello che ho detto. Ho detto tutto mille volte in mille modi diversi.

**D Opinioni forti.** Tu e il tuo compagno/la tua compagna avete opinioni molto diverse. A turni, uno esprime un'opinione e l'altro ribatte. Attenzione a fare l'accordo degli aggettivi.

ESEMPIO

sport / difficile
**St. 1:** Il calcio è lo sport più difficile di tutti.
**St. 2:** Ma che dici? Il ciclismo è lo sport più difficile.

1. macchina / sportivo
2. ristorante / caro / questa città
3. musicisti / popolare
4. scrittrice / conosciuto
5. giorni della settimana / bello
6. attrice / famoso
7. atleta / bravo
8. avvenimento / emozionante / quest'anno

 Practice Quizzes, Flashcards

 SAM Workbook Activities

## III COMPARATIVI E SUPERLATIVI IRREGOLARI

**A** The adjectives **buono**, **cattivo**, **grande**, and **piccolo** have both regular and irregular comparative and superlative forms.

| Aggettivo | Comparativo di relativo maggioranza | Superlativo assoluto | Superlativo |
|---|---|---|---|
| buono | più buono **migliore** | il più buono **il migliore** | buonissimo **ottimo** |
| cattivo | più cattivo **peggiore** | il più cattivo **il peggiore** | cattivissimo **pessimo** |
| grande | più grande **maggiore** | il più grande **il maggiore** | grandissimo **massimo** |
| piccolo | più piccolo **minore** | il più piccolo **il minore** | piccolissimo **minimo** |

**B** The irregular forms **migliore**, **peggiore**, **maggiore**, and **minore** may drop the final **-e** before nouns, except those beginning with **z** or **s** + *consonant*.

Severino era il **miglior** amico di mio padre.

*Severino was my father's **best** friend.*

The regular and irregular forms are often interchangeable, but the irregular form is required to express certain meanings.

Il mio fratello **maggiore** abita a Napoli.

*My **oldest** brother lives in Naples.*

| | |
|---|---|
| Il traffico è il **maggior** problema delle città grandi. | *Traffic is the **biggest** problem in big cities.* |
| L'aereo va alla sua **massima** velocità. | *The airplane goes at its **maximum** speed.* |
| Ho la **massima** stima per quel regista. | *I have the **highest** regard for that director.* |

**La maggior parte** and **la maggioranza** express *the majority, the most.* These expressions take the third-person singular verb form.

| | |
|---|---|
| **La maggior parte** degli elettori ha votato, e **la maggioranza** ha scelto il candidato di centro. | ***Most** of the voters voted, and **the majority** chose the middle-of-the-road candidate.* |

The adverbs **bene**, **male**, **poco**, and **molto** also have irregular comparative and superlative forms.

| Avverbio | Comparativo di maggioranza | Superlativo relativo | Superlativo assoluto |
|---|---|---|---|
| bene | meglio | il meglio | benissimo, **ottimamente** |
| male | peggio | il peggio | malissimo, **pessimamente** |
| poco | meno | il meno | pochissimo, **minimamente** |
| molto | più | il più | moltissimo, **massimamente**, **sommamente** |

| | |
|---|---|
| **Il meglio** della cena è stato il dolce. | ***The best** (part) of the meal was dessert.* |
| A Chicago i mezzi di trasporto pubblici funzionano **benissimo**. | *In Chicago public transportation works **very well**.* |

When choosing between **migliore** and **meglio**, **peggiore** and **peggio**, decide whether you need an adjective or an adverb. Use the following table for reference.

| | | | |
|---|---|---|---|
| buono | migliore | cattivo | peggiore |
| bene | meglio | male | peggio |

| | |
|---|---|
| Il gelato italiano è **buono**. È **migliore** del gelato americano. | *Italian ice cream is **good**. It is **better** than American ice cream.* |
| Gli italiani guidano **bene**, ma guidano **meglio** dei francesi? | *Italians drive **well**, but do they drive **better** than the French?* |
| Questa torta è **cattiva** ma quella è **peggiore**. | *This cake is **bad** but that one is **worse**.* |
| Pierlaura oggi sta **male** ma stava **peggio** ieri. | *Pierlaura is not **well** today but she was **worse** yesterday.* |

The expressions **sempre più** and **sempre meno** express increasing and decreasing quantities.

| | |
|---|---|
| I giovani italiani passano **sempre meno** tempo con la famiglia. | *Italian youth spend **increasingly less** time with their families.* |
| **Sempre più** spesso si assiste ad un ritorno alle tradizioni. | ***More and more** often we are witnessing a return to traditions.* |

## PRATICA

**A** **Una macchina a noleggio.** Completa il seguente brano scegliendo tra gli aggettivi e gli avverbi tra parentesi.

L'estate scorsa siamo andati in Italia. Abbiamo deciso di noleggiare una macchina. Purtroppo, abbiamo noleggiato la _____ (peggiore / peggio) macchina possibile. Anche se molte macchine italiane, come la Ferrari ad esempio, sono le _____ (migliori / meglio) del mondo, la nostra esperienza ha dimostrato il contrario. È stata l'esperienza _____ (peggiore / peggio) del viaggio.

Di positivo posso dire che la costiera amalfitana è bellissima e, secondo me, la _____ (maggior / miglior) parte degli italiani guida _____ (migliore / meglio) di noi. Certo, guidano velocemente, ma stanno attenti e soprattutto usano la freccia per cambiare corsia. Secondo me i _____ (peggiori / peggio) autisti non usano mai la freccia.

I problemi sono iniziati quando la nostra macchina ha cominciato a non andare _____ (bene / buono). Era molto lenta. La _____ (massima / ottima) velocità possibile era 120 km e non potevamo superare gli 80. Nessuno rispettava le distanze di sicurezza. Ma il _____ (peggio / peggiore) doveva ancora arrivare. A metà strada la macchina si è guastata e alla fine abbiamo deciso di prendere il treno. È stata la decisione _____ (migliore / meglio) che potessimo prendere. Abbiamo abbandonato la macchina e abbiamo proseguito felici e contenti.

**B** **Il mercato peggiore e quello migliore.** Completa il seguente brano scegliendo tra gli aggettivi e gli avverbi tra parentesi.

Questo è il paese _____ (peggio / peggiore) della zona con un mercato che è _____ (peggiore / peggio) di un supermercato. Di mercatini ce n'è solo uno ed ha dei prodotti _____ (pessimi / peggiori). Quelli _____ (migliori / meglio) si trovano nel paese accanto. Lì si può trovare dell' _____ (ottima / ottime) frutta. Ma è difficile arrivarci perché da noi l'autobus passa solamente ogni due ore. La strada poi è terribile, forse la _____ (peggiore / pessimo) del comune e con il vecchio autobus che ci mandano ci vogliono 45 minuti per fare dieci chilometri: non so se sia _____ (peggio / male) il tempo che si perde o il mal di schiena che hai quando arrivi. Da noi, anche i venditori sono veramente _____ (pessimi / male) perché non sono mai gentili. Poi tutto costa tantissimo: ieri le patate costavano 4 euro al chilo e in Italia il prezzo _____ (maggiore / massimo) delle patate è di 89 centesimi. Nel paesino qui vicino, c'è anche una bancarella che vende la _____ (minima / migliore) carne della zona. Voglio pensarci _____ (bene / ottimo), ma forse sarebbe più conveniente trasferirsi là.

**C** **Che bella serata!** Completa il seguente brano mettendo la forma corretta del comparativo o del superlativo e facendo i cambiamenti necessari.

| | | |
|---|---|---|
| minore | migliore (2v.) | meglio |
| ottimo | peggiore | pessimo |

Io sono di _____ umore. Ieri sera abbiamo invitato qualche amico a casa nostra ed abbiamo fatto una festicciola. Il fratello di Luigi è venuto con il suo _____ amico e loro due hanno preparato delle lasagne squisite. L'unica cosa _____ delle lasagne è stata il vino. Silvia sa scegliere i vini _____ di tutti. Per fortuna, lei porta sempre il vino! Purtroppo la torta che avevamo ordinato era _____. Sinceramente è stata la _____ torta che abbia mai mangiato, ma abbiamo risolto il problema con un altro bicchiere di vino!

**D** **Il miglior Paese.** Chiedi a un tuo compagno/una tua compagna quale Paese offre il meglio / il peggio per le seguenti categorie. Usate le forme irregolari quando possibile. Fate tutti i cambiamenti necessari.

**ESEMPIO**

vini / buono
**St. 1:** Secondo te, chi ha i vini migliori del mondo? Perché? *o* Quali?
**St. 2:** Secondo me, l'Italia ha i vini migliori del mondo.

1. il prosciutto / buono

2. i musei / grande

3. la moda / originale

4. i treni / veloce

5. la musica / moderno

6. le automobili / cattivo

7. i negozi / fornito (*well stocked*)

8. l'ambiente / buono

Practice Quizzes, Flashcards

SAM Workbook Activities

# IV IL PROGRESSIVO

**1** The progressive, **il progressivo**, is used to describe an action in progress or an action taking place at the moment. It is formed with the verb **stare** plus the gerund.*

| Presente | | | Imperfetto | | |
|---|---|---|---|---|---|
| sto | | | stavo | | |
| stai | | | stavi | | |
| sta | + mangiando / | | stava | + mangiando / | |
| stiamo | leggendo / finendo | | stavamo | leggendo / finendo | |
| state | | | stavate | | |
| stanno | | | stavano | | |

— **Che cosa stai facendo?**
(proprio in questo momento)

*What are you doing?*
*(right now)*

— **Sto leggendo** un libro.

*I am reading a book.*

— **Stavo leggendo** un libro quando
è arrivato Beppe. (proprio in
quel momento leggevo)

*I was reading a book when Beppe*
*arrived. (right at that moment*
*I was reading)*

**2** The gerund is formed by adding the endings **-ando** (**-are** verbs) and **-endo** (**-ere** and **-ire**) to the stem of the verb.

| ordinare | -ando | ordinando |
|---|---|---|
| chiedere | -endo | chiedendo |
| impedire | -endo | impedendo |

Verbs that are irregular in the imperfect (**Capitolo 2**) are also irregular in the formation of the gerund.

| fare | facevo | facendo |
|---|---|---|
| bere | bevevo | bevendo |
| dire | dicevo | dicendo |

**3** Verbs that end in **-urre** and **-orre** have the following gerund forms.

produrre, tradurre → **producendo, traducendo**

porre (*to place, set*), proporre (*to propose*) → **ponendo, proponendo**

---

* The progressive can also be formed with other simple tenses. **Esempio: L'anno prossimo staranno lavorando all'estero** *(futuro).* **Penso che Luciana stia preparando il caffè** *(congiuntivo).* It cannot be formed with compound tenses.

## PRATICA

**A** **Proprio in quel momento.** Trasforma le seguenti frasi al tempo progressivo usando **stare** al presente o all'imperfetto.

**ESEMPIO**

> Che cosa fate? → *Che cosa state facendo?*

1. Imparo l'italiano.
2. Studi adesso?
3. Lavoravamo in paninoteca.
4. Spiegava la parola «cultura».
5. Che cosa facevano da McDonald's?
6. Andate in Italia.
7. Di che parlavate?
8. Che CD ascoltano?
9. A chi dici «Ciao»?
10. Chi salutate?
11. Cosa mangiano?
12. Dove andiamo?
13. Paolo beve una Coca Light?

**B** **Linda in Italia.** Trasforma i verbi sottolineati al tempo progressivo corrispondente.

Linda è una ragazza americana che vive in Italia. Non solo <u>frequenta</u> l'Università di Roma alla facoltà per interpreti, dove <u>segue</u> alcuni corsi estremamente impegnativi, ma <u>partecipa</u> anche ad attività sportive e di volontariato. Ieri la <u>osservavo</u> mentre <u>parlava</u> con alcuni professori e non ho potuto fare a meno di notare che tutti la <u>ascoltavano</u> con interesse. Naturalmente non ha molto tempo libero: adesso, per esempio, è in biblioteca, dove <u>prepara</u> un esame insieme a Elisabeth, la sua migliore amica.

 **C** **Proprio adesso.** A coppie, pensate a due cose che stanno, o stavano succedendo, nelle situazioni indicate qui sotto.

**ESEMPIO**

> a Parma, in un ristorante (presente) → *Tutti stanno mangiando prosciutto.*
> a Venezia per il Carnevale (imperfetto) → *I turisti stavano comprando delle maschere.*

1. a un bar a Roma (presente)
2. allo stadio per la finale della Coppa del Mondo (imperfetto)
3. in una piazza italiana (presente)
4. nella più grande discoteca di Milano (imperfetto)
5. in una gelateria di Firenze (presente)
6. sulla spiaggia di Capri (imperfetto)

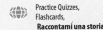 Practice Quizzes, Flashcards, **Raccontami una storia**

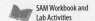 SAM Workbook and Lab Activities

# Biblioteca

## USING A BILINGUAL DICTIONARY

A bilingual dictionary is a good resource but you should only resort to it after trying other strategies to determine the meaning of a word. Looking up too many words does not facilitate comprehension because it draws your attention away from the text. Before using a dictionary:

1. Try to determine what part of speech the word is.

2. Try to determine the meaning from the context of the surrounding words. For example, you may recognize that a word represents the name of a plant, or describes a state of mind or a way of talking, without being able to narrow down its precise English equivalent. That might be close enough in many situations.

3. If that doesn't work, determine whether you can continue reading without defining the word and still understand the text.

4. If not, glance ahead to see whether the word reappears and you can deduce its meaning from the other uses.

If none of these strategies works and you conclude that the meaning of the word is critical, a bilingual dictionary is the solution.

Choosing among dictionary definitions is easier when you know what part of speech you are looking for. You may be able to rule out many of the definitions in the entry.

Skimming the entire entry, or the part that pertains to the part of speech you are looking for, is a good idea. In particular, look at the idiomatic uses that appear at the end of the entry. Remember that in Italian the entries for adjectives are listed in the masculine singular form and verbs are listed in the infinitive form.

Beatrice D'Arpa

**A** Leggi le definizioni della parola macchiato e determina quale definizione è adatta al testo.

«… l'italiano all'estero è pronto a sottoscriverne l'affermazione, pur avendo desideri più modesti: cornetto e cappuccino, o un onesto caffè macchiato».

**MACCHIÀTO,** **a. 1** stained; (schizzato) spattered; (chiazzato) spotted, speckled, mottled; (variegato) variegated: camicia macchiata, stained shirt; spattered shirt; marmo macchiato, mottled (o variegated) marble; macchiato di fango, spattered with mud; macchiato di sangue, blood-stained **2** (di cavallo) dappled; dapple **3** (ind. cartaria) foxed
• caffè macchiato, coffee with a dash of milk • latte macchiato, hot milk with a drop of coffee • (di animale) mantello nero macchiato di bianco, black coat with white spots.

Giuseppe Ragazzini, *Ragazzini 2012: Dizionario inglese-italiano italiano-inglese*, Second Edition, © 2011. Reprinted by permission of Zanichelli editore S.p.A.

**B** A coppie, cercate di determinare il significato delle parole sottolineate. Usate il dizionario solo se è necessario.

1. L'assenza di bar <u>degni</u> di questo nome, non c'è dubbio, rappresenta uno degli aspetti più dolorosi dell'espatrio.

2. Convinto che si tratti di un <u>trucco</u> per non pagare la consumazione al tavolo.

3. Cent'anni dopo, il caffè <u>ha stracciato</u> ogni altra bevanda calda.

**C** Negli ultimi anni la nascita di vari locali specializzati in caffè ha raggiunto proporzioni enormi. A ogni angolo e a tutte le ore, si possono trovare questi locali aperti con la gente che beve una varietà incredibile di bevande a base di caffè. A coppie, rispondete alle seguenti domande.

1. Secondo voi, a che cosa si può attribuire questo boom della caffeina?

2. Come descrivereste uno di questi locali?

3. Frequentate questi posti? Perché?

4. Bevete il caffè? Che tipo? Se no, cosa bevete?

5. Siete mai stati in un bar italiano? Se sì, descrivetelo.

6. Vi piace il caffè italiano? Quale caffè preferite?

### BEPPE SEVERGNINI

BEPPE SEVERGNINI, nato a Crema nel 1956, è un famoso giornalista italiano. Ha lavorato per *Il Giornale* ed è stato inviato speciale in Russia, in Cina e a Washington, D.C. per il quotidiano *La voce*. Oggi firma i suoi articoli per il *Corriere della Sera* e per *The Economist*. Tra i suoi libri ricordiamo *Inglesi* (1990), *Italiani con la valigia* (1993), *Un italiano in America* (1995) e *Italiani si diventa* (1998).

«LA NOSTALGIA DI CASA comincia dalla pancia[1]», diceva Che Guevara. Se il capo guerrigliero[2] pensava agli arrosti della natia[3] Argentina durante le notti sulla Sierra Maestra, l'italiano all'estero è pronto a sottoscriverne[4] l'affermazione, pur avendo desideri più modesti: cornetto e cappuccino, o un onesto caffè macchiato.

L'assenza di bar degni di questo nome, non c'è dubbio, rappresenta uno degli aspetti più dolorosi dell'espatrio. Per combattere la nostalgia, noi italiani insistiamo nel voler bere il caffè in piedi a Vienna e a Parigi, persuadendo così gli altri avventori[5] d'avere di fronte uno squilibrato[6], e irritando il gestore[7], convinto che si tratti di un trucco per non pagare la consumazione al tavolo. Un'altra nostra fissazione è chiedere l'«espresso all'italiana», ben sapendo che saremo puniti con intrugli[8] il cui sapore è a metà tra un amaro medicinale e la cicuta[9] di Socrate.

Quando questo accade, gli italiani all'estero non si accontentano di fare una smorfia[10] e allontanarsi. Rimangono sul posto ed entrano in lunghe discussioni dottrinali sul caffè dei turchi (troppo denso), dei francesi (troppo lento) e degli inglesi, cercando di convincere questi ultimi che quella cosa che chiamano *coffee* in fondo non è cattiva, ma devono proprio trovargli un altro nome. L'orgoglio ci impedisce d'ammettere che qualcuno faccia il caffè come noi, o meglio di noi. I bar, le torrefazioni[11] e le commedie di Eduardo de Filippo[12] ci hanno rovinati.

Negli Stati Uniti, questo orgoglio è fuori luogo. Non soltanto è facile trovare un buon espresso. Qui stanno facendo con il caffè quello che fecero a suo tempo con la pizza: se ne sono innamorati, e dicono d'averla inventata loro. In materia

*David R. Frazier Photolibrary*

Quanto italiano in questo menu di un caffè americano!

---

1. *stomach*   2. *guerilla leader*   3. *native (of one's birth)*   4. *subscribe to, endorse*   5. *regular customers*   6. *crazy, unbalanced*   7. *manager*   8. *unappetizing concoctions*   9. *hemlock*   10. *grimace*   11. *coffee shops*   12. *Italian playwright and actor*

di caffè, bisogna dire, un po' di esperienza ce l'hanno. La prima *cafeteria* venne aperta a Chicago intorno al 1890.

Cent'anni dopo, il caffè ha stracciato[13] ogni altra bevanda calda. La versione più popolare rimane il caffè lungo, l'«acqua marrone» contro cui si sono battute invano generazioni di italiani. Rispetto al cugino inglese, questo *coffee* è più tecnologico (niente malinconici cucchiaini di miscela istantanea, sostituito da un'infinità di macchinari[14]), più pericoloso e meno decoroso[15]. Mentre gli inglesi amano il caffè tiepido nelle tazze di porcellana, gli americani lo bevono ustionante[16] da micidiali[17] bicchieri di polistirolo[18] e dentro i *mugs*, boccali[19] decorati con mostriciattoli[20], fumetti, super-eroi, scritte spiritose. Negli Stati Uniti, un uomo di governo non si vergogna di reggere un gotto[21] con scritto I BOSS! YOU NOT!; un capitano d'industria può esibire il *mug* personale con l'immagine dei Tre Porcellini, e nessuno si stupirà.

La droga di moda è però l'espresso — spesso eccellente, come si diceva. Nei bar, mi sono sentito chiedere, con linguaggio da spacciatori[22]: *How many shots?* — e il riferimento è al numero di caffè che il cliente intende bere tutti insieme (caffè semplice: *one shot;* caffè doppio, *two shots,* e così via, fino all'*overdose*). Una nuova, inquietante[23] abitudine è quella di chiedere un *caffeinated coffee.* Si tratta di una precauzione contro il decaffeinato, da parte di quegli americani (e sono molti) che ormai funzionano a caffeina.

Il caffè è entrato trionfalmente anche nelle serie televisive, vero radar degli umori del paese. In *Friends,* in *Frasier* e in *Ellen* le scene girate dentro una *coffee-house* non si contano più. La bella innamorata di Clark Kent-Superman, nel telefilm *Lois and Clark,* ordina *a short, non-fat mocha, decaf, no foam, no sugar, no whipped cream* (ovvero: un decaffeinato ristretto tipo «mocha» senza grassi, senza schiuma, senza zucchero e senza panna montata). Da Starbucks — la catena più nota, originaria di[24] Seattle — distribuiscono opuscoli[25] con le combinazioni possibili, e piccole guide alla pronuncia: *caf-ay' là-tay* (caffelatte), *caf-ay' mò-kah* (caffè mocha), *caf-ay' a-mer-i-cah-no* (caffè americano), *ess-press'-o cone pà-na* (espresso con panna).

Il più grande successo di questi ultimi anni è però il cappuccino (*cap-uh-cheè-no*) — soprattutto dopo pranzo, a conferma di una certa confusione mentale.* La marcia trionfale del cappuccino nel vocabolario degli americani (dove entrò in punta di piedi[26] intorno al 1950) — e il suo prezzo, doppio o triplo rispetto a un caffè normale — hanno qualcosa di misterioso. Una spiegazione potrebbe essere l'«effetto Chardonnay», un vino che gli anglosassoni preferiscono a qualsiasi altro vino bianco perché provano piacere a pronunciarne il nome. Se è così, gli americani non ordinano il cappuccino per poterlo bere, ma lo bevono per poterlo ordinare. Perverso? Certamente.

Beppe Severgnini, *Un italiano in America* © 1995, pp. 78–80. Reprinted by permission of R.C.S. Libri S.p.A.

---

13. **ha...** *destroyed*   14. *machinery*   15. *decent, proper*   16. *scalding hot*   17. *deadly, lethal*
18. *styrofoam*   19. *jugs*   20. *little monsters*   21. *mug*   22. *drug dealers*   23. *disturbing*
24. **originaria...** *originally from*   25. *brochures*   26. **in...** *on tiptoe*

* In general, Italians drink cappuccino only at breakfast.

**A** L'umorismo di uno scrittore può nascere da varie fonti, ma spesso è legato alla percezione di una situazione nuova rispetto a una situazione più familiare al lettore. Qualche volta le percezioni sono accurate. Altre volte sono esagerate e non fanno necessariamente parte della realtà della situazione anche se ci può essere un elemento di verità. Leggi le seguenti affermazioni da *Un italiano in America* e determina se la descrizione dell'autore è basata sulla realtà o è un'esagerazione. Giustifica le tue risposte.

1. «Un'altra nostra fissazione è chiedere l'«espresso all'italiana», ben sapendo che saremo puniti con intrugli il cui sapore è a metà tra un amaro medicinale e la cicuta di Socrate».

2. «Qui [gli americani] stanno facendo con il caffè quello che fecero a suo tempo con la pizza: se ne sono innamorati, e dicono d'averla inventata loro».

3. «Il più grande successo di questi ultimi anni è però il cappuccino (*cap-uh-cheè-no*) — soprattutto dopo pranzo, a conferma di una certa confusione mentale».

4. «Negli Stati Uniti, un uomo di governo non si vergogna di reggere un gotto con scritto I BOSS! YOU NOT!; un capitano d'industria può esibire il *mug* personale con l'immagine dei Tre Porcellini, e nessuno si stupirà».

**B** In classe, dopo aver letto le osservazioni di Severgnini, componi una lista delle cose simili e quelle differenti tra un «café americano» e un «bar italiano». Non dimenticare di parlare anche della qualità del caffè, dell'elemento sociale e del modo di bere.

**C** A coppie, ricreate una situazione in cui l'autore entra in un café americano e ordina un caffè al barista. Cercate di immaginare una conversazione che rifletta il pensiero dello scrittore. Poi presentate la conversazione alla classe.

# Di propria mano

## COMPARISONS

Comparisons can take several forms. In the *Grammatica* section of this chapter, you have learned how to make explicit comparisons in Italian. Another effective strategy to portray something unfamiliar is to describe it in terms of the familiar. In the *Biblioteca* section, Beppe Severgnini does this for his Italian readers by describing the distinctive ways in which Americans have embraced Italian coffee and European café culture and made them their own. In this way, he portrays some aspects of the American character and makes indirect comparisons with Italy. Severgnini uses a very specific topic to make some broader points, comparing two cultures without ever making overt comparisons. Unfamiliar things or ideas presented in a new situation can seem either comical or troubling; Severgnini chose to approach the unfamiliar with humor.

## PRE-SCRITTURA

Pensa a un viaggio che hai fatto in un'altra città o in un altro Paese. Fa' una lista degli avvenimenti del viaggio e delle tue esperienze e mettili in ordine cronologico.

Poi rifletti sulle differenze che ti hanno colpito. Queste differenze possono riguardare incontri con la gente, modi di dire o di fare, modi di vestire, mangiare, ecc. Fa' una lista delle differenze che ti vengono subito in mente.

## SCRITTURA

Writing Tips

Quando si notano differenze in altre culture, qualche volta queste possono dar fastidio in un primo momento. Tuttavia, nel ricordarle, sono spesso viste in una luce diversa che rende la situazione divertente. Utilizzando le liste delle riflessioni fatte in *Pre-scrittura*, scrivi due o tre paragrafi che raccontano queste esperienze. Concludi spiegando se oggi la tua impressione di quella città è diversa da com'era all'inizio. Cerca di sfruttare l'umorismo!

### ESEMPIO

**Un albergo a Brindisi.** Una notte la mia famiglia è arrivata a Brindisi molto tardi e non avevamo ancora prenotato un albergo. Siamo stati costretti a chiedere consiglio al tassista. Il tassista ci ha detto che c'era un bellissimo albergo, vino compreso, in centro. Prezzo giusto. Abbiamo accettato. Quando siamo arrivati, abbiamo capito che il concetto di «bell'albergo» può variare estremamente. C'erano due lettini e una bottiglia di vino già aperta. Eravamo in quattro. Come abbiamo dormito bene quella notte! A proposito, naturalmente non abbiamo bevuto il vino.

## Block Notes

*This notebook will be an ongoing assignment throughout the course. You will be asked to record in Italian your observations about and reactions to what you learn about Italian lifestyles, traditions, behavior, and outlooks. The goal is not to promote grammatical accuracy but to provide a creative outlet and practice in self-expression. Content is key. At the end of the book, you will use your journal in a final writing assignment on cultural stereotyping.*

Quando si pensa ad un Paese e alla sua cultura, è comune fare generalizzazioni e quindi creare degli stereotipi. Lo stereotipo nasce da una percezione o da un concetto relativamente rigido ed eccessivamente semplificato o distorto di un aspetto della cultura in questione. Nella lettura di questo capitolo, hai scoperto percezioni sia degli italiani dell'America, sia degli americani dell'Italia. Scrivi le tue osservazioni.

# Nel mondo dei grandi

## IL PIÙ FAMOSO ITALO-AMERICANO IN ITALIA: MIKE BONGIORNO

Associated Press

PROBABILMENTE l'italo-americano più famoso in Italia non è vissuto negli Stati Uniti ma nella terra dei suoi nonni. Michael Nicholas Salvatore Bongiorno nato a New York nel maggio del 1924, già giovanissimo, si trasferisce in Italia, a Torino, città natale di sua madre. Frequenta le scuole italiane ma durante la seconda guerra mondiale abbandona gli studi per unirsi ad un gruppo di partigiani. È catturato e trattenuto[1] incarcere per sette mesi, quindi deportato in un campo di concentramento tedesco fino a quando non viene liberato, prima della fine della guerra, in uno scambio di prigionieri tra americani e tedeschi. Torna in America nel 1946, dove lavora presso la[2] sede radiofonica del quotidiano *Il progresso italo-americano*, ma sette anni dopo rientra in Italia per dare il suo contributo alla nascita della televisione italiana. È stato lui, infatti, a presentare *Arrivi e partenze*, la prima trasmissione mandata in onda[3] dalla RAI. Da allora in poi Mike Bongiorno è diventato un'icona della televisione italiana e la sua presenza non si è limitata ai canali della RAI: dal 1982 infatti, Mike ha cominciato a lavorare con Canale 5, Italia 1 e Rete 4, le grandi televisioni private concorrenti della televisione di Stato. Mike Bongiorno può essere considerato uno dei più grandi conduttori della televisione italiana. Sicuramente è «l'uomo dei quiz televisivi», visto che dagli esordi[4] di *Lascia o raddoppia* (1955–1959) a *Il migliore* (2006–2007) non c'è stato un solo anno in cui Mike non abbia condotto una trasmissione a quiz: i suoi programmi più famosi rimangono il *Lascia o raddoppia* degli esordi (versione italiana del quiz americano *The $64,000 Question*), *Rischiatutto* (1970–1974) e *Superflash* (1982–1985). La sua presenza è andata ben al di là dei programmi a quiz e, grazie alla sua fama e al suo successo — da cui il soprannome SuperMike — dal 1963 ad oggi ha condotto anche ben undici edizioni del Festival di Sanremo. Umberto Eco ha dedicato a questa icona della televisione italiana un lungo saggio[5] intitolato *Fenomenologia di Mike Bongiorno*. In tutti questi anni di televisione italiana, Mike non ha mai dimenticato i suoi legami[6] con gli States e durante le sue trasmissioni, non perdeva occasione di correggere gli errori d'inglese dei suoi ospiti. Mike Bongiorno è morto l'8 settembre del 2009 a Monte Carlo all'età di 85 anni.

1. *detained*   2. *At the*   3. **mandata...** *aired*   4. *beginning*   5. *essay*   6. *ties*

## TRACCE DI RICERCA

Web Links   La RAI

I programmi americani in versione italiana (per esempio, *Il grande fratello*, *Ballando con le stelle*, ecc.)

Italo-americani nello spettacolo

# Dizionarietto

a noleggio *for rent*

accadere *to happen*

accogliente *welcoming*

acquisto *purchase*

acre *harsh*

allestito *prepared*

amaro *bitter*

americaneggiante *American style*

americanizzato/a *Americanized*

appropriarsi *to appropriate*

assenza *absence*

avanguardia *forefront*

avvenimento *event*

bagnato fradicio *soaked, drenched*

bancarella *stand (at a market)*

battersi *to fight*

caffè (*m.*) *coffee*

caffè corretto *coffee with liqueur*

caffè macchiato *coffee with a dash of milk*

caffè ristretto *strong coffee*

caffeina *caffeine*

caldo bestiale *unbearable heat*

cambiamento *change*

campo *field*

capace *able*

celebre *famous*

chiaro e tondo *crystal clear*

colpire *to strike, to hit*

colonna sonora *soundtrack*

consumismo *consumerism*

contraddistinguere *to mark, to distinguish*

corsia *lane*

da asporto / da portar via *take-out*

dai! *come on!*

dolcetto o scherzetto *trick or treat*

doppiaggio *movie dubbing*

doppiatore/doppiatrice *dubber*

dubbio *doubt*

efficace *effective*

emozionante *exciting / moving*

enfatizzare *to emphasize*

essere a disagio *to be uncomfortable*

essere a posto *to be fine, to be in order*

essere a proprio agio *to be at ease*

fare concorrenza a *to compete with (in business)*

freccia *turn signal*

godere *to enjoy*

guastarsi *to break (down)*

gusto *flavor*

impedire *to prevent*

influsso *influence*

innamorato cotto *madly in love*

interprete (*m./f.*) *interpreter*

italianizzato/a *Italianized*

lattina *can*

legame (*m.*) *tie, connection*

locale (*m.*) *shop, club*

mal di schiena *backache*

malinconico *melancholy*

mandare in onda *to go on the air*

minacciare *to threaten*

miscela *mixture*

misero *miserable*

morto stecchito *stone dead*

occupato *busy*

paninoteca / panineria *sandwich shop*

paragonare *to compare*

pazzo da legare *totally crazy*

pieno zeppo *jam-packed*

pizza al taglio *pizza by the slice*

porre (*p.p.* posto) *to place, to set*

povero in canna *dirt poor*

premio *award*

proporre *to propose*

pubblicità *publicity, advertisement*

purtroppo *unfortunately*

ravvicinare *to bring closer*

ricco sfondato *filthy rich*

rovinare *to ruin*

saggio *essay*

scambio culturale *cultural exchange*

scenografo *set designer*

scherzosamente *jokingly*

sentirsi a disagio *to be uncomfortable*

sentirsi a proprio agio *to be at ease*

sfiorare *to get close to (for temperature)*

sfruttare *to make use of*

soffio *breath, whiff*

sottotitoli (*m. pl.*) *subtitles*

stampare *to print*

stanco morto *dead tired*

stereotipo *stereotype*

straniero/a (*adj.*) *foreign*

straniero (*n.*) *foreigner*

stregato *bewitched*

superare *to pass*

testardo *stubborn*

tenersi *to keep, to hold*

tracce (*f. pl.*) *suggestions*

trama *plot*

ubriaco fradicio *dead drunk*

volerci *to take time (impersonal construction)*

## LE VOSTRE PAROLE

# ▶ Cinema ponti

## Tu la conosci Claudia?
## (Massimo Venier, 2004)

Marka/Superstock

Aldo, Giovanni e Giacomo, un popolare trio di comici italiani sono insieme dal 1992. Nel 2004 hanno fatto il loro quinto film *Tu la conosci Claudia?* che ha avuto un enorme successo.

In questa scena, il tassista Aldo crede di riconoscere nella voce di una donna quella del suo navigatore satellitare (GPS) e impazzisce…

### PRE-VISIONE

**A.** Cosa pensate delle voci dei navigatori satellitari (*GPS*)? Vi piacciono? Sembrano normali? Leggete le seguenti frasi in una voce o da donna o da uomo che assomigli a quella di un navigatore.

1. Appena possibile invertire il senso di marcia.

2. Fra cinquecento metri girare a destra.

3. Fra quattrocento metri girare a sinistra.

4. Hai sbagliato strada. Al prossimo semaforo, torna indietro.

**B.** Usando il vocabolario, in gruppi di tre o quattro, ordinate da bere e da mangiare al bar. Ad un tratto, riconoscete qualcuno famoso. Chi è? Come reagite? Cosa dite alla persona? Usate il formale.

| | | |
|---|---|---|
| caffè | brioche | una birra media chiara |
| cappuccino | bottiglietta d'acqua | un panino con il cinghiale (*wild boar*) |

### VISIONE

**Primo passo:** *View video **without** sound*

Guardate il video senza l'audio. Notate in particolare le azioni, i gesti ed altri indizi (*clues*) che rivelano il contenuto della conversazione. Poi, cercate di rispondere alle seguenti domande.

1. Dove ha luogo l'azione?

2. Chi sono i personaggi nel video?

3. Descriveteli.

4. Come si comportano?

5. Qual è il rapporto fra di loro?

6. Descrivete i sentimenti e gli atteggiamenti dei personaggi. Come siete arrivati a queste conclusioni?

7. Che cosa pensate che dicano?

**Secondo passo:** *View video **with** sound*

Guardate il video con l'audio. Poi abbinate la frase che descrive l'azione in ogni scena all'immagine corrispondente.

1. _____ Aldo crede di sentire la stessa voce del suo navigatore.

2. _____ Aldo, Giovani, Giacomo e la signora del navigatore viaggiano e cantano insieme.

3. _____ Il barista chiede ad Aldo di pagare il conto.

4. _____ La signora accontenta Aldo ripetendo la sua frase preferita del navigatore.

5. _____ Il sogno cede il passo alla realtà quando la signora minaccia di chiamare i carabinieri.

6. _____ Aldo ordina da mangiare e da bere per tutti.

Video stills from *Tu la conosci Claudia?* by Massimo Venier

**Terzo passo:** *Intensive listening and viewing*

Guardate di nuovo il video e rispondete alle domande nel Primo passo. Inoltre, identificate il tono della conversazione (ironico, amichevole, amoroso, aggressivo, ecc.). Le vostre risposte sono molto diverse da quelle iniziali?

**Quarto passo:** La scena in macchina è una fantasia del protagonista. Come sappiamo che non è avvenuta? Cosa ha detto la signora a Aldo quando la scena ritorna alla realtà del bar?

From *Tu la conosci Claudia?* by Massimo Venier

## CONCLUSIONE

 **A.** Leggete il dialogo cercando di imitare i personaggi nel tono della voce, gesti, pronuncia, ecc.

| | |
|---|---|
| **Aldo:** | Due cappucci, due brioche, una birra media chiara e un panino con il cinghiale. Oh, devo guidare. |
| **Barista:** | 9,90. |
| **Aldo:** | Tenga pure il resto. |
| **Barista:** | Grazie. |
| **Signora:** | Un caffè e un ventaglio, grazie. Mi dia anche una bottiglietta d'acqua naturale. |
| **Aldo:** | Non ci posso credere. Non ci posso credere. La signorina del navigatore. È il giorno più bello della mia…<br>… |
| **Aldo:** | Ti prego, ti prego, ti prego, me lo fai «invertire il senso di marcia»… |
| **Signora:** | Appena possibile invertire il senso di marcia. |
| **Aldo:** | Miiii… Che bello! Unplugged!!!!! *[pronunciato all'italiana]* |

| **Signora:** | Se non la smette immediatamente, chiamo i Carabinieri. E non sto scherzando. |
|---|---|
| **Navigatore:** | Tra cinquecento metri, girare a destra. Tra quattrocento metri, girare a destra. |
| **Aldo:** | Taci zoccola! (*shut up [bleep]…*) |

**B.** La canzone che cantano in macchina è di Caterina Caselli e si chiama «Arrivederci amore ciao». Ascoltate la parte che cantano e cercate di capire il significato di questo testo rispetto al tema del film. Provate a scrivere le parole che sentite. Ascoltatela più volte se necessario.

From *Tu la conosci Claudia?* by Massimo Venier

**Bonus:** Fate un po' di ricerca su Caterina Caselli e la sua musica. Trovate la canzone nel film e cantatela insieme in classe!

# Mito o realtà?

David R. Frazier Photolibrary

## Per comunicare

- Narrare e descrivere avvenimenti nel passato
- Riassumere e discutere notizie attuali
- Parlare di riviste e giornali italiani

 INTERNET CAFÉ

**INDIRIZZO:** www.cengage.com/italian/ponti

**ATTIVITÀ:** Sfogliando le pagine di un giornale.

**IN CLASSE:** Stampa il breve riassunto dell'articolo che hai letto e portalo in classe. Presentalo, spiegando le ragioni per cui ti è sembrato interessante.

Web Search Activity

RESOURCES
Audio  Web  SAM Workbook

◄ Una tradizionale edicola italiana

# Ponti sul primo anno

Take the following quick assessment and check your answers in the answer key found on the *Ponti* website to determine whether you should do further review.

**A Nomi irregolari.** Inserisci la parola corretta per completare le frasi.

dilemma    re    problema    programmi    metropoli    dramma

1. Le notizie di cronaca rosa parlano di _____, regine, principesse e celebrità in generale.
2. Il _____ più grave per il governo italiano è quello della corruzione.
3. I _____ televisivi vengono interrotti per edizioni straordinarie dei telegiornali.
4. Lo spettacolo che danno stasera alla Scala è un _____.
5. In Italia non ci sono città abbastanza grandi da essere definite _____.
6. Il _____ dell'allenatore della Nazionale per la prossima partita è se far giocare De Rossi o Marchisio.

**B Forme irregolari plurali.** Scrivi il plurale delle seguenti parole.

1. psicologo _____
2. crisi _____
3. dito _____
4. musicista _____
5. re _____
6. radio _____
7. braccio _____
8. panorama _____

**C Verbi irregolari al presente.** Completa il dialogo con la forma corretta del verbo tra parentesi.

**Sara:** Ciao Marco, come _____ (stare)?

**Marco:** Non _____ (esserci) male, grazie. Ma cosa _____ (fare) in giro a quest'ora di sera?

**Sara:** _____ (volere / io) comprare l'edizione straordinaria della *Repubblica*. Ma non _____ (riuscire) a trovare un'edicola aperta.

**Marco:** Mi _____ (dispiacere). Ma _____ (potere / io) aiutarti. Ti _____ (dare) un passaggio in macchina. OK?

**Sara:** Certo. Grazie! _____ (morire / io) di sonno, e domani mattina io e Michela _____ (dovere) svegliarci alle 5.00.

**Marco:** _____ (andare / voi) da qualche parte?

**Sara:** A fare un po' di trekking.

**Marco:** _____ (potere) venire anch'io e Maurizio?

**Sara:** Certo!

**Marco:** Bene... e se _____ (convincere / io) Mario e Vittorio, magari _____ (venire) anche loro.

**Sara:** Ma _____ (essere) tardissimo! Come _____ (potere / tu) contattarli?

**Marco:** Nessun problema. Se gli _____ (dire / io) che si tratta di una passeggiata in montagna con voi, _____ (potere) telefonargli anche alle 3.00 di notte!

## Mito o realtà?

FINO A POCHI DECENNI FA l'immagine dell'Italia all'estero si basava sui racconti nostalgici degli emigrati, sui pochi film italiani che arrivavano su schermi stranieri e sull'esportazione dei suoi prodotti migliori, dal cibo alla moda. Un'immagine, dunque, che non poteva essere altro che romantica, dimentica° dell'effettiva realtà della penisola.

*oblivious*

Oggi però si sono moltiplicate, per chi vive all'estero, le fonti che offrono un'idea più accurata della vita e della società italiana. Tra queste sono da sottolineare la rete° Internet e le trasmissioni satellitari, oltre a un sistema più efficiente di distribuzione che permette a quotidiani° e riviste di arrivare in tutto il mondo in tempo reale.

*network*
*daily newspapers*

Sul territorio nazionale questo compito è affidato° soprattutto ai quotidiani e ai telegiornali. Alcuni quotidiani come il *Corriere della Sera, la Repubblica* e *la Stampa* sono diffusi in tutta l'Italia ma quasi ogni città di media grandezza produce il proprio quotidiano in cui l'enfasi° viene posta soprattutto sulla cronaca° della città stessa e della sua provincia.

*entrusted*

*emphasis / news*

La medesima situazione si riscontra° nelle programmazioni televisive. Le grandi reti nazionali, sia pubbliche (RAI) sia private (Canale 5, Italia 1, LA7, ecc.), offrono un gran numero di telegiornali e di programmi dedicati alla cronaca nazionale ed estera, mentre il compito della cronaca locale è lasciato alle numerosissime piccole emittenti° cittadine.

**si...** *is found*

*TV broadcasting stations*

David R. Frazier Photolibrary

Infine, tra le centinaia di riviste che fanno mostra di sé nelle edicole° italiane, *l'Espresso* e *Panorama* sono tra quelle che si concentrano in modo specializzato sulla cronaca e sulla politica nazionale ed internazionale. Notizie di attualità possono essere trovate anche in altre riviste ma con un taglio° completamente diverso: tra i settimanali° più letti si trovano *Donna Moderna* e *Amica*, indirizzati

*newsstands*

*approach*
*weeklies (magazines or newspapers)*

Aspettando il prossimo autobus una ragazza legge uno dei quotidiani gratuiti della capitale.

ad un pubblico medio femminile e senza il tono scandalistico di riviste quali *Cronaca Vera, Novella 2000* e molte altre.

Al lettore attento i vari mezzi di comunicazione offrono, accanto all'immagine romantica che spesso l'accompagna, un ritratto dell'Italia più vicino alla realtà ed ai bisogni delle persone che ne studiano la lingua e la cultura.

## DOMANDE

1. Cosa pensa dei film italiani l'autore del brano? Credi che i film del tuo Paese diano un'idea corretta del luogo in cui vivi, delle persone che conosci, della tua vita?

2. Leggi spesso quotidiani o settimanali? Quali? C'è una sezione del giornale che preferisci alle altre?

3. Qual è, secondo la tua opinione, il metodo migliore per tenersi aggiornati (*up-to-date*) sulle notizie nel mondo?

4. Pensi che i film ed alcune trasmissioni televisive del tuo Paese contribuiscano a creare stereotipi sugli italiani? Fa' alcuni esempi.

5. In base alle informazioni apprese (*learned*) grazie all'attività Web, quali differenze trovi fra *la Repubblica* e il quotidiano che leggi normalmente?

## Lessico

CD 1
10

### TV, GIORNALI E GIORNALISTI

| | | | |
|---|---|---|---|
| l'abbonamento | *subscription* | il mensile | *monthly publication* |
| il canale | *channel* | il notiziario | *newscast* |
| il conduttore/ la conduttrice | *anchorman/ anchorwoman* | le notizie | *news* |
| la cronaca | *news* | il periodico | *magazine / newspaper* |
| la cronaca nera | *crime news* | il programma / la trasmissione | *program* |
| la cronaca rosa | *celebrity news* | il quotidiano | *daily newspaper* |
| il/la cronista | *reporter* | il redattore/la redattrice | *editorial staff person* |
| l'edicola | *newsstand* | il redattore capo/la redattrice capo | *editor-in-chief* |
| l'edizione straordinaria | *special edition* | la redazione | *editorial office, editing* |
| l'emittente (*f.*) | *television station* | la rete | *channel / network* |
| il/la fotoreporter | *news photographer* | la rivista | *magazine* |
| il fumetto | *comic (strip)* | lo sciopero | *strike* |
| il/la giornalista | *journalist* | il settimanale | *weekly magazine or newspaper* |
| intervistare | *to interview* | il telegiornale | *newscast* |
| l'inviato/a | *correspondent* | tenersi aggiornato/a | *to keep oneself up-to-date* |

**A** **Non la conosco. Di cosa si occupa?** In gruppi di tre, pensate a delle riviste che leggete o che conoscete. Poi indicate di cosa si occupano e con quale scadenza arrivano in edicola.

**ESEMPIO**

Sports Illustrated ⟶ sport ⟶ settimanale

| Rivista | Argomento | Periodicità |
|---------|-----------|-------------|
|         |           |             |
|         |           |             |
|         |           |             |

**B** **In redazione.** Leggi le definizioni date e scrivi la parola corrispondente e l'articolo determinativo.

1. la persona che cura i servizi fotografici di un giornale o di una rivista: _____

2. un periodico che esce una volta al mese: _____

3. il luogo dove lavorano i giornalisti: _____

4. la cronaca che si occupa della vita degli attori: _____

5. il luogo dove si comprano i giornali: _____

6. il giornalista che lavora all'estero: _____

**C** **I giornali per la famiglia.** Completa il brano con i vocaboli corretti.

giornalisti    rivista    mensile    edicola
quotidiano    fotoreporter    periodici

Ieri sono andato all' _____ per comprare, come al solito, i _____ per me e per la mia famiglia. Tutti i giorni io compro il *Corriere della Sera*, il _____ di Milano, perché mi piacciono molto i _____ che ci scrivono. Per mia moglie ho preso una _____ d'informatica che esce settimanalmente e per mio figlio una rivista _____ di pesca che costa moltissimo ma fortunatamente esce solo una volta al mese. Le fotografie sono bellissime perché sono state scattate dai migliori _____: io penso però che non ci sia nulla di terribilmente interessante nel vedere fotografie di pesci! Sarebbe meglio che fosse appassionato di sport. *La Gazzetta dello Sport* costa solo 1 euro!

© Cengage Learning 2013

Abbiamo dimenticato il giornale di oggi.

**D Le vostre abitudini.** Completa la tabella qui di seguito e poi, con un compagno/una compagna, intervistatevi, seguendo il modello dell'esempio, per scoprire come vi tenete informati/e sugli avvenimenti di cronaca.

**ESEMPIO**

leggere riviste

**St. 1:** Leggi spesso riviste?

**St. 2:** Sì, le leggo spesso.

*o* No, non le leggo mai.

|  | Mai | Raramente | Una volta alla settimana | Spesso |
|---|---|---|---|---|
| leggere riviste |  |  |  |  |
| leggere quotidiani |  |  |  |  |
| guardare telegiornali |  |  |  |  |
| seguire programmi di cronaca (Esempio: 20/20) |  |  |  |  |
| collegarsi a Internet |  |  |  |  |

Dopo aver fatto le domande al vostro compagno/alla vostra compagna, cercate di scoprire perché le sue preferenze sono per un mezzo di comunicazione piuttosto che per un altro.

**E Le nostre parole.** Pensa a due o tre parole relative all'argomento di questo capitolo che ti sembrano importanti e che non sono presenti nella sezione lessicale. Possono essere parole dall'attività Web, parole contenute nella lettura iniziale o semplicemente parole che ti servono per comunicare meglio. Cercale sul dizionario e presentale in classe spiegando il loro significato in italiano. Poi scrivi le parole che tutti pensano siano importanti nel *Dizionarietto* alla fine del capitolo.

## Radio ponti

### DISTINGUISHING BETWEEN FORMAL AND INFORMAL REGISTERS

A speaker's level of language—formal, informal, slang, etc.—affects the meaning of what he or she says. Formal language is generally used in journalism, documentaries, newscasts, and public announcements. In conversations, instructions, and advertisements, there is a tendency to use less formal language—sometimes even slang.

In newscasts, even though newscasters may speak more quickly than they might in ordinary conversation, they often follow a regular format. This helps the listener know what to expect and interpret the content more easily. News programs generally begin with a summary of the main stories to be covered. Local stories are followed by national and then international news. Weather forecasts and sports usually come last. Listen to the news highlights in this chapter for the main ideas contained in the message.

**A** Radiogiornale. Ascolta i titoli del notiziario e in base a quelli completa le seguenti frasi scegliendo tra le possibilità offerte.

1. Il governo discute con l'opposizione _____.
   a. del destino dei Paesi africani
   b. delle coppie di fatto
   c. del diritto civile

2. Ci saranno limitazioni del traffico per _____.
   a. tutte le città italiane
   b. le grandi metropoli
   c. la capitale d'Italia

3. Per il weekend di Pasqua ci sarà _____.
   a. pioggia
   b. neve
   c. sole

**B** Edizione straordinaria! Ascolta la notizia e decidi se le seguenti informazioni sono vere o false.

|  | Vero | Falso |
|---|---|---|
| 1. La notizia viene da un'edizione regolare del Radiogiornale. | _____ | _____ |
| 2. I dipendenti dell'Alitalia riceveranno 50 euro in più ogni mese. | _____ | _____ |
| 3. I dirigenti di Alitalia non sono contenti. | _____ | _____ |
| 4. Non ci sarà uno sciopero. | _____ | _____ |

Practice Quizzes, Flashcards

SAM Workbook Activities

## PRATICA

 **A In prima pagina.** Quella che vedete nella pagina precedente è la prima pagina del *Corriere della Sera*. Ogni sezione della pagina ha un nome particolare. Lavorate in coppia e cercate, attraverso le definizioni seguenti, di identificare sul giornale le parti indicate. Poi confrontate le vostre risposte con quelle della classe.

**testata:** la parte superiore della prima pagina di un giornale, contenente il nome e l'indicazione dell'anno, della data, del prezzo, ecc.

**notizia d'apertura:** la notizia più importante che appare immediatamente sotto la testata

**titolo:** frase in caratteri grandi che identifica l'argomento o il contenuto di un articolo

**editoriale:** articolo di fondo, per lo più di carattere politico, pubblicato sulla prima pagina di un quotidiano o di un periodico; scritto di solito dal direttore, rispecchia l'indirizzo (*position*) ideologico del giornale; normalmente si trova sul lato sinistro, per chi guarda, della prima pagina e il più delle volte è in corsivo

**occhiello:** frase introduttiva non più lunga di una riga posta sopra il titolo con caratteri più piccoli rispetto a quelli del titolo

**articolo di spalla:** articolo di minore importanza rispetto alla notizia d'apertura ma che compare parzialmente in prima pagina

**vignetta:** piccola illustrazione; scenetta, per lo più di carattere satirico o umoristico, stampata su libri o giornali

**sommario:** una o più frasi poste sotto il titolo che lo spiegano più dettagliatamente e anticipano il contenuto dell'articolo

**B** **Dentro la notizia.** Leggi le notizie qui sotto e per ognuna scegli la categoria sotto la quale dovrebbe andare.

**Categorie:** politica interna, politica estera, cronaca nera, cronaca rosa, spettacolo, sport

1. L'Italia ha vinto sei medaglie d'oro agli ultimi campionati mondiali di nuoto.
2. Catturati due mafiosi mentre viaggiavano in auto verso la frontiera.
3. Domani il matrimonio tra il principe di Galles e la figlia del re di Svezia.
4. Il governo italiano ha deciso di abbassare le tasse sulla benzina.
5. Il concerto di Paolo Conte domani su RAI 2 alle ore 20.30.
6. Incontro tra i leader palestinesi e israeliani per riportare la pace a Gerusalemme.

# Grammatica

 **I** **IL PASSATO PROSSIMO**

The **passato prossimo** expresses a completed past action, usually an action concluded in a precise time frame. The **passato prossimo** is also used to describe a past occurrence whose effects continue in the present.

| | |
|---|---|
| **Ho aspettato** tre ore all'aeroporto. | *I waited at the airport for three hours.* |
| **Sono** sempre **partita** a maggio. | *I've always left in May* (and still do). |

In English, the **passato prossimo** can be expressed in three ways.

**Abbiamo letto** il giornale.
{ *We read the newspaper.*
*We have read the newspaper.*
*We did read the newspaper.*

## A Formazione del passato prossimo

**1** The **passato prossimo** is formed with the present tense of the auxiliary verb **avere** or **essere** plus the past participle of the action verb.

| aspettare | | andare | |
|---|---|---|---|
| ho | | sono | |
| hai | | sei | + andato/a |
| ha | + aspettato | è | |
| abbiamo | | siamo | |
| avete | | siete | + andati/e |
| hanno | | sono | |

**2** Regular past participles are formed by adding the participle ending (**-ato**, **-uto**, **-ito**) to the end of the verb stem.

| Infinito | Desinenza | Participio passato |
|---|---|---|
| aspettare | -ato | **aspettato** |
| ricevere | -uto | **ricevuto** |
| partire | -ito | **partito** |

Most first-conjugation verbs (verbs ending in **-are**) are regular.

**3** Many common second-conjugation verbs (verbs ending in **-ere**) have irregular past participles.

| Infinito | Participio passato | Traduzione |
|---|---|---|
| accendere | acceso | *to turn on (e.g., a light)* |
| accorgersi* | accorto | *to become aware of, to notice* |
| aggiungere | aggiunto | *to add* |
| cogliere | colto | *to gather, to collect, to pick* |
| crescere* | cresciuto | *to grow* |
| cuocere | cotto | *to cook* |
| difendere | difeso | *to defend* |
| dipingere | dipinto | *to paint* |
| dividere | diviso | *to share, to divide* |
| esprimere | espresso | *to express* |
| fingere | finto | *to pretend* |
| mettere | messo | *to put, to place* |
| muovere | mosso | *to move (an object)* |
| nascere* | nato | *to be born* |
| nascondere | nascosto | *to hide* |

| | | |
|---|---|---|
| offendere | offeso | *to offend* |
| piangere | pianto | *to cry* |
| radersi* | rasato, raso** | *to shave oneself* |
| rendere | reso | *to give back, to produce, to result in* |
| ridere | riso | *to laugh* |
| rimanere* | rimasto | *to stay* |
| scegliere | scelto | *to choose* |
| scendere | sceso | *to descend* |
| spegnere | spento | *to turn off, to extinguish* |
| spingere | spinto | *to push* |
| stendere | steso | *to hang, to lay out, to stretch* |
| svolgere | svolto | *to develop* |
| togliere | tolto | *to take away* |
| uccidere | ucciso | *to kill* |
| valere* | valso | *to be worth* |
| vincere | vinto | *to win* |

\* Verbs followed by an asterisk (\*) here and in the following table are conjugated with **essere**.
\*\* The past participle **raso** is rarely used. It is preferable to use the past participle of **rasarsi**, which is **rasato**.

See the Verb Appendix for a more complete list of verbs with irregular past participles.

4 Some third-conjugation verbs (verbs ending in -**ire**) also have irregular past participles.

| Infinito | Participio passato | Traduzione |
|---|---|---|
| aprire | aperto | *to open* |
| coprire | coperto | *to cover* |
| dire | detto | *to say, to tell* |
| morire | morto* | *to die* |
| offrire | offerto | *to offer* |
| scoprire | scoperto | *to discover* |
| soffrire | sofferto | *to suffer* |
| venire | venuto* | *to come* |

### B Verbi transitivi e intransitivi

1 When an object (a person, thing, or animal) receives the action of the verb, the verb is transitive. Most transitive verbs are conjugated with **avere**.

| SUBJECT (PERFORMS ACTION) | VERB (EXPRESSES ACTION) | OBJECT (RECEIVES ACTION) |
|---|---|---|
| Luca | ha comprato | *La Gazzetta dello Sport.* |
| *Luca* | *bought* | La Gazzetta dello Sport. |

| Prima di uscire, Lucia **ha spento** le luci in redazione. | *Before leaving, Lucia **turned out** the lights in the editorial office.* |
|---|---|
| Cento giornalisti **hanno coperto** il vertice a Genova. | *One hundred journalists **covered** the summit meeting in Genoa.* |

A direct object may be implied rather than expressed: **Ho già mangiato** implies that food was eaten without naming it.

2. An intransitive verb expresses a state of being and/or a change of location. An intransitive verb never takes a direct object. Nearly all intransitive verbs are conjugated with **essere**, and their past participles therefore, agree in gender and number with the subject of the sentence.

| **Siamo andati** a Bologna ieri. | *We went to Bologna yesterday.* (change of location) |
|---|---|
| Lo scrittore **è morto** a 94 anni. | *The writer **died** at age 94.* (state of being) |
| **È diventata** professoressa nel 1998. | *She **became** a professor in 1998.* (state of being) |
| Quel discorso **è durato** un'ora. | *That speech **lasted** an hour.* (state of being) |

3. Reflexive verbs, both transitive and intransitive, are always conjugated with **essere**.

| **Mi sono messo** la cravatta per andare al loro matrimonio. (*trans.*) | *I put on a tie to go to their wedding.* |
|---|---|
| I due giornalisti **si sono sposati** dopo tre anni di fidanzamento. (*intrans.*) | *The two journalists **got married** after a three-year engagement.* |

4. A few verbs of movement are conjugated with **avere**, as are some verbs that do not take a direct object.

| Verbi di movimento coniugati con *avere* | | Verbi senza oggetto diretto coniugati con *avere* | |
|---|---|---|---|
| camminare | ho camminato | dormire | ho dormito |
| giocare | ho giocato | ridere | ho riso |
| nuotare | ho nuotato | riposare | ho riposato |
| passeggiare | ho passeggiato | sbadigliare (*to yawn*) | ho sbadigliato |
| sciare | ho sciato | sorridere | ho sorriso |
| viaggiare | ho viaggiato | starnutire (*to sneeze*) | ho starnutito |

**5** Some verbs, such as **piovere** and **nevicare**, are conjugated with either **essere** or **avere** as the auxiliary verb, with no change in meaning. Other verbs have a change in meaning, depending on whether they are conjugated with **essere** or **avere**.

**a.** The following verbs generally take **avere** but when they are used in an intransitive sense and a direct object is not expressed or is not implied, they take **essere**.

| | |
|---|---|
| cambiare | cominciare |
| finire | iniziare |
| migliorare | peggiorare |
| salire | scendere |
| terminare | trascorrere |

| | |
|---|---|
| **Ho cominciato** i miei compiti all'1.00. | *I started my homework at 1 o'clock.* |
| Lo sciopero **è cominciato** alle 2.00. | *The strike **began** at 2 o'clock.* |
| **Ha** già **finito** il progetto. | *He/She already **finished** the project.* |
| Lo spettacolo **è finito** a mezzanotte. | *The show **ended** at midnight.* |
| Caterina **ha peggiorato** la situazione. | *Caterina **made** the situation worse.* |
| Da quando è arrivata Francesca, tutto **è peggiorato**. | *Since Francesca **arrived**, everything **got worse**.* |
| **Ho salito** le scale. | *I **climbed** the stairs.* |
| **Sono salita** sul treno. | *I **got on** (**boarded**) the train.* |
| **Abbiamo sceso** le scale. | *We **went down** the stairs.* |
| **Siamo scesi** dall'aereo. | *We **got off** the plane.* |
| **Hanno cambiato** casa. | *They **moved** (to a different house).* |
| **Sono cambiati** i tempi. | *Times **have changed**.* |

**b.** **Correre** and **volare** take **essere** when a point of departure or a point of arrival is stated; otherwise they take **avere**.

| | |
|---|---|
| **Ha** mai **corso** una maratona? | *Has he/she ever **run** a marathon?* |
| **È corso** a casa loro. | *He **ran** to their house.* |
| **Ho** sempre **volato** con Alitalia. | *I've always **flown** Alitalia.* |
| Anche loro **sono volati** da Roma. | *They also **flew** from Rome.* |

**c.** **Passare** takes **essere** when the meaning is *to stop by* or *to go by*. It takes **avere** in all other situations.

| | |
|---|---|
| **Hanno passato** l'estate al mare. | *They **spent** the summer at the seashore.* |
| **Siamo passati** da loro ieri sera. | *We **stopped** by their house last night.* |

**Il passato prossimo di** *dovere, volere, potere*

**1** The modal verbs **dovere**, **volere**, and **potere** may take either **avere** or **essere** when followed by an infinitive. If the infinitive is transitive, the auxiliary is **avere**. If it is intransitive, the auxiliary is **essere** and the past participle agrees with the subject in gender and number. If there is no infinitive, **avere** is used. In spoken Italian, **avere** is acceptable in both cases.

Transitivo

| | |
|---|---|
| Non ho potuto **prenotare** un albergo. | *I couldn't **reserve** a hotel.* |
| Ha dovuto **fare** un abbonamento per quel mensile. | *He/She had **to subscribe** to that monthly publication.* |

Intransitivo

| | |
|---|---|
| Non sono voluta **andare** in Spagna. | *I didn't want **to go** to Spain.* |
| L'inviata non è potuta **tornare** nel tempo previsto. | *The correspondent couldn't **return** as planned.* |

**2** Using **volere**, **potere**, or **dovere** in the **passato prossimo** signifies that the action one wanted, was able, or needed to perform was, in fact, completed. If the action was not completed, or it is unclear whether or not it was, the imperfect is used. **Dovere**, when used in the imperfect, means *was supposed to.**

| | |
|---|---|
| **Ha voluto** vedere il Colosseo. | ***He wanted** to see the Colosseum.* |
| **Voleva** andare alla conferenza ma **ha dovuto** lavorare. | ***He wanted** to go to the conference but **he had** to work.* |
| **Siamo dovuti** tornare all'edicola. | ***We had** to go back to the newsstand.* |
| **Dovevamo*** lavorare ma invece abbiamo guardato la TV. | ***We were supposed** to work but instead we watched TV.* |
| L'inviato **ha potuto** intervistare i superstiti. | *The correspondent **was able** to interview the survivors.* |
| Come **potevo** saperlo? | *How **could I** know it?* |

**3** When the pronoun follows the infinitive, the auxiliary verb is **avere**:

| | |
|---|---|
| Non **ho** potuto iscriver**mi** a quel corso. | *I wasn't able **to enroll** in that course.* |

When a reflexive pronoun precedes the modal verb, the auxiliary verb is **essere**:

| | |
|---|---|
| Non **mi sono** potut**a** iscrivere a quel corso. | *I wasn't able to enroll in that course.* |

**4** **Desiderare**, **sapere**, and **preferire** function like **volere**, **dovere**, and **potere** in that they immediately precede an infinitive without a preposition. These verbs are always conjugated with **avere**.

| | |
|---|---|
| **Ho desiderato** conoscerlo. | *I wanted to meet him.* |

---

* **Sapere** and **conoscere** also have different meanings when used in the **passato prossimo** and in the **imperfetto**. Esempio:

| | |
|---|---|
| Solo ieri **ho saputo** dell'intervista. | *Only yesterday **I found out** about the interview.* |
| **Sapeva** scrivere articoli divertenti. | ***She/He knew** how to write entertaining articles.* |
| **Abbiamo conosciuto** Marta ieri. | *Yesterday **we met** (for the first time) Marta.* |
| **Conoscevo** quel giornalista. | *I **knew** that journalist.* |

**A** **È successo ieri.** Trasforma le seguenti frasi al passato prossimo.

1. La giornalista torna dall'ufficio alle tre di notte.

2. I miei amici leggono il *Corriere della Sera*.

3. Voi decidete di scioperare.

4. Le emittenti italiane trasmettono film stranieri.

5. Io e Gianni Minà andiamo a Cuba e intervistiamo Fidel Castro.

6. La sezione di cronaca rosa presenta il matrimonio di personaggi famosi.

7. I telegiornali della sera sono i più seguiti.

8. Tu rimani all'estero per molto tempo.

 **B** **Al casinò a Forte dei Marmi.** Raccontate questa storia di cronaca a un vostro compagno/una vostra compagna di classe.

1. Ieri la vicenda **svolgersi** a Forte dei Marmi.

2. La vicenda **cominciare** quando Giampaolo Bellini di Follonica **decidere** di tentare ancora la fortuna.

3. **Entrare** nel casinò e **iniziare** a giocare e a perdere.

4. Poi **vedere** una signora anziana che **vincere** mille euro.

5. La donna **allontanarsi** dalle *slot machines* e **mettere** la vincita nella borsa.

6. A questo punto Bellini **avere** un'idea non troppo intelligente: **dare** alla vecchia uno spintone e **cercare** di prendere la sua borsa.

7. Lei **cadere** per terra e tutti i soldi **volare** in aria.

8. Tutti **correre** ad aiutarla e Giampaolo Bellini **perdere** non solo i soldi ma anche la libertà.

**C** **Cronaca rosa: le vacanze del portiere Santini.** Completa l'articolo con la forma corretta del passato prossimo dei verbi tra parentesi.

La scorsa settimana tutti al mare _____ (potere) vedere il famoso Roberto Santini girare per le città adriatiche con un nuovo amore, Valeria Baldini, figlia del noto chirurgo degli atleti a Roma, Romolo Baldini. Sulla rottura del fidanzamento del famoso portiere con la fidanzata precedente, la famosa modella Claudia Betti, la Baldini _____ (dire): «Quando Roberto _____ (trovare) Claudia con un altro, non _____ (riuscire) a perdonarla. Ovviamente, io lo _____ (aiutare) a dimenticarla. Siamo felicissimi e nei giorni passati noi _____ (divertirsi) molto. _____ (trascorrere) una settimana in barca prima di venire qui a Rimini dove _____ (decidere) di dedicarci al relax e all'amore». Infatti, il fotografo _____ (scattare) molte foto dei due innamorati che _____ (confermare) le parole della Baldini.

**D** **L'hai mai fatto?** A coppie, fatevi le seguenti domande usando la forma corretta del passato prossimo dei verbi tra parentesi. Attenzione all'ausiliare.

1. Tu _____ (volare / mai) con Alitalia?

2. _____ (nevicare / mai) nei Caraibi?

3. Tu _____ (avere / mai) l'abbonamento a qualche rivista?

4. Tu ed i tuoi amici _____ (salire / mai) sulla Torre di Pisa?

5. Tu _____ (volare / mai) a Roma o a Milano?

6. Il costo delle tasse universitarie _____ (scendere / mai) così tanto?

7. La lezione _____ (durare / mai) due ore?

8. Gli studenti non _____ (protestare / mai) contro le regole dell'università?

**E** **Le notizie.** A coppie, parlate di alcuni fatti che sono successi negli ultimi giorni e che sono stati riportati dai mass media. Fate una lista degli avvenimenti (minimo cinque). Indicate cosa, quando e dove è successo. Poi paragonate la vostra lista a quella degli altri.

**F** **Lo scorso weekend.** In gruppi di tre o quattro, fate una lista di minimo sei cose che avete voluto, dovuto o potuto fare durante il weekend. Usate sia i verbi transitivi sia i verbi intransitivi. Poi paragonate quello che avete fatto a quello che hanno fatto i vostri compagni di classe.

**ESEMPIO**

> *Ho dovuto leggere un articolo per lavoro.*

**G** **Cronaca nera: un furto di notte.** Studiate le vignette che seguono e poi, in gruppi di quattro, raccontate quello che è successo. Potete usare alcune delle parole qui suggerite: **curatrice**, **tetto**, **furto**, **staccare**, **scivolare**, **disfare**, **caricare**, **rubare**, **scappare**, **aprire**, **scoprire**…

Practice Quizzes, Flashcards

SAM Workbook Activities

**L'IMPERFETTO**

The imperfect tense (**l'imperfetto**) is used to describe past actions and states of being that lasted for an extended and often unspecified period of time. In English, ongoing actions and states are often expressed with *used to* or *was / were* + the *-ing* form of the verb.

 **Formazione dell'imperfetto**

The imperfect is formed by adding the characteristic endings to the stem of the verb.

| telefonare | leggere | capire |
|---|---|---|
| telefon**avo** | legg**evo** | cap**ivo** |
| telefon**avi** | legg**evi** | cap**ivi** |
| telefon**ava** | legg**eva** | cap**iva** |
| telefon**avamo** | legg**evamo** | cap**ivamo** |
| telefon**avate** | legg**evate** | cap**ivate** |
| telefon**avano** | legg**evano** | cap**ivano** |

Only a few verbs are irregular in the imperfect.

| essere | dire | fare | bere | produrre* |
|---|---|---|---|---|
| ero | dicevo | facevo | bevevo | producevo |
| eri | dicevi | facevi | bevevi | producevi |
| era | diceva | faceva | beveva | produceva |
| eravamo | dicevamo | facevamo | bevevamo | producevamo |
| eravate | dicevate | facevate | bevevate | producevate |
| erano | dicevano | facevano | bevevano | producevano |

* **Produrre** is a model for the **-urre** verbs that follow this pattern: **condurre**, **ridurre**, **tradurre**, etc.

Note that **avere** is regular in the imperfect.

 **Usi dell'imperfetto**

The imperfect is used in the following ways:

**1** To describe weather, background settings, and characteristics of people and things

| | |
|---|---|
| Quel giorno il sole **splendeva**, gli uccelli **cantavano** e tutto **sembrava** perfetto. | *That day the sun **was shining**, the birds **were singing**, and everything **seemed** perfect.* |
| Da ragazza, Marisa **era** molto curiosa. | *As a young girl, Marisa **was** very curious.* |

**TEMPORALI E NEVE AL NORD** — Ieri, per chi si trovava sulle strade delle Alpi, non è stata una buona giornata. Le grandi nevicate dei giorni precedenti avevano già reso il controllo delle auto quasi impossibile. A questo si è aggiunta nuova neve, che continuava a cadere sui poveri automobilisti, e che ha dato al paesaggio intorno un'atmosfera da paese nordico. Se faceva brutto ieri, non possiamo nemmeno aspettarci un miglioramento per oggi. Neve e pioggia continueranno infatti fino al prossimo venerdì.

**2** To describe ongoing past actions

Ieri **a quest'ora** riscrivevo **ancora** l'articolo.

*At this time yesterday, I was still rewriting the article.*

**3** To describe an ongoing action that is interrupted by another action

**Mentre** l'annunciatore **parlava**, è arrivata una notizia dell'ultima ora.

*While the announcer was talking, a news flash came in.*

**Leggevo** Panorama quando qualcuno ha bussato alla porta.

*I was reading Panorama when someone knocked at the door.*

Note that the interrupting action is expressed by the **passato prossimo**.

**4** To describe habitual and/or repeated actions often signaled by key words such as **ogni, sempre, spesso, tutti i giorni**, and **di solito**

Quando **ero** piccola, tutti i giorni **accompagnavo** mio padre al bar, dove lui **leggeva** il giornale e io **leggevo** fumetti.

*When I was little, every day I went to the bar with my father where he read the newspaper and I read comics.*

**5** To describe simultaneous actions, often signaled by **mentre**

Mentre lei **scriveva**, lui **guardava** il telegiornale.

*While she was writing, he was watching the news.*

**6** To specify age

Quando Tommaso **aveva** sei anni, **abitava** in Turchia.

*When Tommaso was six years old, he lived in Turkey.*

**7** To specify times of day, dates, and seasons

**Erano** le undici quando sono tornata a casa.

*It was 11 o'clock when I got home.*

**8** To describe mental and physical states

Lui **credeva** di essere molto intelligente.

*He believed he was very intelligent.*

Non ha dormito ed **aveva** mal di testa.

*He didn't sleep and had a headache.*

**9** As an alternative to the conditional in polite requests

Scusi, le **volevo** chiedere
un'informazione.

*Excuse me. **I wanted** to ask you
for some information.*

## PRATICA

**A** **Quando eri ragazzo/a...** Completa le seguenti frasi con la forma corretta
dell'imperfetto dei verbi tra parentesi e poi con un compagno/una compagna,
rispondete alle domande.

1. Quando eri ragazzo che cosa _____ (fare) spesso d'estate?

2. Tu _____ (andare) al mare con gli amici?

3. I tuoi amici _____ (giocare) sempre a calcio?

4. Tu e la tua famiglia _____ (mangiare) al ristorante?

5. Dopo aver mangiato, tu _____ (dovere) aspettare prima di fare il
   bagno?

6. A che ora tutti _____ (rincasare)?

7. La tua famiglia _____ (guardare) tanti film?

8. I tuoi amici del cuore _____ (fare) il tifo per una squadra di
   football?

 **B** **Un'intervista.** A coppie, prima formulate delle domande con gli elementi
dati e poi intervistatevi a vicenda sulle abitudini che avevate al liceo usando
l'imperfetto.

**ESEMPIO**

cosa / leggere / per divertimento
**St. 1:** Cosa leggevi per divertimento quando frequentavi il liceo?
**St. 2:** Leggevo spesso *La Gazzetta dello Sport* quando frequentavo il liceo.

1. chi / essere / scrittore preferito

2. leggere / già il giornale

3. i tuoi insegnanti / piacerti

4. suonare / uno strumento

5. i tuoi genitori / permetterti / di guidare la macchina

6. lavorare / dopo la scuola o durante il weekend

7. cosa / sognare / di diventare

8. fare / dello sport

**C Il primo anno all'università.** A coppie, formate domande e risposte secondo l'esempio. Intervistatevi sui problemi che avete dovuto affrontare durante il primo anno di università. Poi presentate alla classe gli aspetti positivi e negativi dell'esperienza dell'intervistato.

**ESEMPIO**

mangiare bene in mensa

**St. 1:** Mangiavi bene in mensa?

**St. 2:** No, non mangiavo bene in mensa.

*o* Sì, mangiavo abbastanza bene in mensa.

1. vivere vicino a casa
2. pagare molto d'affitto
3. andare all'università in autobus
4. impiegare (*to take*) poco tempo ad arrivare all'università
5. sentirsi a proprio agio durante le lezioni
6. uscire spesso con gli amici
7. arrivare in orario per l'inizio della lezione
8. dover studiare fino a tardi

**D Cane salva un bambino.** Completa il brano con la forma corretta del passato prossimo o dell'imperfetto.

Ieri io _____ (leggere) sul giornale un articolo che mi _____ (commuovere). _____ (essere) la storia di un cane che aveva salvato (*had saved*) la vita a un bambino che _____ (giocare) vicino alla piscina. A quanto pare, il bambino, che _____ (avere) soli due anni, _____ (uscire) di casa all'insaputa di (*unnoticed by*) tutti. _____ (avvicinarsi) alla piscina e _____ (cercare) di fare andare la sua barchetta. All'improvviso, il bambino _____ (cadere) in piscina e ovviamente non _____ (sapere) nuotare. Il cane _____ (cominciare) ad abbaiare in modo pazzesco e _____ (chiedere) di uscire. Quando la mamma _____ (fare) uscire il cane, lui _____ (correre) alla piscina, _____ (saltare) dentro ed _____ (tirare) fuori il bambino che _____ (essere) scioccato ma sano e salvo.

**E Un momento nostalgico.** Lavori per un settimanale dedicato agli animali e il tuo redattore capo ti ha chiesto di trovare una buona storia. Intervista un tuo compagno/una tua compagna chiedendogli/le di parlare di un animale importante nella sua adolescenza. L'intervistato/a descriverà l'animale parlando delle sue caratteristiche e di cosa facevano insieme.

**ESEMPIO**

*Avevo un cane che si chiamava Garibaldi. Garibaldi ed io giocavamo tutti i giorni. Era un cane molto affettuoso...*

**F Un articolo d'interesse generale.** In gruppi di quattro, componete un articolo su un argomento che interessa a tutti per il giornale della vostra università. Dovete descrivere una situazione che merita di essere pubblicata perché influenza la vita studentesca. Ad esempio, può trattarsi di una manifestazione o protesta degli studenti, di un/un'atleta straordinario/a o di una squadra dell'università, oppure dell'amministrazione dell'università. Usate l'imperfetto e il passato prossimo.

Practice Quizzes,
Flashcards,
**Raccontami una storia**

SAM Workbook
Activities

# Biblioteca

## PRE-LETTURA

 **A** A coppie, guardate la foto e l'articolo, cercando di capirne il contenuto dal formato. Provate a rispondere alle seguenti domande.

1. Chi?
2. Dove? (Quale città?)
3. Dove vanno?
4. Qual è l'argomento principale?
5. Chi protesta?
6. Per quanto tempo è durato?

 **B** In gruppi di tre, rispondete alle seguenti domande e in seguito parlatene con i compagni di classe.

1. Come sono le scuole pubbliche nelle vostre città?

2. Siete soddisfatti/e della vostra educazione alla scuola superiore (*high school*)? Spiegate le ragioni della vostra risposta.

3. Come reagireste se il governo (1) tagliasse molti fondi per la scuola superiore; e (2) chiudesse corsi e laboratori che ti interessano?

4. Avete mai avuto degli inconvenienti a scuola dovuti al taglio o alla mancanza di fondi?

5. Cosa pensate dell'idea di fare sciopero? Secondo voi, è uno strumento valido oppure no?

6. Elencate i vantaggi e gli svantaggi delle scuole pubbliche e di quelle private.

| Vantaggi | Svantaggi |
| --- | --- |
|  |  |
|  |  |
|  |  |

## Sciopero studenti superiori sabato 13 novembre

### GLI STUDENTI: PER FAR VALERE I NOSTRI DIRITTI

«NOI STUDENTI DELLE SCUOLE superiori aquilane ci stiamo muovendo per far valere i nostri diritti». Esordiscono[1] così gli studenti delle scuole superiori dell'Aquila. «Partiamo con il parlare della situazione scolastica nazionale. Il primo punto sul quale vogliamo discutere, sono i tagli riguardanti l'ambito[2] scolastico. Il risultato iniziale di questi tagli è stato l'annullamento quasi totale delle ore di laboratorio».

«Ciò significa che — spiegano — ad esempio, un liceo delle scienze applicate (ex liceo scientifico tecnologico, rinomato[3] per la realizzazione di molti esperimenti, che, permettono di comprendere in modo approfondito[4] le materie di studio) non avrà più nulla di applicato. Un secondo punto sono i tagli alle ore di diritto[5], che non ci

permetteranno più di avere un'opinione critica e consapevole sugli avvenimenti quotidiani. La Riforma Gelmini[6] ha apportato[7] una serie di modifiche alle prime classi, non è giusto che noi delle classi superiori, che andiamo ancora con il vecchio ordinamento[8], subiamo[9] anche le nuove modifiche. Sarebbe opportuno essere più chiari e dettagliati nell'informare i Presidi[10] sul da farsi».

«Parlando del territorio aquilano — specificano — facciamo presente che ci sono ancora degli istituti che non posseggono[11] un edificio dove poter svolgere le lezioni. Un nostro diritto è la libertà; libertà di esprimere le opinioni sul futuro della nostra città, sulla ricostruzione del nostro domani, avere un futuro diverso dal 'vivere' nei centri commerciali o dal 'vivere' in una via inondata[12] da bar dove non si può correre, parlare, camminare, urlare. Ma allora dove è la nostra libertà? Dov'è la nostra libertà se qualche preside di qualche istituto crede che lo studente non abbia un cervello per pensare autonomamente? Dov'è la nostra libertà se per queste persone lo studente deve solo subire le angherie[13] e le ingiustizie che gli cadono addosso come piogge tropicali? Ma secondo voi qual è il futuro che immaginano questi

Gli studenti marciano in protesta.

---

1. *they begin*   2. *area*   3. *renowned*   4. *in depth*   5. *civics classes*   6. *educational reforms proposed by the Minister of Education Mariastella Gelmini*   7. *brought about*   8. *regulation* 9. *we undergo*   10. *Principals*   11. *they don't have*   12. *filled*   13. *oppression*

presidi per la nostra nazione? Qualcuno in passato diceva libertà di parola e libertà di pensiero per tutte le classi sociali. Non ricordiamo dove abbiamo letto che la scuola debba essere un punto d'incontro, dove lo scambio di idee e di pensieri deve essere reciproco, sicuramente non all'Itis[14], dove lo scambio di opinioni non esiste. Per questo motivo — concludono gli studenti — noi abbiamo indetto[15] per sabato mattina lo sciopero che partirà alle ore 8.30 da Colle Sapone per terminare in Villa Gioia in quanto sede[16] del Comune dell'Aquila per chiedere un incontro con la massima carica cittadina[17] Massimo Cialente. Noi siamo il futuro di questa città, di questo Stato, ma senza un presente il futuro non sarà mai promettente».

«Sciopero studenti superiori sabato 13 novembre» (13/11/10) http://www.ilcapoluogo.com/site/News/Scuola-e-Giovani/Sciopero-studenti-superiori-sabato-13-novembre

---

14. **Istituto tecnico industriale statale**    15. *called*    16. *headquarters*    17. *mayor*

## COMPRENSIONE

**A** Motivi dello sciopero. A coppie, elencate i motivi per cui gli studenti hanno protestato in strada.

**B** La libertà. In gruppi di due o tre, discutete il concetto di libertà così come viene definito dagli studenti.

**C** Lo sciopero. In gruppi di due o tre, discutete cosa sperano di ottenere gli studenti con lo sciopero.

**D** Dibattito. Dividete la classe in due squadre e preparatevi a dibattere i pro e i contro dello sciopero. Una squadra prende la posizione degli studenti, un'altra prende la parte del governo / dei presidi. Utilizzate le idee che avete già discusso e pensate ad altre ragioni per giustificare la vostra posizione.

**E** Proteste anche alla mensa. Tu e il tuo miglior amico/la tua miglior amica avete sentito molte persone lamentarsi per il servizio mensa alla vostra università. Nonostante le proteste niente è successo. Decidete allora di organizzare uno sciopero per far sapere a tutti quali sono i problemi e per vedere se potete cambiare qualcosa. Completate il seguente dialogo e descrivete quello che è successo. Poi presentatelo in classe.

[        ]: Ciao. Tutto bene? Mi sembri arrabbiato/a.

**Tu:** È per via della mensa. Nonostante i ragazzi siano andati a parlare con il Presidente più di una settimana fa, non è stato fatto nulla.

[        ]: Mmmmh… Ma di cosa vi lamentavate esattamente?

**Tu:** …

# Di propria mano

**PARALLEL WRITING**

Composing your own original written work by imitating a model text is called *parallel writing*. Parallel writing is a method used to familiarize students with the conventions of particular formats, such as a personal essay or a persuasive essay or even the construction of a single paragraph. In parallel writing, the content is original but the student uses the model for guidance in organizing the material. This process provides students with the structure of the model and with methods of effective presentation.

Parallel writing is useful for writing in a foreign language. It can promote fluency in writing by simplifying the task so that you can concentrate on expressing meaning. In this chapter, you are going to write a newspaper article using as a model the conventional news article with which you are familiar. Newspaper articles lend themselves particularly well to parallel writing because their format is succinct and familiar.

## PRE-SCRITTURA

**A** Preparati a scrivere il tuo articolo di cronaca, scegliendo uno dei seguenti titoli.

**L'Italia sconfigge (*defeats*) la Francia: campioni del mondo 2006**
**Furto all'Harry's Bar**
**Matrimonio segreto per una delle coppie VIP più famose**
**Gli studenti protestano per i costi troppo alti dell'università**

**B** Scrivi le risposte alle seguenti domande prima di cominciare l'articolo.

1. Chi è il pubblico del tuo articolo?

2. Chi, quando, che cosa, come e perché?

3. Quali sono le informazioni più importanti che devono andare all'inizio dell'articolo?

4. Chi puoi citare? (Per non esprimere opinioni personali, puoi usare cose scritte / dette da altri.)

## SCRITTURA

 Writing Tips

Imitando il formato di un articolo in un quotidiano, usa le informazioni raccolte nelle tue risposte per sviluppare una storia che rispecchi il titolo che hai scelto. Non dimenticare di usare costruzioni e vocabolario semplici.

Prima di consegnare l'articolo all'insegnante, rileggilo per correggere errori di grammatica e ortografia e per determinare se hai bisogno di chiarire dei dettagli.

## Block Notes

In questo capitolo hai scoperto alcuni aspetti del panorama giornalistico in Italia. Tenendo in considerazione le letture fatte, l'esercizio Web e la discussione in classe, rifletti sui seguenti punti.

1. Parla degli aspetti del giornalismo italiano che più ti hanno colpito.

2. Paragona la prima pagina di un giornale italiano a quella del quotidiano del tuo Paese che leggi di solito.

3. Al di là dei quotidiani, in Italia esistono numerose riviste settimanali e mensili che si occupano di politica, spettacolo, sport ed altro. Scegline una del tuo Paese che leggi abitualmente e descrivine le caratteristiche (titolo, copertina, uso di immagini, contenuto, ecc.).

# Nel mondo dei grandi

## PIETRO VERRI E IL CAFFÈ

QUANDO SI PARLA DI PERIODICI ITALIANI, il primo nome che viene in mente è quello di Pietro Verri il quale, unitamente al fratello Alessandro e agli amici dell'Accademia dei Pugni[1], tra cui Beccaria e Longo, diede vita a *Il Caffè*, la più prestigiosa rivista dell'Illuminismo italiano. Con «Illuminismo» s'intende il periodo che va grossomodo[2] dagli inizi del XVIII secolo fino alla rivoluzione francese (1789–1799) che esaltava i principi di libertà, uguaglianza e fratellanza, e in seguito alla quale si assistette a numerosi cambiamenti in svariati campi, da

Cubolmages srl/Alamy

quello dei diritti umani a quello scientifico, con un forte sviluppo del pensiero razionale (che «illumina» la via del progresso) in chiara opposizione a quello religioso che aveva tenuto l'uomo nelle tenebre della superstizione.

Pietro Verri nasce a Milano nel 1728 da genitori appartenenti alla nobiltà milanese. Economista, soldato e uomo politico, Pietro Verri è ricordato soprattutto per *Il Caffè*, una rivista che cercava di portare avanti numerose riforme in campo economico e sociale. La rivista uscirà ogni dieci giorni, dal giugno del 1764 fino al maggio del 1776, per un totale di settantaquattro numeri[3]. Il titolo della rivista è fondamentale per capire il nuovo mondo in cui operava la cultura italiana di quegli anni ed anche per proiettarci al Novecento quando i caffè, come il Giubbe Rosse di Firenze, diventeranno i veri centri delle discussioni letterarie non solo italiane ma anche europee. Dalla corte rinascimentale ai salotti del primo Settecento ogni periodo ha avuto il suo luogo letterario-culturale: per l'Illuminismo questo luogo sarà sicuramente il caffè. Non si può infatti dimenticare che il giornale di Verri nasce in contemporanea alla grandissima diffusione delle botteghe del caffè in tutta Europa. E nei caffè esistono tutte le prerogative per dar vita ad un giornale vivo[4], al passo con i tempi, perché rappresentano il punto d'incontro e di discussione tra ceti[5] diversi e quindi tra quelle forze capaci di portare avanti le richieste riformiste che vengono presentate dal giornale stesso. Un aspetto altrettanto importante de *Il Caffè* fu la sua battaglia contro il purismo linguistico che risultava spesso d'ostacolo[6] alla diffusione della cultura e delle idee. Uno degli slogan del giornale era infatti «Cose e non parole», per cui non era sufficiente riprodurre la realtà ma bisognava immergersi in essa e saperla appunto «illuminare» per tutti. Anche in questo Pietro Verri, che morirà a Milano nel 1797, era stato capace di vedere nel futuro di quella che diventerà la lingua letteraria italiana una volta superate le resistenze puriste che proteggevano il toscano letterario.

1. *illuministic cultural institution*  2. *approximately*  3. *issues*  4. *up-to-date*  5. *social classes*  6. *obstacle*

## TRACCE DI RICERCA

  Web Links

I luoghi della letteratura
L'Illuminismo italiano

I giornali italiani
I caffè letterari

# Dizionarietto

CD 1
13-17

a vicenda *in turn*
abbaiare *to bark*
abbassare *to lower*
abbonamento *subscription*
accendere (*p.p.* acceso) *to turn on (a light)*
accorgersi (*p.p.* accorto) *to become aware of, to notice*
aggiungere (*p.p.* aggiunto) *to add*
allontanarsi *to move away from*
argomento *subject, topic*
avvicinarsi *to approach*
battaglia *battle, fight*
bussare alla porta *to knock on the door*
canale (*m.*) *channel*
caricare *to load*
chiarificare / chiarire *to clarify*
citare *to cite, to quote*
cogliere (*p.p.* colto) *to gather, to collect, to pick*
collegarsi a Internet *to connect to the Internet*
commuovere (*p.p.* commosso) *to move (emotionally)*
compagnia di bandiera *national-flag airline*
conduttore *anchorman*
conduttrice *anchorwoman*
consegnare *to turn in, to hand over*
copertina *cover*
coppia di fatto *unmarried couple living together*
crescere (*p.p.* cresciuto) *to grow*
cronaca *news*
cronaca nera *crime news*
cronaca rosa *celebrity news*
cronista *reporter*
cuocere (*p.p.* cotto) *to cook*
curare *to take care of*
curatore/curatrice *curator*
difendere (*p.p.* difeso) *to defend*
dipingere (*p.p.* dipinto) *to paint*
diritto *right*
dividere (*p.p.* diviso) *to share, to divide*
edicola *newsstand*
editoriale (*m.*) *editorial*
edizione straordinaria *special edition*
emittente (*f.*) *television station*
esprimere (*p.p.* espresso) *to express*

fingere (*p.p.* finto) *to pretend*
fonte *source*
fotoreporter *news photographer*
fumetto *comic (strip)*
furto *robbery*
giornalista *journalist*
intervistare *to interview*
inviato/a *correspondent*
mensa *cafeteria*
mensile *monthly publication*
mettere (*p.p.* messo) *to put, to place*
muovere (*p.p.* mosso) *to move (an object)*
nascere (*p.p.* nato) *to be born*
nascondere (*p.p.* nascosto) *to hide*
notiziario *newscast*
notizie (*f. pl.*) *news*
offendere (*p.p.* offeso) *to offend*
periodico *magazine, newspaper*
piangere (*p.p.* pianto) *to cry*
piuttosto *rather*
portiere (*m.*) *goalkeeper*
programma *program*
quotidiano *daily newspaper*
radersi (*p.p.* rasato) *to shave oneself*
raggiungere *to reach*
reagire *to react*
redattore/redattrice *editorial staff person*
redattore capo/redattrice capo *editor-in-chief*
redazione *editorial office, editing*
rendere (*p.p.* reso) *to give back, to produce, to result in*
rete *channel, network*
riassumere (*p.p.* riassunto) *to summarize*
richiesta *request*
ridere (*p.p.* riso) *to laugh*
ridotto *reduced*
rimanere (*p.p.* rimasto) *to stay*
rincasare *to return home*
riportare *to take back, to achieve, to report*
rispecchiare *to reflect*
riuscire *to be able to, to succeed*
rivista *magazine*
rottura *breakup*
rubare *to steal*
sbadigliare *to yawn*

scadenza *deadline, due date*
scattare (una foto) *to take a picture*
scegliere (*p.p.* scelto) *to choose*
scendere (*p.p.* sceso) *to descend*
schermo *screen*
scioccato *shocked*
sciogliere (*p.p.* sciolto) *to break up, to dissolve*
sciopero *strike*
scivolare *to slip, to slide*
settimanale *weekly magazine or newspaper*
sfogliare *to leaf through*
solito *usual*
spegnere (*p.p.* spento) *to turn off, to extinguish*
spintone *shove*
staccare *to remove, to detach*
starnutire *to sneeze*
stendere (*p.p.* steso) *to hang, to lay out, to stretch*
superare *to overcome, to pass*
sviluppare *to develop*
svolgere (*p.p.* svolto) *to develop, to carry out*
telegiornale *newscast*
tenebre (*f. pl.*) *darkness*
tenersi aggiornato/tenersi aggiornata *to keep oneself up-to-date*
tentare *to try, to attempt*
testata *masthead*
tifo (fare il) *to be a fan*
togliere (*p.p.* tolto) *to take away*
trascorrere (*p.p.* trascorso) *to pass, to spend*
trasmissione *transmission, program*
uccidere (*p.p.* ucciso) *to kill*
valere (*p.p.* valso) *to be worth*
vicenda *event*
vignetta *cartoon*
vincere (*p.p.* vinto) *to win*
vincita *win, winnings*

## LE VOSTRE PAROLE

# Terra di vitelloni e casalinghe?

# Per comunicare

- Indicare luoghi
- Discutere relazioni interpersonali
- Discutere problematiche legate ai ruoli dell'uomo e della donna

 **INTERNET CAFÉ**

**INDIRIZZO:** www.cengage.com/italian/ponti

**ATTIVITÀ:** Un nome… per sempre?

**IN CLASSE:** Stampa il significato del tuo nome italiano, portalo in classe e presentalo ai tuoi compagni.

 Web Search Activity

**RESOURCES**
Audio    Web    SAM Workbook

◀ Donne in divisa: una vigilessa dà indicazioni a un anziano

David R. Frazier Photolibrary

# Ponti sul primo anno

Take the following quick assessment and check your answers in the answer key found on the *Ponti* website to determine whether you should do further review.

**A Aggettivi dimostrativi.** Inserisci la forma corretta degli aggettivi dimostrativi **questo** e **quello** per le seguenti parole.

1. _____  _____ ragazza
2. _____  _____ lavoro
3. _____  _____ doveri
4. _____  _____ bebè
5. _____  _____ soprusi
6. _____  _____ anelli
7. _____  _____ stipendio
8. _____  _____ elettrodomestico

**B Aggettivi e pronomi possessivi.** Usa la forma corretta degli aggettivi e dei pronomi possessivi per completare le frasi seguendo il modello fornito dall'esempio.

**ESEMPIO**

Non mi piace _____ asciugatrice, preferisco _____. (quello)
Non mi piace *quell'*asciugatrice, preferisco *quella*.

1. Non mi comprare _____ ferro da stiro, preferisco _____. (quello)
2. _____ orecchini non vanno bene con il mio abito da sposa. Meglio _____. (questo)
3. Preferisco _____ lavoro part-time a Roma a _____ a tempo pieno a Ostia. (quello)
4. _____ lavastoviglie costa meno di _____. (questo)
5. _____ anello mi va stretto. Posso provare _____ vicino alla collana? (questo)

**C Aggettivi.** Completa il paragrafo con la forma corretta dell'aggettivo tra parentesi.

Paola lavora _____ (tutto) il giorno e alla sera è _____ (stanco). In casa non ha _____ (altro) aiuti, perché vive da _____ (solo) con una bambina _____ (piccolo). I suoi genitori sono _____ (vecchio) e suo fratello Gianpaolo vive lontano da lei. Solo durante il weekend, quando i negozi di suo fratello sono _____ (chiuso), Paola può rilassarsi un po'. Le piace decorare la casa e così, quando la bambina è con suo fratello, va a comprare fiori _____ (fresco) al mercato. La sera di sabato cucina sempre per suo fratello: lei è una _____ (bravo) cuoca e suo fratello è molto _____ (goloso): si potrebbe dire, una coppia _____ (perfetto).

## Terra di vitelloni e casalinghe?

A COMINCIARE DALLA FINE DEGLI ANNI '60, una vera e propria rivoluzione ha sconvolto° i rapporti tra uomo e donna che per secoli erano rimasti consolidati° in Italia. E così, il mito del latin lover italiano o quello della donna-casalinga° hanno bisogno di essere rivisti alla luce della nuova realtà.

*upset, unsettled / solidified, static / housewife*

La donna italiana, dopo secoli di soprusi° e di lotte, da quelle per il voto a quelle per una pari opportunità° lavorativa, negli ultimi trent'anni è riuscita ad entrare in campi che sarebbero stati impensabili fino a pochi decenni fa: il mondo della scienza e della politica, quello degli affari e del sistema giudiziario e, ultimo a cadere, quello militare non sono più campo esclusivo dell'universo maschile. Avendo raggiunto una propria indipendenza economica e psicologica, le donne sono anche riuscite, a poco a poco, a far promuovere leggi sulla famiglia che non le costringono° più ad abbandonare carriera e sogni per prendersi cura° della casa e dei figli.

*abuses*
**pari...** *equal opportunities*

*force*
*to take care of*

David R. Frazier Photolibrary

Tempi che cambiano: un padre con la sua bambina in giro per la città.

L'uomo italiano sembra avere accettato il nuovo ruolo delle donne e sembra anche aver cominciato a prendersi le proprie responsabilità all'interno del nucleo familiare: non è più una novità vedere padri in giro da soli con le carrozzine° o giocare con i figli al parco, come non è più un'eccezione alla regola trovare padri che decidono di stare con i figli a casa per permettere alle mogli di portare avanti la loro carriera lavorativa. Sempre di questi ultimi anni è il fenomeno dei ragazzi padri°, fenomeno pressoché° sconosciuto fino agli inizi degli anni '80.

*baby carriages*

**ragazzi...** *unwed fathers with primary care of children / almost, nearly*

La strada da fare, comunque, è ancora lunga, soprattutto quando si guardi alla vita nei paesini lontani dall'influenza delle grandi città, dove la tradizione sembra opporre una maggiore resistenza.

### DOMANDE

1. Il mito (o lo stereotipo) del latin lover è legato all'uomo italiano. Spesso lo stereotipo della donna è quella della madre in cucina che insiste che tutti mangino! Conosci altri stereotipi su uomini e donne italiani? Quali pensi che siano gli stereotipi all'estero sulla tua cultura?

2. Quali sono alcuni lavori che fino a pochi anni fa sarebbero stati principalmente di competenza (*responsibility*) femminile o maschile nel tuo Paese?

3. Quali sono alcuni dei ruoli che stereotipicamente vengono dati all'uomo e alla donna nell'ambito familiare? Ci sono ancora ruoli decisamente femminili o maschili all'interno della famiglia nella tua cultura?

4. Secondo te, è più facile emanciparsi in una grande città che non in un piccolo paesino? Perché?

5. Porti il cognome di tuo padre, di tua madre o quello di entrambi? Cosa pensi della tradizione italiana di dare ai figli solo il cognome del padre?

 ◄)) Lessico

CD 1
18-21

## LA FAMIGLIA

| | |
|---|---|
| all'antica | old-fashioned |
| il bebè | baby |
| condividere | to share |
| la convivenza | cohabitation |
| convivere | to live together |
| la coppia di fatto | committed couple living together without the benefits of a legal union |
| divorziare | to divorce |
| la ragazza madre | young unwed mother with primary care of children |
| il ragazzo padre | young unwed father with primary care of children |
| il rispetto | respect |
| separarsi | to separate |
| sposarsi | to marry |

## IN CASA

| | |
|---|---|
| l'asciugatrice | clothes dryer |
| la casalinga | housewife |
| l'elettrodomestico | appliance |
| le faccende domestiche | household chores |
| fare il bucato | to do laundry |
| fare la manutenzione auto | to do car maintenance |
| il ferro da stiro | iron |
| lavare i piatti | to wash the dishes |
| la lavastoviglie | dishwasher |
| la lavatrice | washer |
| stirare | to iron |
| tagliare l'erba | to mow the lawn |

## AL LAVORO

| | |
|---|---|
| il lavoro a tempo pieno | full-time work |
| il lavoro part-time | part-time work |
| le pari opportunità | equal opportunity / opportunities |
| la parità | equality |
| la routine | routine |
| lo stipendio | salary, wages |
| l'uguaglianza | equality |

## ALTRE PAROLE ED ESPRESSIONI UTILI

| | |
|---|---|
| il diritto | right |
| la femminista | feminist |
| lecito/a | permissible |
| litigare | to fight (with somebody) |
| lottare | to fight |
| il maschilista | male chauvinist |
| occuparsi di | to be responsible for |
| prendersi cura di | to take care of |
| ribellarsi | to rebel |
| il ruolo | role |
| il sopruso | imposition, injustice |
| il vitellone | self-indulgent young man |
| voler bene a | to be fond of, to love |

70 Capitolo 3   Terra di vitelloni e casalinghe?

**A** Problemi al lavoro e in casa. Completa la conversazione tra Carla e Francesca che escono dall'ufficio e parlano dei problemi al lavoro e in casa. Scegliete fra queste parole qui sotto.

| | | |
|---|---|---|
| a tempo pieno | antica | ragazza madre |
| rispetto | condividerle | part-time |
| litighiamo | maschilista | ho divorziato |
| stira | mi sono ribellata | faccende domestiche |
| ci sposeremo | pari opportunità | soprusi |

**Carla:** Sono proprio stanca. E pensare che ora devo correre a prendere il bambino a scuola e preparargli qualcosa da mangiare. Non è facile, dopo due anni di convivenza, ritrovarsi sola come una _____.

**Francesca:** Lo so. Ci sono troppe responsabilità: il lavoro, i bambini, la casa, la scuola. Forse non sarebbe male avere qualcuno con cui _____.

**Carla:** Forse, ma non è sempre vero. Da quando _____ da Filippo, infatti, mi sembra di avere meno cose da fare.

**Francesca:** Certo, ma Filippo era un uomo un po' all' _____, vero? Mi sembra che avesse le stesse idee di mio nonno per quanto riguarda i ruoli nella famiglia.

**Carla:** Direi proprio di sì. Era impossibile chiedergli di occuparsi delle _____. Con la scusa che lui lavorava _____ e io lavoravo solo _____, la casa e il bambino diventavano qualcosa di mia competenza assoluta. Ma _____ e quando ho visto che lui non voleva cambiare ho deciso di lasciarlo.

**Francesca:** Hai fatto proprio bene. Quando le cose vanno così vuol dire che non c'è _____. Sono tanti anni che noi donne lottiamo per le _____ nel mondo del lavoro e, all'interno del nucleo familiare, non è più lecito accettare i _____ di chi è ancora un _____.

**Carla:** Lo so, lo so. Ma a proposito, come va tra te e Luciano?

**Francesca:** Va perfettamente. Condividiamo ogni cosa, non _____ mai e presto _____.

**Carla:** Ma sei sicura?

**Francesca:** Certo. Dove potrei facilmente trovare un altro uomo che _____ i suoi e i miei vestiti?!?

**Carla:** La solita fortunata…

**B** **Ragazzi padri e ragazze madri.** In questi ultimi anni succede sempre più frequentemente di vedere ragazzi e ragazze che, da soli, devono prendersi cura dei loro figli. Lavorando in coppia, pensate a come cambierebbe la vostra vita se vi trovaste nella medesima (*same*) situazione e a come vi organizzereste sia dal punto di vista del lavoro o dello studio sia da quello della routine familiare.

| | Cosa fate adesso? | Cosa dovreste fare? |
|---|---|---|
| sveglia alla mattina | *Ci svegliamo alle 10.00.* | *Dovremmo svegliarci alle 6.00.* |
| lavori di casa | | |
| tempo libero | | |
| lavoro / studio | | |
| divertimenti serali | | |

**C** **Punti di vista differenti!** Le cose cambiano da generazione a generazione e a volte la comunicazione tra genitori e figli risulta per questo difficile. Con un compagno/una compagna, esaminate cosa pensavano le persone della generazione precedente alla vostra riguardo ai temi suggeriti. Poi dite come la pensate voi.

| | La generazione precedente | La vostra generazione |
|---|---|---|
| divisione dei lavori di casa | | |
| lavoro | | |
| divorzio | | |

**D** **E voi siete all'antica?** Pensate a quali cose vi aspettereste dal vostro/dalla vostra partner e quali invece credete che dovreste fare voi. Poi confrontate le vostre risposte con quelle della classe.

| | Il/La partner | Io |
|---|---|---|
| lavare i piatti | *dovrebbe…* | *dovrei…* |
| fare la spesa | | |
| fare la manutenzione auto | | |
| fare il bucato | | |
| tagliare l'erba | | |

**E** **Le nostre parole.** Pensa a due o tre parole relative all'argomento di questo capitolo che ti sembrano importanti e che non sono presenti nella sezione lessicale. Possono essere parole dall'attività Web, parole contenute nella lettura iniziale o semplicemente parole che ti servono per comunicare meglio. Cercale sul dizionario e presentale in classe spiegando il loro significato in italiano. Poi scrivi le parole che tutti pensano siano importanti nel *Dizionarietto* alla fine del capitolo.

# Radio ponti

**A Prezzi speciali.** Ascolta una conversazione tra due ragazzi e completa le seguenti frasi scegliendo tra le possibilità offerte.

CD 1
22

1. L'offerta speciale dei Megastore Gamma dura _____.
   a. circa due settimane
   b. tutto il mese di luglio
   c. per un weekend

2. La vecchia _____ fa più rumore di un elicottero.
   a. lavastoviglie
   b. asciugatrice
   c. lavatrice

3. Tutti gli elettrodomestici ai supermercati Gamma costano _____.
   a. da 150 a 200 euro
   b. da 200 euro in giù
   c. da 200 euro in su

**B Dove non c'è parità.** Ascolta una notizia del radiogiornale sulle coppie di fatto e decidi se le seguenti informazioni sono vere o false.

CD 1
23

|  | Vero | Falso |
|---|---|---|
| 1. Le coppie di fatto hanno gli stessi diritti di quelle sposate. | _____ | _____ |
| 2. I conservatori sono favorevoli alla nuova proposta. | _____ | _____ |
| 3. Bisogna riscrivere la proposta di legge prima che possa essere approvata. | _____ | _____ |
| 4. Le donne intervistate sono favorevoli alla proposta della sinistra. | _____ | _____ |

Practice Quizzes, Flashcards

SAM Workbook Activities

Donne al lavoro durante la Seconda guerra mondiale in una fabbrica di pasta.

AP Photo

## PRATICA

 **A** **Un passo avanti e due indietro?** Leggi i seguenti brani tratti dal *Corriere della Sera* e da *l'Espresso*. Poi in gruppi, spiegate / discutete come le informazioni presentate da una parte neghino (*refute*) e dall'altra confermino per l'Italia gli stereotipi sui ruoli dell'uomo e della donna. Secondo voi, quali sono gli aspetti positivi e quelli negativi nel lavoro di casalingo/a? Quali sono i pro e i contro tra matrimonio e convivenza? Paragonate le vostre risposte alle risposte degli altri gruppi.

### CASALINGHI NON DISPERATI
#### Il club degli uomini che hanno mollato tutto: siamo quasi 5 mila — Antonella Mariotti

TORINO —«Su in soffitta, giù in cantina. Disfa i letti, vai in cucina. Lava i piatti. Il fuoco accendi. Poi lava, stira e stendi». Ma Cenerentola[1] non abita più qui. Adesso è l'era dei «casalinghi», nel senso di uomini di casa, e tutt'altro che disperati. Sono un bel gruppo di 4.300 riuniti in una sigla e in un «libro manifesto» hanno scritto la loro filosofia di vita: perché le faccende domestiche sono Zen. Parola di AsUC, Associazione Uomini Casalinghi. Fiorenzo Bresciani è il presidente e il fondatore da quando un'estate mentre faceva la «pummarola d'agosto»[2], ha pensato di lasciare la sua attività di commerciante e occuparsi di moglie (medico), casa e figli. E da allora è felice come scrive sul sito Internet www.asuc.it e durante una trasmissione tv, dove con Fabrizio Diolaiuti (autore del libro «Casalinghi e contenti, manuale per sopravvivere alle faccende domestiche» Sperling & Kupfer) spiegano ogni giorno: «Da come si stira a come si lavano i vetri, quanto ci vuole, e che detersivi usare».

---

1. *Cinderella* • 2. *tomato sauce*

# SEMPRE MEGLIO LA CONVIVENZA

## Colloquio con Francesca Zajczyk di Sabina Minardi

«Sposarsi, in sé, è una scelta neutra. Teoricamente può portare vantaggi: le coppie ad alta professionalità, per esempio, hanno la tendenza a sostenersi[1], mettendo in comune esperienze e conoscenze. È quando nascono i figli che tutto cambia, e le disuguaglianze tra uomini e donne diventano enormi». Colpa degli stereotipi di genere, che la sociologa Francesca Zajczyk scardina[2] in «La resistibile ascesa delle donne in Italia». (Il Saggiatore)

*Il matrimonio penalizza le donne in carriera?* «È una situazione ambigua. Anche le donne più realizzate ammettono che la presenza di un compagno è importante dal punto di vista psicologico. Ma questo vale per alti profili[3], dove le disuguaglianze sono colmate[4] dalla possibilità di delegare i compiti femminili ad altri. A chi è invece in una condizione media, sia lavorativa che sociale, il matrimonio non conviene[5], la situazione della donna peggiora. E il lavoro sconta[6] molti compromessi».

*C'è chi lo lascia. Chi cambia, per far fronte alle esigenze familiari. E il senso di colpa aleggia[7] comunque.* «È una questione più generale: l'obiettiva difficoltà di affrontare[8] un faticoso multitasking esistenziale. In più, c'è una percezione sbagliata da parte del mercato del lavoro di una donna con i figli che, generalmente, non è certo sostenuta[9]».

*Gli uomini sembrano trarre vantaggi maggiori dal matrimonio.* «Sì, tutte le ricerche attestano ciò: che un uomo sposato ha un equilibrio complessivo, un ordine nell'organizzazione quotidiana che gli facilita la possibilità di dedicarsi al lavoro. Comunque, non perdono nulla. Bisognerà vedere come peserà, in termini di vantaggi matrimoniali, lo sforzo per ridurre le disuguaglianze che si comincia a vedere nei giovani padri: non è ancora un apporto[10] molto forte, ma testimonia una volontà nuova di condivisione».

*Il matrimonio è tutto da rivedere?* «Il matrimonio come rito normativo è già accantonato[11]. La tendenza dei paesi occidentali è verso la convivenza e la libera decisione di stare insieme. I fatti hanno già scelto per noi».

1. *help each other* • 2. *invalidates* • 3. *people who are highly educated and/or successful* • 4. *filled* • 5. *is not worth it* • 6. *suffers for* • 7. *hovers* • 8. *to face* • 9. *helped* • 10. *contribution* • 11. *set aside*

**B A volte è necessario recuperare.** Nel passaggio da una situazione all'altra, si possono perdere delle cose di valore. In gruppi di tre o quattro, elencate possibili aspetti positivi che possono andare persi (o che sono andati persi) nello sviluppo dei nuovi ruoli dell'uomo e della donna. Spiegate se pensate che sarebbe bene ritornare a come era prima oppure no. Pensate ad almeno quattro situazioni. Presentate le vostre argomentazioni agli altri studenti per verificare se sono d'accordo con voi.

# Grammatica

## I IL TRAPASSATO PROSSIMO

The **trapassato prossimo** expresses an action or state in the past that preceded another named past action or state. The English equivalent uses *had + past participle*:

| | |
|---|---|
| Quando sono arrivati alla conferenza, la scrittrice **aveva** già **presentato** il suo nuovo libro. | *When they arrived at the conference, the writer **had** already **presented** her new book.* |
| Non siamo andati al congresso perché **eravamo andati** l'anno prima. | *We didn't go to the conference because we **had gone** the year before.* |

###  Formazione del trapassato prossimo

The **trapassato prossimo** is formed with the imperfect of the auxiliary verb **essere** or **avere** and the past participle of the action verb. When the auxiliary verb is **essere**, the past participle agrees in gender and number with the subject.

###  Usi del trapassato prossimo

**1** The **trapassato** is often introduced with such expressions as **dopo che**, **appena**, **perché**, **poiché**, **non… ancora**, and **già**, and used in conjunction with the **passato prossimo** and/or **imperfetto**.

| | |
|---|---|
| Lei è arrivata **dopo che** gli ospiti **erano** già **andati** via. | *She arrived **after** the guests **had** already **left**.* |
| **Aveva appena vinto** la partita quando i tifosi hanno cominciato a circondarla. | *She **had just won** the game when the fans began to surround her.* |
| Gli avvocati erano stanchi **poiché erano appena tornati** dal tribunale. | *The lawyers were tired **since they had just returned** from court.* |
| **Non avevo ancora fatto** le faccende domestiche quando i bambini sono tornati da scuola. | *I **hadn't yet done** the household chores when the children got home from school.* |

The adverbs **appena**, **già**, **ancora**, and **mai**, when used with compound tenses, most commonly are placed between the auxiliary verb and the past participle.

**2** The **trapassato** can also be used in an independent clause when the later action is implied but not stated.

| | |
|---|---|
| —Era la prima volta che eravate andati in Italia? | *Was it the first time you went to Italy?* |
| —No, **l'avevamo già visitata** un anno prima. | *No, we **had already visited** it a year earlier.* |

**A** Vita di coppia. Completa la descrizione della vita di Daniele e Rosa usando i verbi fra parentesi al trapassato.

L'anno scorso Daniele e Rosa si sono sposati ed hanno cominciato la loro vita di coppia. Prima di sposarsi Daniele _____ già _____ (laurearsi) ma non _____ mai _____ (lavorare) a tempo pieno mentre Rosa _____ già _____ (trovare) un impiego part-time in banca. Prima del matrimonio, però, loro non _____ mai _____ (dovere) condividere le faccende domestiche e non _____ mai _____ (litigare). Ora le responsabilità sono aumentate, quindi devono concentrarsi su quei progetti che non _____ ancora _____ (realizzare) quando erano single e vivevano con i loro genitori. Per esempio, _____ (loro / pensare) di comprare subito una casa ma adesso aspettano un bambino e quindi non se lo possono più permettere (*can't afford it anymore*).

**B** Prima dell'università. Un amico/Un'amica ti chiede quello che avevi già fatto e quello che non avevi ancora fatto prima di frequentare l'università. Formate domande usando i verbi suggeriti al trapassato prossimo e rispondete alle domande. Se non l'avete mai fatto, usate il passato prossimo nella risposta.

**ESEMPIO**

    abitare da solo/a

    **St. 1:** Avevi già abitato da solo/a?

    **St. 2:** Sì, avevo già abitato da solo/a.

        *o* No, non avevo ancora abitato da solo/a.

        *o* Non ho mai abitato da solo/a.

1. studiare giornalismo

2. pubblicare articoli sul giornale

3. scrivere un racconto breve

4. leggere un romanzo di Antonio Tabucchi

5. andare a San Francisco

6. innamorarsi

7. lasciare il cuore a San Francisco

8. volare su Alitalia

9. decidere cosa studiare all'università

10. sposarsi

**C Ieri sposi!** Ieri Antonella e Francesco si sono sposati in chiesa ma prima della cerimonia religiosa avevano dovuto fare moltissime cose.* Con le informazioni fornite, forma delle frasi con il trapassato descrivendo quello che avevano fatto o non avevano fatto, secondo il modello.

**ESEMPIO**

(Loro) ordinare / i fiori / 14 giugno

*Avevano già ordinato i fiori il 14 giugno.*

o *Non avevano ancora ordinato i fiori il 14 giugno.*

1. (Loro) scegliere i biglietti d'invito / 6 giugno
2. (Lui) andare alla festa di addio al celibato / 2 luglio
3. (Loro) sposarsi in Comune / 30 giugno
4. (Lei) provare il vestito da sposa / 4 luglio
5. (Loro) decidere il posto per il viaggio di nozze / 13 giugno
6. (Loro) comprare gli anelli / 15 giugno
7. (Lei) trovare la chiesa / 20 febbraio
8. (Lui) affittare una discoteca per festeggiare / 7 giugno

 **D Prima di te.** Adesso racconta ad un tuo compagno/una tua compagna di classe cinque avvenimenti d'importanza mondiale che erano già successi prima della tua nascita.

**ESEMPIO**

*L'uomo era già arrivato sulla luna.*

**E Un incontro disastroso.** Completa la seguente storia di Giuseppe inserendo la forma corretta del verbo tra parentesi al passato prossimo, all'imperfetto o al trapassato prossimo, secondo il caso.

Ieri a mezzogiorno io _____ (andare) in centro per incontrare una vecchia amica, Sofia, che _____ (conoscere) otto anni fa. Oggi è un'attrice famosa e non è più molto facile incontrarsi con lei. Quindi io _____ (prenotare) un tavolo nel migliore ristorante della città. Io _____ (arrivare) prima di lei e _____ (sedersi) al bar del ristorante. Siccome lei non _____ (arrivare / ancora), ho deciso di prendere un aperitivo. Mentre _____ (bere) un Martini, _____ (sentire) un rumore fortissimo venire da fuori. Quando _____ (uscire), _____ (vedere) Sofia con intorno almeno 10 o 12 paparazzi che _____ (cercare) di scattarle delle fotografie. Lei _____ (salutare) continuamente i paparazzi. Quando finalmente io _____ (riuscire) a portarla dentro il ristorante i paparazzi ci _____ (seguire). Io _____ (essere) stanco di questa situazione e le _____ (chiedere) se _____ (volere) pranzare in un luogo più tranquillo e lei _____ (dire) sì.

---

* In Italia ci si può sposare in una ceremonia religiosa in chiesa o in una ceremonia civile in Comune.

Quando noi _____ (tornare) alla mia macchina, non _____ (riuscire) più a trovarla. Per la fretta io _____ (parcheggiare) in divieto di sosta (*no parking zone*) e un signore mi _____ (informare) che un carro attrezzi (*tow truck*) _____ (portare) via la mia macchina pochi minuti prima. A quel punto lei mi _____ (guardare) dicendo che _____ (avere) un appuntamento con un famoso produttore. Mi _____ (lasciare) in mezzo alla strada solo come un cane. Una giornata davvero sfortunata!

 Practice Quizzes, Flashcards

 SAM Workbook Activities

## II PREPOSIZIONI SEMPLICI E ARTICOLATE

A preposition specifies the position or relation of something or someone to something or someone else. A preposition can have different meanings in different contexts, and its meaning is typically determined by the words that follow it.

### A Preposizioni semplici

Simple prepositions include: **di, a, da, in, su, con, per, tra,** and **fra.** In general, the uses of **su, con, per,** and **tra / fra** correspond to the uses of their English equivalents. **Di, a, da,** and **in** also have many predictable uses, but some of their idiomatic uses simply have to be memorized.

### B Preposizioni articolate

 When the prepositions **a, di, da, in,** and **su** precede a definite article, they contract to form one word.

| Preposizione | Articolo singolare | | | | Articolo plurale | | |
|---|---|---|---|---|---|---|---|
| | **il** | **lo** | **l'** | **la** | **i** | **gli** | **le** |
| **a** | al | allo | all' | alla | ai | agli | alle |
| **di** | del | dello | dell' | della | dei | degli | delle |
| **da** | dal | dallo | dall' | dalla | dai | dagli | dalle |
| **in** | nel | nello | nell' | nella | nei | negli | nelle |
| **su** | sul | sullo | sull' | sulla | sui | sugli | sulle |

*Note:* **Tra, fra,** and **per** do not combine with the article. **Con** can combine with the articles **il (col)** and **i (coi),** but this construction is not common in modern written Italian.

2 Nouns that take a simple preposition and no article when unmodified usually take a contracted preposition when modified.

| | | |
|---|---|---|
| Doveva incontrare il presidente della compagnia **in** ufficio. | BUT | Doveva incontrare il presidente della compagnia **negli** uffici al decimo piano. |
| Va **a** scuola alle 8.00. | BUT | Va **alla** scuola elementare alle 8.00. |
| Giocano **in** giardino. | BUT | Giocano **nei** giardini pubblici. |

Peanuts © United Feature Syndicate, Inc.

### C La preposizione *di*

**1** **Di** is used to express possession, origin, characteristics, material, and content.

| | |
|---|---|
| Quelli sono i libri **di Alessandro**. (*possession*) | *Those are **Alessandro's** books.* |
| Lui è **di Londra**. (*origin*) | *He is **from London**.* |
| Sono libri **di ottima qualità**. (*characteristics*) | *They are **well-made** books.* |
| Sono **di carta giapponese**. (*material*) | *They are **made with Japanese paper**.* |
| Legge sempre libri **di storia**. (*content*) | *He always reads **history** books.* |

**2** **Essere** + *aggettivo* + **di** + *infinito*. **Di** is used with an adjective and an infinitive to express a feeling about an action.

| | |
|---|---|
| **È contento di avere** il suo nuovo posto di lavoro. | ***He's happy to have** his new job.* |
| **Siamo lieti di conoscervi**. | ***We're happy to meet you**.* |

**3** Certain verbs are followed by the preposition **di** before an infinitive. Some examples are:

| | | | |
|---|---|---|---|
| accorgersi | dichiarare | pensare | trattare |
| consigliare | dimenticarsi | promettere | ricordarsi |
| decidere | finire | occuparsi | vergognarsi |

Quando va in discoteca, non si accorge **di bere** troppo.

*When he goes to the disco, he doesn't realize **that he drinks** too much.*

Ti prometto **di venire** alla festa.

*I promise you **that I will come** to the party.*

**4** Some verbs are followed by the preposition **di** before a noun or a pronoun.

| | | | |
|---|---|---|---|
| accorgersi | innamorarsi | parlare* | soffrire |
| dimenticarsi | intendersi | puzzare | trattare |
| discutere | interessarsi | ricordarsi | vergognarsi |
| fidarsi | occuparsi | ridere | |

Com'è possibile che non **si sia accorta di quel bell'uomo?**

*How is it possible that **she hasn't noticed that good-looking man?***

Mi fido **del mio fidanzato** al cento per cento.

*I trust **my fiancé** 100 percent.*

**D** **La preposizione *a***

**1** **A** + *city*. **A** is typically used with the names of cities and small islands.**

Hanno passato la luna di miele **a Capri**.

*They spent their honeymoon **on Capri**.*

Poi sono andati **a Venezia** per vedere la casa di Casanova.

*Then they went **to Venice** to see Casanova's house.*

**2** **A** is also used with times of day, months[†], meals, and ages.

Hanno mangiato **a mezzogiorno in punto** tutti i giorni. (*time of day*)

*They ate **at noon on the dot** every day.*

Sono partiti **a giugno** e ritornati **a luglio**. (*month*)

*They left **in June** and came back **in July**.*

**A cena** ho mangiato le lasagne al pesto. (*meal*)

***At dinner** I ate lasagna with pesto.*

Si sono sposati **a 27 anni**. (*age*)

*They were married **at 27 years of age**.*

---

*When **parlare** is followed by **di**, it means to talk about *something / someone*.

**When referring to a group of islands, such as Hawaii, Fiji, or Barbados, the preposition is combined with the article **le: alle Hawaii, alle Fiji, alle Barbados**.

[†] The preposition **in** may also be used: **Mi sposo a giugno. / Mi sposo in giugno**.

**3** A number of expressions use the preposition **a**.

| | |
|---|---|
| a calcio | a mani vuote / a piene mani |
| a carte | a piedi |
| a casa* | a poco a poco |
| a cena | a scuola |
| ad alta voce | a teatro |
| a lezione | a tennis |

**4** Certain verbs are routinely followed by the preposition **a** before an infinitive.

| | | | |
|---|---|---|---|
| abituarsi | continuare | forzare | provare |
| aiutare | convincere | giocare | rinunciare |
| avvicinarsi | costringere | mettersi | riuscire |
| cominciare | divertirsi | obbligare | servire |

Ci siamo abituati **a lavorare** senza la pausa pranzo.

*We got used **to working** without a lunch break.*

Sono riuscite **a far passare** delle leggi.

*They were able **to get** some laws passed.*

**5** Some verbs are followed by **a** before a noun or a pronoun.

| | | | |
|---|---|---|---|
| abituarsi | assomigliare | credere | partecipare |
| andare | avvicinarsi | giocare | rinunciare |
| assistere | badare | interessarsi | |

Non mi sono mai abituata **al suo carattere**.

*I've never gotten used **to his personality**.*

Domenica giochiamo **a calcio** con i bambini.

*Sunday we are going to play **soccer** with the children.*

Mi sono avvicinata **a lui**.

*I moved closer **to him**.*

**6** Some exceptions to the rule that nouns that take a simple preposition and no article when unmodified usually take a contracted preposition when modified, include **a casa** and **a lezione**.

Va **a casa** alle 8.00.   BUT   Va **a casa di Marco** alle 8.00.

Vado **a lezione** alle 10.00.   BUT   Vado **a lezione d'italiano** alle 10.00.

---

* The phrase **a casa** is invariable when used to mean at home or at the house of. When used with a possessive adjective, the adjective follows **casa**: **Vado a casa mia**. **Vai a casa di Roberto**. BUT when used simply to refer to a house, the article contracts with the preposition: **Vada alla casa verde qui accanto**.

## E La preposizione *da*

1  **Da** is used to express the agent of an action, distance from a given place, duration of an action begun in the past and continuing in the present, or movement away from a place or object.

| | |
|---|---|
| La cena è stata preparata **da suo marito**. (*agent*) | The dinner has been prepared **by her husband**. |
| Lui lavora a soli 6 km **da casa**. (*distance*) | He works only 6 kilometers **from home**. |
| Sono sposati **da sette anni**. (*time*) | They've been married **for seven years**. |
| Tornano **da Venezia** oggi.* (*movement*) | They're returning **from Venice** today. |

2  When the verb **venire** is used to express place of origin, including a city, state, or country, it is accompanied by the preposition **da**.

| | |
|---|---|
| Michele viene **da Napoli**. | Michele is **from Naples**. |
| Marta viene **dagli Stati Uniti**. | Marta is **from the United States**. |

3  **Da** is used with **essere, andare,** and other verbs of movement plus a person's name or profession to express location. It can be used as a simple or contracted preposition.

| | |
|---|---|
| Sono **da mia cognata**. | I'm **at my sister-in-law's house**. |
| Vanno **dall'avvocato** oggi pomeriggio alle 3.00. | They are going **to the lawyer's** this afternoon at 3:00. |

4  **Da** + *infinitive* is used to indicate obligation, necessity, or ability to do something.

| | |
|---|---|
| Prima di decidere una carriera, c'è molto **da prendere** in considerazione. | Before deciding on a career, there's a lot **to take** into consideration. |
| La strada **da fare** è ancora lunga prima di avere una vera uguaglianza tra uomini e donne. | There is still a **long road ahead** of us before we have true equality between men and women. |

---

* When using **tornare da** or **venire da** with a word that requires an article, **da** contracts with the article: **Torna dall'Italia**.

**5** **Da** is also used to express physical characteristics and behaviors.

Quel ragazzo **dai capelli turchini** vuole esprimere la sua individualità.

*That young man **with turquoise hair** wants to express his individuality.*

Quelle signore **dalle maniere eleganti** non vogliono essere associate al ragazzo dai capelli turchini.

*Those **refined** ladies don't want to be associated with the young man with turquoise hair.*

**6** Some verbs are usually followed by **da** before a noun or a pronoun.

| | |
|---|---|
| allontanarsi | evadere |
| derivare | partire (*also* per) |
| dipendere | prendere |
| distinguersi | separarsi |
| divorziare | venire |

Si è allontanata **da** quella situazione problematica.

*She distanced herself **from** that troublesome situation.*

**7** **Uscire** takes **da** except in the phrase **uscire di casa**.

Sono uscita **di casa** alle 8.00 stamattina.

*I left **the house** at 8:00 this morning.*

Sono uscita arrabbiata **dalla riunione**.

*I left **the meeting** mad.*

## ◆F La preposizione *in*

**1** **In** is used to refer to continents, nations, regions, and large islands (such as **Sicilia** and **Sardegna**)\*, as well as to express generic locations.

Suo genero ha viaggiato **in Inghilterra** ed **in Irlanda**. (*nations, large islands*)

*His son-in-law traveled **to England** and **Ireland**.*

Ha passato due settimane **in città** e due **in campagna**. (*generic location*)

*He spent two weeks **in the city** and two weeks **in the country**.*

---

\*Though they are large islands, **Cuba**, **Portorico** (Puerto Rico), and **Haiti** take the preposition **a**.

**2** **In** is also used with the names of rooms and other enclosed locations, with means of transportation, and with other locations when they are unmodified.

| | | | |
|---|---|---|---|
| in aereo | in campagna | in cucina | in spiaggia |
| in autobus | in centro | in farmacia | in treno |
| in bagno | in città | in giardino | in ufficio |
| in barca | in classe | in macchina | |
| in camera | in collina | in montagna | |

| | |
|---|---|
| È uscita di casa in fretta per andare **in** ufficio. | *She left the house in a hurry to go **to** the office.* |
| Ha girato l'isola **in** macchina. | *He went around the island **by** car.* |

**3** It is also used with nouns ending in **-ria** and **-teca**.

| | | | |
|---|---|---|---|
| in biblioteca | in enoteca | in paninoteca | in segreteria |
| in biglietteria | in gelateria | in periferia | in tabaccheria |
| in discoteca | in lavanderia | in pizzeria | |

| | |
|---|---|
| Prima devo portare i vestiti **in lavanderia** e poi mi fermerò **in paninoteca** per mangiare un boccone. | *First I have to take the clothes **to the dry cleaner's** and then I'm going to stop **at the sandwich shop** to have a bite to eat.* |

**4** In certain cases with the preposition **in,** when the noun is modified, the preposition not only contracts but also changes.

| | | |
|---|---|---|
| Ho studiato **in** biblioteca. | BUT | Ho studiato **alla** Biblioteca Nazionale. |
| Lavoro **in** banca. | BUT | Lavoro **alla** Banca d'America. |
| Sono andati **in** gelateria. | BUT | Sono andati **alla** gelateria di Beppe. |
| Vengo **in** macchina. | BUT | Vengo **con la** macchina di Marco. |
| Arriviamo **in** treno. | BUT | Arriviamo **con il** treno Milano-Roma. |
| Camminano **in** spiaggia. | BUT | Camminano **sulla** spiaggia di Rimini. |

**5** **In** also indicates fields of study, professions, and business activities.

| | |
|---|---|
| Lei si è specializzata **in psicologia**. | *She specialized **in psychology**.* |
| Lui, invece, è un dottore **in legge**. | *He, on the other hand, has **a law degree**.* |

**6** **In** is used in certain idiomatic expressions.

| | | |
|---|---|---|
| in acqua | (essere) in due, tre, ecc. | in luna di miele |
| in cattive acque | in fretta e furia | in ritardo / anticipo |

| | |
|---|---|
| Quella ragazza che ha mentito si troverà **in cattive acque** quando verrà scoperta. | *That girl who lied is going to be **in hot water** when she gets caught.* |

**La preposizione *su***

**1** **Su** is used when referring to content, location, position or numbers, and when estimating.

| | |
|---|---|
| La conferenza è stata **su** Dacia Maraini. (*content*) | The conference was **on** Dacia Maraini. |
| **Su** Internet ci sono molti articoli interessanti. (*location*) | **On** the Internet, there are many interesting articles. |
| Mentre parlava ha posato il suo libro **sul** podio. (*position*) | While she was talking, she placed her book **on the** podium. |
| È una scrittrice **sui** 60 anni. (*age*) | She's a writer **about** 60 years old. |
| Il libro costa **sui** 30 euro. (*price*) | The book costs **about** 30 euros. |
| Una volta **su** 100, vinco a carte. (*estimation*) | I win at cards 1 **out of** 100 times. |

**2** The meaning of **su** often corresponds to English *in* or *on*.

| | |
|---|---|
| Ho letto **sul** giornale che ci sarà una manifestazione per i diritti delle donne. | I read **in the** paper that there will be a demonstration for women's rights. |
| Si è seduto **su** una sedia in prima fila. | He sat **in** a chair in the front row. |
| So di poter sempre contare **su** di te. | I know that I can always count **on** you. |

 **La preposizione *con***

**Con** is used to express accompaniment, weather, cause, and equipment.

| | |
|---|---|
| Viaggia sempre **con** il suo segretario. (*accompaniment*) | She always travels **with** her secretary. |
| Escono pure **con** la pioggia all'ora di pranzo. (*weather*) | They go out at lunchtime even **in the** rain. |
| **Con** quell'atteggiamento finirà per divorziare. (*cause*) | **With** that attitude, he'll end up divorced. |
| Lei non fa il bucato **con** la lavatrice; lo fa a mano. (*equipment*) | She doesn't do the laundry **in the** machine; she does it by hand. |

**La preposizione *per***

**Per** is used to express purpose, motivation, duration, destination, value, and goals.

| | |
|---|---|
| Gli hanno fatto un bel regalo **per** il matrimonio. (*purpose*) | They gave them a lovely gift **for** their wedding. |
| Il padre lo fa **per** amore. (*motivation*) | The father does it **for** love. |

| | |
|---|---|
| Sono stati fidanzati **per** cinque anni. (*duration*) | *They were engaged **for** five years.* |
| Subito dopo il matrimonio, sono partiti **per** le Hawaii. (*destination*) | *Right after the wedding they left **for** Hawaii.* |
| Hanno trovato un albergo perfetto **per** poco. (*value*) | *They found a perfect hotel **for** a great price.* |
| Lui preferiva andare in Sardegna, ma è andato alle Hawaii **per** accontentarla. (*goal*) | *He would have preferred to go to Sardinia, but he went to Hawaii **to** make her happy.* |

 ## Le preposizioni *tra* e *fra*

**Tra** and **fra** are interchangeable. Both are used to express future time, comparisons, locations, and approximate values.

| | |
|---|---|
| Partiranno **fra** una settimana. (*future time*) | *They will be leaving **in** a week.* |
| La compagnia aerea che hanno scelto è **tra** le migliori. (*comparison*) | *The airline they chose is **among** the best.* |
| Il paese che visitano si trova **fra** Siena e Perugia. (*location*) | *The small town they will visit is **between** Siena and Perugia.* |
| I biglietti costavano **tra** i 300 e i 400 euro. (*value*) | *The tickets cost **between** 300 and 400 euros.* |

## PRATICA

**A Liberi di scegliere.** Completa il brano con la preposizione corretta scegliendo tra **a** e **di**.

Molte coppie _____ oggi preferiscono convivere anziché (*rather than*) sposarsi ma questa preferenza può creare problemi specialmente in caso _____ malattia o _____ eredità. In molti Paesi, in caso di morte, l'eredità spetta (*is due*) solo _____ uno o più eredi legittimi. Le coppie _____ fatto dello stesso sesso o _____ sesso diverso continuano _____ non avere un riconoscimento legale. In Italia le coppie di fatto spingono per arrivare _____ una forma di riconoscimento simile _____ quella di altri Paesi, come l'Olanda o la Spagna, ma ancora oggi non sono riuscite _____ ottenere gli stessi benefici che spettano ad una famiglia tradizionale.

**B** La coppia che scoppia. Completa il brano scegliendo tra le preposizioni **di**, **a** e **da**.

Mi sono innamorata _____ mio marito quando ero troppo giovane e ora sono pentita. Mi fidavo ciecamente _____ lui e quando abbiamo cominciato _____ parlare _____ matrimonio dopo due settimane che ci conoscevamo io non ho avuto problemi a dire _____ sì. Abbiamo deciso _____ farlo entro la fine di quell'anno. Mia madre mi ha aiutato _____ organizzare la casa che abbiamo comprato a 5 km _____ dove vivevo prima. In luna di miele siamo andati _____ Madrid: ridevamo _____ tutto ed eravamo superfelici. Ora, nella nuova casa, dopo un anno di convivenza, la nostra vita è un po' differente. Io mi occupo _____ marketing e posso lavorare _____ casa, mentre lui si è messo _____ vendere computer per una ditta americana. Purtroppo il lavoro occupa tutto il suo tempo. Anche se abbiamo moltissimi soldi abbiamo rinunciato _____ divertirci. Non andiamo più _____ ballare in discoteca o _____ mangiare fuori. Riusciamo _____ litigare per ogni cosa e penso _____ non volergli più bene. Mi ha promesso _____ cambiare ma non credo più alle sue parole.

**C** Aforismi sulle donne e sugli uomini. Completa i seguenti aforismi con la preposizione corretta scegliendo tra **in**, **su**, **tra** e **da**.

1. Era triste perché era amato _____ tante persone, ma non era l'amore di nessuno. *Diario di Anna Frank*

2. _____ guerra e _____ amore tutto è lecito.

3. Ah! La forza delle donne deriva _____ qualcosa che la psicologia non può spiegare. Gli uomini possono essere analizzati, le donne… solo adorate. *Oscar Wilde*

4. Vorrei avere nella mia casa: una donna ragionevole, un gatto che passi _____ i libri, degli amici in ogni stagione senza i quali non posso vivere. *Guillame Apollinaire*

5. La ragione umana, che è tutto men che pura, avendo una prospettiva limitata trova ad ogni passo nuovi problemi _____ risolvere. *Karl Marx*

6. Il meglio del meglio non è vincere cento battaglie _____ cento, bensì sottomettere il nemico senza combattere. *Sun Tzu*

7. Un uomo _____ le braccia della donna amata non è più cosciente né del mondo interiore, né di quello esteriore. *Upanishad, testo indiano*

8. Quale governo è il migliore? Quello che c'insegna a governarci _____ soli. *Wolfgang Goethe*

**D** Oggi sposi! Scegli la forma corretta della preposizione semplice tra parentesi.

_____ (Per / Tra) lui e lei c'è molto rispetto e affetto. Lui lavora _____ (a / in) tempo pieno _____ (per / di) una ditta _____ (di / in) informatica. Lei è manager di un negozio _____ (a / in) centro. _____ (A / Da) casa, tutti e due fanno le faccende domestiche. Hanno deciso _____ (da / di) sposarsi _____ (su / in) luglio _____ (a / in) un giardino _____ (di / tra) una bellissima villa rinascimentale _____ (in / su) collina (*hill*). Dalla collina si possono vedere il centro storico e il mare. Dopo il matrimonio, andranno _____ (su / in) luna di miele _____ (da / a) Maui ma prima _____ (con / di) pensare a quello, ci sono moltissime cose _____ (per / da) fare.

**E Sogno ad occhi aperti.** A coppie, parlate della signorina. A che cosa pensa? Dove va? Con chi? A trovare chi? Create quante frasi possibili per descrivere la scena usando preposizioni semplici.

© Cengage Learning 2013

**F Amore a prima vista.** Scegli la forma corretta della preposizione semplice o articolata tra parentesi.

Luca e Laura si sono appena conosciuti ma si amano già tantissimo. Purtroppo lui abita _____ (a / in) Milano e lei vive _____ (a / in) Toscana, _____ (a / in) un paesino vicino _____ (a / di) Lucca. Due volte _____ (al / del) mese Luca va _____ (in / per) treno _____ (a / di) trovarla e gli altri due fine settimana Laura chiede _____ (a / ai) suoi genitori la macchina _____ (per / a) poter andare a Milano. Quando si incontrano, parlano _____ (a / del) loro futuro e discutono _____ (dei / nei) valori che sono importanti _____ (per / di) una coppia. A Milano, vanno spesso _____ (in / da) un piccolo bar e bevono tè freddo mentre si guardano _____ (negli / sugli) occhi e sognano un poco. Quando sono _____ (con / da) Laura, i due preferiscono andare _____ (sulle / dalle) spiagge toscane e guardare il mare apprezzando felici il sole e la brezza marina. Pensano _____ (di / a) trasferirsi presto _____ (dalla / nella) stessa casa dove potranno _____ (tra / in) poco tempo cominciare _____ (di / a) costruire giorno dopo giorno la loro vita di coppia.

**G** **La mattina di Lucia.** Racconta la mattina di Lucia ricordando di usare le preposizioni semplici o articolate corrette in ogni frase.

Lucia si alza _____ letto _____.

Lucia si alza *dal* letto *alle 6.30 del mattino.*

1. Fa colazione _____ cucina _____.

2. Si lava i denti _____ lo spazzolino _____.

3. Esce _____ casa _____.

4. Entra _____ macchina _____.

5. Lucia arriva _____ ufficio _____.

6. Legge le notizie _____ giornale _____.

7. Lavora _____ computer _____.

8. Beve un caffè _____ i colleghi _____.

9. Risponde _____ telefono _____.

10. Mangia una pizza _____ pizzeria «Bella Italia» _____.

11. Esce _____ pizzeria _____.

© Cengage Learning 2013

**H** **Tutti lavorano.** Completa con la forma corretta della preposizione semplice o articolata.

1. In anni recenti gli uomini hanno cominciato _____ lavorare _____ casa.

2. Il ruolo _____ donna è fondamentale _____ l'economia del Paese.

3. Per avere una vita dignitosa, la famiglia italiana deve contare _____ almeno due stipendi.

4. _____ fine degli anni '70 la famiglia tipica italiana era formata _____ genitori e _____ due figli.

5. _____ futuro aumenterà il numero _____ persone che lavora part-time.

6. Una ragazza madre deve dividersi _____ le responsabilità _____ famiglia e quelle _____ lavoro.

7. Spesso i genitori _____ antica non accettano le idee _____ loro figli.

8. _____ società moderna uomini e donne hanno le stesse opportunità _____ lavoro.

9. Le leggi _____ famiglia hanno permesso numerosi miglioramenti _____ vita _____ donne.

10. Il lavoro _____ un ragazzo padre comincia _____ 6.00 _____ mattino e non finisce prima _____ mezzanotte.

**I Pochi figli.** Completa il seguente brano tratto dal *Corriere della Sera* scegliendo la forma semplice o articolata delle preposizioni tra parentesi.

Meglio i figli o la carriera? Le donne _____ (con / di) un figlio piccolo lavorano _____ (in / nel) 47% _____ (ai / dei) casi. Ma le differenze _____ (tra / dal) Nord e Sud sono enormi: _____ (in / nelle) regioni settentrionali le mamme che vanno _____ (in / all') ufficio sono il 63%, _____ mentre (al / nel) Mezzogiorno la percentuale si dimezza. _____ (Con / Tra) le donne che ricoprono incarichi (*occupy jobs*) _____ (di / da) dirigenti, rivela l'Eurispes*, quasi il 30% ha però rinunciato _____ (a / ai) figli _____ (dell' / per) avanzare _____ (nel / sul) lavoro. Così gli asili si svuotano: il numero _____ (di / dei) figli _____ (alla / per) donna è sceso _____ (dal / al) 2,42% del 1970 _____ (dall' / all') 1,19% di oggi.

"Pochi figli" from *Il Corriere della Sera*, March 8, 2000, p.16. Reprinted by permission of *Il Corriere della Sera*
© 2000 Daniela Monti and Roberto Bagnoli.

 **J Tutti in cucina.** A coppie, descrivete il disegno che vedete qui accanto. Dov'è il bambino? Cosa fa il bambino? Cosa fa la madre? Cosa dice la madre al bambino? Con chi parla la madre al telefono secondo voi? Create quante frasi possibili per descrivere la scena usando preposizioni semplici e articolate.

© Blend Images/Alamy

Practice Quizzes, Flashcards

SAM Workbook Activities

# III ALTRE PREPOSIZIONI

Other common prepositions and prepositional phrases include the following:

| | | | |
|---|---|---|---|
| davanti a | *in front of* | lungo | *along* |
| di fronte a | *in front of* | presso | *for, at* |
| durante | *during* | prima di | *before* |
| eccetto | *except* | salvo | *except* |
| fino a | *until* | sopra (di) | *above* |
| insieme con / a | *together with* | sotto (di) | *under* |
| intorno a | *around* | tranne | *except* |
| invece di | *rather than, instead of* | verso | *toward* |
| lontano da | *far from* | vicino a | *close to* |

Maria ha trovato un nuovo lavoro **presso** un avvocato.

*Maria found a new job (working) **for** a lawyer.*

Ci sono molti negozi **lungo** l'Arno.

*There are many shops **along** the Arno River.*

*Istituto di Studi Politici, Economici e Sociali

## PRATICA

**Un nuovo lavoro.** Completa con la preposizione adatta. Usa ogni preposizione qui sotto una volta sola.

| | | | |
|---|---|---|---|
| vicino a | fino a | invece di | lontano |
| di fronte | insieme con / a | lungo | durante |
| tranne | intorno | presso | |

Monica ha finalmente trovato lavoro _____ un avvocato. Per un anno non ha trovato niente ma _____ questo periodo lei è rimasta ottimista. _____ deprimersi (*get discouraged*), ha continuato la sua ricerca _____ quando ha telefonato all'avvocato con cui lavora. Adesso Monica lavora _____ lui e ad altre due avvocatesse. Il loro ufficio non è _____ dal tribunale ma è in centro, _____ un bar famoso dove va a prendere un buon aperitivo dopo il lavoro. _____ all'ufficio c'è anche il teatro municipale dove fanno concerti quasi tutta l'estate _____ il mese d'agosto. Il teatro si trova _____ l'Arno e lì _____ ci sono tanti bei negozi. Insomma, Monica ha aspettato tanto per trovare un buon lavoro ma ne è valsa la pena!

Practice Quizzes,
Flashcards,
**Raccontami una storia**

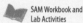

SAM Workbook and
Lab Activities

# Biblioteca

### DISTINGUISHING THE MAIN IDEA FROM SUPPORTING DETAILS

In a well-written expository paragraph, the first or topic sentence orients the reader and establishes the main idea. The rest of the paragraph elaborates on and supports the main idea with relevant detail and extensions of the central premise. When you read in Italian, distinguishing the main idea from the supporting details will help your comprehension.

In narrative writing, however, as in the case of the excerpt you are about to read from the novel *L'Agnese va a morire*, the subject, setting, and characters are revealed less directly in the course of telling a story.

## PRE-LETTURA

**A** Nel brano (*excerpt*) che stai per leggere, Agnese partecipa alla Resistenza contro i nazi-fascisti durante la Seconda guerra mondiale. Fino al 1943 la partecipazione alla guerra era insolita per una donna. In questo brano scelto dal romanzo di Renata Viganò, *L'Agnese va a morire*, come succede normalmente in letteratura, il passato remoto è usato al posto del passato prossimo. Ricorda che la forma è differente da quella del passato prossimo ma il significato è lo stesso.

Scorri gli esempi dalla lettura qui sotto e cerca di determinare l'idea principale in ogni paragrafo. Scegli la frase che rappresenta meglio l'idea principale.

1. [Agnese] stava appoggiata° al muro, e aveva paura. Da un pezzo lavorava per i partigiani°, ma il Comandante non lo conosceva. Sapeva che lo chiamavano «l'avvocato», che era uno istruito, un uomo della città che aveva sempre odiato i fascisti, e per questo era stato in prigione; e poi in Russia e in Ispagna. E adesso aveva una grande paura di lui, della sua voce quasi dolce, delle parole che avrebbe pronunciato. Certo doveva sgridarla° per il suo gesto pazzo che distruggeva uno stato di quiete e di sicurezza. Lei aspettava il rimprovero° da quando era entrata, e il ritardo aumentava il suo orgasmo°. […] Poi il Comandante parlò ed a lei parve di ascoltarlo in sogno. […] «Clinto, la mamma Agnese viene con noi.»

*leaning against*
*partisans*

*to scold her*
*reprimand*
*agitation*

   a. _____ l'odio del Comandante per i fascisti
   b. _____ i pensieri dell'Agnese partigiana

2. In una delle tre barche, seduta tra Clinto, il Comandante e altri due partigiani, l'Agnese a un tratto ebbe voglia di parlare. Ma tutti stavano zitti, e lei strinse sotto il mento° il nodo del fazzoletto°, e fissò l'acqua torbida, piena di erbe marce°. Un brivido d'aria corse sulle terre basse: il cielo si faceva bianco, era l'alba fredda della valle. Il rematore° spinse forte il paradello° contro il fondo, la barca andò veloce. Erano ormai lontani dall'argine°, nascosti nei canneti°; la casa non si vedeva più.

*chin / handkerchief /*
*rotten*
*oarsman / oar*
*embankment / reed*
*thicket*

   a. _____ un viaggio in barca
   b. _____ la casa lontana

3. Si udirono allora rombi e scoppi° distanti: «Si svegliano,» disse Clinto. «Siamo venuti via in tempo.» L'Agnese sussurrò: «Mi dispiace.» «Vi dispiace di aver ammazzato il tedesco?» disse Clinto, e il Comandante si mise a ridere. L'Agnese li osservò con timidezza: «Mi dispiace che si sia dovuto lasciare il posto.» Arrossì un poco, la voce si fece più ferma: «Ma del tedesco non mi importa, e neppure che mi abbiano bruciata la casa, e di non avere che un vestito addosso. Volevo ammazzarli quando vennero a portare via mio marito, perché lo sapevo che l'avrebbero fatto morire, ma non fui buona di muovermi. Invece ieri sera è venuto il momento.»

**rombi…** *explosions*

   a. _____ la decisione di Agnese
   b. _____ uno scontro tra partigiani e tedeschi

Renata Vigano, *L'Agnese va a Morire,* Copyright 1949 by Giulio Einaudi Editore, Torino. Reprinted by permission.

 **B Donne soldato.** Anche se, fin dai tempi di Giovanna D'Arco (*Joan of Arc*), esistono delle donne che hanno provato il loro valore in combattimento, fino a pochi anni fa le donne italiane non potevano arruolarsi (*enlist*) nell'esercito o seguire la carriera militare. Infatti, ancora oggi in molti paesi è proibito. Prima di leggere il seguente brano, a coppie, rispondete alle domande e poi, condividete le risposte con la classe.

1. Perché tradizionalmente, secondo voi, alle donne non è stato permesso entrare nell'esercito?
2. Secondo voi, è giusto che le donne facciano le soldatesse? È giusto che gli uomini facciano i soldati? Perché?
3. Per le ragazze in classe: vi arruolereste nell'esercito?
4. La guerra rende la gente capace di fare cose che non potrebbe fare in tempi di pace? Perché?

# L'Agnese va a morire

## RENATA VIGANÒ

RENATA VIGANÒ (Bologna, 1900–1976) partecipa alla Resistenza con il marito. Il ricordo della guerra partigiana ritornerà in tutti i suoi scritti più conosciuti tra cui *Matrimonio in brigata* (1976) e il bestseller *L'Agnese va a morire*, vincitore del Premio Viareggio (1949), tradotto in 13 Paesi e da cui è stato tratto l'omonimo film di Giuliano Montaldo con Ingrid Thulin.

*IN QUESTO BREVE PASSO de* L'Agnese va a morire, *troviamo la protagonista che deve incontrarsi per la prima volta con il Comandante del gruppo partigiano con cui si era impegnata e che qui decide di farla aggregare a loro. Agnese, dopo aver ucciso un tedesco, aveva dovuto lasciare la sua casa che in precedenza era servita ai partigiani come rifugio sicuro ma che ora non lo sarebbe più stato. Per questo Agnese si sente in colpa.*

«Sono stata io. Ho ammazzato[1] un tedesco.» [...] Stava appoggiata[2] al muro, e aveva paura. Da un pezzo lavorava per i partigiani[3], ma il Comandante non lo conosceva. Sapeva che lo chiamavano «l'avvocato», che era uno istruito, un uomo

Gruppo di partigiani ascolta gli ordini del comandante. Le donne ricoprirono un ruolo importantissimo nella Resistenza italiana contro i nazi-fascisti.

della città che aveva sempre odiato i fascisti, e per questo era stato in prigione, e poi in Russia e in Ispagna. E adesso aveva una grande paura di lui, della sua voce quasi dolce, delle parole che avrebbe pronunciato. Certo doveva sgridarla[4] per il suo gesto pazzo che distruggeva uno stato di quiete e di sicurezza. Lei aspettava il rimprovero[5] da quando era entrata, e il ritardo aumentava il suo orgasmo[6]. Nella stanza sembrò che non ci fosse più nessuno. Poi il Comandante parlò, ed a lei parve di ascoltarlo in sogno. Disse proprio così: «Clinto, la mamma Agnese viene con noi.»

[...] In una delle tre barche, seduta tra Clinto, il Comandante e altri due partigiani, l'Agnese a un tratto ebbe voglia di parlare. Ma tutti stavano zitti, e lei strinse sotto il mento[7] il nodo del fazzoletto[8], e fissò l'acqua torbida, piena di erbe marce[9]. Un brivido d'aria corse sulle terre basse: il cielo si faceva bianco, era l'alba fredda della valle. Il rematore[10] spinse forte il paradello[11] contro il fondo, la barca andò veloce. Erano ormai lontani dall'argine[12], nascosti nei canneti[13]; la casa non si vedeva più.

Si udirono allora rombi e scoppi[14] distanti: «Si svegliano,» disse Clinto. «Siamo venuti via in tempo.» L'Agnese sussurrò: «Mi dispiace.» «Vi dispiace di aver ammazzato

---

1. *killed*  2. *leaning against*  3. *partisans*  4. *to scold her*  5. *reprimand*  6. *agitation*  7. *chin*
8. *handkerchief*  9. *rotten*  10. *oarsman*  11. *oar*  12. *embankment*  13. *reed thicket*
14. **rombi…** *explosions*

il tedesco?» disse Clinto, e il Comandante si mise a ridere. L'Agnese li osservò con timidezza: «Mi dispiace che si sia dovuto lasciare il posto.» Arrossì un poco, la voce si fece più ferma: «Ma del tedesco non mi importa, e neppure che mi abbiano bruciata la casa, e di non avere che un vestito addosso. Volevo ammazzarli quando vennero a portare via mio marito, perché lo sapevo che l'avrebbero fatto morire, ma non fui buona di muovermi. Invece ieri sera è venuto il momento.»

Rivide finalmente nella memoria la sua cucina scura, il soldato grasso appoggiato alla tavola, risentì nel cervello, nelle braccia quell'onda di forza e di odio che l'aveva buttata nell'azione. Non si pentiva più. Le sembrò di essere calma, quasi contenta.

Il partigiano del paradello si piegò avanti, remando[15]. Disse: «Ma come hai fatto, compagna? Gli hai sparato[16]?» L'Agnese afferrò per la canna[17] il mitra[18] che Clinto teneva fra le ginocchia, lo sollevò, rispose: «Io non so sparare. Gli ho dato un colpo così.» Fece l'atto, poi rimise piano piano il mitra sul sedile. La sua vecchia faccia era immobile, contro il chiaro dell'alba. Tutti, nella barca, guardavano quelle grandi mani distese[19].

---

15. *rowing*   16. **hai...** *you shot*   17. *gun barrel*   18. *machine gun*   19. *stretched out*

## COMPRENSIONE

**A** Pensa ad alcuni aggettivi che possono descrivere Agnese, scrivili e poi presentali alla classe.

**B** Qual è la reazione di Agnese davanti al Comandante? Trova esempi nel testo per motivare le tue osservazioni.

**C** Parlate del carattere di Agnese pensando a quello che ha fatto. Come si sente dopo aver raccontato l'episodio al Comandante? Il suo comportamento rispecchia il suo carattere?

**D** Siete d'accordo con le azioni di Agnese? Se foste stati/e al posto di Agnese, cosa aveste fatto?

**E** La descrizione fisica di Agnese viene data nell'ultimo paragrafo del brano. Come l'avevate immaginata prima di leggere la descrizione?

**F** Seguire la coscienza. Durante il corso della vita, ognuno (come Agnese) ha bisogno di seguire la propria coscienza nonostante quello che fanno e dicono gli altri. Dove e quando hai dovuto prendere una posizione o difendere una tua convinzione? Secondo te, qualche volta è difficile difendere la propria posizione se non è proprio quella condivisa dai più? Racconta ad un tuo compagno/una tua compagna di classe un episodio in cui tu ti sei ritrovato/a in una situazione simile.

# Di propria mano

A reaction paper reports your thoughts about and emotional responses to an article or story you've read, a play or film you've seen, or an event you've attended. The paper details your responses, and in doing so describes and assesses the work in question. A reaction paper calls for (1) attentiveness to the piece in question when you first encounter it, (2) a careful account of your initial reactions supported by specific references to the piece, and (3) a more considered final assessment.

## USING TRANSITION WORDS

When writing any description of a sequence, transition words are useful to organize your account and make it flow gracefully. The following transition words may be useful.

| | |
|---|---|
| **all'inizio** *in the beginning* | **ad un tratto** *all of a sudden* |
| **prima** *first* | **per questo** *for this* (*reason*) |
| **prima di + infinito** *before ...-ing* | **quindi** *therefore, then* |
| **secondo** *second* | **siccome** *since* |
| **poi** *then, next* | **così** *like this, this way, thus* |
| **dopo** *after*\* | **infine** *finally* |
| **dopo di che** *after that* | **alla fine** *in the end* |
| **in seguito** *following that* | |

\* Dopo essersi presentata al comandante, non si sono più scambiati una parola.

## PRE-SCRITTURA

Rifletti su quello che hai letto in *L'Agnese va a morire* e scrivi le tue reazioni alle seguenti domande.

1. Che cosa ti ha colpito di più della lettura? Cita un esempio dalla lettura che lo dimostra.

2. Che tipo di sentimenti ti ha provocato questa lettura?

3. Ti piacerebbe leggere tutto il libro? Spiega il perché della tua risposta.

## SCRITTURA

Writing Tips | Usando le informazioni raccolte e le tue opinioni, scrivi le tue reazioni alla lettura del passo (*passage*), tenendo presente la seguente organizzazione ed utilizzando le parole di transizione per rendere il tuo testo scorrevole. Organizzati in questo modo:

1. una breve introduzione che presenti l'argomento principale della lettura e le reazioni che essa ti ha provocato

2. la descrizione di uno o più passi che più ti hanno colpito e il motivo per cui hai scelto quel passo / quei passi

3. una conclusione che esprime il tuo giudizio finale sulla lettura in questione

## Block Notes

In questo capitolo hai scoperto altre possibili differenze e somiglianze importanti tra il tuo Paese e l'Italia. Continua a scrivere le tue osservazioni sui costumi italiani. Alcuni punti da considerare:

1. Pensi che le donne e gli uomini italiani abbiano gli stessi doveri e diritti delle donne e degli uomini nel tuo Paese?

2. Che cosa dovrebbe ancora cambiare in Italia per arrivare ad una vera e propria parità? E nel tuo Paese?

3. Solo a partire dal 2001 l'Italia ha aperto le porte dell'esercito alle donne. Qual è la tua posizione e quella del tuo Paese rispetto a questo argomento?

4. La vita di uomini e donne in Italia è cambiata notevolmente in questi ultimi anni per quanto riguarda la famiglia e il lavoro. Quale pensi sia stato il cambiamento più importante?

# Nel mondo dei grandi

## PREMIO NOBEL PER LA MEDICINA: RITA LEVI-MONTALCINI

RITA LEVI-MONTALCINI, scienziata italiana di fama internazionale, Premio Nobel per la medicina, nasce a Torino il 22 aprile del 1909. Frequenta la facoltà di medicina presso[1] l'Università degli studi di Torino, dove inizia la sua ricerca[2] sul sistema nervoso, che avrebbe poi caratterizzato tutta la sua carriera. Laureatasi[3] nel 1936, gli inizi della sua professione non sono certo facili. Solo due anni più tardi, infatti, le leggi razziali[4] promulgate[5] dal governo fascista, la costringono a rifugiarsi[6] in Belgio, dove comunque, unitamente al suo professore universitario Giuseppe Levi, anche lui ebreo[7], continua nelle sue ricerche. I suoi studi sul sistema nervoso attirano l'attenzione degli Stati Uniti e nel 1947 è invitata a continuare il suo lavoro presso la Washington University in Missouri: Rita Levi-Montalcini accetta e continuerà a lavorare oltre oceano fino al 1977, quando poi torna in Italia dove continuerà la sua ricerca per molti anni. Proprio in America scopre il fattore di crescita nervoso[8] sul quale poi concentrerà tutto il suo interesse. Questa scoperta è la ragione per cui nel 1986, insieme allo statunitense Stanley Cohen, riceve il Premio Nobel per la medicina. Nel 2001 è nominata senatore a vita dal presidente della Repubblica Carlo Azeglio Ciampi. Rita Levi-Montalcini è anche fortemente impegnata in campo sociale: tra le sue battaglie si devono ricordare quella contro le mine anti-uomo[9], quella per la prevenzione delle guerre legate allo sfruttamento[10] delle risorse naturali e quella per la responsabilità degli scienziati verso la società. Nel 1998 ha anche fondato la sezione italiana di Green Cross International, organizzazione umanitaria oggi riconosciuta dalle Nazioni Unite.

Erich Hartman/Magnum Photos

---

1. *at*   2. *research*   3. *graduated*   4. *racial laws*   5. *enacted*   6. *find refuge*   7. *Jewish*
8. *Nerve Growth Factor*   9. *land mines*   10. *exploitation*

## TRACCE DI RICERCA

 Web Links

Le leggi razziali
Scienziati italiani all'estero
Sezione italiana di Green Cross International

# 🔊 Dizionarietto

abituarsi *to get used to*

ad un tratto *all of a sudden*

all'antica *old-fashioned*

all'inizio *in the beginning*

alla fine *in the end*

allontanarsi *to go away from*

anello *ring*

appoggiare *to support*

arrossire *to blush, turn red*

asciugatrice (f.) *clothes dryer*

asciutto *dry*

asilo *pre-school*

assomigliare *to be like*

atteggiamento *attitude*

avvicinarsi *to approach*

badare *to pay attention to*

bebè *baby*

beneficio *benefit*

brezza *breeze*

casalinga *housewife*

cervello *brain*

comune (m.) *city hall*

condividere (p.p. condiviso) *to share*

convivenza *cohabitation*

convivere (p.p. convissuto) *to live together*

coppia di fatto *committed couple living together without the benefits of a legal union*

costringere (p.p. costretto) *to force, to compel*

davanti a *in front of*

dettame *dictate*

di fronte a *in front of*

dichiarare *to declare*

dimezzarsi *to cut in half*

diritto *right*

disperato *desperate*

divieto (di sosta) *no parking*

divisa *uniform*

divorziare *to divorce*

dopo di che *after that*

eccetto *except*

elettrodomestico *appliance*

erede (m./f.) *heir*

eredità *inheritance*

esercito *army*

faccende domestiche (f. pl.) *household chores*

fare il bucato *to do laundry*

fare la manutenzione auto *to do car maintenance*

femminista (m./f.) *feminist*

ferro da stiro *iron*

fidarsi *to trust*

fino a *until*

giudizio *judgment*

in cattive acque *in hot water*

in fretta e furia *in a real hurry*

in seguito *following that*

infine *finally*

insieme a / con *together with*

insolito *unusual*

intendersi (p.p. inteso) *to be an expert*

intorno a *around*

invece di *instead of, rather than*

lavare i piatti *to wash the dishes*

lavastoviglie (f.) *dishwasher*

lavatrice (f.) *washer*

lavoro a tempo pieno *full-time work*

lavoro part-time *part-time work*

lecito/lecita *permissible*

litigare *to fight, to argue*

lontano da *far from*

lotta *struggle, fight*

lottare *to fight*

luna di miele *honeymoon*

lungo *along*

mani vuote (f. pl.) *empty handed*

manutenzione *maintenance*

maschilista *male chauvinist*

Mezzogiorno *southern Italy*

mollare *to let go*

notevolmente *remarkably, considerably*

omonimo *having the same name*

opporre (p.p. opposto) *to oppose*

occuparsi di *to be responsible for*

pari opportunità (f. sing. or pl.) *equal opportunity, opportunities*

parità *equality*

peccato *sin*

pentirsi *to repent*

per questo *for this (reason)*

prendersi cura di *to take care of*

prenotare *to make a reservation*

presso *for, at*

prima di + infinito *before -ing*

puzzare *to stink*

quindi *therefore, then*

ragazza madre *young unwed mother*

ragazzo padre *young unwed father*

recuperare *to recover*

ribellarsi *to rebel*

rifiutare *to refuse, to reject*

riguardo a *with regard to*

rispecchiare *to reflect*

rispetto *respect*

routine (f.) *routine*

rumore (m.) *noise*

ruolo *role*

salvo *except*

scappare *to escape, to get away*

scorrere (p.p. scorso) *to scroll*

scorrevole *flowing*

separarsi *to separate*

siccome *since*

sigla *acronym (e.g., ASUC Associazione Uomini Casalinghi)*

soldatessa *female soldier*

soldato *male soldier*

sopruso *imposition, injustice*

sottomettere (p.p. sottomesso) *to subject*

sposarsi *to marry*

stipendio *salary, wages*

stirare *to iron*

sussurrare *to whisper*

svuotarsi *to empty out*

tagliare l'erba *to mow the lawn*

tranne *except*

uguaglianza *equality*

valere (la pena) (p.p. valso) *to be worth it*

vergognarsi *to be ashamed of*

vigilessa *(traffic) policewoman*

vigile *(traffic) policeman*

vitellone (m.) *self-indulgent young man*

voler bene a *to be fond of, to love*

## LE VOSTRE PAROLE

# ▶ Cinema ponti

## *Notte Sento*
## (Daniele Napolitano, 2008)

From *Notte Sento* by Daniele Napolitano

Daniele Napolitano è un regista e motion designer con sede a Roma, in Italia.

Una ragazza perde il treno notturno per Milano ed è costretta a passare la notte a Roma. Un incontro con un ragazzo trasforma l'attesa in una notte d'amore ed emozioni.

## PRE-VISIONE

**A.** Guardate la foto e indovinate il tema del video.

**B.** Avete mai perso un treno, un autobus o un aereo? Raccontatevi cosa avete fatto mentre aspettavate che arrivasse il prossimo.

## VISIONE

**Primo passo:** A coppie, studiate la foto e rispondete alle seguenti domande.

1. Secondo voi, dove si trova la ragazza?
2. Che cosa scrive sul block notes?
3. Come descrivete la ragazza?

**Secondo passo:** Guardate il video. Dopo aver visto il video, abbinate le frasi a ogni immagine.

1. _____ Il treno della ragazza è stato cancellato.
2. _____ La ragazza decide di rimanere alla stazione da sola.
3. _____ Lui cammina solo nella stazione.
4. _____ I ragazzi vanno al parco per vedere l'alba.

Video stills from *Notte Sento* by Daniele Napolitano

 **Terzo passo:** Guardate il video ancora e fate una lista di tutte le azioni che vedete (es. mangiano, fanno foto, ecc.). Poi paragonate le vostre liste.

**Quarto passo:** Rispondi alle seguenti domande e poi paragona le tue risposte con quelle di un compagno/una compagna.

1. Il film è stato girato a _____ .
   a. Firenze
   b. Verona
   c. Roma
   d. Napoli

2. I ragazzi non si parlano perché _____ .
   a. sono timidi
   b. si conoscono da poco
   c. la ragazza è muta
   d. il ragazzo non parla italiano

3. La ragazza è rimasta la notte perché _____ .
   a. voleva passare un po' di tempo con un amico
   b. il treno è stato cancellato
   c. voleva andare a mangiare
   d. non aveva ancora visto il Colosseo

**Quinto passo:** Studia la mappa di Roma. Guarda il video di nuovo e questa volta traccia il percorso (*trace the path*) dei protagonisti.

© Cengage Learning 2013

**Sesto passo:** Adesso scrivi le azioni che hai notato nel Terzo passo nel luogo giusto. Paragona le azioni che hai scritto con quelle di un compagno/una compagna.

**Settimo passo:**

**OPZIONE A—FARE UN VIDEO.** Adesso, a coppie, pensate ad un argomento per un breve film (2 minuti) che potete fare senza dialogo. Scrivete le vostre idee e pensate anche a gesti ed espressioni emotive che aiutano a raccontare una storia. Se necessario usate un programma gratuito (*free software*) che vi permetta di scrivere i sottotitoli (www.dotsub.com).

**OPZIONE B—SE POTESSERO PARLARSI, COSA SI DIREBBERO?**
A coppie, immaginate una conversazione tra i due protagonisti. Scrivete un dialogo che rifletta la conversazione. Recitate il dialogo per la classe.

Daniele Napolitano

Il regista Daniele Napolitano ha fatto questo short con una macchina fotografica e più di 4.500 fotografie.

## CONCLUSIONE

Adesso che avete studiato il video, decidete se le vostre previsioni erano corrette. Cosa avevate previsto correttamente e cosa avevate sbagliato?

CAPITOLO 4

# O sole mio?

# Per comunicare

- Fare richieste e suggerimenti
- Impartire ordini
- Parlare di musica e di musicisti

### INTERNET CAFÉ

**INDIRIZZO:** www.cengage.com/italian/ponti

**ATTIVITÀ:** Rock… italianissimo.

**IN CLASSE:** Porta in classe una foto del cantante o gruppo che hai scelto. Mostrala alla classe e spiega perché ti ha colpito in modo particolare. Oppure porta il titolo e il testo di una canzone e spiega, secondo te, qual è il messaggio.

Web Search Activity

**RESOURCES**  Audio  Web  SAM Workbook

Venturelli/WireImage/Getty Images

◀ Luciano Ligabue, il re del rock italiano

# Ponti sul primo anno

Take the following quick assessment and check your answers in the answer key found on the **Ponti** website to determine whether you should do further review.

**A Aggettivi e pronomi interrogativi.** Scegli la forma corretta degli aggettivi e pronomi interrogativi tra parentesi per completare le seguenti frasi.

1. _____ (Qual / Chi) è il tuo genere musicale preferito?

2. _____ (Quanto / Quale) tempo dura la tournée di Elisa?

3. _____ (Chi / Quale) canta «Ciao Mamma», Jovanotti o Ligabue?

4. _____ (Quanti / Quali) concerti dei Subsonica hai visto? Più o meno di cinque?

5. _____ (Qual / Che) ti porti da bere al concerto?

6. _____ (Che / Quanto) strumenti suona Ligabue?

7. _____ (Chi / Che) ha vinto l'ultimo Festival di Sanremo?

8. _____ (Quanto / Che) è successo al concerto di ieri? Ho sentito che ci sono stati incidenti.

**B Avverbi interrogativi.** Usa la forma corretta degli avverbi interrogativi **come**, **dove**, **quando**, **quanto** e **perché** per completare le frasi in maniera logica.

1. _____ è il prossimo concerto di Vasco? Il 2 o il 3 luglio?

2. _____ costano le magliette della tournée dell'anno scorso?

3. _____ non compri il nuovo iPod? È strabello.

4. _____ hai visto quelle chitarre elettriche? Nel negozio in Via Roma o in quello in Piazza Bra?

5. _____ sono le altre persone del gruppo? Il chitarrista mi sembra antipatico.

6. _____ è Nicola? Siamo in ritardo per il concerto!

**C Aggettivi, pronomi e avverbi interrogativi.** Completa il dialogo utilizzando la forma interrogativa necessaria.

**Beatrice:** Ciao Marina! Da _____ vieni?

**Marina:** Ero al concerto dei Tiromancino. _____ non sei venuta anche tu?

**Beatrice:** Non ho trovato i biglietti… Ma con _____ sei andata?

**Marina:** Con Giorgio,… ormai facciamo coppia fissa. E tu, _____ va con Antonio?

**Beatrice:** Benissimo! Anzi, _____ non andiamo a mangiare qualcosa insieme domani?

**Marina:** Certo. _____ ne dici di quel ristorante nuovo su Corso Buenos Aires?

**Beatrice:** Ne ho sentito parlare bene! _____ vogliamo vederci?

**Marina:** Direi verso le 8.00.

**Beatrice:** Perfetto, a domani!

**Marina:** A domani!

## O sole mio?

LA MUSICA ITALIANA che spesso arriva fuori dai confini° del Paese non rappresenta affatto i veri gusti musicali degli italiani e soprattutto dei giovani. Canzoni storiche come «Volare» e «O sole mio» fanno parte del patrimonio musicale italiano, ma sono lontanissime da quello che negli ultimi trent'anni è stato prodotto, cantato e ballato dai giovani di quelle generazioni. Nonostante la presenza continua delle vecchie canzoni nelle pubblicità e nei film, il panorama della musica italiana è molto più complesso.

*borders (of a country)*

Dopo le influenze inglesi e americane negli anni '60 con l'arrivo della musica rock, si assiste° alla proliferazione di numerosi gruppi e solisti, imitatori di quella nuova tendenza e di quel nuovo look. Il primo passo per uscire dalla stereotipica musica italiana o dall'emulazione di artisti stranieri viene fatto dai cantautori°, artisti che affrontano nei loro testi le problematiche della vita e società italiane per un pubblico non solo fatto di giovani. Da Guccini a Dalla, da Venditti a De Gregori insieme a tantissimi altri, comincia così l'era della canzone d'autore italiana che continua, ancora ai nostri giorni, a portare nelle piazze e negli stadi migliaia di vecchi e nuovi ammiratori.

**si...** *one witnesses*

*singer-songwriters*

Passato il periodo d'apprendistato°, i cantautori stessi, nel giro degli ultimi vent'anni, hanno cominciato a curare con maggiore attenzione la parte musicale delle loro canzoni. Dagli anni ottanta e fino ai nostri giorni, accanto alla canzone d'autore e a quella melodica sono rappresentati quasi tutti i generi musicali: dal jazz di Paolo Conte al rhythm & blues di Zucchero, dal rap del primo Jovanotti all'hip hop di Frankie Hi-nrg, dallo swing di Paolo Belli al rock di Gianna Nannini, Ligabue, Vasco Rossi e tanti altri.

**periodo...** *period of apprenticeship*

Possiamo affermare che oggi si ascolta ancora molta musica anglo-americana, ma allo stesso tempo i giovani italiani possono apprezzare un prodotto «made in Italy» che va incontro ai° loro gusti.

**va...** *agrees with*

Zucchero in concerto.

## DOMANDE

1. Cosa pensa l'autore di canzoni quali «O sole mio» e «Volare»? Conosci i titoli di altre canzoni italiane? Conosci qualche cantante o gruppo musicale italiano?

2. Che cos'è un cantautore? Esistono cantautori anche nel tuo Paese? Ricordi alcuni nomi?

3. Quali sono i tipi di musica che è possibile ascoltare in Italia? Che tipo di musica ascolti? Ascolti musica straniera?

4. Basandoti su quanto hai potuto vedere nello svolgere l'attività Web, qual è la tua impressione sulla musica italiana?

# Lessico

CD 1
29-32

### LA CANZONE

| | |
|---|---|
| il CD | CD |
| comporre | to compose |
| la copertina | cover |
| il disco | record |
| il ritmo | rhythm |
| il ritornello | refrain |
| lo spartito | score |
| lo stereo | stereo system |
| il suono | sound |
| il testo | lyrics |
| il video musicale | music videoclip |

### IN CONCERTO

| | |
|---|---|
| l'amplificatore (m.) | amplifier |
| applaudire | to applaud |
| il biglietto | ticket |
| il buttafuori | bouncer |
| il camerino | dressing room |
| il/la cantante | singer |
| il cantautore/la cantautrice | singer-songwriter |
| le casse | speakers |
| il complesso / il gruppo | band |
| il/la corista | singer in a chorus, backup singer |
| essere in tournée | to be on tour |
| il/la fan | fan |
| fischiare | to boo (literally, to whistle) |
| le luci | lights |
| il microfono | microphone |
| il/la musicista | musician |
| il palcoscenico | stage |
| il pubblico / gli spettatori | audience |

| | |
|---|---|
| lo spettacolo | show |
| lo stadio | stadium |
| il volantino | flyer |

### GLI STRUMENTI

| | |
|---|---|
| il basso | bass guitar |
| la batteria | drums |
| la chitarra | guitar |
| la fisarmonica | accordion |
| il flauto | flute |
| il mandolino | mandolin |
| il pianoforte | piano |
| il sassofono | saxophone |
| il tamburello | tambourine |
| la tastiera | keyboard |
| la tromba | trumpet |
| il violino | violin |
| il violoncello | cello |

### ALTRE PAROLE ED ESPRESSIONI UTILI

| | |
|---|---|
| abbassare il volume | to turn down the sound |
| accordare | to tune |
| alzare il volume | to turn up the sound |
| avere orecchio | to have an ear for music |
| ballare una canzone | to dance to a song |
| il discografico | person in the record industry |
| la discoteca | disco |
| essere intonato/a | to have good pitch |
| essere stonato/a | to be tone-deaf |
| farsi fare un autografo | to get an autograph |
| melodico/a | melodic |
| musicale (adj.) | musical |
| le prove | rehearsal |

**A** **Le parole della musica.** Collega le definizioni della prima colonna alle parole corrispondenti.

1. Le parole di una canzone
2. Il luogo dove si balla
3. La persona che scrive le parole delle sue canzoni
4. Il luogo dove il cantante si prepara
5. La persona che nelle discoteche «risolve» i problemi
6. Lo fanno gli spettatori quando sono scontenti

a. fischiare
b. il camerino
c. la discoteca
d. il buttafuori
e. il testo
f. il cantautore

**B** **Il super fan di Jovanotti.** Completa il racconto con le seguenti parole.

| testi | CD | look | concerto | musicale |
|---|---|---|---|---|
| melodici | cantante | stadio | ballare | |

Ieri sera io e Luca siamo andati a un _____ di Jovanotti. Siamo usciti di casa alle 17.00 e siamo arrivati allo _____ Olimpico di Roma poco prima delle 18.00. C'erano già tantissimi ammiratori dell'unico vero _____ rap italiano. Forse esagero, ma amo troppo Jovanotti! Nella mia collezione a casa ho tutti i suoi _____ . I _____ delle sue canzoni sono la cosa più importante: i giovani come me possono riconoscersi nelle sue parole, cantarle con lui e sentirle proprie. Ma anche la parte _____ mi fa impazzire. Non posso evitare di _____ ogni volta che lo sento cantare «Ciao Mamma» o «Ragazzo fortunato». Lui ha davvero molto talento. L'anno scorso mio padre mi aveva portato a vedere Andrea Bocelli ma è stata una cosa molto diversa. Prima di tutto era in un teatro e poi non mi piacciono gli artisti troppo _____ . E poi che noia: tutti erano vestiti allo stesso modo. Qui, invece, tutti hanno un _____ diverso ma so che sono tutti come me. Tutti con un cuore che batte per lui, l'unico, Jovanotti!

Moltissima energia sul palcoscenico del primo rapper italiano Jovanotti.

AP Photo/Keystone, Peter Klaunzer

**C** **Gli strumenti.** Ad ogni genere musicale è possibile far corrispondere strumenti che sono necessari per quel tipo di musica. In gruppi di tre, pensate di formare un vostro complesso. Dopo aver elencato gli strumenti necessari ad un complesso rock, ad un complesso country ed ad un complesso jazz, scegliete gli strumenti per il vostro complesso. Presentatevi alla classe indicando gli strumenti usati da ognuno di voi, il nome del vostro gruppo e il titolo della vostra canzone più popolare.

| Gruppo rock | Gruppo country | Gruppo jazz | Il vostro gruppo |
| --- | --- | --- | --- |
| | | | |
| | | | |
| | | | |

 **D** **Alla scoperta di nuovi talenti.** Intervistate un compagno/una compagna per scoprire le sue capacità ed i suoi interessi musicali. Aiutatevi con gli spunti offerti qui sotto senza però limitarvi ad essi.

1. Se ha orecchio e se è intonato/a

2. Se suona uno strumento (quale, da quanto tempo, che tipo di musica, ecc.)

3. Se non sa suonare uno strumento, se gli/le piacerebbe imparare, quale strumento e perché

**E** **Le nostre parole.** Pensa a due o tre parole relative all'argomento di questo capitolo che ti sembrano importanti e che non sono presenti nella sezione lessicale. Possono essere parole provenienti dall'attività Web, parole contenute nella lettura iniziale o semplicemente parole che ti servono per comunicare meglio. Cercale sul dizionario e presentale in classe spiegando il loro significato in italiano. Poi scrivi le parole che tutti pensano siano importanti nel *Dizionarietto* alla fine del capitolo.

*Radio ponti*

## IDENTIFYING DETAILS AND PREDICTION

In Chapter 1 you practiced determining the main idea while listening. In addition to determining the main idea, it is also important to identify supporting details. We do this when we need to ascertain more than the gist. For example, when listening to information about an event, we need to know the when as well as the what. To identify important details, try to answer the questions who?, what?, when?, where?, and why?

Prediction can help identify details. Once you know what a passage, conversation, or announcement is about, you can use your background knowledge to help you predict what kind of information might be revealed. For example, if you are listening to an announcement about an event, you can expect to learn where and when it takes place.

Another basic skill is to listen for the main idea. You do not need to understand every word the speaker says in order to get the sense of the statement. Try to determine in a general way what the speaker is talking about as well as the primary message the speaker is trying to convey. Ask yourself: What does the speaker hope to do in this conversation or announcement?

**A Ultimi biglietti!!!** Ascolta un annuncio su un concerto e decidi se le seguenti informazioni sono vere o false.

|  | Vero | Falso |
|---|---|---|
| 1. Questa sera c'è un concerto di Vasco Rossi a Milano. | _____ | _____ |
| 2. Il concerto sarà in uno stadio. | _____ | _____ |
| 3. Quest'anno Vasco Rossi farà solo tre concerti. | _____ | _____ |
| 4. I biglietti saranno venduti allo stadio e nei bar vicini. | _____ | _____ |

**B Una novità.** Ascolta un annuncio su un nuovo CD e completa le seguenti frasi scegliendo tra le possibilità offerte.

1. Il vero nome di Jovanotti è _____.
   a. Lorenzo Sangue
   b. Lorenzo Cherubini
   c. Lorenzo Penelope

2. Nel CD «Buon Sangue», Jovanotti _____.
   a. sperimenta con nuovi ritmi
   b. abbandona gli elementi della tradizione
   c. parla di MTV

3. Edoardo Bennato è _____.
   a. una canzone di Jovanotti
   b. un cantautore italiano
   c. un video di Jovanotti

Practice Quizzes, Flashcards

SAM Workbook Activities

### TERRA E LIBERTÀ, MODENA CITY RAMBLERS

«Cent'anni di solitudine»
«Qualche splendido giorno»
«Danza infernale»
«Cuore blindato»

### OVERDOSE D'AMORE, ZUCCHERO

«Menta e rosmarino»
«Senza una donna»
«Madre dolcissima»
«Hai scelto me»

## PRATICA

**A Copertine.** Ecco due copertine di cantanti e gruppi italiani e alcuni titoli delle loro canzoni. In gruppi di tre o quattro, pensate quale copertina si colleghi meglio al titolo dell'album e perché. Poi cercate di immaginare, con l'aiuto delle copertine, dei titoli degli album e delle canzoni, quale tipo di musica questi artisti suonino.

**B La copertina del secolo.** Ora, con lo stesso gruppo, immaginate di dover disegnare la copertina per il prossimo CD del vostro gruppo favorito. Valutate, per esempio, le seguenti cose.

1. l'argomento del CD (amore, politica, giovani, società, ecc.)

2. i colori della copertina

3. la grafica della copertina

4. alcuni titoli delle canzoni

Di seguito, esprimete le vostre idee su come fare la copertina usando espressioni quali **Facciamo**…, **Disegniamo**…, **Mettiamo**…, ecc. A casa, mettete in atto le vostre idee e disegnate la copertina. Portatela in classe e lasciate giudicare agli studenti la copertina migliore.

**C** «Libera l'anima». Il seguente testo di Jovanotti è un invito a gustare (*enjoy*) la musica e attraverso essa liberarsi dai problemi. La musica diventa così l'unica «droga» di cui i giovani avrebbero bisogno.

1. Leggete il testo con un compagno/una compagna e sottolineate tutti gli imperativi che trovate.

### Libera l'anima[1]

Di sopra, di sotto, di lato, di fianco
di ballare questo disco non mi stanco mai
io non mi stanco mai e non ti stancherai
se tu mi seguirai «baby»
il basso gira come una trottola[2]
fammi sentire che ti piace dimmi di sì (sì)
bene bene
mi piace, mi piace così
senti questo ritmo che va
LIBERA L'ANIMA
Ok ok dimmi che ci sei,
fammi sentire che ti piace
grida forte Ok (ok)
Lasciati andare «baby»
lasciati andare
segui questo ritmo che sale
lasciati andare
segui questo ritmo che sale
non ti devi impressionare[3] se cominci a sudare[4]

farai meglio ad ascoltare e continuare a ballare
la carica[5] ti arriva attraverso le casse
passa nelle tue gambe e nelle zone più basse
poi raggiunge le braccia che si muovono in alto
e la carica passa attraverso le mani di un altro
l'energia si propaga con le onde sonore[6]
ti colpisce[7] le orecchie poi ti passa nel cuore
senti come va, senti senti senti come va
senti come va, senti senti senti come va
LIBERA L'ANIMA, LIBERA L'ANIMA
tutta la droga del mondo
non vale un grammo della mia adrenalina
LIBERA L'ANIMA, LIBERA L'ANIMA
e non è mai troppo tardi
e non è mai troppo presto
per fare quello che ho chiesto
per fare quello che ho chiesto
LIBERA L'ANIMA, LIBERA L'ANIMA
LIBERA L'ANIMA, LIBERA L'ANIMA

Source: LIBERA L'ANIMA Music by Michele CENTONZE, Lorenzo CHERUBINI, and Luca CERSOSIMO. Lyrics by Lorenzo CHERUBINI © 1991 DJ'S Gang Srl / Soleluna Srl / RTI Spa / SM Publishing (Italy) Srl.

---

1. *spirit, soul* • 2. *spinning top* • 3. **non…** *don't be upset* • 4. *sweat* • 5. *(electric) charge* • 6. **le onde…** *sound waves* • 7. *strikes, hits*

2. Dopo aver letto il testo, fate una lista di tre cose suggerite dal cantautore che possono aiutare a liberare l'anima.

 **D** Un ritornello originale. In gruppi di tre, provate a creare un ritornello vostro. Prima dovete decidere l'argomento. Sarà l'amore, la perdita di un amore, la pace, la politica? Può essere qualsiasi argomento che vi ispiri. Poi cercate di scrivere almeno un esempio per ogni elemento.

**ESEMPIO**

**argomento:** l'amore perduto

**il suono / la musica:** blues

**la rima:** sei / vorrei, me / te

**il ritornello:** Almeno nel mio sogno, abbracciami!

*(continued)*

Formate quattro versi usando quattro parole in rima e poi aggiungete il ritornello.

**ESEMPIO**

> Da due giorni non ci sei
> Ma ogni istante ti vorrei
> La tua foto qui con me
> La mia voglia qui di te
> Almeno in sogno, abbracciami!
> Almeno in sogno, abbracciami!

 **E** **Siamo tutti cantautori!** Ora in gruppi di tre, pensate a due canzoni che vorreste scrivere (una d'amore, una sociale o politica) e per ognuna scrivete almeno cinque imperativi che usereste per lanciare il vostro messaggio. Poi, presentate le vostre canzoni alla classe spiegando le ragioni per cui avete scelto quegli imperativi.

| Canzone d'amore | Canzone sociale / politica |
|---|---|
| 1. | 1. |
| 2. | 2. |
| 3. | 3. |
| 4. | 4. |
| 5. | 5. |

# Grammatica

 **I PRONOMI PERSONALI OGGETTO**

There are two kinds of object pronouns: direct-object pronouns and indirect-object pronouns.

## **A** **I pronomi oggetto diretto**

PRONOMI OGGETTO DIRETTO

| Singolare | | Plurale | |
|---|---|---|---|
| mi | *me* | ci | *we* |
| ti | *you* | vi | *you* |
| La | *you (formal)* | Li (m.) / Le (f.) | *you (formal)* |
| lo | *him, it (m.)* | li | *them (m.)* |
| la | *her, it (f.)* | le | *them (f.)* |

**1** A direct-object pronoun replaces a direct object. A direct object is the person, animal, thing, or concept that directly receives the action of a verb, answering the question "what?" or "whom?" Only transitive verbs have direct objects.

| | |
|---|---|
| Da piccolo Mario suonava **la chitarra** ma ora non **la** suona più. | *Mario played **the guitar** as a child but now he doesn't play **it** anymore.* |
| —Ho visto **Fabri Fibra** a Milano. Anche tu **l'**hai visto? | *I saw **Fabri Fibra** in Milan. Did you see **him** too?* |
| —Quando farà **il suo prossimo concerto**? | *When will he give **his next concert**?* |
| —**Lo** farà tra qualche settimana. | *He'll give **it** in a few weeks.* |

**2** A direct-object pronoun precedes a conjugated verb or may attach to an infinitive. When a direct-object pronoun attaches to an infinitive, the infinitive's final **-e** is dropped.

| | |
|---|---|
| —Dottor Santini, **La** posso aiutare?<br>—Dottor Santini, posso aiutar**La**? | *Dr. Santini, can I help **you**?* |

As language evolves, the use of capital letters with formal pronouns is less common. It is still considered to be the most accurate usage.

**3** Direct-object pronouns also attach to **ecco**.

| | |
|---|---|
| —Ha **un volantino** con le informazioni? | *Do you have **a flyer** with the information?* |
| —Ecco**lo**. Prendine uno! | *There **it** is. Take one!* |

**4** When a direct-object pronoun precedes a verb containing a past participle, the past participle agrees in gender and number with the third-person pronouns **lo**, **la**, **La**, **li**, **Li**, **le**, and **Le**. Agreement is optional with **mi**, **ti**, **ci**, and **vi**.

| | |
|---|---|
| —Avete sentito **la nuova canzone** di Zucchero? | *Have you heard Zucchero's **new song**?* |
| —Sì, **l'**abbiamo sentit**a**. È bellissima. | *Yes, we heard **it**. It's beautiful.* |
| —Abbiamo visto **i nuovi cantanti** al concerto. Tu **li** hai vist**i**? | *We saw **the new singers** at the concert. Did you see **them**?* |
| —Sì, anch'io **li** ho vist**i** al concerto! | *Yes, I also saw **them** at the concert!* |
| —E **ci** hai visto / vist**i**? | *And did you see **us**?* |
| —Io **vi** ho visto / vist**i** ma non ho potuto salutar**vi** da lontano! | *I saw **you**, but I couldn't say hi from so far away!* |

When **lo** and **la** are used before a form of **avere**, they are elided. **Li** and **le** are never elided. **Mi**, **ti**, **ci**, and **vi** are sometimes elided, especially in common speech.

| | |
|---|---|
| **Vi** ho chiamat**i** ma non **m'**avete vist**a**! | *I called **you** but you didn't see **me**!* |

Preferisci comprare i CD o scaricarli sull'iPod?

**5** The following common verbs take a direct object, whereas their English equivalents are followed by a preposition.

| | |
|---|---|
| ascoltare | *to listen to* |
| cercare | *to look for; to try to* |
| guardare | *to look at* |
| aspettare | *to wait for* |
| chiedere | *to ask for* |
| pagare | *to pay (for)* |

Ho ascoltato **il CD** a casa di Gianni e poi **l'ho cercato** subito in tutti i negozi.

*I listened to **the CD** at Gianni's house and then I looked for **it** immediately in all of the stores.*

 **Il pronome neutro**

The pronoun **lo** meaning *it* or the demonstrative *that* can replace an entire concept.

—Quello spartito è una grande opera.  *That score is a great work.*

—Sì, **lo** è.  *Yes, **it** is.*

—Sapevi che è uscito il nuovo album di Adriano Celentano?  *Did you know that Adriano Celentano's new album came out?*

—No. Non **lo** sapevo.  *No. I didn't know **that**.*

 **I pronomi oggetto indiretto**

PRONOMI OGGETTO INDIRETTO

| Singolare | | Plurale | |
|---|---|---|---|
| mi | *to me* | ci | *to us* |
| ti | *to you* | vi | *to you* |
| Le | *to you (formal)* | Loro | *to you (formal)* |
| gli | *to him* | loro | *to them* |
| le | *to her* | gli | *to them* |

**1** An indirect-object pronoun replaces an indirect object. An indirect object is a person *for whom* or *to whom* an action is performed. Only transitive verbs have indirect objects. An indirect-object noun is always preceded by the preposition **a** or **per**.

—Hai telefonato **a Salvatore**?        *Did you call **Salvatore**?*

—Sì, **gli** ho telefonato a casa ma    *Yes, I called **him** at home but*
non è ancora tornato.                *he's not back yet.*

**2** Like direct-object pronouns, indirect-object pronouns precede a conjugated verb or may attach to an infinitive. The final **-e** of the infinitive is dropped.

Non sono riuscita a comprar**gli** un    *I wasn't able to buy a ticket for*
biglietto.                              ***him**.*

**3** The indirect-object pronoun **loro** always follows the verb. However, spoken Italian usually substitutes **gli** for **loro**. When the indirect-object pronoun **Loro** (formal) is used, it cannot be replaced with **gli**.

Ho scritto **loro** che il concerto
era stato rinviato.                *I wrote **them** that the concert*
                               *had been rescheduled.*
**Gli** ho scritto che il concerto era
stato rinviato.

**4** Past participles do not agree with indirect-object pronouns.

**Le** ho spedit**o** i prezzi dei nuovi CD    *I sent **her** the prices for the new*
per email.                           *CDs by email.*

**D** **I pronomi combinati**

**1** When indirect- and direct-object pronouns are combined, the indirect object precedes the direct object.

PRONOMI COMBINATI

| | | | |
|---|---|---|---|
| me lo | me la | me li | me le |
| te lo | te la | te li | te le |
| glielo | gliela | glieli | gliele |
| ce lo | ce la | ce li | ce le |
| ve lo | ve la | ve li | ve le |
| glielo | gliela | glieli | gliele |
| (lo… loro) | (la… loro) | (li… loro) | (le… loro) |

**2** **Mi**, **ti**, **ci**, and **vi** change to **me**, **te**, **ce**, and **ve**, respectively. **Le** and **gli** become **glie** + *direct-object pronoun*. **Loro** follows the verb; however, spoken Italian usually substitutes **glie** + *direct-object pronoun* for **loro**.

| | |
|---|---|
| Edoardo Bennato ha dedicato **la sua recente raccolta alle sue sorelle**. | *Edoardo Bennato dedicated **his most recent collection to his sisters**.* |
| **Gliel**'ha dedicat**a** al suo ultimo concerto. | *He dedicated **it to them** at his last concert.* |
| *o* **L**'ha dedicat**a loro** al suo ultimo concerto. | |
| —**Mi** presteresti **il libretto** all'interno del CD? | *Would you **lend me the booklet with lyrics** inside the CD?* |
| —Certamente. **Te lo** porterò domani. | *Certainly. I'll bring **it to you** tomorrow.* |

###  I pronomi riflessivi e l'oggetto diretto

**1** Reflexive pronouns combined with direct-object pronouns follow the same rules of placement as combined indirect- and direct-object pronouns.

PRONOMI RIFLESSIVI E PRONOMI OGGETTO DIRETTO

| | | | |
|---|---|---|---|
| me lo | me la | me li | me le |
| te lo | te la | te li | te le |
| se lo | se la | se li | se le |
| ce lo | ce la | ce li | ce le |
| ve lo | ve la | ve li | ve le |
| se lo | se la | se li | se le |

| | |
|---|---|
| —**Ti** metterai **i jeans** per andare in discoteca? | *Are **you** going to wear **your jeans** to go to the disco?* |
| —Sì, **me li** metterò. | *Yes, **I**'m going to wear **them**.* |

**2** When using reflexives with direct-object pronouns, the past participle agrees in gender and number with the direct object.

| | |
|---|---|
| —**Si** è tolto **la giacca** prima di cominciare a ballare? | *Did **he** take off **his jacket** before dancing?* |
| —Sì. **Se la** è tolt**a** e gli ho ricordato di non dimenticar**sela**. | *Yes. **He** took **it** off and I reminded **him** not to forget **it**.* |
| —Al concerto **mi** sono dimenticato **le parole delle canzoni**. | *At the concert **I** forgot the **words to the songs**.* |
| —Anche tu? Anch'io **me le** sono dimenticat**e** completamente. | *You, too? **I** completely forgot **them**, too.* |

**A** **Antonello Venditti.** Durante la sua ultima tournée Antonello Venditti, cantautore romano, ha girato per tutta l'Europa. Ha chiesto aiuto ai suoi assistenti parecchie volte. Rispondi alle domande di Venditti usando i pronomi oggetto diretto.

1. Avete preso i microfoni dal camion?

2. Chi può trovare il mio amplificatore?

3. Dovrei cantare canzoni dal mio penultimo CD?

4. Avete noleggiato i camion per spostarci domani sera?

5. Chi ha scelto i ristoranti dove fermarci durante il viaggio?

6. Il chitarrista ha accordato la chitarra?

7. Possiamo visitare le città dove suoneremo?

8. Dove finiremo la tournée?

Il cantautore Antonello Venditti in tournée.

**B** **Regalo tutto!** Marco ha deciso di traslocare e così ha deciso di regalare le cose che non vuole o non può portare con se. Scrivi le frasi utilizzando il pronome oggetto indiretto seguendo il modello dell'esempio.

**ESEMPIO**

la chitarra elettrica / io
*Mi regala la sua chitarra elettrica.*

1. i dischi di Renato Zero / Lucia

2. le magliette dei Tiromancino / tu

3. il libro sulla vita di Luigi Tenco / noi

4. il poster di Carmen Consoli / loro

5. il video del concerto di Vasco / io

6. il vecchio iPod / tu e Laura

**C** **Le operette (*Light operas*).** Rispondi usando al posto degli oggetti diretti e/o indiretti i pronomi corrispondenti e fa' tutti i cambiamenti necessari.

1. Hai chiesto <u>ad Isabella</u> di comporre <u>lo spartito per la nuova operetta</u>?

2. Ti ha detto che potevi consegnare <u>i testi a me</u> entro un mese?

3. Lei inviterà <u>Luigi e Renzo</u> a collaborare?

4. Avete ricevuto <u>tutti i fondi necessari</u> per produrre <u>questo spettacolo</u>?

5. Dirà <u>a Massimo</u> domani <u>la cifra esatta</u>?

6. In generale, tutti comprano <u>i biglietti</u> prima del giorno della prima?

7. Hai mai sentito <u>le operette di Isabella</u>?

8. Sai <u>la data della prossima operetta</u>?

**D Due fan.** Completa la conversazione con la forma corretta dei pronomi oggetto diretto e/o del pronome neutro.

*Due ragazzi parlano di Zucchero, un cantante molto popolare nel mondo della musica italiana.*

**Fan 1:** Conosci Zucchero, vero?

**Fan 2:** Sì, _____ conosco. Perché?

**Fan 1:** Ho sentito dire che sarà qui in concerto il mese prossimo.

**Fan 2:** E chi te _____ ha detto?

**Fan 1:** Un'amica. Chissà se è vero?

**Fan 2:** Questo non te _____ so dire. Mi pare un po' strano.

**Fan 1:** Perché?

**Fan 2:** Perché recentemente cancella tutti i concerti all'ultimo momento.

**Fan 1:** È vero. _____ cancella tutti. Hai proprio ragione. Possiamo telefonare in biglietteria per informarci.

**Fan 2:** Perfetto. _____ fai tu? Mi piacerebbe proprio veder _____.

**Fan 1:** Certo! _____ faccio subito!

**E Indovinate la domanda.** A coppie, cercate di formare una domanda in base alla risposta data. Questo vocabolario vi potrà essere utile.

| | | |
|---|---|---|
| il buttafuori | il flauto | «Libera l'anima» |
| il ritornello | Dixie Chicks | vi |

1. Sì, le abbiamo viste in tournée.

2. No, purtroppo, non l'ha cantata.

3. L'ha suonato una volta sola.

4. Tutti l'hanno cantato.

5. Sì, è sceso dal palcoscenico per parlarci.

6. Gliel'ho chiesto e ci ha fatto entrare.

**F A chi le possiamo dare?** A coppie, formate domande e risposte dalla seguente lista e decidete a chi dare queste cose nella vostra classe.

**ESEMPIO**

il CD di Vasco Rossi

**St. 1:** A chi possiamo dare il CD di Vasco Rossi?

**St. 2:** Possiamo darlo a Roberto.

**St. 1:** Buon'idea. Glielo possiamo dare domani.

1. i dischi di Frank Sinatra

2. la chitarra di Jimi Hendrix

3. uno spartito di Maria Callas

4. il vecchio stereo del professore

5. i CD di musica rap

6. la radio della professoressa

7. gli mp3 dei Beatles

8. la musica dell'inno nazionale

Practice Quizzes, Flashcards

SAM Workbook Activities

**II** **L'IMPERATIVO**

The imperative mood is used for commands, instructions, directions, and strong suggestions. Subject pronouns are not ordinarily used with the imperative, except for emphasis. When subject pronouns are used, the pronoun follows the imperative form.

| | |
|---|---|
| Questa volta io non lo faccio. **Fallo** tu! | *This time I'm not going to do it. You **do it**!* |

### A  Le forme di *tu, noi e voi*

The **tu** and **voi** forms of the imperative are used to address friends and family. Commands with **noi** are equivalent to *let's + verb*. Regular imperative forms are identical to the present indicative except for the **tu** form of -**are** verbs, which ends in -**a** in the imperative.

| | -are | -ere | -ire |
|---|---|---|---|
| tu | abbass**a** | discut**i** | sent**i**, restitu**isci** |
| noi | abbass**iamo** | discut**iamo** | sent**iamo**, restitu**iamo** |
| voi | abbass**ate** | discut**ete** | sent**ite**, restitu**ite** |

| | |
|---|---|
| Giampaolo, **abbassa** il volume! | *Giampaolo, **turn down** the volume!* |
| **Corriamo**! Il concerto sta per incominciare. | ***Let's run**! The concert's about to begin.* |

### B  Le forme di *Lei e Loro*

**1** The formal imperative with **Lei** and **Loro** is used when addressing professionals, older people, strangers, and people you don't know well. The forms of the formal imperative are the same as those of the present subjunctive (reviewed in **Capitoli 8** and **9**).

| | -are | -ere | -ire |
|---|---|---|---|
| Lei | invit**i** | legg**a** | sent**a**, fini**sca** |
| Loro | invit**ino** | legg**ano** | sent**ano**, fini**scano** |

| | |
|---|---|
| Signore, **firmi** qui, per favore! | *Sir, please **sign** here!* |
| Professori, **ci lascino** ascoltare la musica jazz in classe! | *Professors, **let us** listen to jazz in class!* |

**2** In spoken Italian, the **voi** form of the imperative is usually substituted for the **Loro** form:

Professori, **lasciateci** ascoltare la musica jazz in classe!
*instead of*
Professori, **ci lascino** ascoltare la musica jazz in classe!

**Le forme irregolari dell'imperativo**

**Essere** and **avere** have irregular imperative forms.

|  | tu | Lei | noi | voi | Loro |
|---|---|---|---|---|---|
| **essere** | sii | sia | siamo | siate | siano |
| **avere** | abbi | abbia | abbiamo | abbiate | abbiano |

These common verbs are also irregular in the imperative.

|  | tu | Lei | noi | voi | Loro |
|---|---|---|---|---|---|
| **andare** | va' | vada | andiamo | andate | vadano |
| **dare** | da' | dia | diamo | date | diano |
| **dire** | di' | dica | diciamo | dite | dicano |
| **fare** | fa' | faccia | facciamo | fate | facciano |
| **sapere** | sappi | sappia | sappiamo | sappiate | sappiano |
| **stare** | sta' | stia | stiamo | state | stiano |
| **tenere** | tieni | tenga | teniamo | tenete | tengano |
| **uscire** | esci | esca | usciamo | uscite | escano |
| **venire** | vieni | venga | veniamo | venite | vengano |

 **L'imperativo negativo**

**Non** precedes the verb in negative commands. The negative form of the second-person singular, **tu**, is **non** + *infinitive*. All other imperative forms simply insert **non** before the affirmative form.

| (tu) | **Non credere** a tutto quel che senti dire! | ***Don't believe*** *everything you hear!* |
|---|---|---|
| (Lei) | **Non creda** che quella musica sia originale! | ***Don't believe*** *that that music is original!* |

 **I pronomi oggetto e l'imperativo**

**1** Object pronouns attach to the **tu**, **noi**, and **voi** forms of the imperative. With the formal imperative, **Lei** and **Loro**, pronouns precede the verb (except for the indirect-object pronoun **loro**, which always follows the verb).

—Non ho ancora aperto **la bottiglia di champagne**.

*I haven't opened **the bottle of champagne** yet.*

—Apri**la**! Festeggiamo!

*Open **it**! Let's celebrate!*

—Devo comprare **il vino per Chiara**?

*Should I buy **wine for Chiara**?*

—Certamente, **glielo** compri.

*Certainly, buy **it for her**.*

**2** In negative informal **tu** commands, object pronouns can precede the infinitive or attach to it. When attaching pronouns, the **-e** of the infinitive is dropped. In negative **voi** and **noi** commands, pronouns also precede or attach to the verb. In negative formal commands, object pronouns precede the verb, except for the pronoun **loro**.

| | |
|---|---|
| Non ascoltare **quel disco**! | *Don't listen to **that record**!* |
| Non **lo** ascoltare!<br>*o* Non ascoltar**lo**! | *Don't listen to **it**!* |
| Non compri **quel CD per Alessio e Daria**! Non **gli** piacerà. | *Don't buy **that CD for Alessio and Daria**! **They** won't like it.* |
| Non **glielo** compri.<br>*o* Non **lo** compri **loro**. | *Don't buy **it for them**.* |
| Non **lo** facciamo più!<br>*o* Non **facciamolo** più! | *Let's not do **that** anymore!* |
| Non mettete **quella canzone**!<br>*o* Non **la mettete**! *o* Non **mettetela**! | *Don't put on **that song**!* |

**3** When the imperative form is a single syllable, the initial consonant of the pronoun that attaches to it is doubled. The only exception is the pronoun **gli**.

| | |
|---|---|
| **Dammi** il testo, per favore! | ***Give me** the lyrics, please!* |
| **Facci** sapere quando arrivi! | ***Let us** know when you're arriving!* |
| BUT ... | |
| **Digli** l'ora delle prove! | ***Tell him** what time the rehearsal is.* |

**4** The same rules that govern the use of object pronouns with the imperative apply to reflexive pronouns as well.

| | |
|---|---|
| Signore, **si** affretti, per favore! | *Sir, please **hurry**!* |
| **Si** vestano bene per questa sera! | ***Dress** well for this evening!* |
| Non mette**vi** quegli stivali per ballare! Non **ve li** mettete! | ***Don't put on** those boots to dance! Don't **put them** on!* |

 **Altre espressioni dell'imperativo**

The imperative may also be expressed with the modal verb **dovere** + *infinitive*.

| | |
|---|---|
| **Devi comporre** la colonna sonora! | ***You have to compose** the soundtrack!* |

**A** **Una giovanissima al concerto.** Elena ha 13 anni e va per la prima volta al concerto del suo cantante preferito. Naturalmente sua madre le dà molti consigli prima di uscire. Elena chiede alla madre il permesso di fare alcune cose. A coppie, uno/una fa la parte della madre e l'altro/l'altra risponde alle domande della ragazza usando l'imperativo informale e i pronomi.

**ESEMPIO**

Posso tingermi i capelli per il concerto?
*Certamente! Tingiteli! o Non tingerteli!*

1. Posso mettermi la minigonna rossa?
2. Posso invitare la mia migliore amica?
3. Posso comprare la giacca del tour?
4. Posso chiedere un autografo al cantante?
5. Posso farmi un tatuaggio (*tattoo*)?
6. Posso ascoltare il suo disco quando torniamo a casa?

 **B** **Il discografo.** Siete un gruppo rock e un'importante casa discografica vuole registrare il vostro primo disco. Prima di offrirvi un contratto, però, vi chiede di fare alcuni cambiamenti. Formate delle frasi con i suggerimenti qui sotto usando l'imperativo informale e i pronomi.

**ESEMPIO**

provare un nuovo look
*Provate un nuovo look. ⟶ Provatelo!*

1. tingervi i capelli di verde
2. usare più effetti speciali durante i concerti
3. cambiare il chitarrista
4. mettervi un orecchino al naso
5. cantare quella canzone in inglese
6. smettere di portare gli occhiali in concerto
7. dare messaggi sociali con le canzoni
8. finire il lavoro prima di mezzanotte

**C** **Un compagno/Una compagna di stanza terribile.** Il tuo compagno/
La tua compagna di stanza è un/una musicista e fa spesso cose che ti creano
problemi. Chiedigli/Chiedile di cambiare il suo atteggiamento usando l'imperativo
e i pronomi oggetto diretto e indiretto.

ESEMPIO

> Suona la chitarra di notte.
> *Non suonarla di notte!*

1. Organizza una festa ogni settimana.
2. Ascolta la musica ad alto volume.
3. Non ti chiede il permesso di usare i tuoi CD.
4. Mette poster di cantanti per tutta la casa.
5. Spende i soldi dell'affitto per comprare CD.
6. Non ti restituisce le cose che gli hai prestato.
7. Invita i membri del suo gruppo a dormire a casa vostra.
8. Non rispetta le regole per una buona convivenza.

**D** **La festa da ballo.** Hai organizzato una festa per alcuni tuoi amici e per i
loro genitori. Parlando con loro, gli chiedi di fare alcune cose per la festa usando,
a seconda dei casi, l'imperativo formale o informale.

ESEMPIO

> ad un amico: alzare il volume ⟶ *Alza il volume!*
> alla madre di un tuo amico ⟶ *Per favore, alzi il volume!*

1. ad un amico: portare i CD di Lucio Battisti
2. al padre di un tuo amico: non fumare in salotto
3. a due amici: scegliere la musica da ballare
4. al fidanzato/alla fidanzata: ballare con te
5. ai genitori di una tua amica: aprire lo champagne
6. ad un amico: abbassare le luci
7. ad un'amica: dire al suo ragazzo di non bere troppo
8. a te stesso e ai tuoi amici: cantare questa canzone insieme
9. ai genitori di un tuo amico: tagliare la torta
10. alla madre di una tua amica: togliersi la giacca

**E** **Il coro di Montesagro.** Il maestro del coro di Montesagro invita un gruppo di ragazzi della provincia ad un loro concerto. Prima del concerto gli parla della musica di montagna e poi gli spiega le regole fondamentali di comportamento ad un concerto del genere. Scrivete almeno otto regole suggerite dal maestro ai ragazzi usando alcuni dei seguenti verbi e poi condividetele con la classe.

| | | | |
|---|---|---|---|
| ascoltare | fare | pronunciare | tornare |
| cantare | giocare | scappare | venire |
| correre | mettersi | stare | |
| discutere | prendere | toccare | |

**F** **Un direttore d'orchestra terribile!** Il nuovo direttore d'orchestra è molto pignolo e vuole tutto fatto alla perfezione. Non gli va mai bene niente e dà ordini a tutti. Basandoti sull'esempio, scrivete quello che il direttore dice alle varie persone usando l'imperativo informale (**tu / voi**) e i pronomi oggetto diretto.

> **ESEMPIO**
>
> Il proprietario del teatro ammette *gli ospiti* in teatro.
> *Non ammetterli!*

1. Il bassista e il sassofonista non rispettano *il ritmo*.

2. I flautisti non seguono *lo spartito*.

3. Un violoncellista non si è messo *la camicia bianca*.

4. Le due soprano cantano *una bell'aria* malamente.

5. I due tenori non pronunciano bene *le parole delle canzoni*.

6. I sassofonisti non aspettano *il momento giusto* per cominciare.

7. Una persona indossa *un vestito viola* sul palcoscenico.

8. I tecnici non hanno messo *le luci appropriate*.

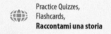

Practice Quizzes,
Flashcards,
**Raccontami una storia**

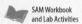

SAM Workbook
and Lab Activities

# Biblioteca

**READING COLLOQUIAL SPEECH**

In Italian as in English, colloquial speech is characterized by informal constructions, idioms, and verbal habits not always found in written language. Pause fillers like **eh…** and crutch words like **cioè**, **allora**, **quindi**, **hai capito**, or **voglio dire** are some examples. Some of these usages have close equivalents in English, such as overusing *like, what I mean is,* and *really*. Sometimes words or phrases are repeated. In the interview you are about to read, you will notice colloquial constructions like using **tu** to mean *one* or *I* (**ti auto-produci…** and **musica e parole ti appaiono di fronte e devi affrettarti**). It is also common today to see borrowed words, especially from English. In the interview that follows you will see English in proper nouns and titles (**Sud Sound System**; **Salento Showcase**).

**A** Fate una breve ricerca sul Salento e/o sui salentini utilizzando l'Internet. Trovate minimo cinque fatti importanti ed interessanti da condividere con il vostro compagno/la vostra compagna in classe. Poi presentate i risultati della vostra ricerca agli altri studenti. Cercate informazioni geografiche, artistiche, storiche, turistiche, ecc. Controllate più di un sito per evitare eventuali ripetizioni d'informazioni.

**B** Secondo voi, le seguenti frasi sono vere o false? Spiegate la vostra opinione.

- La musica rende universale ciò che è particolare.
- Il mondo è dominato dall'insensibilità e dal disinteresse.
- Gli italiani attribuiscono molta importanza agli artisti stranieri, tanto da renderli poco umani.
- Le donne sono importanti e se tu non gli dai la dovuta importanza, saranno loro a prendersela.

**C** A coppie, analizzate e discutete il significato delle seguenti espressioni idiomatiche. Poi sceglietene una e create una breve conversazione in cui, nell'ultima battuta, è possibile usare l'espressione idiomatica che avete scelto.

Solleticare l'ascella al padrone

Mai promettere sole prima che sorga

Bollire in pentola

Mandare al diavolo

**D** State per leggere un'intervista ai Sud Sound System, un complesso di reggae-raggamuffin italiano. In gruppi di tre, scrivete delle domande che volete fare ai musicisti per alcune delle categorie qui sotto.

vita personale

vita professionale

rapporto con il pubblico

rapporto con la società

stile di musica

originalità della musica

progetti per il futuro

# Intervista ai Sud Sound System

## DI FABIO CANGIANIELLO

**Chi sono i Sud Sound System?**
Nandu Popu, Terron Fabio, Don Rico, Gigi D e Papa Gianni: cinque giovani stagionati[1] provinciali.

**Vi aspettavate un così grande successo per il disco «ACQUA PE STA TERRA»?**
No, però ci speri sempre. Specialmente se ti auto-produci[2] e vieni dal Sud.

**Come nasce una vostra canzone?**
Spesso, le nostre canzoni nascono da interrogativi assillanti[3] a cui bisogna dare delle risposte e ciò può durare diverso tempo, anche mesi. Tuttavia la parte creativa si riduce ad una manciata[4] di minuti in cui musica e parole ti appaiono di fronte e devi affrettarti[5] per coglierle in quel momento.

**Come sono cambiate le cose in questi vostri 15 anni di attività?**
Basta ascoltare i nostri dischi per cogliere i cambiamenti: musicalmente siamo cresciuti e oggi il nostro reggae ha il sapore del Salento. Gli argomenti sono quelli di sempre: non facciamo altro che raccontare storie di provincia.

Elisabetta Villa/Getty Images

**Com'è nato l'incontro con la Bag-A-Riddim band?**
La Bag-a-Riddim è nata da un'idea, quella di avere dei musicisti salentini. Infatti inizialmente era composta da ragazzi salentini. Successivamente abbiamo riallacciato[6] i contatti con Ficupala (basso) e Maestro Garofalo (tastiere), due siculi[7] purosangue, con i quali avevamo già suonato alla grande una cinquina[8] di anni prima (Timpa Dub & the Messapians). L'incontro tra la vecchia e la nuova generazione ha dato vita alla Bag-a-Riddim Band.

**Come sono state le vostre esperienze all'estero? Come reagisce il pubblico europeo?**
Più in generale, i concerti all'estero ci fanno capire che la musica è un linguaggio, capace di tradurre le nostre canzoni in un linguaggio universale. In fondo cantiamo un dialetto compreso in una piccola parte dell'Italia ed il fatto che molta gente «sente» le nostre canzoni significa proprio questo: la musica rende universale ciò che è particolare.

**Siete autori di una compilation «Salento Showcase» (giunta al terzo capitolo)[9], una panoramica su quello che bolle in pentola nel Salento. Avete qualche nome da pubblicizzare?**
Ancora è presto per fare nomi… anche se un paio mi andrebbe di farli, ma mai promettere il sole prima che sorga. Il progetto Showcase ha come intento principale la promozione di nuove voci, e a questi ragazzi facciamo capire che per cantare bisogna essere innanzitutto motivati e preparati. Poi gli facciamo capire che la musica ha bisogno di persone sensibili

---

1. *mature*   2. *self-produce*   3. *troubling*   4. *handful*   5. *to hurry*   6. *we reestablished*   7. *Sicilians*
8. *about five*   9. *third CD*

e interessate, dato che ormai il mondo è dominato dall'insensibilità e dal disinteresse. *Ultimamente il Salento sembra una terra molto florida, in quanto a musicisti e attività culturali. Come mai ci sono tante band provenienti da questo territorio?*

Ci sono due aspetti da considerare: il primo aspetto riguarda la storia musicale del Salento, che si perde nella notte dei tempi, il secondo aspetto è legato ad una momentanea isteria collettiva che sicuramente ha esasperato questo fenomeno musicale. Il fatto che oggi ci siano tanti gruppi e tanti artisti nel Salento corrisponde a quanto accadeva qualche secolo fa, quando i nostri nonni facevano festa ogni sera con tamburelli, chitarre e mandolini. La musica era liberazione e le canzoni mandavano al diavolo i padroni della terra che costringevano i contadini alla schiavitù. Più o meno la situazione odierna[10] ... solo che oggi qualche artista, per puro compiacimento personale, solletica[11] l'ascella[12] al padrone! Speriamo che non sia il padrone a pizzicare il ragno[13]!

*Come sono nate le collaborazioni con Luciano, Anthony Johnson e General Levy? Cosa vi hanno saputo trasmettere musicalmente e umanamente?*

Le combinazioni con questi artisti sono state casuali. Alcuni di loro avevano fatto degli show nel Salento e noi li abbiamo invitati a «tagliare»[14] nel nostro studio. Per il resto ci pensa la musica a tradurre intenzioni e sentimenti. È stato importante portarli in studio e trovarseli accanto. Spesso noi italiani attribuiamo molta importanza agli artisti stranieri, tanto da renderli poco umani. La lezione invece è stata quella di trovarsi di fronte a persone normali, sembravano dei terroni[15] come noi e ci hanno fatto capire che dobbiamo rimanere noi stessi così come stavamo facendo.

*Da sempre l'amore è presente nelle vostre canzoni. Quanto sono importanti le donne per i Sud Sound System?*

[...] Tanto importanti! Le donne sono importanti, e se tu non gli dai la dovuta importanza, saranno loro a prendersela...

---

10. *modern*   11. *tickles*   12. *armpit*   13. *bite the spider (which is the contrary action since spiders usually bite the people)*   14. *to cut, make a CD*   15. *southerners*

## COMPRENSIONE

**A** Prima di leggere l'intervista avete scritto delle domande da fare ai musicisti. Lavorate di nuovo con il gruppo con cui avete lavorato prima e discutete a quali delle vostre domande è stata data una risposta. Quali sono le risposte?

**B** In gruppi di tre, cercate di trovare tre o quattro parole chiave o idee centrali che riassumano le risposte dei musicisti per ogni domanda proposta nell'intervista ai Sud Sound System.

### ESEMPIO

*Come nasce una vostra canzone?*

1. interrogativi assillanti

2. bisogna dare delle risposte

3. la parte creativa dura poco

Dopo aver trovato le idee centrali per tutte le risposte, riassumetele con parole vostre.

**C** In alcune risposte ci sono riferimenti alla storia ed alla cultura salentina. A coppie, sfogliando l'intervista, trovate cosa dicono i musicisti. Elencate i riferimenti.

**D** In quali risposte si esprimono i pensieri politici dei musicisti? Che tipo di idee sono? Siete d'accordo con le loro opinioni? Spiegate perché.

# Di propria mano

## WRITING AN INFORMAL LETTER

Letters to friends and family in English and Italian differ slightly in format.

1. **Format:** In Italian it is customary to note the name of the city where you are writing the letter, and the date (day, month, year) in the upper right-hand corner: **Chicago, 3 gennaio 2012.**

2. **Salutations:** The usual salutation when writing to family and friends is **caro,** which changes according to gender and number. The superlative **carissimo** is also common and conveys a more familiar or intimate relationship. A comma follows the salutation.

3. **Body of Letter:** The first line below the salutation is indented and begins with a lowercase letter. The first paragraph typically indicates the purpose of the letter. Each new topic begins a separate paragraph.

4. **Conclusion:** The concluding phrase usually expresses affection. Some examples:

   **con affetto      tante care cose      un abbraccio      un bacione**

5. **Envelope:** The envelope generally includes the professional title of the recipient: **Dottore (Dott.), Professoressa (Prof.ssa), Signorina (Sig. na), Signora (Sig.ra), Signore (Sig.),** for example. **Famiglia (Fam.)** plus the family's last name would be used when addressing an entire family. **Gentilissimo/a** might precede any of the words above. The street number follows the street name. The zip code or **CAP (Codice d'Avviamento Postale)** always precedes the name of the city.

Sig. na Anna Simonetti
SS Ponente 17
53100 Siena, Italia

© Cengage Learning 2013

Recentemente sei andato/a per la prima volta ad un concerto rock (se non sei andato/a ad un concerto, puoi parlare di un concerto che hai visto alla televisione). Hai visto un gruppo o un/una cantante molto popolare. Scrivi una lettera ad un tuo amico/una tua amica a proposito del concerto rock che hai visto. Prima di scrivere, rispondi brevemente alle seguenti domande.

1. A chi scrivi?

2. Chi hai visto in concerto e dove?

3. Com'era l'atmosfera?

4. Ci sono stati dei problemi e/o degli inconvenienti?

5. A quale concerto vorresti andare in futuro?

## SCRITTURA

 Writing Tips

Adesso, scrivi una lettera ad un tuo amico/ad una tua amica raccontandogli/le tutti i dettagli del concerto. Dividi la lettera in tre parti seguendo il modello.

**Parte 1: Introduzione:** 1. Racconta con chi, dove e quando hai visto il concerto; 2. Descrivi l'ambiente; 3. Descrivi le tue impressioni quando hai sentito la prima canzone.

**Parte 2: Complicazioni incontrate:** Racconta all'amico/a di problemi che hai avuto al concerto e come li hai risolti (parcheggio, costi di bevande, posizione, ecc.). Poi spiegagli/le cosa non si deve fare per non avere problemi usando l'imperativo dove possibile.

**Parte 3: Conclusione:** Esprimi un parere generale sulla musica che hai sentito al concerto. Proponi poi di andare con lui/lei ad un altro concerto.

## Block Notes

In questo capitolo hai avuto la possibilità di scoprire alcune caratteristiche del mondo musicale italiano. Tenendo in considerazione le letture fatte, l'esercizio Web e la discussione in classe, rifletti sui seguenti aspetti.

1. Parla delle caratteristiche della musica italiana che più ti hanno colpito.

2. Il panorama musicale dell'Italia può essere definito internazionale con un particolare interesse verso la musica britannica e statunitense. Paragona il panorama musicale italiano con quello del tuo paese.

3. In Italia anche l'opera e la musica classica sono seguite da giovani e meno giovani. Parla dei generi musicali seguiti dai giovani del tuo paese al di là della musica rock e pop.

# Nel mondo dei grandi

## UNO DEI GRANDI CLASSICI ITALIANI: GIACOMO PUCCINI

GIACOMO PUCCINI nacque a Lucca, in Toscana nel 1858 e morì a Bruxelles nel 1924 prima di poter finire la sua ultima opera, *Turandot*. Puccini faceva parte della scuola romantica e la sua musica è semplice ma ti affascina, ti strega[1] e ti costringe[2] a riascoltarla. La qualità sensuale delle melodie, la ricchezza delle armonie e un'insuperabile orchestrazione contraddistinguono tutti i suoi lavori. Puccini era affascinato dalla figura femminile e quasi tutte le sue opere si basano su un'eroina. Si dice anche che Puccini fosse realmente innamorato di tutte le donne che sarebbero poi diventate le protagoniste delle sue opere.

Alinari Archives/CORBIS

Differentemente da quasi tutti i grandi compositori che lavoravano partendo dal testo per comporre[3] le loro opere, Puccini di solito scriveva la musica prima del libretto: abbozzava le sue opere come un architetto che disegna un palazzo. *Turandot*, l'incompiuta[4] pucciniana fu completata da Franco Alfano. Quest'ultimo impiegò sei mesi[5] per concludere l'opera che poi fu presentata per la prima volta nell'aprile del 1926. Durante la rappresentazione, il direttore d'orchestra Arturo Toscanini rifiutò di dirigere la parte non scritta da Puccini e nel mezzo del terzo atto, subito dopo le parole «Liù, poesia!», l'orchestra smise di suonare. Il maestro si girò verso il pubblico e disse: «Qui finisce l'opera perché a questo punto il maestro è morto». Le rappresentazioni successive inclusero anche il finale scritto da Alfano.

Puccini morì di cancro alla gola[6], causato dalle 90 sigarette al giorno che fumava, lasciandoci numerose opere indimenticabili tra cui *Tosca*, *La Bohème* e *Madama Butterfly*. Ora, Puccini riposa in una cappella nella sua residenza di Torre del Lago che oggi è un museo nazionale. Vicino alla sua casa ogni estate si tiene un festival, a lui dedicato, grazie al quale grandi musicisti e cantanti come Luciano Pavarotti hanno dato inizio alla loro carriera.

---

1. **ti...** *enchants you*   2. **ti...** *forces you*   3. *to compose*   4. *unfinished work*   5. **impiegò...** *it took him six months*   6. *throat*

## TRACCE DI RICERCA

Web Links    Le donne di Puccini
Festival Puccini a Torre del Lago
La trama di una delle sue opere

# Dizionarietto

abbassare il volume *to turn down the sound*

abbozzare *to sketch, to outline*

abbracciare *to embrace, to hug*

accordare *to tune*

affascinare *to fascinate*

affitto *rent*

affrontare *to face, to confront*

alzare il volume *to turn up the sound*

amplificatore (*m.*) *amplifier*

applaudire *to applaud*

apprezzare *to appreciate*

ascella *armpit*

attesa *wait*

attraverso *through*

avere orecchio *to have an ear for music*

ballare (una canzone) *to dance (to a song)*

basso *bass guitar*

batteria *drums*

battuta *line (of song or dialogue)*

biglietto *ticket*

bollire *to boil*

buttafuori *bouncer*

camerino *dressing room*

cantante (*m./f.*) *singer*

cantautore/cantautrice *singer-songwriter*

casse (*f. pl.*) *speakers*

CD *CD*

chitarra *guitar*

cifra *figure, amount*

compiacimento *satisfaction, pleasure*

complesso *band*

comporre (*p.p.* composto) *to compose*

copertina *cover*

corista *singer in a chorus, backup singer*

disco *record*

discografico *person in the record industry*

discoteca *disco*

essere in tournée *to be on tour*

essere intonato/a *to have good pitch*

essere stonato/a *to be tone-deaf*

evitare *to avoid*

fan *fan*

fare impazzire *to drive someone crazy*

farsi fare un autografo *to get an autograph*

fisarmonica *accordion*

fischiare *to boo* (literally, *to whistle*)

flauto *flute*

gruppo *band*

insensibilità *insensitivity*

ispirare *to inspire*

luce (*f.*) *light*

mandolino *mandolin*

melodico/a *melodic*

mescolarsi *to mix*

microfono *microphone*

musicale (*adj.*) *musical*

musicista (*m./f.*) *musician*

nonostante *despite*

orecchino *earring*

ospite (*m./f.*) *host, guest*

palcoscenico *stage*

parere (*m.*) *opinion*

pentola *pot*

pezzo *piece (musical in this chapter)*

pianoforte (*m.*) *piano*

pignolo *picky, fastidious*

pizzicare *to pinch*

prendersela *to be angered*

prove (*f. pl.*) *rehearsal*

proveniente *coming from*

pubblico *audience*

raccolta *collection*

ragno *spider*

rapporto *relationship, report*

riferimento *reference*

rinviare *to postpone*

ritmo *rhythm*

ritornello *refrain*

sassofono *saxophone*

schiavitù (*f.*) *slavery*

smettere *to stop, to quit*

solleticare *to tickle*

sorgere (*p.p.* sorto) *to rise*

spartito *score*

spettacolo *show*

spettatori (*m. pl.*) *audience*

spostare *to move*

spunto *cue, hint, starting point*

stadio *stadium*

stereo *stereo system*

suono *sound*

tagliare *to cut, to slice*

tamburello *tambourine*

tastiera *keyboard*

terrone (*m.*)/terrona (*f.*) *southerner* (*derogatory*)

testo *lyrics*

tingere (*p.p.* tinto) *to dye*

togliersi (*p.p.* tolto) *to take off*

tromba *trumpet*

valutare *to evaluate, to value*

video musicale *music videoclip*

violino *violin*

violoncello *cello*

volantino *flyer*

## LE VOSTRE PAROLE

# Pizza, pasta e cappuccino?

# Per comunicare

- Parlare della cucina italiana moderna
- Esprimere preferenze
- Fare riferimento a luoghi e a quantità

 **INTERNET CAFÉ**

**INDIRIZZO:** www.cengage.com/italian/ponti

**ATTIVITÀ:** È ora di... buttare la pasta.

**IN CLASSE:** Tra le tante ricette offerte dal sito, trascrivi quella del piatto di pasta che vorresti usare per una cenetta romantica.

 Web Search Activity

**RESOURCES**
Audio   Web   SAM Workbook

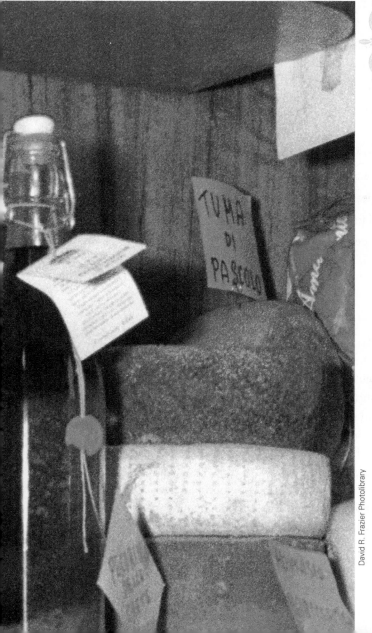

David R. Frazier Photolibrary

◀ Olio e formaggi tra i gioielli della cucina italiana

# Ponti sul primo anno

Take the following quick assessment and check your answers in the answer key found on the *Ponti* website to determine whether you should do further review.

**A Avverbi di negazione.** Scegli la forma corretta degli avverbi di negazione tra parentesi per completare le seguenti frasi.

1. Non c'è _____ (nessuno / niente) che faccia la pasta come la fai tu.

2. Perché non mi hai _____ (più / nessuno) fatto quella pasta al tonno?

3. Dai, mangia almeno il pollo! Non hai _____ (nemmeno / niente) finito gli spaghetti.

4. Non mangio _____ (niente / mai) il formaggio. Sono allergico ai latticini.

5. Pietro è proprio maleducato. L'abbiamo invitato a cena e non ha _____ (nessuno / neanche) portato una bottiglia di vino!

6. Sono le 7.30 e non hai _____ (niente / ancora) messo il pollo in forno? Ma a che ora mangiamo?

**B Avverbi di negazione.** Rispondi in modo negativo alle seguenti domande utilizzando gli avverbi di negazione per completare le frasi in maniera logica.

**ESEMPIO**

Prepari del pesce domani? (non… mai) ⟶ *Io non preparo mai pesce.*

1. Sei contento del tacchino? (non… affatto) _____

2. Cosa mangi stasera? Pesce o carne? (né… né…) _____

3. Avete già prenotato per stasera? (non… ancora) _____

4. Chi viene alla festa del tuo compleanno? (nessuno) _____

5. Luca e Pia hanno ancora quel bel forno? (non… più) _____

6. Hai qualche buon libro di ricette per dolci. (non… nessuno) _____

**C Avverbi di negazione.** Completa il dialogo utilizzando gli avverbi di negazione suggeriti. Ogni avverbio può essere utilizzato solo una volta.

| niente | nessuno | più | ancora | affatto | né… né |
|---|---|---|---|---|---|

**Luigi:** Sei già pronta per la cena?

**Marta:** Non sono _____ pronta, ma quasi. Ho fatto quasi tutto.

**Luigi:** Tutto da sola? Non ti ha aiutato _____?

**Marta:** No. Mara è al lavoro e Gabriella è a fare la spesa per le ultime cose.

**Luigi:** E cosa prepari per Leo? Lui non mangia _____ carne _____ pesce.

**Marta:** Ci sono tre o quattro cose vegetariane. Ma non c'è _____ di vegano per Alessandra: per questo ho mandato Gabriella a fare la spesa.

**Luigi:** E Valeria? Lei non è _____ vegana?

**Marta:** No, ora mangia anche la carne. E la tua dieta? Mi sembri ingrassato.

**Luigi:** Non sono _____ ingrassato. Anzi, ho perso due chili in un mese.

**Marta:** Mah, ho paura che con quello che mangerai stasera li riprenderai tutti.

## Pizza, pasta e cappuccino?

IN OGNI ANGOLO DEL MONDO è ormai possibile trovare ristoranti italiani, trattorie° e pizzerie che tentano° di esportare il piacere per la buona tavola. Ma se questa caratteristica accomuna° la penisola italiana dalle Alpi alla Sicilia, lo stesso non si può dire di una vera e propria cucina italiana. In Italia esistono differenze enormi tra la cucina tradizionale del nord, del sud e del centro. Parlare di cucina italiana è parlare di un insieme estremamente complesso, non rappresentabile da un singolo ristorante, città o regione. Naturalmente, pasta e pizza nei ristoranti e nelle pizzerie, così come il cappuccino o l'espresso da gustarsi° seduti al tavolino dei bar, appartengono alla realtà italiana ma non sono che la punta di un iceberg.

*family-style restaurants / try / unites*

*da... to savor*

Troppo semplicistico sarebbe fermarsi alle solite distinzioni tra burro, riso e polenta al nord da contrapporsi ad° olio, pasta e pomodoro al sud. Infatti, anche tra città vicinissime le differenze si fanno fortemente sentire: si pensi solo ai famosi ravioli in brodo della tradizione natalizia emiliana che, a Parma, Reggio Emilia, Modena e Bologna non solo hanno nomi e forme leggermente diverse, ma anche ripieni con caratteristiche proprie.

*da... to contrast with*

Anche i flussi migratori° interni, iniziati nei primi anni '50, hanno contribuito a rendere assai più eterogeneo il panorama culinario italiano. Per questo non sorprende trovare un piatto di spaghetti alla carbonara in un ristorante di Milano o un piatto di risotto in uno a Roma. Negli ultimi anni si è anche assistito all'incremento di ristoranti etnici, sebbene solo le grandi città siano in grado di offrire una scelta varia e completa.

*flussi... waves of migrants*

Sembra in declino il tradizionale pasto di mezzogiorno infrasettimanale° che ha lasciato lo spazio a spuntini° veloci in bar, paninoteche° e tavole calde: l'era del pisolino° pomeridiano sembra scomparire anche se è ancora possibile, soprattutto nei piccoli centri, trovare i negozi regolarmente chiusi nelle prime ore del pomeriggio.

*midweek snacks / sandwich shops / nap*

La tradizione che resta intatta è dunque quella del gusto per la buona cucina. Tradizione che si cerca di proteggere sia opponendosi ai cibi modificati geneticamente sia facendo riconoscere a livello di Comunità Europea i prodotti tipici, in modo da evitare la scomparsa dei sapori° più veri della tradizione italiana.

*flavors*

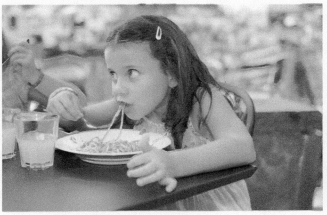

Mmmm... Che buoni gli spaghetti!

## DOMANDE

1. Quali sono i piatti italiani che conosci? A quale area geografica italiana pensi che appartengano?

2. Come viene presentata l'Italia nei ristoranti italiani del tuo Paese?

3. Nel tuo Paese esistono tradizioni culinarie che appartengono solo ad aree specifiche? Quali?

4. La scomparsa del pasto completo a mezzogiorno ha reso la cena il pasto principale. Come sono suddivisi per importanza i vari pasti all'interno della tua famiglia? Pensi che siano un momento conviviale importante oppure no?

5. In molti Paesi sono permessi sia l'uso di ormoni per accelerare la crescita degli animali sia lo sfruttamento della tecnologia genetica, mentre in Italia sono vietati. Qual è la tua posizione rispetto a questa situazione?

6. Nell'attività Web hai potuto informarti su uno dei prodotti che sono motivo di orgoglio per l'Italia. Quali sono i prodotti della tua cucina che sono o che pensi dovrebbero essere esportati in tutto il mondo?

Il pane nello spazio... ...in ITALIA

• Pane ferrarese    • Campagnola    • Pan brioche

• Michette    • Rosette piene    • pugliese

• Pane nero

• Pane Carasau    • Pane di Genzano

• Frusta

• Pane casareccio

• pane sciapo di Terni

• Pane di Altamura

• Lumachelle

• panini all' olio

• Pane toscano

• Rosette vuote    • Ciriola romana    • Ciabatta

Il pane pur avendo alla base un impasto di acqua e farina, si diversifica per forma e varia composizione secondo usi e tradizioni di luoghi diversi. La creatività dei panettieri italiani ha consentito di trasformare il pane, così importante per la nostra alimentazione, in ricercate occasioni di piacere anche per i palati più esigenti.

Farina, lievito, acqua e sale sono gli ingredienti principali. Si possono poi aggiungere olio, sesamo ed aromi speciali……ma indispensabile alla buona riuscita del pane è la passione di chi lo prepara.

Scuola Polo Nazionale/Scuola Elementare di via Varsavia

# Lessico

## LE BEVANDE

| | |
|---|---|
| l'acqua del rubinetto | tap water |
| l'acqua minerale gasata | sparkling mineral water |
| l'acqua minerale naturale | mineral water |
| l'aperitivo | aperitif |

## IN TAVOLA

| | |
|---|---|
| l'antipasto | appetizer |
| apparecchiare (la tavola) | to set (the table) |
| cenare | to eat dinner / supper |
| il contorno | side dish |
| il dolce | dessert |
| essere pieno/a, essere sazio/a | to be full |
| la formaggiera | bowl for grated cheese |
| le posate | silverware |
| pranzare | to have lunch |
| il primo (piatto) | first course |
| il secondo (piatto) | second course |
| sparecchiare (la tavola) | to clear (the table) |
| lo spuntino | snack |

## IN CUCINA

| | |
|---|---|
| l'agnello | lamb |
| al forno | baked |
| alla griglia | grilled |
| l'arrosto | roast |
| arrosto (adj. inv.) | roasted |
| assaggiare | to taste |
| bollito/a | boiled (added to boiling water) |
| il chilo(grammo) | kilo(gram) |
| il condimento | dressing |
| la fetta | slice (of bread, of watermelon, etc.) |
| fritto/a | fried |

| | |
|---|---|
| i frutti di mare | seafood |
| lessato/a | boiled (added to cold water and brought to a boil) |
| la macedonia | fruit salad |
| il maiale | pork |
| il manzo | beef |
| ripieno/a | stuffed |
| il ripieno | stuffing |
| la salsa | sauce |
| i salumi | cold cuts |
| lo spiedino | food cooked on a skewer |
| il sugo | sauce (for pasta) |
| il vitello | veal |

## LUOGHI

| | |
|---|---|
| l'enoteca | wine shop |
| l'osteria | inn, tavern |
| la paninoteca | sandwich shop |
| la tavola calda | café |
| la trattoria | family-style restaurant |

## LA SALUTE

| | |
|---|---|
| l'additivo | additive |
| biologico/a | organic |
| il colorante | food dye |
| il conservante | preservative |
| dimagrire | to lose weight |
| il dolcificante | sugar substitute / sweetener |
| essere a dieta | to be on a diet |
| ingrassare | to gain weight |
| gli ormoni | hormones |
| il/la vegano/a | vegan |
| il/la vegetariano/a | vegetarian |

Anche una pizza può trasformarsi in una cenetta romantica.

**A Una cena d'anniversario.** Completa il seguente brano con le parole elencate qui sotto. Leggilo prima per capire il contesto.

| | | | |
|---|---|---|---|
| ripieni | secondo | gasata | aperitivi |
| salumi | alla griglia | trattoria | piena |
| dolce | antipasto | primi | fetta |

Ieri sera Amanda e Giulio sono andati alla _____ «Da Filippo» per festeggiare il loro terzo anniversario di matrimonio. Quando sono arrivati, il cameriere li ha fatti sedere ad un piccolo tavolo dove hanno trovato due _____ pronti per loro che hanno bevuto subito. Poco dopo il cameriere è ritornato e loro hanno ordinato una bottiglia di acqua minerale _____ ed una bottiglia di vino rosso. Poi, come _____ hanno diviso un piatto di _____ tipici toscani, olive e pomodori _____.

Poi Giulio ha ordinato, tra i _____, un piatto di lasagne mentre Amanda ha preferito assaggiare gli spaghetti ai frutti di mare. Dopo aver finito gli spaghetti, Amanda era _____ e non ha voluto ordinare il _____. Giulio, invece, ha ordinato della carne _____, specialità della trattoria. Per finire, hanno ordinato il _____: un po' di tiramisù per Amanda e una _____ di torta di mele per Giulio.

**B Celebrare insieme.** Le feste sono spesso celebrate con un pasto speciale che deriva da una tradizione della famiglia, della città o del paese in cui si vive. Con un tuo compagno/una tua compagna, intervistatevi a vicenda e scoprite quali sono per voi le feste più importanti e quali piatti ne accompagnano la celebrazione. Poi cercate di organizzare un pranzo che accomuni le due tradizioni e presentatelo alla classe spiegando per quale celebrazione vorreste utilizzare il nuovo menu.

| | Io | La mia compagna/ Il mio compagno | Il nostro pasto insieme |
|---|---|---|---|
| festa | | | |
| antipasti | | | |
| primi piatti | | | |
| secondi piatti | | | |
| contorni | | | |
| dolci | | | |
| altro | | | |

**C Le nostre parole.** Pensa a due o tre parole relative all'argomento di questo capitolo che ti sembrano importanti e che non sono presenti nella sezione lessicale. Possono essere parole dall'attività Web, parole contenute nella lettura iniziale o semplicemente parole che ti servono per comunicare meglio. Cercale sul dizionario e presentale in classe spiegando il loro significato in italiano. Poi scrivi le parole che tutti pensano siano importanti nel *Dizionarietto* alla fine del capitolo.

## Radio ponti

### LISTENING TO DIRECTIONS OR INSTRUCTIONS

To fully comprehend spoken directions, it is important to be an active listener. Concentrate and avoid distractions. Activities such as listening to a recipe, a joke, or directions to a location generally follow an order. Paying attention to word indicators such as **prima**, **secondo**, **poi**, **dopo**, **quindi**, etc. will help you follow the organization.

**A Italian sub?** Ascolta la ricetta del giorno e completa le seguenti frasi scegliendo tra le possibilità offerte.

CD 1
44

1. Prima di mettere il pane nel forno, bisogna aggiungere _____.
   a. parmigiano
   b. olio d'oliva
   c. prosciutto

2. Subito dopo aver tostato il pane, ci si mette sopra del _____.
   a. formaggio
   b. salame
   c. prosciutto

3. Con il panino si dovrebbe bere _____.
   a. una bibita
   b. vino bianco
   c. birra scura

🔊 CD 1 45 **B Quasi… bene!** Ascolta questa notizia su una serie d'ispezioni in ristoranti romani e decidi se le seguenti informazioni sono vere o false.

|  | Vero | Falso |
|---|---|---|
| 1. C'è stata un'ispezione per controllare l'igiene nei ristoranti. | _____ | _____ |
| 2. Centosettanta ristoranti non hanno avuto problemi. | _____ | _____ |
| 3. Hanno dato una multa ai camerieri che non si lavavano le mani. | _____ | _____ |
| 4. Domani tutti i duecento ristoranti ispezionati saranno aperti. | _____ | _____ |

Practice Quizzes, Flashcards

SAM Workbook Activities

## STUDIO REALIA

# I CONSIGLI DI UN ESPERTO PER SCEGLIERE I CIBI GIUSTI

### QUAL È LA DIETA SANA? ECCO COSA NE PENSA GIANNI CAVINATO, ALIMENTARISTA E DIFENSORE DEI CONSUMATORI.

| promossi | bocciati |
|---|---|
| **IL PANE, MEGLIO SE INTEGRALE** | **DIFFIDATE[2] DEL PANE CARRÉ[3]** |
| Preferite le pagnotte grandi (500–1.000 grammi) che si conservano più a lungo, con mollica[1] soffice e crosta dorata. Ottimo il pane integrale con farina biologica. | Per mantenerlo così fresco e morbido a lungo è riempito di additivi, per esempio quelli contro i microbi. Sconsigliato soprattutto ai bambini. |
| **CARNE, SÌ A QUELLA DOC[4]** | **NO ALLA FETTINA DI VITELLO** |
| Il prodotto fresco è da preferire sempre a quello surgelato. Da preferire i punti vendita che indicano la provenienza geografica e la sede del macello. | I vitelli sono macellati a sei mesi di vita dopo aver mangiato solo latte in polvere e integratori. La carne può contenere residui di antibiotici. |

1. *soft part of bread*   •   2. *do not trust*   •   3. **pane…** *sandwich bread*   •   4. **Denominazione di Origine Controllata**

## OLIO, SOLO EXTRAVERGINE

Ricavato dalla spremitura[5] meccanica delle olive, non subisce trattamenti chimici. Se ha l'etichetta «spremuto a freddo», è di qualità ancora migliore.

## FRUTTA E VERDURA DI STAGIONE

I prodotti italiani (soprattutto quelli biologici) contengono meno pesticidi; in stagione costano meno e non vengono conservati artificialmente.

## FORMAGGI, SCEGLIETE I TIPICI

Il sale è l'unico additivo permesso in Italia. Perciò i prodotti tradizionali offrono più garanzie. Ora hanno il bollino DOP: denominazione di origine protetta.

## UOVA, DI CATEGORIA EXTRA

Da preferire le confezioni che hanno la fascia rossa e indicano la classe «extra»: garantiscono che il prodotto ha al massimo sette giorni.

## PASTA: OTTIMA QUELLA DI SEMOLA

«Pasta di semola» o «semolato di grano duro»: a queste denominazioni corrispondono sempre prodotti di grande qualità.

## VINO, SEMPRE TAPPO DI SUGHERO[14]

Sono da preferire le bottiglie DOC, con tappo di sughero originale. Attenzione: in etichetta non è obbligatorio indicare eventuali additivi utilizzati.

## DOLCI: SCEGLIETELI ALLA FRUTTA

Per fare felice un bambino senza rovinargli la salute, privilegiate dolci o caramelle a base di miele e frutta. Sono ottime le spremute.

## SALUMI: CERCATE IL MARCHIO DOP

Gli insaccati[15] a denominazione di origine protetta garantiscono una buona qualità. Gli additivi, ridotti al massimo, sono sempre indicati in etichetta.

## AL BANDO[6] I SEMI VARI

Oli di semi e margarine sono prodotti a basso costo, spesso all'estero[7], contengono additivi: da evitare. Sconsigliate le confezioni[8] di plastica.

## NON IN SCATOLA

Se non si consuma fresca, meglio scegliere le confezioni di vetro. La confezione di latta può rilasciare resine e residui di metalli pesanti.

## OCCHIO AI FORMAGGINI

I formaggi che fondono[9] e i formaggini sono a rischio perché possono essere fatti con scarti di lavorazione[10]. Contengono additivi: da non dare ai bambini.

## ALLA LARGA[11] DA QUELLE SPORCHE

Se presentano tracce di sterco[12], c'è il rischio salmonella. Evitare quelle sfuse[13] quando se ne ignora la provenienza; potrebbero non essere fresche.

## ATTENZIONE A QUELLA FRESCA

Il prodotto fresco è ottimo. Ma se viene preparato in condizioni igieniche scarse o con ingredienti di bassa qualità, perde quasi tutto il suo valore.

## MAI PRODOTTI SFUSI

Dietro le vendite porta a porta si nascondono le peggiori truffe merceologiche. In generale, diffidare dei prodotti anonimi e privi di etichetta.

## NIENTE COLORANTI

Da evitare tutti i prodotti che contengono additivi, aromatizzanti e coloranti. Da ridurre al massimo dolciumi con alto contenuto di zucchero.

## SOLO STAGIONATI

No agli insaccati non stagionati perché ricchi di additivi. Controllare in etichetta anche che non contengano carne congelata e latte in polvere.

"I consigli di un esperto per scegliere i cibi giusti," *Panorama*, May 17, 1999, p. 61, Arnoldo Mondadori Editore.

---

5. *squeezing* • 6. **Al...** *ban* • 7. *often abroad* • 8. *packages* • 9. *melt* • 10. **scarti...** *by-products* • 11. **alla...** *keep away (from)* • 12. *dung* • 13. *oversights* • 14. *cork* • 15. *cured ground meat in a casing (e.g., sausages, salami, etc.)*

**A Mangiare con un occhio alla salute.** Ogni tipo di ristorante ha prodotti migliori di altri dal punto di vista della salute. In gruppi di tre o quattro, guardate il tipo di locali elencati qui sotto e per ognuno indicate cosa credete che vada bene mangiare e cosa no, basandovi anche sulla lettura fatta. Poi discutete con la classe le scelte che avete fatto.

| Tipo di ristorante | Cosa mangiare | Cosa non mangiare |
|---|---|---|
| italiano | | |
| cinese | | *la carne fritta in olio d'arachidi* |
| giapponese | | |
| messicano | *le tortillas vegetariane* | |
| fast food | | |

**B Prossima apertura!** Dopo aver letto l'articolo insieme ad un compagno/una compagna, dovete decidere il menu per il vostro nuovo ristorante italiano «Salute e sapori». Tutta la vostra pubblicità si basa sulla promozione di cibi che offrono garanzie per la salute. Volete dunque che i prodotti siano di prima qualità. Preparate una lista di domande che vi dovreste fare prima di acquistare i vari prodotti e rispondete alle stesse seguendo il modello.

**ESEMPIO**

pasta

—*Che tipo di pasta dovremmo usare?*

—*Ci piacerebbe usare la pasta di semola.*

| | | | |
|---|---|---|---|
| carne | frutta e verdura | uova | vino |
| olio | formaggi | pane | salumi |

**C Una cena a «Salute e sapori».** Lavorando in coppia, uno di voi sarà il cliente e l'altro il proprietario. Il proprietario risponde alle domande del cliente sui prodotti che usa e sui modi di cucinare, cercando di rassicurarlo sulla qualità dei prodotti. Per formulare le domande, il cliente può usare i seguenti suggerimenti.

1. piatto consigliato di carne

2. olio usato nei condimenti e in cucina

3. presenza o meno di additivi in vini e insaccati

4. tipo di frutta nella macedonia

5. significato della sigla DOP su insaccati e formaggi

6. specialità della casa

7. una vostra domanda personale

# Grammatica

## I  LE PARTICELLE *CI* E *NE*

### A  *Ci*

You are already familiar with **ci** used as a reflexive and reciprocal pronoun, and as a direct- and indirect-object pronoun. **Ci** can also be used in a number of other ways with different meanings.

**1** As an adverb, **ci** refers to a previously mentioned location. It replaces a prepositional phrase consisting of **a**, **in**, or **su** + *location*. Examples of such phrases are:

| al bar | *at the bar* | sul pane | *on the bread* |
|---|---|---|---|
| a Roma | *in Rome* | sul tavolo | *on the table* |
| in quel luogo | *in that place* | in trattoria | *in the restaurant* |

| | |
|---|---|
| —Hai mai mangiato **in quel ristorante**? | *Have you ever eaten **in that restaurant**?* |
| —No, non **ci** ho mai mangiato. | *No, I have never eaten **there**.* |
| —Cosa vuoi mettere **sul pane**? | *What do you want to put **on the bread**?* |
| —**Ci** vorrei mettere un po' di marmellata. | *I'd like to put a little bit of jam **on it**.* |

**2** When referring to location, **ci** is often used with verbs like **rimanere**, **andare**, **stare**, **essere**, and **venire**.

| | |
|---|---|
| Siamo andati al bar e **ci** siamo rimasti tutta la mattina a chiacchierare. | *We went to the bar and we stayed **there** talking all morning.* |

**3** **Ci** may also substitute for a prepositional phrase, introduced by **a**, **in**, or **su**, that refers to a complete idea.

| | |
|---|---|
| —Vuoi iscriverti a quel corso di cucina con me? | *Do you want to enroll in that cooking class with me?* |
| —**Ci** penserò.<br>(Penserò a quella cosa.) | *I'll think **about it**.* |
| Venite stasera a cena? **Ci** conto.<br>(Conto sul fatto che stasera veniate a cena.) | *Are you coming to dinner tonight? I'm counting **on it**.* |

4 **Ci** can take the place of a phrase introduced by **a** + *infinitive* after verbs like **riuscire**, **credere**, **provare**, and **rinunciare**.

| | |
|---|---|
| —Riesci a fare la pasta a mano? | *Are you able to make homemade pasta?* |
| —No, non **ci** riesco e poi preferisco comprarla. | *No, I can't do it, and anyway, I prefer to buy it.* |
| —Hai mai provato a fare i ravioli? | *Have you ever tried to make ravioli?* |
| —No, non **ci** ho mai provato. | *No, I've never tried it.* |

5 **Ci** has an idiomatic function with a number of verbs. **Vederci** and **sentirci** mean *to be able to see* and *to be able to hear*.

| | |
|---|---|
| Senza occhiali **non ci vedo**. | *Without glasses **I can't see**.* |
| Mi puoi leggere il menu? | *Can you read the menu to me?* |
| Gli parlo sempre ad alta voce perché **non ci sente** da un orecchio! | *I always speak loudly to him because **he can't hear** in one ear!* |

6 The verbs **volerci** and **metterci** can both be used to express *to take time* but they are used differently. **Volerci** is impersonal, is used only in the third-person singular and plural, and takes the auxiliary **essere**. **Metterci** is conjugated in all forms to agree with the subject and takes the auxiliary **avere**.

| | |
|---|---|
| **Ci vogliono** tre ore per preparare quel sugo. | ***It takes** three hours to make that sauce.* |
| Quanto tempo **ci hai messo** per preparare l'arrosto? | *How long **did it take you** to make the roast?* |

7 The verb **volerci** can also be used to express how many people or things are required to perform an action.

| | |
|---|---|
| **Ci vogliono** due chef per la festa dell'anniversario. | *Two chefs **are necessary** for the anniversary party.* |
| Per cuocere tutti questi ravioli, **ci vuole** una pentola grande. | ***It takes** a big pot to cook all these ravioli.* |

**8** Other verbs that are used idiomatically with **ci** are:

| | | | |
|---|---|---|---|
| avercela (con) | *to have it in for, be angry with (someone)* | farcela | *to be able to do something* |
| cascarci | *to fall for (be tricked)* | tenerci | *to attach importance to* |

Vieni alla festa con noi? **Ci tengo**.

*Are you coming to the party with us? **It's important to me**.*

Non credevo di **farcela** ma ci sono riuscita.

*I didn't think I'd be **able to do it** but I did.*

Quando gli ho detto che non gli avevo fatto una torta per il suo compleanno, **ci è cascato**.

*When I told him that I hadn't made a cake for his birthday, **he fell for it**.*

Giampaolo **ce l'ha con** me perché sono arrivata in ritardo per la cena e tutti mi hanno dovuto aspettare.

*Giampaolo **is mad at** me because I arrived late for dinner and everyone had to wait for me.*

**9** Like a direct-object pronoun, **ci** can precede a conjugated verb or attach to an infinitive. When **ci** is attached to the infinitive, the infinitive's final -**e** is dropped. **Ci** precedes the formal forms of the imperative, but attaches to **tu**, **noi**, and **voi** in the affirmative forms. See **Capitolo 4**, pp. 122–123, for rules on imperatives and pronouns.

—Non ho mai provato a fare la pasta fresca.

*I've never tried to make fresh pasta.*

—Prova**ci**! Non è difficile.

*Try **it**! It's not hard.*

## PRATICA

 **A** **Domande personali.** A coppie, rispondete alle seguenti domande usando **ci**.

1. Credi sempre a quello che ti dicono i camerieri?

2. Riesci a cucinare tutti i giorni?

3. Sei riuscito/a a capire la differenza tra la cucina del nord e quella del sud Italia?

4. Hai mai pensato di seguire un corso di cucina?

5. Da bambino/a andavi spesso al ristorante con i tuoi amici?

6. Sei stato/a al cinema ieri sera, dopo cena?

7. Mangi spesso alla mensa dell'università?

8. Quando esci con i tuoi amici, vai spesso in pizzeria?

**B** Quanto ci vuole? A coppie, formate delle frasi complete con la forma corretta di **volerci** o **metterci** secondo il modello dell'esempio.

> **ESEMPIO**
>
> 2 ore / preparare una cena perfetta
>
> **St. 1:** Ci vogliono due ore per preparare una cena perfetta. Tu quanto ci metti?
>
> **St. 2:** Io ci metto un'ora.

1. 7 minuti / bollire un uovo

2. 5 minuti / mangiare un buon piatto di pasta

3. 45 minuti / preparare la griglia

4. 1 ora / andare al ristorante italiano più vicino

5. 10 minuti / sparecchiare

6. 6 ore / cuocere un grande tacchino

7. 2 settimane / imparare a memoria 100 ricette di cucina italiana

**C** Quanto c'è voluto? A coppie, ora volgete al passato le frasi dell'esercizio B secondo il modello nell'esempio.

> **ESEMPIO**
>
> 2 ore / preparare una cena perfetta
>
> **St. 1:** Ci sono volute due ore per cucinare una cena perfetta. Tu quanto ci hai messo?
>
> **St. 2:** Ci ho messo un'ora.

**D** Modi di dire diversi. Riscrivi le frasi usando i seguenti verbi al posto delle parole in corsivo.

| | | | |
|---|---|---|---|
| andarci | cascarci | sentirci | vederci |
| avercela | farcela | tenerci | volerci |

1. Due camerieri hanno litigato in sala ed ora il direttore *è arrabbiato* con loro.

2. *Sono necessarie* due ore per andare a quel buon ristorante ad Orvieto.

3. Accendi la luce. Non *posso vedere niente!*

4. C'è troppa pasta. Pensi che la tua mamma si offenderà se non *riesco* a finirla?

5. Quel ristorante non ha un buon cuoco. Non voglio *andare* a mangiare *lì*.

6. *È molto importante per me* che Lei assaggi almeno un po' di dolci.

7. Non *posso sentire* bene. Puoi ripetere ad alta voce?

8. È troppo intelligente e non *ha creduto alle tue bugie*.

Practice Quizzes,
Flashcards

SAM Workbook
Activities

## B Ne

Like **ci**, **ne** has a number of uses. As a pronoun, it substitutes for a partitive or expressions of quantity. As an adverb, **ne** most often substitutes prepositional phrases introduced by **di**.

**1** **Ne** can replace a partitive or an expression of approximate quantity.

  **a.** The partitive expresses an indefinite quantity using **di** + *definite article*, **alcune/i**, **un po' di**, or other expressions of quantity.

| | |
|---|---|
| Ho ordinato dei biscotti. **Ne** vuoi alcuni? | *I ordered some cookies. Do you want a few* **(of them)**? |
| —Hai un po' di zucchero da prestarmi? | *Do you have a little sugar that you can lend me?* |
| —Sì, **ne** ho tanto. | *Yes, I have a* **lot (of it)**. |

  **b.** **Ne** can also replace nouns modified by adjectives such as **molto**, **troppo**, and **poco** that express indefinite quantities.

| | |
|---|---|
| Farò molte foto per la nuova rivista di cucina. | *I will take many photos for the new cooking magazine.* |
| **Ne** farò molte per la nuova rivista di cucina. | *I will take many* **of them** *for the new cooking magazine.* |

  **c.** **Ne** can also replace nouns whose quantity is expressed with a number.

| | |
|---|---|
| —Comprerai tre chili di pasta per la cena? | *Will you buy three kilos of pasta for dinner?* |
| —No. **Ne** comprerò quattro. | *No. I am going to buy four* **(kilos)**. |

**2** In compound tenses, the past participle agrees with the noun that **ne** replaces, but only when **ne** refers to a partitive, an approximate quantity, or a number.

| | |
|---|---|
| —Quante ricette hai copiato dal giornale? | *How many recipes did you copy from the newspaper?* |
| —**Ne** ho copiat**e** **tre**. | *I copied* **three of them**. |

**3** Sometimes **ne** is used redundantly.

| | |
|---|---|
| Che **ne** dici di questo sugo? | *What do you think of this sauce?* |

**4** **Ne** follows the same rules of placement as other pronouns. When combined with indirect or reflexive pronouns, **ne** appears last. When used with **ci**, **ne** always comes last and ci becomes **ce: ce ne**.

| | |
|---|---|
| —Hai comprato tante verdure per me? | *Did you buy a lot of vegetables for me?* |
| —**Te ne** ho comprate **tante** (di verdure). | *I bought **a lot of them for you**.* |
| C'era molta gente alla cena sabato sera. | *There were a lot of people at the dinner Saturday evening.* |
| **Ce n'**era **molta** sabato sera. | ***There** were **a lot (of people)** Saturday evening.* |
| Per fare la pasta, mi ha chiesto delle uova e io glie**ne** ho date **tre**. | *To make the pasta, he asked me for some eggs and I gave him **three (of them)**.* |

**5** **Ne** replaces **di** + the following pronouns and **di** + **questo** and **quello**.

| | | | |
|---|---|---|---|
| di lui | *of / about him* | di questo | *of / about this* |
| di lei | *of / about her* | di quello | *of / about that* |
| di loro | *of / about them* | di questa cosa / persona | *about this thing / person* |

| | |
|---|---|
| Il cameriere ti può suggerire un piatto particolare; me **ne** ha suggerito uno (di questi piatti) squisito l'ultima volta. | *The waiter can suggest a special dish; he recommended a delicious one **(of these dishes)** to me last time.* |
| Il nostro risotto è buonissimo. Ve **ne** porto un assaggio (di quel risotto). | *Our risotto is very good. I will bring you a taste **of it**.* |
| I cuochi napoletani sono eccezionali, Giuseppina **ne** parla sempre (di loro). | *Neapolitan chefs are exceptional. Giuseppina is always talking **about them**.* |

**6** **Ne** replaces a phrase introduced by **di** after certain verbs. These verbs include:

| | |
|---|---|
| avere bisogno di | avere voglia di |
| approfittare di | dire di |
| parlare di | accontentarsi di |
| discutiamo di | dubitare di |
| avere paura di | occuparsi di |

| | |
|---|---|
| Preparerò delle verdure per cena. Che **ne** dici? | *I'm going to make some vegetables for dinner. What do you think **about that**?* |
| Per l'antipasto, ho bisogno di salumi. Tu **ne** hai? | *For the appetizer I need some cold cuts. Do you have any **(of them)**?* |

| | |
|---|---|
| —Hai paura di aver bruciato l'arrosto? | *Are you afraid you've burned the roast?* |
| —Sì, **ne** ho paura. | *Yes, I'm afraid so **(of that)**.* |

**7** **Ne** is used idiomatically to ask the date: **Quanti ne abbiamo?**

**8** The following verbs used with the pronoun **ne** have idiomatic meanings:

| | |
|---|---|
| accorgersene | *to become aware of* |
| andarsene | *to go away, to leave* |
| importarsene* | *to care about something* |
| non poterne più | *not to be able to put up with* |
| valerne la pena | *to be worth it* |
| *impersonal verb | |

| | |
|---|---|
| **Non ne posso più** di quel ristorante. È troppo affollato! | *I **can't take** that restaurant **anymore**. It's too crowded!* |

**9** As an adverb, **ne** refers to a location. It can substitute for **da** + *place*.

| | | | |
|---|---|---|---|
| da lì | *from there* | da qui | *from here* |

| | |
|---|---|
| Siamo arrivati al ristorante alle 7.00 e ce **ne** siamo andati a mezzanotte. | *We got to the restaurant at 7:00 and left **(from) there** at midnight.* |

Qualsiasi età è giusta per un buon pasto in trattoria.

Beatrice D'Arpa

**A** **Un proprietario stressato.** È la sera dell'apertura di un nuovo ristorante e tu e il tuo socio (*business partner*) siete nervosi. Completa il seguente dialogo rispondendo alle domande e cercando di usare **ci**, **ne** o entrambi, facendo tutti i cambiamenti necessari.

| | |
|---|---|
| **Tu:** | Speriamo che arrivi un po' di gente. Quanti inviti abbiamo mandato? |
| **Il Socio:** | _____ abbiamo mandat _____ duecento. Se verranno tutti, non sapremo dove metterli. Piuttosto, quanta carne di manzo abbiamo ordinato per stasera? |
| **Tu:** | _____ abbiamo ordinat _____ circa dieci chili. Poi c'è un sacco d'altra carne e di pesce. Vedrai, non ci saranno problemi. |
| **Il Socio:** | Mah, speriamo. Sono nervosissimo. Cameriere! Quante forchette hai messo vicino ai piatti? |
| **Cameriere:** | _____ ho mess _____ due. Perché? |
| **Il Socio:** | Come perché? _____ vogliono tre, una per il primo, una per il secondo una per il dolce!!! Presto, aggiungi _____ una! Non _____ posso più! |
| **Tu:** | Rilassati! Non vorrai farti vedere così dai clienti? |
| **Il Socio:** | Hai ragione, ma non _____ riesco. E poi… Ecco, lo sapevo… il vino bianco… ho dimenticato di ordinarlo! C'è un'enoteca qui vicino? |
| **Tu:** | Sì, _____ è una in via Farnese. Ma voglio andar _____ io. Tu sei troppo stressato. Va bene preoccuparsi della salute dei clienti ma dobbiamo pensare anche alla nostra. Se dobbiamo morire per questo ristorante non _____ vale la pena! |

**B** **Festa a sorpresa.** A coppie, completate il seguente dialogo coniugando il verbo tra parentesi e usando **ci** e **ne** dove opportuno.

| | |
|---|---|
| **Alessandro:** | Hai pensato di fare una festa a sorpresa per Federica? |
| **Fabio:** | Sì, _____ (pensare) ma non so se _____ (riuscire). |
| **Alessandro:** | Certamente _____ (potere / noi) riuscire! Bisogna pensare però a dove fare la festa. |
| **Fabio:** | Pensavo di farla «Da Mario». |
| **Alessandro:** | Sì, ma lì è carissimo. Perché non chiediamo a Massimo? Cosa _____ (dire)? |
| **Fabio:** | Già. Ma il suo ristorante è troppo piccolo. Quante persone possiamo invitare? |
| **Alessandro:** | _____ (potere) invitare una ventina. Hai ragione: è piccolo ma la cucina è ottima! |
| **Fabio:** | È vero. Lo chef è straordinario e possiamo chiedergli di preparare delle lasagne. |
| **Alessandro:** | E dopo la cena potremo fare due salti. |
| **Fabio:** | C'è posto per ballare? |
| **Alessandro:** | _____ (essere) un sacco! |
| **Fabio:** | Perfetto. Mangiare, bere e ballare. Che serata divertente! |

Beatrice D'Arpa

**C Una ricetta per te!** **Parte a:** Leggi gli ingredienti per fare i ravioli agli spinaci e poi rispondi alle domande usando la particella **ci**.

*Ravioli agli spinaci —*
*dose per 6*

Zoonar GmbH/Alamy

*Per la pasta:*
- *500 g di farina*
- *4 uova*
- *sale*

*Per il ripieno:*
- *3 etti di spinaci freschi bolliti*
- *250 g di ricotta*
- *100 g di parmigiano grattugiato*
- *1 cucchiaino di prezzemolo[1] tritato*
- *1 spicchio d'aglio tritato*
- *2 uova*
- *noce moscata[2]*
- *sale*

*Per condire:*
- *100 g di burro*
- *75 g di parmigiano grattugiato*
- *1 rametto di salvia[3]*
- *sale*

1. *parsley*   2. *nutmeg*   3. *sage*

1. Hai mai provato a fare i ravioli?

2. Vorresti provare a prepararli?

3. Quali ingredienti metti nel ripieno?

4. Quale condimento metti sui ravioli?

5. Quanta ricotta ci vuole?

6. Quanti spinaci ci vogliono?

7. Quanti spicchi d'aglio ci vogliono?

8. Secondo te, quanto tempo ci vuole tra preparazione e cottura?

*(continued)*

**Parte b:** Adesso leggi le istruzioni per la preparazione dei ravioli e poi rispondi alle domande usando la particella **ne**.

> *Preparazione*
>
> 1. *Unite la ricotta agli spinaci cotti e insaporiti nel burro soffritto e nell'aglio tritato. Poi aggiungete il parmigiano, le uova, un po' di noce moscata grattugiata e un pizzico di sale.*
>
> 2. *Versate la farina sulla spianatoia[1], al centro rompetevi le uova, aggiungete un pizzico di sale e impastate[2]. Lavorate la pasta, dividetela in due parti e conservatene una metà avvolta in una tovaglietta.*
>
> 3. *Stendete[3] la pasta, ricavatene dei[4] rettangoli e distribuite su una metà di ogni rettangolo un po' di ripieno. Coprite con l'altra metà e formate i ravioli.*
>
> 4. *Ripetete no. 3 con la pasta conservata a parte.*
>
> 5. *Cuocete i ravioli in 4 litri d'acqua salata.*

Zoonar GmbH/Alamy

1. *counter, pastry board*  2. *blend, mix*  3. *roll out*  4. **ricavatene...** *cut it into*

1. Hai mai mangiato dei ravioli fatti in casa?
2. Speri di fare dei ravioli fatti in casa?
3. Quanti spicchi d'aglio aggiungi agli spinaci?
4. Quanto sale deve essere aggiunto alle uova?
5. Quanto ripieno stendi su ogni rettangolo?
6. Quanti litri d'acqua occorrono per cuocere i ravioli?

Practice Quizzes, Flashcards

SAM Workbook Activities

## II  IL VERBO *PIACERE* ED ALTRI VERBI SIMILI

### A  *Piacere,* to like (literally, to be pleasing)

**1** **Piacere** is ordinarily used in the third-person singular or plural. The subject of the sentence is the person or thing liked, while the person who likes is the indirect object.

| | |
|---|---|
| Ci **piace** il ragù. | We **like** ragù. |
| Ci **piacciono** le farfalle. | We **like** bowtie pasta. |
| La salsiccia **piace** a mio padre. | My father **likes** sausage. |
| I ravioli **piacciono** a mia sorella. | My sister **likes** ravioli. |

When followed by one or more infinitives, **piacere** is conjugated in the third-person singular.

| | |
|---|---|
| Gli **piace preparare** gli gnocchi. | He likes to prepare gnocchi. |
| A me **piace cucinare** e **provare** ricette nuove, ma non mi **piace lavare** i piatti dopo cena. | I **like to cook** and **try** new recipes, but I don't **like washing** the dishes after dinner. |

**2** The most common grammatical constructions using **piacere** are:

| Oggetto indiretto (o pronome oggetto indiretto) | Verbo | Soggetto |
|---|---|---|
| Ai giovani (Gli) | piacciono | i prodotti biologici. |
| or | | |

| Soggetto | Verbo | Oggetto indiretto |
|---|---|---|
| I prodotti biologici | piacciono | ai giovani. |

Both sentences mean *Young people like organic products.*

**3** **Piacere** can also be conjugated in the first and second persons to express the concept of attraction between individuals. The present tense forms are:

| piacere | |
|---|---|
| piaccio | piacciamo |
| piaci | piacete |
| piace | piacciono |

| | |
|---|---|
| Tu mi **piaci** perché sei una persona avventurosa. | *I **like** you because you are an adventurous person.* |
| Voi **piacete** al cuoco perché vi **piace** mangiare! | *The cook **likes** you because you **like** to eat!* |

**4** **Piacere** is conjugated with **essere** in compound tenses and agrees with the subject in number and gender.

| | |
|---|---|
| Gli **è** piaciut**a** quella ricetta. | *He / They **liked** that recipe.* |
| Gli **sono** piaciut**e** quelle ricette. | *He / They **liked** those recipes.* |

## B ► Altri verbi simili

**1** A number of common verbs are similar to **piacere** in formation and usage.

| | | | |
|---|---|---|---|
| bastare | *to suffice, to be enough* | restare | *to remain, to be left (over)* |
| dispiacere | *to be sorry, to mind* | servire | *to be useful, to need* |
| mancare | *to miss, to be lacking* | succedere | *to happen* |
| occorrere | *to need, to take (time)* | | |

| | |
|---|---|
| —Le **dispiace** che abbiano chiuso quel ristorante? | ***Are** you **sorry** that they closed that restaurant?* |
| —Sì, ma non mi **dispiacerebbe** andare a quell'altro. | *Yes, but I **would**n't **mind** going to that other one.* |
| —Gli **bastano** i bicchieri da vino? | *Does he **have enough** wine glasses?* |
| —Sì, ma gli **mancano** tre piatti per apparecchiare. | *Yes, but he **needs** three more plates to set the table.* |
| Vi **serve** un altro cucchiaio di servizio? | *Do you **need** another serving spoon?* |

**2** Like **piacere**, these verbs are conjugated with **essere** in compound tenses.

Perché non sei venuto? — *Why didn't you come?*

Cosa ti **è successo**? — *What **happened** to you?*

Gli **sono occorsi** vent'anni di lavoro per diventare capocuoco. — *It **took** him twenty years of work to become head chef.*

**3** The pronoun **ne** is commonly used with **piacere** and similar verbs.

—Quali di questi dolci ti piace? — *Which of these desserts do you like?*

—Non me **ne** piace nessuno. — *I do not like any **of them**.*

—Quanti tovaglioli ti mancano? — *How many napkins do you need?*

—Me **ne** manca uno. — *I need one (**of them**).*

—Ti dispiace non poter partecipare? — *Are you sorry that you can't participate?*

—Me **ne** dispiace davvero. — *I'm really sorry (**that I can't participate**).*

Beatrice D'Arpa

Pasta o opera d'arte?

---

PRATICA

**A Per conoscersi un po' di più.** A coppie, scambiatevi le seguenti domande.

1. Ti dispiace non poter mangiare tutti i giorni la cucina di casa tua? Perché?

2. Cosa ti manca di più della cucina di casa?

3. Che cosa ti occorre non mangiare per seguire una dieta vegana?

4. Quali ingredienti ti servono per preparare la tua specialità?

5. Che cosa ti occorre per mangiare bene?

6. Che cosa ti piace della tua cucina?

7. Che cosa ti manca nel frigorifero per preparare una buona macedonia?

8. Quante volte al giorno ti basta mangiare?

**B Meglio ieri di oggi?** Con un compagno/una compagna, pensate a come le cose andavano sei mesi fa rispetto ad oggi.

**ESEMPIO**

occorrere: studiare molto

**St. 1:** Ti occorreva studiare molto?

**St. 2:** Sì, mi occorreva studiare molto.
  *o* No, non mi occorreva studiare molto, ma mi occorreva…

**St. 1:** E oggi ti occorre studiare molto?

**St. 2:** Sì, mi occorre studiare molto.
  *o* No, non mi occorre studiare molto, ma mi occorre…

1. piacere: i corsi

2. piacere: mangiare in mensa

3. occorrere: un lavoro

4. occorrere: conoscere posti dove mangiare bene

5. dispiacere: andare alle lezioni

6. bastare: le ore di sonno

7. mancare: gli amici a casa

8. restare: soldi alla fine del mese

**C Un ottimo ristorante, un pessimo ristorante?** A coppie, parlate di un'esperienza che avete avuto recentemente al ristorante. Parlate della qualità del cibo, del servizio e dell'ambiente. Usate i verbi **bastare, mancare, occorrere, restare, succedere, servire** e **piacere**. Create almeno sei frasi e presentate l'esperienza del compagno/della compagna alla classe.

**ESEMPIO**

*Mi sono piaciute le lasagne ma non mi sono bastate.*

*Dopo aver mangiato avevo ancora fame.*

*Ero triste a casa e questa cena mi è servita per sentirmi meglio.*

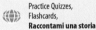
Practice Quizzes,
Flashcards,
**Raccontami una storia**

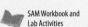
SAM Workbook and
Lab Activities

# Biblioteca

## RECOGNIZING WORD FAMILIES

A word family is a group of words, related in meaning, that share a common root. For example, **produrre**, **prodotto**, and **produttore/produttrice** belong to the same word family. **Cuocere**, **cotto**, and **cuoco** also form a word family. Recognizing word families can help you guess the meanings of unfamiliar words.

## PRE-LETTURA

**A** Il seguente articolo ha vari esempi di famiglie di parole. Guarda l'articolo e trova tutte le parole possibili per completare le seguenti famiglie. Per alcune parole, non ci sarà tutta la famiglia. Poi, cerca di fornire le forme mancanti. Qualche volta ci può essere più di una forma nominale.

| Infinito | Aggettivo | Nome |
|---|---|---|
| alimentare | | |
| derivare | | |
| estrarre | | |
| produrre | | |
| consumare | | |
| leggere | | |
| conservare | | |

**B** In gruppi di tre o quattro, discutete i vantaggi e gli svantaggi di seguire una dieta vegetariana. Parlate dei cibi che potete mangiare o che non dovete mangiare per mantenere una buona forma fisica e per mantenervi sani.

| Vantaggi | Svantaggi |
|---|---|
| | |
| | |

| Cibi sì | Cibi no |
|---|---|
| | |
| | |

# Commenti

BARBARA PALOMBELLI è nata e vive a Roma con il marito e quattro figli di cui uno adottato e due in affido. Ha scritto per *l'Europeo, Panorama* ed il *Corriere della Sera* e ha lavorato per la radio e per la televisione italiana (RAI). Attualmente realizza servizi, interviste e brevi editoriali per il TG5.

GIOVEDÌ 22 LUGLIO 1999

### Non sono chiare le etichette[1] alimentari

CARA SIGNORA PALOMBELLI, sono una studentessa milanese di 26 anni e, da quasi 5 anni, sono vegetariana. Ciò significa che ho eliminato dalla mia alimentazione la carne ed il pesce, ma non ho rinunciato ad alcuni prodotti di origine animale, cioè a quelli che non provocano la morte dell'animale (ma purtroppo a causa dell'ottusità[2] umana, continuano a provocare sofferenza). Il motivo della mia protesta è un ingrediente del formaggio: il caglio[3].

Attivisti di associazioni animaliste e antivivisezioniste[4] che ho contattato via Internet (e che pubblicamente devo ringraziare per la loro gentilezza, sollecitudine[5] nel rispondermi e totale mancanza di ideologismo, di cui peraltro[6] spessissimo li si accusa), mi hanno spiegato che il caglio può essere di tre tipi: di derivazione animale (estratto dallo stomaco dell'agnello e del vitello), vegetale e chimico (cioè sintetizzato in laboratorio). Il problema è che non c'è verso[7] di far scrivere sulle etichette dei prodotti che tipo di caglio è stato utilizzato. Basterebbe aggiungere alla parola «caglio» uno dei tre maledetti aggettivi suddetti[8]. Queste persone mi hanno anche spiegato che chiunque, privatamente, avesse chiesto alle industrie produttrici quest'informazione, si sarebbe scontrato con[9] una sorta di «muro di gomma». Come se non fosse un diritto del consumatore sapere esattamente cosa ingoia[10].

Non tutti si possono permettere di fare la spesa nei supermercati biologici. Quindi un atteggiamento di questo tipo da parte dei produttori e la totale indifferenza dei consumatori mi indigna, mi manda in bestia[11]! E non riguarda solo il caglio. Ci sono prodotti con ingredienti scritti solo in una lingua (non inglese o francese, ma magari giapponese) ed etichette che riportano la dicitura[12] «conservanti» o «coloranti» senza elencare dettagliatamente quali coloranti e conservanti sono stati usati. E anche in queste due categorie vengono usati prodotti animali.

Dove sono coloro che si riempiono la bocca di «trasparenza» e «tutela dei consumatori»? Per me questo è un grosso problema, perché io ho scelto un modo di vivere e pretendo che nessuno mi impedisca di vivere come desidero. Devo avere tutte le informazioni, e ciò non mi è consentito. Per non parlare poi delle industrie cosmetiche che sperimentano i loro prodotti sugli animali e che si guardano bene dal comunicarlo sulle etichette.

**ALESSANDRA DRAGONI**

Elisabetta Villa/Getty Images

Barbara Palombelli, "Non sono chiare le etichette alimentari," *La Nazione*, 22 luglio 1999. Used with permission.

---

1. *labels*   2. *slowness*   3. *rennet (used to curdle milk)*   4. *opponents of medical research on animals*
5. *attention, concern*   6. *moreover*   7. **non...** *there is no way*   8. *above-mentioned*   9. **si...** *would run up against*   10. *swallows*   11. **mi manda...** *I fly into a rage*   12. *wording*

*I VEGETARIANI sono tantissimi sempre di più. Per questo, la battaglia di Alessandra mi sembra sacrosanta[13]. Il problema dell'etichettatura degli alimenti sarà—ne sono certa—una delle grandi battaglie del prossimo secolo. Fra cibi biologici, transgenici[14], con o senza conservanti... il diritto di scelta che noi consumatori dobbiamo pretendere di poter esercitare[15] diventerà un diritto centrale, proprio come furono centrali i diritti civili in quello che è quasi il secolo scorso. Chiederemo sempre di più etichette chiare, leggibili, comprensibili, ci batteremo per sapere cosa mangiamo... E le aziende che per prime forniranno ragguagli[16] sul contenuto dei cibi e delle bevande verranno senz'altro premiate dai cittadini.*

---

13. *sacred, indisputable*    14. *genetically altered*    15. *to exercise, to exert*    16. *details, information*

## COMPRENSIONE

1. Descrivi il problema della ragazza che ha scritto la lettera a Barbara Palombelli.

2. Qual è la sua posizione sulle etichette?

3. Che cosa contesta (*contest*)?

4. Cosa intende dire la studentessa quando scrive: si sarebbe scontrato con una sorta di «muro di gomma»?

5. Molti negozi oggi vendono prodotti biologici e prodotti di origine animale e assicurano che gli animali siano stati trattati bene. Questi prodotti sono spesso molto cari. Cosa pensi di questo tipo di negozi?

6. C'è una differenza significativa tra questi prodotti e gli altri?

7. Tu leggi le etichette sui prodotti che compri? Se sì, le leggi prima o dopo aver comprato i prodotti?

8. Quali sono le informazioni delle etichette che ritieni importanti?

# Di propria mano

### WRITING A FORMAL LETTER

Both spoken and written language vary with the situation. Although the format of a formal letter is similar to that of an informal letter (**Capitolo 4**), there are several basic differences. First, when writing a formal letter, the polite third-person form (**Lei**) is used. Second, the salutation and closing are more formal than in an informal letter. Finally, the language in general is more formal.

**SALUTATIONS**
**Egregio/a**
**Distinto/a**  } + *title of the person addressed + colon*
**Gentile**

## PRE-SCRITTURA

Scriverai una lettera chiedendo consiglio su un argomento qualsiasi relativo all'alimentazione che ti sembra importante. Ad esempio, può essere lo spreco (*waste*) di cibo nel mondo, la qualità del cibo nelle mense, i pesticidi sulle verdure e sulla frutta, il costo del cibo biologico oppure le differenze tra il cibo biologico e quello venduto nei supermercati, ecc. Prima, pensa ad un tema e fa' una lista delle idee più importanti che vuoi includere. Poi, scegli quelle più convincenti.

## SCRITTURA

 Writing Tips

Adesso scrivi una lettera formale a Barbara Palombelli in cui chiedi consiglio sull'argomento legato al mangiare che hai deciso è più importante. Prima pensa a come indirizzerai la lettera e poi spiega perché le stai scrivendo. Concludi la lettera con un riassunto dell'argomento e con una domanda per Barbara Palombelli. Prima di mandare la lettera, controlla che il formato, la punteggiatura e l'ortografia siano corretti.

## Block Notes

In questo capitolo hai avuto la possibilità di scoprire nuove particolarità relative alla cucina italiana. In base alle letture fatte, all'attività Web e alla discussione in classe, scrivi le tue osservazioni su uno dei seguenti punti.

1. Paragona la cucina italiana che hai scoperto in queste pagine a quella che conoscevi o che ti era stata presentata nel tuo paese.

2. Quali sono le tue scelte in fatto di cibo? Scegli spesso di acquistare prodotti biologici o guardi prima il prezzo, di solito? Spiegane le ragioni.

3. Descrivi le tue abitudini alimentari settimanali e poi spiega se si tratta di una dieta sana oppure no.

# Nel mondo dei grandi

PELLEGRINO ARTUSI nasce a Forlimpopoli il 4 agosto del 1820 da una famiglia agiata[1] e muore a Firenze il 30 marzo del 1911. Dopo gli studi, prima in Romagna e poi a Bologna, si trasferisce nel capoluogo toscano, dove si dedica all'attività commerciale con un grandissimo successo che gli permette di smettere di lavorare all'età di 45 anni. Da allora in poi si dedica solo alla letteratura e alla cucina, i suoi interessi di sempre. Se Artusi non è ricordato per i suoi lavori di critica letteraria, il suo libro *La scienza in cucina e l'arte di mangiare bene* gli ha dato una fama internazionale. Questo manuale di cucina, infatti, dopo un inizio tentennante[2], diventerà un vero e proprio best seller presente nelle cucine della maggior parte delle case italiane. Dall'anno della pubblicazione (1891) ad oggi, il libro non ha mai smesso di suscitare[3] interesse: si è già arrivati a 111 edizioni ed è stato tradotto in inglese, tedesco e olandese. Quasi ogni ricetta presentata è accompagnata da aneddoti[4] o cronache che sono una finestra sull'Italia di quegli anni e che rendono questo libro interessante anche per chi non sia un appassionato di cucina. Il grande merito[5] dell'Artusi è stato quello di tentare la riconciliazione tra la cucina toscana e quella emiliano-romagnola, così vicine geograficamente ma così lontane dal punto di vista culinario: dal burro che domina la cucina romagnola e che caratterizza la cucina settentrionale, si passa all'olio che caratterizza la cucina italiana dalla Toscana alla Sicilia. Artusi tenta, insomma, di mettere insieme un manuale che sia veramente valido per una cucina italiana nazionale in corrispondenza con la recente unificazione nazionale avvenuta solo trent'anni prima (1861). Da un punto di vista linguistico poi, il libro dell'Artusi può essere considerato alla stregua dei[6] *Promessi Sposi* di Alessandro Manzoni: se in molti vedono nel capolavoro di quest'ultimo la nascita dell'italiano moderno, ad Artusi va il merito di aver cercato di creare un vocabolario italiano uniforme per le svariate cucine regionali italiane.

THE LORENZO DA PONTE ITALIAN LIBRARY
GENERAL EDITORS: LUIGI BALLERINI AND MASSIMO CIAVOLELLA

*Science in the Kitchen and the Art of Eating Well*

Pellegrino Artusi

Giulian Della Casa

---

1. *well-off*   2. *shaky*   3. *provoke*   4. *anecdotes*   5. *worth*   6. **alla...** *like*

## TRACCE DI RICERCA

Web Links   L'Italia attraverso le ricette dell'Artusi
L'Artusi oggi
La festa artusiana ogni anno a Forlimpopoli

# Dizionarietto

CD 1
46–50

accertarsi *to ascertain*

accontentarsi *to be content with, to settle for*

accorgersene (*p.p.* accorto) *to become aware of*

acqua del rubinetto *tap water*

acqua minerale gasata *sparkling mineral water*

acqua minerale naturale *mineral water*

additivo *additive*

affollato *crowded*

agnello *lamb*

al forno *baked*

alla griglia *grilled*

andarsene *to go away, to leave*

antipasto *appetizer*

aperitivo *aperitif*

apparecchiare (la tavola) *to set (the table)*

appartenere *to belong*

approfittare *to take advantage of*

arachide (*f.*) *peanut*

arrosto *roast*

arrosto (*adj. inv.*) *roasted*

assaggiare *to taste*

avercela (con) *to have it in for, to be angry with (someone)*

avvenire (*p.p.* avvenuto) *to happen*

avvolgere (*p.p.* avvolto) *to wrap*

bastare *to suffice, to be enough*

bevanda *drink*

biologico/a *organic*

bollino *stamp*

bollito/a *boiled (added to boiling water)*

cascarci *to fall for, be tricked*

cenare *to eat dinner / supper*

chiacchierare *to chat*

chilo(grammo) *kilo(gram)*

colorante (*m.*) *food dye*

condimento *dressing*

conservante (*m.*) *preservative*

consumatore (*m.*) / consumatrice (*f.*) *consumer*

contorno *side dish*

cottura *cooking (time or type)*

crescita *growth*

diffidare *to distrust*

dimagrire *to lose weight*

dispiacere (*p.p.* dispiaciuto) *to be sorry, to mind*

dolce (*m.*) *dessert*

dolcificante (*m.*) *sugar substitute / sweetener*

dolciumi (*m. pl.*) *sweets*

enoteca *wine shop*

essere a dieta *to be on a diet*

essere in grado di *to be able to*

essere pieno/a *to be full*

essere sazio/a *to be full*

estrarre (*p.p.* estratto) *to extract*

farcela *to be able to do something*

fetta *slice (of bread, of watermelon, etc.)*

formaggiera *bowl for grated cheese*

fornire *to supply, furnish, provide*

fritto/a *fried*

frutti di mare *seafood*

gioiello *jewel*

grattugiare *to grate*

importarsene *to care about something*

indagine (*f.*) *inquiry, investigation*

ingrassare *to gain weight*

insaccati *sausages, salami*

lessato *boiled (added to cold water and brought to a boil)*

macedonia *fruit salad*

maiale (*m.*) *pork*

mancare *to miss, to be lacking*

manzo *beef*

mescolare *to mix*

morbido *soft (used for food and other objects)*

natalizio *pertaining to Christmas*

non poterne più *to be unable to put up with*

occorrere (*p.p.* occorso) *to need, to take (time)*

ormoni (*m.*) *hormones*

osteria *inn, tavern*

paninoteca *sandwich shop*

pizzico *pinch*

polvere (*f.*) *dust, powder*

posate (*f. pl.*) *silverware*

pranzare *to have lunch*

primo (piatto) *first course*

rassicurare *to reassure*

restare *to remain, to be left (over)*

ricavare *to extract, to draw*

ripieno *stuffing*

ripieno/a (*adj.*) *stuffed*

rischio *risk*

salsa *sauce*

salumi *cold cuts*

salute *health*

scaduto *expired*

scambiare *to exchange*

secondo (piatto) *second course*

seme (*m.*) *seed*

servire *to be useful, to need*

sfruttamento *exploitation, use*

soffice *soft (not used for food)*

sparecchiare (la tavola) *to clear (the table)*

spicchio *clove (as of garlic), segment (of citrus)*

spiedino *food cooked on a skewer*

spuntino *snack*

stagionare *to season*

succedere (*p.p.* successo) *to happen*

sughero *cork*

sugo *sauce (for pasta)*

surgelato *frozen*

tavola calda *café*

tenerci (*p.p.* tenuto) *to attach importance to*

trattoria *family-style restaurant*

tritare *to mince*

truffa *fraud, swindle*

valerne la pena (*p.p.* valso) *to be worth it*

vegano/a *vegan*

vegetariano/a *vegetarian*

versare *to pour*

vietato *prohibited*

vitello *veal*

volgere (*p.p.* volto) *to transform*

## LE VOSTRE PAROLE

#  Cinema ponti

## Four Days in Summer
## (Jonathan Darby, 1988)

Jonathan Darby, nato in Inghilterra, ha trascorso cinque anni con la BBC, dove è poi diventato regista televisivo e produttore di serie di documentari pluripremiati come *Global Report, Under the Sun* e *Only One Earth*.

*Four Days in Summer* è la documentazione dei quattro giorni del Palio di Siena. Un viaggio nella storia di questa tradizione e l'emozione con cui ancora oggi è vissuta.

### PRE-VISIONE

**Che cos'è il Palio?**

**A.** Fate una ricerca sul Palio di Siena. Portate le vostre informazioni e alcune foto in classe e in gruppi di quattro, condividete le informazioni raccolte. Poi cercate di scrivere una definizione per la parola «Palio». Ogni gruppo legge la definizione alla classe.

**B.** Ora leggete la spiegazione di cos'è il Palio secondo Orlando Papei (ilpalio.org) e poi indicate se le seguenti affermazioni sono vere o false.

Il Palio non è una manifestazione riesumata (*brought back to life*) e organizzata a scopo turistico: è la vita del popolo senese nel tempo e nei diversi suoi aspetti e sentimenti. Esso ha origini remote con alcuni regolamenti ancor oggi validi dal 1644, anno in cui venne corso il primo palio con i cavalli, così come ancora avviene, in continuità mai interrotta. Il territorio della città è diviso in diciassette Contrade e ogni Contrada è come un piccolo stato con un suo governo e una sua

Chiesa con annessa la sede ove viene custodito tutto il suo patrimonio: cimeli (*relics*), drappelloni delle vittorie (*colored silk cloth given to winners*), costumi, bandiere (*flags*), e tutto quanto altro concerne la vita della Contrada stessa.

From ilpalio.org. Used with permission.

|  | Vero | Falso |
|---|---|---|
| 1. Il Palio è una manifestazione a scopo turistico. | _____ | _____ |
| 2. Alcuni regolamenti del 1644 sono ancora validi. | _____ | _____ |
| 3. Dal primo Palio a oggi ci sono stati anni in cui non si è corso il Palio. | _____ | _____ |
| 4. Il patrimonio di ogni Contrada è conservato nella chiesa della Contrada stessa. | _____ | _____ |

**C.** Avendo letto la spiegazione di Orlando Papei, come cambiereste le vostre definizioni?

## VISIONE

**Primo passo:** Che cos'è il Palio?

From *Four Days in Summer* by Jonathan Darby

 **1.** Adesso guardate il video e la spiegazione di cosa sia il Palio. Notate le somiglianze e le differenze tra la spiegazione nel video e quella di Papei. Prendete appunti mentre guardate. Se necessario, guardatelo più di una volta.

| Somiglianze | Differenze |
|---|---|
|  |  |
|  |  |
|  |  |

 **2.** Dopo aver elencato le somiglianze e le differenze, in gruppi, aggiungete nuove informazioni alla vostra definizione.

**Secondo passo:** Guardate il video. Dopo aver visto il video, abbinate le immagini ad ognuna di queste frasi e mettetele in ordine cronologico.

1. _____ Il palio è una passione che si esaurisce solo con la morte.

2. _____ Per un senese è qualcosa che è dentro il sangue.

3. _____ Il Palio viene corso in onore della Madonna di Provenzano, questo è insindacabile, non si può discutere e tutti lo sentono.

4. _____ Non si vince il Palio senza l'aiuto del cielo.

5. _____ Onda e Torre.

Video stills from *Four Days in Summer* by Jonathan Darby

**Terzo passo:** Differenze linguistiche

1. In Italia ci sono varietà linguistiche tra una regione e l'altra che possono essere di carattere strutturale, differenze nella pronuncia, e un lessico diverso limitato a quella regione. Queste diversità possono rendere la comprensione difficile agli stranieri non abituati a sentirle. La lingua parlata dai senesi, e in generale la lingua Toscana, è caratterizzata da un accento che riflette le seguenti varianti:

   • La «c» insieme alle vocali «o» e «a», (*co* e *ca*) è aspirata e pronunciata come l'inglese «ho» e «ha». Provate a leggere (velocemente) questa espressione famosa con la pronuncia della «c» aspirata: Una coca cola con la cannuccia corta.

   • La «c» insieme alle vocali «i» e «e» (*ci* e *ce*) è come il suono in inglese «*sh*». Provate a pronunciare: Dice che i suoi amici sono simpatici.

   • La «gi» e «ge» sono pronunciate come «*jour*» in francese. Provate a pronunciare: La gente mangia tutti i giorni.

   • La «s» tra due vocali è spesso pronunciata come l'inglese «s» in «*house*» mentre in alcune altre regioni è pronunciata come «s» in «*bees*». Provate a pronunciare: casa, cosa, quasi, preso.

**2.** Riguardate nel video il signore che spiega il significato del Palio e questa volta, leggete il testo e indicate le parole dove sentite una differenza regionale.

«Ma, per un senese la contrada io credo sia la vita. Noi siamo gli unici, l'unico popolo che nasce e muore con una bandiera. Il ragazzo cresce e la prima cosa che ha, ha il battesimo cattolico, dopo il battesimo della contrada. Tu sei di questa contrada e di questa contrada morirai. Aiuta il contradaiolo a trovare una sistemazione, un lavoro. Quando si sposa è presente ancora. Per un senese è qualcosa che è dentro il sangue. Non è una festa di folklore o un'attrazione turistica per le aziende autonome di turismo e via discorrendo. Il Palio è qualcosa che i senesi hanno nel sangue da oltre cinque secoli e questo credo sia il più bel passaporto per far capire che cos'è il Palio.»

**Quarto passo:** Il prete e la chiesa

Ogni contrada ha la propria chiesa e il prete che la rappresenta. Il prete in questo video sostiene che Siena è la città di Maria (la Madonna) e che il palio viene corso in suo onore. Ascoltate quello che il prete risponde a chi critica questa tradizione. Poi rispondete alle domande.

From *Four Days in Summer* by Jonathan Darby

**1.** Come risponde il prete ai critici?

**2.** Quale esempio dà il prete per giustificare la sua posizione?

**3.** Secondo voi, chi ha ragione?

**Quinto passo:** La passione

**1.** Quali sono le passioni più forti, secondo voi? Come si differenziano le passioni? In gruppi, fate una lista delle passioni e mettetele in ordine d'importanza da **1–5** (uno essendo la più forte).

**2.** Ora guardate la signora che parla delle passioni. Discutete la passione della signora. Lei separa l'amore per il Palio dalle altre passioni umane. Riassumete nelle vostre parole, quello che dice. Ascoltatela più volte se necessario.

Il Palio è amore. È una passione a differenza delle altre passioni umane… l'amore, la gelosia, si esauriscono nell'arco di una vita, no? Cioè, per periodi uno è innamorato, per periodi uno è geloso, per certi periodi uno può essere felice o infelice. Il Palio è una passione che si esaurisce solo con la morte.

## CONCLUSIONE

In gruppi, rispondete alle seguenti domande.

**1.** Cosa pensate del Palio?

**2.** Avete qualcosa di simile al palio nel vostro paese?

**3.** Siete mai andati al Palio?

**4.** Spiegate le ragioni per cui ci vorreste andare oppure no.

# Tarantella, malocchio e... ?

Dennis Marsico/Corbis

## Per comunicare

- Parlare di tradizioni, sagre e feste italiane
- Discutere di superstizioni
- Fare riferimento ad avvenimenti del lontano passato
- Parlare di favole e fiabe

 **INTERNET CAFÉ**

**INDIRIZZO:** www.cengage.com/italian/ponti

**ATTIVITÀ:** Ritorno al... passato.

**IN CLASSE:** Stampa lo stemma della tua contrada, portalo in classe e mostralo ai compagni mentre spieghi le caratteristiche che contraddistinguono la contrada.

Web Search Activity

**RESOURCES**
Audio  Web  SAM Workbook

◄ La benedizione del cavallo di una contrada prima del Palio di Siena

# Ponti sul primo anno

Take the following quick assessment and check your answers in the answer key found on the *Ponti* website to determine whether you should do further review.

**A Suffisi.** Modifica le seguenti parole con suffissi **Accrescitivi** (-one/a), **Diminutivi** (-ino/a), **Vezzeggiativi** (-uccio/a) o **Peggiorativi** (-accio/a).

1. naso (**A**) _____
2. casa (**D**) _____
3. bocca (**V**) _____
4. parola (**P**) _____

5. bacio (**D**) _____
6. Maria (**V**) _____
7. film (**P**) _____
8. ragazzo (**A**) _____

**B Suffissi.** Riconosci e scrivi la parola d'origine per queste parole modificate da suffissi e indica con **A, D, V** o **P** che tipo di suffissi sia stato usato.

> **ESEMPIO**
>
> venticello ⟶ *vento (D)*

1. donnaccia _____
2. poetastro _____
3. benone _____
4. fettina _____

5. borsone _____
6. laghetto _____
7. vinello _____
8. pacchetto _____

**C Suffissi.** Leggi il seguente paragrafo e scrivi una lista delle parole modificate da suffissi. Poi annota le parole d'origine con **A, D, V** o **P** per indicare che tipo di suffisso sia stato usato.

C'era una volta un gattaccio di nome Jack che viveva in un boschetto vicino al castello di un giovane principe. Jack aveva sempre fame e ogni notte andava al castello per rubare delle cosucce da mangiare. Una notte però, il principe, che era stanco di Jack, si mise ad aspettarlo in una stanzuccia vicino alla cucina che di solito era usata dai servi per riposare. Mentre Jack si gustava una bisteccona che aveva trovato su un tavolino, il principe saltò fuori e disse: «Ecco chi è il ladrone che ogni sera entra nella mia cucina! Ma invece di rubare, perché non mi chiedi di vivere qui? Ci sono molti topi nel castello e io avrei proprio bisogno di un gatto.» Jack fece un sorrisone e accettò subito l'invito del principe. Da allora tutti (a parte i topi) vissero felici e contenti.

## Tarantella, malocchio e... ?

IL GRANDE ATTACCAMENTO° che lega gli italiani alle proprie città ha contribuito enormemente a mantenere intatte le radici° storiche e folkloriche che caratterizzano l'intera penisola. Alcune ricorrenze° sono comuni a tutta la penisola, ma molte altre appartengono solo a singoli paesi o città. Le feste nazionali si limitano a quelle dettate° dal calendario cattolico (Natale e Pasqua le principali) o a quelle in ricordo di grandi avvenimenti storici e civili (la fine della seconda guerra mondiale, l'istituzione della Repubblica, la festa dei lavoratori, ecc.).

*attachment*
*roots*
*festivities*

*dictated*

Feste molto importanti sono poi quelle patronali°: ogni città, ogni paesino, infatti, ha un santo protettore (patrono) per il quale si organizzano processioni, sagre° e manifestazioni folkloriche. Sullo stesso piano sono da considerare le numerose feste di rievocazione storica° di cui il Palio di Siena è l'esempio più famoso.

*pertaining to a patron saint / festivals*

**rievocazione...** *historical reenactment /*

Al mondo folklorico si legano° altri due aspetti fondamentali di ogni cultura: quello favolistico° e quello della superstizione. Ogni regione ha un proprio patrimonio favolistico e proverbiale che si tramanda° oralmente di generazione in generazione e che si lega strettamente alla cultura linguistica, storica e ambientale in cui la favola è nata. Italo Calvino, uno dei più importanti scrittori italiani, ha pubblicato una raccolta di favole italiane ripulite dalle influenze dialettali e diventate così patrimonio comune di tutta la penisola.

**si...** *are linked / pertaining to fables or fairy tales /* **si...** *is handed down*

Per quanto riguarda le superstizioni, nella maggior parte dei casi, esse appartengono a tutta la cultura occidentale e non alla sola penisola italiana: i gatti neri, gli specchi rotti, il rovesciare° il sale, il passare sotto una scala «portano sfortuna», infatti, non solo in Italia. Quello che caratterizza gli italiani è forse la fantasia con cui inventano modi per tenere lontana la sfortuna: incrociare° le dita, fare le corna°, portare con sé un cornetto° e naturalmente l'aglio che, oltre a proteggere dai vampiri, tiene lontano il malocchio°.

*spilling*

*to cross*
**fare...** *an Italian gesture that has the same significance as "knock on wood" / little horn / evil eye*

Beatrice D'Arpa

Tutta la Sicilia in una foto, dal marzapane al tradizionale carretto.

## DOMANDE

1. Quali sono le feste nazionali nel tuo Paese? Quali celebrano avvenimenti storici e quali altri avvenimenti? Quali si celebrano anche in Italia?

2. Quali sono le tradizioni folkloriche della tua città o della tua regione? Sono originarie della tua cultura o sono state assimilate da altri paesi e altre tradizioni?

3. Quali sono le favole che ricordi con più piacere? Ti raccontavano favole quando eri bambino/a? Ci sono favole che hai sentito solamente in casa tua?

4. Pensi che esistano cose che portano sfortuna? Quali sono i gesti scaramantici o gli amuleti che usi per tenere lontana la sfortuna?

5. Nell'attività Web hai potuto vedere come in Italia ci siano alcune tradizioni popolari antiche che vengono mantenute ancora oggi. Ti viene in mente qualcosa di simile nella tua città o in una città che hai visitato?

# Lessico

CD 1
51-53

### LE FESTE

| | |
|---|---|
| la Befana | a benevolent witch who brings toys to good children and coal to bad ones on January 6 (Epiphany) |
| il Capodanno | New Year's Day |
| il Carnevale | Carnival |
| celebrare / festeggiare | to celebrate |
| il cenone | New Year's Eve dinner |
| la colomba | traditional Easter cake in the shape of a dove |
| il discorso | speech |
| i fuochi artificiali | fireworks |
| il martedì grasso | fat Tuesday, Mardi Gras |
| il mercoledì delle Ceneri | Ash Wednesday |
| il Natale | Christmas |
| il pandoro | traditional Christmas cake |
| il panettone | traditional Christmas cake |
| la Pasqua | Easter |
| il patrono/la patrona | patron |
| la Quaresima | Lent |
| la ricorrenza | yearly festivity |
| la sagra | festival |
| il Santo Patrono/la Santa Patrona | Patron Saint |

| | |
|---|---|
| la sfilata | parade |
| il torrone | traditional Christmas nougat |
| le uova di Pasqua | chocolate Easter eggs |

### LA SUPERSTIZIONE

| | |
|---|---|
| l'amuleto | amulet |
| il/la chiromante | fortune-teller |
| fare le corna* | to knock on wood |
| In bocca al lupo! / Crepi il lupo! | Good luck! / Thank you!** |
| il malocchio | evil eye |
| l'oroscopo | horoscope |
| portare fortuna | to bring good luck |
| portare sfortuna | to bring bad luck |
| scaramantico/a | superstitious |
| la scaramanzia / lo scongiuro | superstitious practice |
| scongiurare | to ward off bad luck |
| il soprannaturale | supernatural |
| il talismano | talisman |
| toccare ferro | to knock on wood (literally, to touch iron) |
| tramandare | to pass down / to transmit |

\* **Fare le corna** has a number of meanings. In this context it refers to an Italian gesture that has the same meaning as knocking on wood.

\*\* Literally, *In the mouth of the wolf! / May the wolf die!*

## ALTRE PAROLE ED ESPRESSIONI UTILI

| | | | |
|---|---|---|---|
| la cultura contadina | *peasant culture* | il luna park | *amusement park* |
| la favola / la fiaba | *fairy tale / fable* | le montagne russe (*f. pl.*) | *roller coaster* |
| il folklore | *folklore* | raccontare | *to tell (a story), to narrate* |
| il gesto | *gesture* | stagionale (*adj.*) | *seasonal* |
| la giostra | *merry-go-round, ride (at an amusement park)* | l'usanza / gli usi / i costumi | *customs* |

La sfilata dei carri al carnevale di Viareggio in Toscana.

Laura Lezza/Getty Images

**PRATICA**

**A** **La tradizione delle feste.** Completa la descrizione delle feste con le parole appropriate elencate qui sotto.

| | | | |
|---|---|---|---|
| usanze | torrone | fortuna | Pasqua |
| tramandano | ricorrenze | uova di Pasqua | Natale |
| panettone | stagionali | Capodanno | colomba |
| patronali | | | |

Molto spesso alle _____ religiose più importanti corrispondono tradizioni che si _____ da moltissimo tempo. La tradizione si conserva soprattutto per l'aspetto della cucina e ad ogni festa troviamo diversi piatti che possono definirsi _____. A dicembre il _____ viene festeggiato con grandi pranzi in tutta Italia con tradizioni che differiscono di città in città: ma il _____, il pandoro e il _____ sono riusciti a superare la dimensione cittadina per diventare un patrimonio comune dell'Italia. Il 31 dicembre, per il cenone di _____, si mangiano le lenticchie che si dice portino _____. Dopo il Carnevale, in febbraio o marzo, inizia la Quaresima che termina con la _____: anche qui la tradizione della cucina varia di luogo in luogo ma due dolci, le _____ al cioccolato e la _____, sono consumati in tutta Italia. Per le feste _____ ogni città ha le proprie _____ e durante le sagre vengono preparati menu speciali per festeggiare il Santo protettore della città o del paese.

«E c'è qualcuno che pensa che porti sfortuna!»

 **B** **Paese che vai, usanza che trovi** (*When in Rome, do as the Romans do*). Davanti alle cose che portano sfortuna esistono diversi sistemi per difendersi. Con un compagno/una compagna, guardate le due liste qui sotto. Combinate ogni fatto con il sistema per neutralizzarlo.

**ESEMPIO**

malocchio / usare l'aglio
*Per difendersi dal malocchio si può usare l'aglio.*

1. gatto nero che attraversa la strada
2. specchi rotti
3. passare sotto le scale
4. rovesciare il sale

a. rimetterne insieme i pezzi
b. fermarsi e lasciare passare un'altra persona
c. raccoglierne un po' e buttarlo dietro le spalle
d. tornare indietro e passarci di lato

E ora pensate ad almeno altre due cose che portano sfortuna e offrite alla classe la vostra soluzione per potersene difendere.

 **C** **La nostra festa preferita.** Con un compagno/una compagna, pensate alle due feste nazionali storiche o civili che per voi sono più importanti. Descrivete come si celebrano questi avvenimenti in casa e nell'intera nazione e presentate la vostra descrizione alla classe.

 **D** **Perché non festeggiamo anche questo?** Ora, con un compagno/una compagna, pensate ad un aspetto della vita sociale e/o civile che vorreste festeggiare e che non è contemplato tra le feste nazionali. Spiegate le vostre ragioni e descrivete come lo festeggereste.

**E** **Le nostre parole.** Pensa a due o tre parole relative all'argomento di questo capitolo che ti sembrano importanti e che non sono presenti nella sezione lessicale. Possono essere parole dall'attività Web, parole contenute nella lettura iniziale o semplicemente parole che ti servono per comunicare meglio. Cercale sul dizionario e presentale in classe spiegando il loro significato in italiano. Poi scrivi le parole che tutti pensano siano importanti nel *Dizionarietto* alla fine del capitolo.

# Radio ponti

**A La sagra di San Giuseppe.** Ascolta una notizia che annuncia una sagra e completa le seguenti frasi scegliendo tra le possibilità offerte.

CD 1
55

1. La celebrazione della Messa per il Santo Patrono sarà _____.
   a. alle 10.00
   b. alle 11.00
   c. a mezzogiorno

2. Il tradizionale pasto di San Giuseppe sarà preparato da _____ del luogo.
   a. casalinghe
   b. ristoranti
   c. pizzerie

3. L'unione sportiva «San Lazzaro» organizzerà una _____ per i più piccoli.
   a. tombola
   b. discoteca
   c. mini-olimpiade

**B L'oroscopo di oggi!** Ascolta l'oroscopo di oggi per alcuni segni zodiacali e decidi se le seguenti informazioni sono vere o false. Ricordati di ascoltare con attenzione i dettagli.

CD 1
55

| | Vero | Falso |
|---|---|---|
| 1. I nati sotto il segno del Capricorno possono aspettarsi una promozione. | _____ | _____ |
| 2. È un pessimo anno per l'Acquario. | _____ | _____ |
| 3. I nati sotto il segno dell'Acquario dovrebbero cercare un nuovo lavoro. | _____ | _____ |
| 4. Per i nati sotto il segno dei Pesci, gli amici vi aiuteranno con i problemi di cuore. | _____ | _____ |

Practice Quizzes, Flashcards

SAM Workbook Activities

# Ecco la mappa degli spauracchi[1] italiani

Spaventano[2] o portano via i bambini dal folletto abruzzese *Lu Mazzemarelle* al sardo *Su carru 'e nannai*, che raffigura il tuono venuto a prendere i bambini discoli[3]. A Viareggio (Lu), la *Scabodda* si limita a portare via i regali di Natale. **Locali.** Sono tra gli spauracchi inviati dai lettori, riportati a destra. Alcuni sono figure regionali. Altri sono tra in realtà diffusi in tutta Italia: il *Babau*, l'*Uomo nero*, il *Lupo*, il *Gatto Mammone*. Altre formule sono locali: a Bormio (So), come ci ha detto la lettrice Gisi Schena, i bambini erano minacciati di essere spediti «a Trepalle a pestare[4] l'acqua alle galline»; Trepalle a più di 2.000 m. restava isolata dalla neve per mesi e dover pestare l'acqua ghiacciata per le galline era una minaccia tremenda.

**Mazaròl.** Personaggio vestito di rosso, dalla barba lunga, che vive nei boschi.

A

Boborosso, Babau

Bau, «Andare a Trepalle a pestare l'acqua alle galline»

Mazaròl, Guzamel, Bagalis, Vecia, Uomo nero, Babao, Bao

Masca, Babau

B

A

Lov (Lupo), Vecia de poz (Vecchia dei pozzi), Ziribec (o Ciribec)

Gatto Mammone, Scabodda, Caragiana, Orco, Strega, Befana, Uomo nero, Babau, Bobo nero

C    C

Gatto Mammone

**Masca.** La strega piemontese col suo «Libro del comando» pieno di formule.

B

Lu Mazzemarelle

D

Brigante Gasparotto

Lu Laùru, La Manu longa

E

Occhi-lustro

Pupparone, Lu Cuccu (il gufo)

**Gatto Mammone.** Enorme gatto; «Mammona» indica il demone della ricchezza.

C

Sa mamma 'e su sole, Sa mamma 'e funtana, Maria Farranca, Mommotti (o Bobbotti), S'Anima peitunna (l'anima dai piedi tondi), Su Carru 'nannai (il carro di nonno)

Vecchio col sacco

**Lu Laùru.** Folletto (*goblin*) dispettoso; si siede sul petto di chi dorme.

D

**Uomo nero.** Fantasma cattivo e oscuro.

E

**Mamma 'e su sole.** Una vecchia che rapiva i bambini rimasti fuori casa nelle ore calde.

*Focus* (4/10), November 2010. Used with permission by Mondadori S.p.A.

1. *bogeymen* • 2. *they scare* • 3. *naughty* • 4. *to stamp on*

**A** **Gli spauracchi... fanno davvero paura ai bambini.** In quest'articolo vengono indicati i vari tipi di spauracchi con cui mamme, papà e nonni italiani minacciano (scherzosamente) i figli quando non si comportano bene o per proteggerli da possibili pericoli. Leggi l'articolo e osserva bene le immagini. Poi, con un compagno/una compagna, scegliete tra gli spauracchi illustrati, quale vi sembra il più pauroso, descrivetelo in ogni particolare e spiegate le ragioni della vostra scelta. Condividete il vostro pensiero con la classe per scoprire quale sia lo spauracchio più pauroso di tutti.

**B** **Com'era il vostro spauracchio?** Tutti (o quasi tutti) i bambini hanno uno spauracchio che li spaventa e che non li fa addormentare. Che viva in un armadio, nel buio o sotto il letto, la paura è sempre la stessa. In gruppi di tre o quattro, descrivete com'era il vostro spauracchio e se non ne avevate uno provate a descriverne uno che credete vi avrebbe spaventato davvero. Una volta terminato, condividete le vostre descrizioni con la classe.

**C** **Spauracchi o... armi delle mamme per proteggere i loro bambini?** Alcuni degli spauracchi che vedete illustrati sembrano proprio creati dalle mamme per evitare pericoli ai loro figli. *La vecia di poz* (La vecchia dei pozzi) pare creata apposta per tenere i bambini lontani dai pozzi e dal pericolo di cascarci dentro. Con un compagno/una compagna, provate a spiegare secondo una logica protettiva la ragione dell'esistenza degli spauracchi sottoelencati.

1. Mamma 'e su sole
2. Lu Laùru
3. Il gatto mammone
4. Mazaròl

Al centro, un uomo, dopo aver espresso il desiderio di tornare a Roma, getta una moneta dietro le sue spalle nella Fontana di Trevi per vederlo esaudito.

**D Scaramanzie personali.** Ci sono persone che pensano di avere indumenti fortunati per gli appuntamenti, altre hanno penne fortunate per gli esami, gli sportivi poi hanno tantissime superstizioni. Leggete le scaramanzie di alcuni studenti universitari di Parma per affrontare gli esami e poi, in gruppi di quattro, pensate a qualcosa che voi usate o fate per evitare la sfortuna o per attirare la fortuna. Se non siete superstiziosi, pensate a qualcuno che conoscete. Scrivete almeno un esempio ciascuno e poi presentate i due più originali alla classe.

## SUPERSTIZIONI UNIVERSITARIE

*Alessandra* — Io continuo a vestirmi con la stessa maglietta; se è estate la indosso sopra, se invece è inverno la porto sotto un maglione o un altro capo d'abbigliamento. Perché? Semplice: l'ho indossata per la prima volta all'esame di maturità e mi ha sempre portato bene finora…

*Annamaria* — Beh, non c'è niente di meglio che i buoni vecchi affidabili santini[1], no? Ne porto sempre uno con me nel portafoglio, e in particolare mi affido a Sant'Antonio: che me la mandi buona! Però non sempre il rito dà risultati: evidentemente talvolta sono così impreparata che neanche una pazienza da santo è in grado di aiutarmi!

*Massimo* — Io indosso sempre i calzini rossi, come i neozelandesi… no, sto scherzando! Non ho assolutamente alcun rituale scaramantico prima di un esame, anzi, mi diverto a «sfidare»[2] la sorte andando un po' controcorrente[3], magari passando sotto le scale, forzando i gatti neri ad attraversare la strada, aprendo ombrelli in luogo chiuso, ecc. Non rompo gli specchi perché ci si può tagliare[4] e perché poi chi li paga?

Excerpt from "Superstizioni Universitarie," in "Scaramanzie, scarmanzie, scaramanzie…", www.ultimoappello.it/ita/sos_det.asp?id=104.

---

1. **affidabili…** *trustworthy holy pictures*  •  2. *challenge*  •  3. **andando…** *going a little against the mainstream*  •  4. **ci…** *you can cut yourself*

 **E Superstizioni per tutti.** Qui sotto trovate elencate alcune situazioni che vengono considerate come portatrici di sfortuna da alcune persone in Italia. Girate per la classe e trovate due compagni/e un po' superstiziosi/e che credono al pericolo di trovarsi in una delle situazioni riportate o in una non presente nella tabella. Chiedete loro quale azione scaramantica usino per allontanare la sfortuna.

| Superstizioni | Nome | Scaramanzia / Amuleto |
|---|---|---|
| rompere uno specchio in casa | | |
| dovere fare una cosa importante di venerdì 17 (o venerdì 13) | | |
| rovesciare del sale | | |
| passare sotto una scala | | |
| l'oroscopo quotidiano sfavorevole | | |

# Grammatica

## I  IL PASSATO REMOTO

The **passato remoto,** often referred to in English as the *historical past,* is most commonly used in literature when referring to the distant past.

### A  Formazione del passato remoto

**1**  The regular forms of the **passato remoto** are as follows.

| ballare | possedere | guarire *(to heal, to recover)* |
|---------|-----------|---------------------------------|
| ball**ai** | possed**ei** (possed**etti**) | guar**ii** |
| ball**asti** | possed**esti** | guar**isti** |
| ball**ò** | possed**è** (possed**ette**) | guar**ì** |
| ball**ammo** | possed**emmo** | guar**immo** |
| ball**aste** | possed**este** | guar**iste** |
| ball**arono** | possed**erono** (possed**ettero**) | guar**irono** |

Note that second-conjugation (**-ere**) verbs have alternative first-person singular and third-person singular and plural forms.

**2**  **Essere** and **avere** are irregular in the **passato remoto**.

| essere | | avere | |
|--------|--------|-------|--------|
| fui | fummo | ebbi | avemmo |
| fosti | foste | avesti | aveste |
| fu | furono | ebbe | ebbero |

**3**  The only irregular first-conjugation (**-are**) verbs are **stare**, **fare**, and **dare**.

| stare | | fare | | dare | |
|-------|--------|------|--------|--------------|-------------------|
| stetti | stemmo | feci | facemmo | diedi (detti) | demmo |
| stesti | steste | facesti | faceste | desti | deste |
| stette | stettero | fece | fecero | diede (dette) | diedero (dettero) |

**4** Most verbs that are irregular in the **passato remoto** are second-conjugation (**-ere**) verbs. Their irregularities generally occur in the first-person singular and third-person singular and plural. The third-person forms follow the pattern of the first person.

| accorgersi *(to notice, to become aware of )* | |
|---|---|
| mi **accorsi** | ci accorgemmo |
| ti accorgesti | vi accorgeste |
| si **accorse** | si **accorsero** |

Verbs that follow this pattern include the following.

| | | | |
|---|---|---|---|
| accendere | **accesi** | piacere | **piacqui** |
| apparire | **apparvi** | piangere | **piansi** |
| cadere | **caddi** | prendere | **presi** |
| chiedere | **chiesi** | rimanere | **rimasi** |
| chiudere | **chiusi** | rispondere | **risposi** |
| conoscere | **conobbi** | rompere | **ruppi** |
| correre | **corsi** | sapere | **seppi** |
| crescere | **crebbi** | scegliere | **scelsi** |
| decidere | **decisi** | scendere | **scesi** |
| dipingere | **dipinsi** | scrivere | **scrissi** |
| evolvere *(to evolve)* | **evolsi** | spegnere | **spensi** |
| (rag)giungere *(to arrive, to join)* | **(rag)giunsi** | spendere *(to spend money)* | **spesi** |
| leggere | **lessi** | spingere *(to push)* | **spinsi** |
| mettere | **misi** | succedere *(to happen)* | **successi\*** |
| mordere *(to bite)* | **morsi** | tenere | **tenni** |
| nascere | **nacqui** | vedere | **vidi** |
| nascondere *(to hide)* | **nascosi** | vivere | **vissi** |
| parere *(to seem)* | **parvi\*** | | |

\*Used rarely in first person and more commonly used in third person **successe** and **parve**.

**5** **Bere**, **dire**, and **venire** are also irregular.

| bere | | dire | | venire | |
|---|---|---|---|---|---|
| bevvi | bevemmo | dissi | dicemmo | venni | venimmo |
| bevesti | beveste | dicesti | diceste | venisti | veniste |
| bevve | bevvero | disse | dissero | venne | vennero |

**6** **Produrre** and related verbs follow this pattern in the **passato remoto**.

| produrre | |
|---|---|
| produ**ssi** | producemmo |
| producesti | produceste |
| produ**sse** | produ**ssero** |

Other verbs like **produrre** include: **condurre** (condussi), **dedurre** (dedussi), **ridurre** (ridussi), and **tradurre** (tradussi).

### B Usi del passato remoto

**1** The **passato remoto**, like the **passato prossimo**, expresses a completed past action. It is usually used to refer to events in the distant past.

| | |
|---|---|
| Mio nonno mi **lesse** tutte le favole di Calvino quando ero giovane. | *My grandfather **read** all of Calvino's fables to me when I was young.* |
| Calvino **nacque** nel 1923 a Cuba e **morì** nel 1985 a Siena. | *Calvino **was born** in 1923 in Cuba and **died** in 1985 in Siena.* |

**2** The **passato remoto** is less common in speech than in writing. But because it is routinely used in literature and to refer to historical events, it is important to recognize its forms.

| | |
|---|---|
| Oltre alle sue opere letterarie, Calvino **scrisse** articoli per vari quotidiani tra i quali *l'Unità*. | *Besides his literary works, Calvino **wrote** articles for a number of newspapers, including l'Unità.* |

**3** In spoken Italian, the **passato prossimo** is often used in place of the **passato remoto**. Use of the **passato remoto** varies by region: it is more common in Tuscany and in southern Italy, where it is sometimes used to refer to the recent past.

| | |
|---|---|
| Ieri **preparai** le frittelle di riso per la festa di San Giuseppe. | *Yesterday I **made** rice fritters for Saint Joseph's feast day.* |

**4** In narrations, the **passato remoto** is used like the **passato prossimo**: it relates completed actions, whereas the **imperfetto** is used for description and ongoing and habitual actions.

| | |
|---|---|
| «Intanto **incominciò** a farsi notte, e Pinocchio, ricordandosi che non aveva mangiato nulla, **sentì** un'uggiolina allo stomaco, che somigliava moltissimo all'appetito.» | *"Meanwhile it **started** to get late and Pinocchio, remembering that he hadn't eaten, **felt** a pang in his stomach, that was very similar to hunger."* |

Note that the **passato remoto** and **passato prossimo** are not used together.

## PRATICA

**A La ragazza mela.** Leggi il seguente brano e sottolinea le forme del passato remoto. Poi scrivi gli infiniti.

«In faccia a questo Re ce ne stava un altro, e quest'altro Re, un giorno che stava affacciato alla finestra, vide sul terrazzo del Re di fronte una bella ragazza bianca e rossa come una mela che si lavava e pettinava al sole. Lui rimase a guardare a bocca aperta, perché non aveva mai visto una ragazza così bella. Ma la ragazza appena s'accorse di essere guardata, corse al vassoio (*tray*), entrò nella mela e sparì.»

From Italo Calvino, "La ragazza mela," in Fiabe italiane (Milan: Palomar SRL and Arnoldo Mondadori, 1993). Reprinted by permission of the author's estate.

| Gli infiniti | |
|---|---|
| 1. _____ | 4. _____ |
| 2. _____ | 5. _____ |
| 3. _____ | 6. _____ |

**B Pinocchio.** A coppie, coniugate i verbi tra parentesi al passato remoto per completare il seguente brano.

Mastro Ciliegia _____ (trovare) un pezzo di legno. Lui _____ (regalare) il pezzo di legno all'amico Geppetto. Geppetto _____ (prendere) il legno e _____ (decidere) di fabbricarsi un burattino meraviglioso. Geppetto _____ (cominciare) subito a lavorare. Quando Geppetto _____ (finire) il burattino gli _____ (dare) il nome «Pinocchio». Poco dopo Pinocchio _____ (conoscere) il Grillo Parlante. Il Grillo Parlante _____ (spiegargli) la differenza tra i ragazzi cattivi e quelli buoni. Pinocchio lo _____ (ascoltare) ma poi _____ (fare) il contrario.

**C Scacciare il demone con la tarantella.** Completa il seguente brano con la forma corretta del passato remoto del verbo tra parentesi.

La storia della tarantella _____ (avere) inizio nell'Italia del sud con la cultura contadina e _____ (venire) spesso collegata alle favole e ai riti della terra e degli astri. La tarantella _____ (nascere) come pratica di guarigione (*healing*). Secondo la leggenda, un ragno (*spider*) nero _____ (mordere) una persona che a causa del morso _____ (cominciare) a tremare come se ballasse. La leggenda dice che, ballando, il «morsicato» _____ (riuscire) a scacciare il demone che lo possedeva. In seguito, la gente _____ (suonare) anche gli strumenti e le percussioni per animare il ballo con la musica. Tramandandosi oralmente di generazione in generazione, la tarantella _____ (evolversi) in un ballo collettivo con molte funzioni, usata in feste rituali e nelle serenate per gli innamorati.

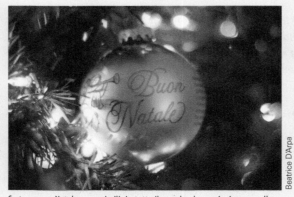

Certe cose, a Natale, sono simili, in tutto il mondo: decorazioni per un albero di Natale.

Beatrice D'Arpa

**D** **Una casa fantasma.** Completa il seguente racconto con il passato remoto o l'imperfetto del verbo tra parentesi.

In una casa fantasma non lontano da Chicago i vicini di casa _____ (sentire) dei rumori molto forti ogni sera. I colpi _____ (raggiungere) tutti. Erano tanto continui e fastidiosi che i vicini _____ (volere) demolire l'abitazione che era rimasta vuota. Sei mesi prima la casa era occupata da una famiglia di quattro persone che improvvisamente aveva deciso di abbandonarla. Un giorno quella famiglia _____ (fare) trasloco e nessuno la _____ (vedere) piu. I vicini _____ (pensare) che i rumori sarebbero terminati con l'andar via della famiglia ma invece _____ (ripetersi) tutte le notti. _____ (dovere / Loro) assolutamente fare qualcosa. Ma cosa? La demolizione _____ (essere) proposta ma non tutti _____ (accettare) perché _____ (esserci) alcuni che _____ (credere) che la casa fosse abitata dallo spirito di una signora anziana che _____ (conoscere) la magia nera e ne _____ (avere) paura.

**E** **Il ventesimo secolo.** In gruppi di tre, fate una lista delle dieci cose più significative avvenute nel ventesimo secolo. Poi presentate i risultati alla classe. Formate frasi complete usando il passato remoto.

> **ESEMPIO**
>
> *L'uomo mise piede sulla luna.*

**F** **In famiglia.** Porta in classe una vecchia foto di famiglia. Racconta ad un tuo compagno/una tua compagna la storia dietro la foto.

 Practice Quizzes, Flashcards

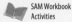 SAM Workbook Activities

# II IL TRAPASSATO REMOTO

The **trapassato remoto** expresses a completed past action that occurred before another completed past action.

## A Formazione del trapassato remoto

The **trapassato remoto** is formed with the **passato remoto** of **avere** or **essere** and the past participle.

| proporre | rimanere |
|---|---|
| ebbi proposto | fui rimasto/a |
| avesti proposto | fosti rimasto/a |
| ebbe proposto | fu rimasto/a |
| avemmo proposto | fummo rimasti/e |
| aveste proposto | foste rimasti/e |
| ebbero proposto | furono rimasti/e |

## B Usi del trapassato remoto

**1** The **trapassato remoto** is used only in subordinate clauses, introduced by **quando, dopo che,** or **(non) appena (che),** when the verb in the main clause is in the passato remoto.

| | |
|---|---|
| **Dopo che** Biancaneve **ebbe mangiato** la mela, la strega sorrise. | *After Snow White **had eaten** the apple, the witch smiled.* |
| **Non appena fui uscita**, vidi un gatto nero. | *As soon as I went out*, I saw a black cat. |
| **Quando avemmo spento** la luce, il rumore ritornò. | *When we had turned off the light, the noise came back.* |

**2** Note that with **dopo che** + *trapassato remoto* the subject of the two clauses is usually different. When the subject is the same, **dopo** + *past infinitive* is preferred.

| | |
|---|---|
| **Dopo essere andati** a letto, **spensero** le luci. | *After they had gone to bed, they turned off the lights.* |

---

### PRATICA

**A Biancaneve e i sette nani.** Abbina le frasi nelle due colonne in modo logico.

1. Dopo che la regina ebbe ordinato al servo (*servant*) di uccidere la principessa, il servo…
2. Appena Biancaneve fu fuggita nel bosco…
3. Appena ebbe sentito le parole dello specchio magico, la regina…
4. Dopo che il principe l'ebbe baciata…
5. Quando ebbe aperto gli occhi…

a. vide il principe.
b. cominciò a piangere.
c. si svegliò.
d. ci rimase male perché non lo voleva fare.
e. capì che Biancaneve era ancora viva.

**B La lettera misteriosa.** Completa il seguente brano con il passato remoto, il trapassato remoto o l'imperfetto del verbo tra parentesi.

Dopo aver messo la chiave nella serratura, io _____ (aprire) lentamente la porta. _____ (entrare) pian piano e _____ (posare) la busta sulla tavola. Non _____ (conoscere) il contenuto della lettera ed _____ (essere) curioso. _____ (guardarsi) intorno. Non _____ (vedere) nessuno. Tutti _____ (dormire). Non appena _____ (decidere) di aprire la busta, _____ (ricordarsi) le parole dell'autore della lettera. Io non _____ (sapere) se era uno scherzo o una minaccia ma _____ (essere) meglio non rischiare. E allora _____ (andarsene).

**C La festa di San Giovanni.** Completa il brano con l'imperfetto, il passato remoto, il trapassato prossimo o remoto del verbo tra parentesi.

Molti anni fa quando io _____ (venire) a Firenze per la prima volta, _____ (festeggiare) la Festa di San Giovanni, il 24 giugno, con i miei amici fiorentini. Dopo che _____ (sistemarsi / io) in albergo, noi _____ (andare) a vedere la partita di calcio dove _____ (avere) posti a sedere, perché l'anno prima i nostri amici li _____ (prenotare). I fiorentini _____ (arrivare) molto presto per vedere la partita. Allora non _____ (esserci) i maxingorghi (*huge traffic jams*) sui viali come ci sono oggi perché tutti _____ (andare) a piedi. Dopo aver visto la partita, noi _____ (dirigersi) verso i ponti per vedere i fuochi artificiali. Quell'anno i fuochi _____ (durare) 30 minuti. Erano bellissimi e io _____ (divertirsi) tantissimo.

 **Che cosa successe dopo che...** Completa le seguenti frasi, inventando la seconda azione e mettendola nella forma corretta del passato remoto.

1. Dopo che ebbe conosciuto Marta, …
2. Non appena ebbero sentito il rumore, …
3. Quando si fu svegliato, …
4. Dopo che foste entrati nell'aula, …
5. Appena si furono sposati, …
6. Dopo che ci ebbe letto l'oroscopo, …
7. Quando ebbero terminato di parlare, …
8. Dopo che Marco ebbe finito di raccontare la favola, …

Practice Quizzes, Flashcards

SAM Workbook Activities

## III AGGETTIVI E PRONOMI INDEFINITI

Indefinite adjectives and pronouns indicate people and things without specifying their number or identity. Some indefinites are used only as adjectives, some only as pronouns, but many can be used as both adjectives and pronouns. An indefinite adjective modifies a noun. An indefinite pronoun stands alone and replaces a noun.

INDEFINITE ADJECTIVE

**Molte persone** credono ancora alle scaramanzie.

***Many people** still believe in superstitious practices.*

INDEFINITE PRONOUN

**Molti** credono ancora alle scaramanzie.

***Many** still believe in superstitious practices.*

This chart lists the most common indefinite adjectives and pronouns.

| Aggettivi | Pronomi |
|---|---|
| ogni *every* | ognuno/a *everyone, each* |
| qualche *some* | qualcuno/a *someone, some* |
| qualunque *any, whatever* | qualcosa *something* |
| qualsiasi *any* | chiunque *anyone, whoever* |
| tutto/a *all* | nulla / niente *nothing* |

**Aggettivi indefiniti**

Ogni, qualche, qualunque, qualsiasi, and tutto are the most common indefinite adjectives. Except for tutto, each of these adjectives is invariable and takes a singular noun, even though the concept it expresses is often plural.

| | |
|---|---|
| **Ogni paese** ha i propri gesti per portare fortuna e per scongiurare la sfortuna. | **Every country** *has its own gestures to invoke good luck and ward off bad luck.* |
| **Qualche giovane** non crede più al malocchio. | **Some young people** *don't believe in the evil eye anymore.* |
| **Qualunque amuleto** lei si metta, le porta fortuna. | **Whatever charm** *she wears brings her good luck.* |
| **Qualsiasi persona** è benvenuta alla sagra. | **Anyone** *is welcome at the festival.* |
| **Tutti** gli abitanti hanno festeggiato. | **All of** *the inhabitants celebrated.* |

**B** **Pronomi indefiniti**

**1** Ognuno, qualcuno, qualcosa, chiunque, nulla, and niente are used only in the singular form.

| | |
|---|---|
| Venerdì 17: ad **ognuno** la propria scaramanzia. | *Friday the 17th: to **each person** his/her own superstition.* |
| Era sconsigliato fare il malocchio a **qualcuno**. | *It was ill-advised to cast the evil eye on **someone**.* |
| **Chiunque** ci creda è troppo superstizioso. | **Whoever** *believes that is too superstitious.* |

**2** Qualcosa is considered masculine for purposes of agreement.

| | |
|---|---|
| **Qualcosa** è sbagliato. | **Something** *is wrong.* |

**3** When qualcosa is followed by an adjective, the adjective is preceded by the preposition **di**.

| | |
|---|---|
| Vide **qualcosa di strano**. | *He saw **something strange**.* |

When qualcosa is followed by an infinitive, the infinitive is preceded by the preposition **da**.

| | |
|---|---|
| La strega buona offrì **qualcosa da mangiare** ai bambini. | *The good witch offered the children **something to eat**.* |

**4** Niente and nulla are also followed by **di** + *adjective* or by **da** + *infinitive*.

| | |
|---|---|
| **Non** scoprirono **niente di interessante**. | *They didn't discover **anything interesting**.* |
| **Non** c'era **nulla da fare**. | *There was **nothing to be done**.* |

**5** Niente and nulla can also be used as subjects. In that case, they are not preceded by **non**.

| | |
|---|---|
| **Niente** successe quella sera. | **Nothing** *happened that evening.* |
| **Nulla** cambiò dopo aver toccato ferro. | **Nothing** *changed after having knocked on wood.* |

**Aggettivi e pronomi indefiniti**

The following indefinites are used as both adjectives and pronouns.

| Aggettivi indefiniti | Pronomi indefiniti |
|---|---|
| **alcuni/e** *some, a few*<br>*Alcune **favole** finiscono bene.*<br>***Some fairy tales** have happy endings.* | **alcuni/e** *some*<br>***Alcune** finiscono male.*<br>***Some** have sad endings.* |
| **altro/a/i/e** *other, another*<br>*Pinocchio ebbe un'**altra avventura**<br>il giorno dopo.*<br>*Pinocchio had **another adventure** the next day.* | **altro/a/i/e** *something / anything else / more*<br>*Dopo essersi innamorato della principessa,<br>non desiderò **altro**.*<br>*After having fallen in love with the princess,<br>he didn't want **anything more**.*<br><br>**altri/e** *others*<br>*Scrisse solo un romanzo. Non ne scrisse **altri**.*<br>*He only wrote one novel. He didn't write **others**.* |
| **certo/a/i/e** *certain*<br>***Certe persone** non credono alle superstizioni.*<br>***Certain people** do not believe in superstitions.* | **certi/e** *certain people / things*<br>***Certi** hanno poca fiducia nella medicina moderna.*<br>***Certain people** have little faith in modern medicine.* |
| **ciascuno/a** *each, each one* (As an adjective,<br>it follows the same form as the indefinite<br>article: **ciascuna strega; ciascuno specchio**.)<br>***Ciascun paese** ha un proprio Santo Patrono.*<br>***Each town** has its own patron saint.* | **ciascuno/a** *each one*<br>***Ciascuno** lo festeggia in giorni diversi.*<br>***Each one** celebrates it on a different day.* |
| **diverso/a/i/e** *various, different*<br>*Molti Paesi hanno **modi diversi** per fare<br>gli scongiuri.*<br>*Many countries have **different ways** to avert<br>bad luck.* | **diversi/e** *various ones*<br>*Infatti, ne imparai **diversi**.*<br>*In fact, I learned **various ones**.* |
| **molto/a/i/e** *many, much*<br>*Studiammo **molte tradizioni folkloriche**.*<br>*We studied **many folk traditions**.* | **molto/a/i/e** *many, much*<br>*Ma **molte** non sono studiate.*<br>*But **many** are not studied.* |
| **nessuno/a** *no, not … any* (As an adjective it follows<br>the same form as the indefinite article.)<br>*Non ho **nessuna paura** dei fantasmi.*<br>*I don't have **any fears** of ghosts.* | **nessuno/a** *no one, not … anyone, none*<br>*Non abbiamo visto **nessuno** alla necropoli.*<br>*We didn't see **anyone** at the necropolis.* |
| **parecchio/a/i/e** *some, several, quite a few*<br>*C'era **parecchia gente** alla festa.*<br>*There were **quite a few people** at the party.* | **parecchio/a/i/e** *some, several, quite a few*<br>*Anch'io ne ho vista **parecchia**.*<br>*I saw **quite a few** too.* |
| **poco/a/i/e** *few, little*<br>*Mancano **pochi giorni** al festival.*<br>*It's only **a few days** until the festival.* | **poco/a/i/e** *few, little*<br>*Vero. Proprio **pochi**.*<br>*True. Very **few** indeed.* |

(continued)

| Aggettivi indefiniti | Pronomi indefiniti |
|---|---|
| **tanto/a/i/e** *so much, so many* <br> Invitarono **tanti amici**. <br> *They invited **many friends**.* | **tanto/a/i/e** *so much, so many, many* <br> Ma **tanti** non vennero. <br> *But many did not come.* |
| **troppo/a/i/e** *too much, too many* <br> Mangiai **troppo panettone**. <br> *I ate **too much Christmas cake**.* | **troppo/a/i/e** *too much, too many* <br> Anch'io ne mangiai **troppo**. <br> *I also ate **too much** of it.* |
| **tutto/a/i/e** *all, whole, every* <br> Festeggiava **tutte le feste** quando era piccola. <br> *She used to celebrate **every holiday** when she was little.* | **tutti/e** *everyone, everybody* <br> Non a **tutti** piace festeggiare. <br> *Not **everyone** likes to celebrate.* <br><br> **tutto** *everything* <br> Non hanno bevuto **tutto**. <br> *They didn't drink **everything**.* |
| **vario/a/i/e** *various, different* <br> Ci sono **varie edizioni** di Pinocchio. <br> *There are **various editions** of Pinocchio.* | **vario/a/i/e** *various ones, different ones* <br> Ne ho lette **varie**. <br> *I have read **various ones**.* |

## PRATICA

**A Le cure delle nonne.** Completa il seguente dialogo con l'aggettivo o il pronome indefinito adatto e poi leggi ad alta voce.

alcune   ciascuno   molte   nessuna   ogni   qualche   tutte   tutti

**Paola:** Mia nonna aveva una cura particolare per _____ le malattie.

**Giorgio:** Che tipi di cura?

**Paola:** Ad esempio, quando mi pungeva una zanzara (*mosquito*), preparava una pomata con prezzemolo tritato e me la metteva dove ero stata punta.

**Giorgio:** Ma sono credenze popolari.

**Paola:** Beh, possono sembrare strane ma _____ volta funzionano.

**Giorgio:** Devo dire che anche mia nonna _____ tanto preparava un impacco con la polenta per i muscoli che mi facevano male.

**Paola:** Per _____ persone, queste cure non hanno _____ validità. Secondo me, la gente può credere quello che vuole, ma le cure delle nonne sono migliori di _____ medicine che vendono in farmacia.

**Giorgio:** Sei un po' esagerata, Paola. _____ sanno che la medicina moderna supera le tradizioni.

**Paola:** A _____ la propria superstizione!

**B Il ciondolo (*The pendant*).** Completa il brano con i seguenti aggettivi e pronomi indefiniti.

altri   niente   ogni   qualche   chiunque   qualcuno   nessun'   tutti

Nascosi il ciondolo da _____ parte perché non volevo che gli _____ lo trovassero. Ma poi non lo trovai più neanch'io. Dovevo trovarlo a _____ i costi. _____ volta che cercavo di ricordarmi dove l'avevo messo, non mi veniva assolutamente _____ idea. Non c'era _____ da fare. Era perduto. _____ lo avesse trovato, avrebbe posseduto la mia fortuna. Dubitavo che _____ me lo avrebbe restituito.

**C I proverbi.** Sostituisci gli aggettivi indefiniti in corsivo con pronomi indefiniti e viceversa, facendo attenzione anche ai verbi.

> **ESEMPIO**
>
> A casa sua *ognuno* è re.
> *A casa sua **ogni persona** è re.*

1. A *ogni Santo* la sua festa.

2. Aiuta i tuoi e *gli altri* se puoi.

3. Con le mani d'un *altro* è facile toccare il fuoco.

4. Chi ascolta *troppa gente* conclude poco o niente.

5. Con le buone maniere si ottiene *tutto*.

6. L'uomo crede vero *tutto quello* che desidera.

7. Quando *tutto* è di *tutti*, i tempi sono brutti.

8. *Molte persone* sono la vernice, *poche persone* sono il legno.

 **D Credenze popolari.** A coppie, parlate delle credenze popolari nella vostra società. Avete anche voi delle cure non tradizionali che sono cure alternative? I vostri nonni o genitori credevano in certe scaramanzie e scongiuri? Parlate delle credenze popolari con cui voi siete cresciuti. Usate quanti aggettivi e pronomi indefiniti possibili.

**Possibili inizi**

1. Dove io sono cresciuto/a, molti credevano che l'olio d'oliva curasse tutto e tutti…

2. Mia madre aveva paura ogni volta che vedeva un gatto nero e anch'io ne ho avuto paura per parecchi anni, ma adesso…

3. Mio nonno credeva che la cura di ogni malattia fosse un po' di whiskey, miele e limone in acqua calda…

4. Mia sorella crede che una dieta a base di tofu e soia tenga lontane le malattie…

Practice Quizzes, Flashcards, **Raccontami una storia**

SAM Workbook and Lab Activities

# Biblioteca

## PRE-LETTURA

 **A** A coppie, determinate se le seguenti frasi sono metafore o similitudini.

1. La principessa era bella come un fiore.

2. La matrigna era una vipera.

3. Il re era furbo come una volpe.

4. La regina cattiva era una bestia.

5. Amelia mentiva come Pinocchio.

**B** Scorri i primi tre paragrafi della favola a pagina 191 e determina quali sono le similitudini.

**C** A coppie, pensate ad una favola che potete ricordare bene. Segnate tra i seguenti elementi quelli che esistono nella favola da voi scelta. Di seguito, confrontate le vostre osservazioni con quelle dei compagni di classe.

_____ la favola inizia con «C'era una volta»          _____ foresta o bosco

_____ personaggi buoni                                _____ castello

_____ personaggi cattivi                              _____ missione da compiere

_____ nobili                                          _____ ingiustizia

_____ contadini                                       _____ streghe, fate, giganti

_____ animali personificati                           _____ nani, gnomi

_____ il numero 3                                     _____ conclusione giusta

_____ la magia                                        _____ morale

_____ finisce con «vissero per sempre felici e contenti»

# La ragazza mela

## ITALO CALVINO

ITALO CALVINO (1923 Santiago de Las Vegas, Cuba–1985 Siena) è stato uno dei più importanti scrittori del XX secolo. Nel 1947 pubblica il suo primo romanzo *Il sentiero dei nidi di ragno*\*, a cui fa seguito nel 1952 *Il visconte dimezzato*\*\*, primo romanzo della cosiddetta «trilogia degli antenati», che comprende anche *Il barone rampante*[†] (1957) e *Il cavaliere inesistente* (1959). A questi si dovranno aggiungere *La giornata d'uno scrutatore*[‡] (1963), *Le città invisibili* (1972), *Il castello dei destini incrociati*[§] (1973), *Se una notte d'inverno un viaggiatore* (1979) e *Palomar* (1983). Interessanti anche le sue traduzioni, gli interventi critici e i saggi. La favola presentata in questo capitolo fa parte di *Fiabe italiane* (1962), una raccolta di favole italiane trascritte dal dialetto originale in italiano dallo stesso Calvino. Questa favola appartiene alla tradizione favolistica di Firenze.

C'ERA UNA VOLTA un Re e una Regina, disperati perché non avevano figlioli. E la Regina diceva: — Perché non posso fare figli, così come il melo[1] fa le mele?

Ora successe che alla Regina invece di nascerle un figlio le nacque una mela. Era una mela così bella e colorata come non se n'erano mai viste. E il Re la mise in un vassoio[2] d'oro sul suo terrazzo.

In faccia a questo Re se ne stava un altro, e quest'altro Re, un giorno che stava affacciato[3] alla finestra, vide sul terrazzo del Re di fronte una bella ragazza bianca e rossa come una mela che si lavava e pettinava al sole. Lui rimase a guardare a bocca aperta, perché mai aveva visto una ragazza così bella. Ma la ragazza appena s'accorse d'esser guardata, corse al vassoio, entrò nella mela e sparì. Il Re ne era rimasto innamorato.

Pensa e ripensa, va a bussare al palazzo di fronte, e chiede della Regina: —Maestà, —le dice, —avrei da chiederle un favore.

— Volentieri, Maestà; tra vicini se si può essere utili… —dice la Regina.

— Vorrei quella bella mela che avete sul terrazzo.

— Ma che dite, Maestà? Ma non sapete che io sono la madre di quella mela, e che ho sospirato[4] tanto perché mi nascesse?

Ma il Re tanto disse tanto insistette, che non gli si poté dir di no per mantenere l'amicizia tra vicini. Così lui si portò la mela in camera sua. Le preparava tutto per lavarsi e pettinarsi, e la ragazza ogni mattino usciva, e si lavava e pettinava e lui la stava a guardare. Altro non faceva, la ragazza: non mangiava, non parlava. Solo si lavava e pettinava e poi tornava nella mela.

Quel Re abitava con una matrigna, la quale, a vederlo sempre chiuso in camera, cominciò a insospettirsi[5]: — Pagherei a sapere perché mio figlio se ne sta sempre nascosto!

---

\**The Path to the Nest of Spiders*   \*\**The Cloven Viscount*   [†]*The Baron in the Trees*   [‡]*The Watcher*
[§]*The Castle of Crossed Destinies*   1. *apple tree*   2. *tray*   3. *looking out of*   4. **ho…** *I sighed*
5. *to become suspicious*

Venne l'ordine di guerra e il Re dovette partire. Gli piangeva il cuore, di lasciare la sua mela! Chiamò il suo servitore più fedele e gli disse: — Ti lascio la chiave di camera mia. Bada[6] che non entri nessuno. Prepara tutti i giorni l'acqua e il pettine alla ragazza della mela, e fa' che non le manchi niente. Guarda che poi lei mi racconta tutto—. (Non era vero, la ragazza non diceva una parola, ma lui al servitore disse così.) — Sta' attento che se le fosse torto[7] un capello durante la mia assenza, ne va della tua testa.

— Non dubiti, Maestà, farò del mio meglio.

Appena il Re fu partito, la Regina matrigna si diede da fare per entrare nella sua stanza. Fece mettere dell'oppio[8] nel vino del servitore e quando s'addormentò gli rubò la chiave. Apre, fruga[9] tutta la stanza, e più frugava meno trovava. C'era solo quella bella mela in una fruttiera d'oro. — Non può essere altro che questa mela la sua fissazione!

Si sa che le Regine alla cintola[10] portano sempre uno stiletto.[11] Prese lo stiletto, e si mise a trafiggere[12] la mela. Da ogni trafittura usciva un rivolo[13] di sangue. La Regina matrigna si mise paura, scappò, e rimise la chiave in tasca al servitore addormentato.

Quando il servitore si svegliò, non si raccapezzava[14] di cosa gli era successo. Corse nella camera del Re e la trovò allagata[15] di sangue. — Povero me! Cosa devo fare? —e scappò.

Andò da sua zia, che era una Fata e aveva tutte le polverine[16] magiche. La zia gli diede una polverina magica che andava bene per le mele incantate[17] e un'altra che andava bene per le ragazze stregate[18] e le mescolò insieme.

Il servitore tornò dalla mela e le posò un po' di polverina su tutte le trafitture[19]. La mela si spaccò[20] e ne uscì fuori la ragazza tutta bendata[21] e incerottata[22].

Tornò il Re e la ragazza per la prima volta parlò e disse: — Senti, la tua matrigna m'ha preso a stilettate, ma il tuo servitore mi ha curata. Ho diciotto anni e sono uscita dall'incantesimo[23]. Se mi vuoi sarò tua sposa.

E il Re: — Perbacco[24] se ti voglio!

Fu fatta la festa con gran gioia dei due palazzi vicini. Mancava solo la matrigna che scappò e nessuno ne seppe più niente.

E lì se ne stiedero, e se ne godiedero[25],
E a me nulla mi diedero.
No, mi diedero un centesimino[26]
E lo misi in un buchino[27]

---

6. *Pay attention*   7. *bent, crooked*   8. *opium*   9. *rummages through*   10. *belt, girdle*   11. **stiletto** *(small knife)*   12. *to pierce*   13. *trickle, rivulet*   14. **non...** *he didn't figure out*   15. *flooded, inundated*   16. *powders*   17. *put under a spell*   18. *bewitched*   19. *wounds*   20. **si...** *broke open*   21. *bandaged*   22. *covered with bandages*   23. *spell*   24. *Good heavens*   25. *they enjoyed*   26. *a cent*   27. *little hole*

## COMPRENSIONE

**A** Tornando indietro alla tabella nella *Pre-lettura*, rifletti sulla favola letta. Quali degli elementi elencati caratterizzano la favola? Quando possibile, fornisci ulteriori dettagli.

### ESEMPIO

*La favola inizia con «C'era una volta».*

*Sì. La favola inizia con «C'era una volta un Re e una Regina…»*

 **B** A coppie, ricreate un possibile dialogo tra il re e la Ragazza Mela una volta liberata dall'incantesimo. Il re le fa molte domande facendole raccontare quello che era successo quando lui era lontano. Anche lei è molto curiosa di sapere cosa aveva fatto durante la sua assenza.

# Di propria mano

## PRE-SCRITTURA

**A** A coppie, cercate di ricordare le seguenti favole. Per ogni favola (dove possibile), scrivete i seguenti elementi: **animali, personaggi buoni, personaggi cattivi, colori simbolici, oggetti significativi.**

| | |
|---|---|
| *Cenerentola* | *La Bella e la Bestia* |
| *Pinocchio* | *Cappuccetto Rosso* |
| *Biancaneve e i Sette Nani* | *Riccioli d'Oro e i Tre Orsetti* |
| *La Bella Addormentata* | *Il Brutto Anatroccolo (duckling)* |

**B** Adesso da solo/a, preparati a scrivere una tua favola moderna. Determina i seguenti elementi: (1) i personaggi buoni e cattivi; (2) conflitto e ostacoli da superare; (3) il simbolismo: oggetti, animali, colori; (4) la risoluzione del conflitto e la conclusione della favola; (5) la morale della favola.

## SCRITTURA

Writing Tips

Ora, con le informazioni dalla lista precedente, scrivi una favola moderna.

### ESEMPIO

**Cenerentola nel ventunesimo secolo.** C'era una volta una ragazza che si chiamava Cenerentola e lavorava come lavapiatti in un ristorante. Il proprietario del ristorante…

## Block Notes

Rifletti sulle caratteristiche della tradizione italiana e sugli stereotipi che hai potuto osservare su Web, in classe e nelle letture del capitolo e commenta su uno dei seguenti punti.

1. Quali sono le feste più importanti per gli italiani?
2. Quali superstizioni sono simili a quelle del tuo Paese?
3. Quali tradizioni della tua famiglia o della tua cultura sono andate perse con il passare degli anni?

# Nel mondo dei grandi

## PINOCCHIO E IL SUO CREATORE

TUTTI CONOSCONO PINOCCHIO, il burattino a cui le bugie fanno crescere il naso. Chi non ha visto, infatti, la versione a cartoni animati di Disney o quella cinematografica dove Roberto Benigni intrepretava il più famoso burattino del mondo? Ma forse non tutti sanno che il vero titolo del romanzo di Carlo Collodi è *Le avventure di Pinocchio, Storia di un burattino*, e che il vero nome del suo autore era Carlo Lorenzini (Firenze 1826–1890). Lo pseudonimo derivava dal nome del paesino d'origine di sua madre, dove oggi si trovano il Parco di Pinocchio e la Fondazione Collodi. Inizialmente questo romanzo non era stato pensato per i bambini e nella prima versione Pinocchio moriva impiccato a causa dei suoi innumerevoli errori di giudizio. Solo successivamente il romanzo venne modificato nel formato in cui oggi lo conosciamo con il burattino che diventa un bambino in carne ed ossa. Oggi Pinocchio è uno dei libri per ragazzi più conosciuti del mondo ed ha ispirato tantissimi registi e musicisti.

Nel 1977 Edoardo Bennato, un musicista rock napoletano, ha ripreso l'intera favola di Pinocchio e ne ha fatto un disco (*Burattino senza fili*) che ha avuto un incredibile successo a dimostrazione che la storia di Pinocchio non ha perso l'attualità che la contraddistingueva all'inizio della sua uscita. Un'attualità che derivava dalla rigida educazione che caratterizzava l'Italia di fine Ottocento e contro la quale i giovani tendevano a ribellarsi. Il disco di Bennato miscela il ribellismo[1] di Pinocchio e la voglia di restare bambini di Peter Pan, mettendo in guardia i giovani dalla loro voglia di crescere velocemente, di diventare grandi ed entrare a far parte di un mondo in cui la libertà sembra un sogno e dove spesso ci si deve abbassare a innumerevoli compromessi.

Beatrice D'Arpa

---

1. *rebellious attitude*

## TRACCE DI RICERCA

Web Links    Il Parco di Pinocchio

Pinocchio in Musica (CD: Edoardo Bennato: *Burattino senza fili*; Pooh: *Pinocchio*)

La letteratura per bambini dell'800 italiano

Il Risorgimento e la letteratura

# Dizionarietto

affacciarsi *to appear, look out over*

alcuni *some, a few*

altro *other, another*

amuleto *amulet*

antenati *(m. pl.) ancestors*

attirare *to attract*

Befana *a benevolent witch who brings toys to good children and coal to bad ones on January 6 (Epiphany)*

burattino *puppet*

Capodanno *New Year's Day*

Carnevale *(m.) Carnival*

celebrare *to celebrate*

cenone *(m.) New Year's Eve dinner*

certo *certain*

chiromante *(m./f.) fortune-teller*

chiunque *anyone*

ciascuno *each, each one*

ciondolo *pendant*

colomba *traditional Easter cake in the shape of a dove*

contrada *town district (in Siena)*

costumi *(m. pl.) customs*

cultura contadina *peasant culture*

demolire *to demolish*

dirigersi *(p.p. diretto) to head for, to head towards*

discolo *naughty*

discorso *speech*

diverso *various, different*

esaurire *to run out of / to exhaust*

evolvere *(p.p. evoluto) to evolve*

fantasma *(m.) ghost*

folletto *goblin, elf*

fare le corna *to knock on wood*

fastidioso *annoying*

fata *fairy*

favola *fairy tale*

festeggiare *to celebrate*

fiaba *fable*

filo *string*

folklore *(m.) folklore*

frittelle *fritters*

fuochi artificiali *(m. pl.) fireworks*

gesto *gesture*

giostra *merry-go-round, ride (at an amusement park)*

giungere *(p.p. giunto) to arrive, to join*

grillo *cricket*

guarire *to heal, to recover*

impacco *compress*

impiccare *to hang*

In bocca al lupo! / Crepi il lupo! *Good luck! / Thank you!*

legare *to tie, to link*

legno *wood*

lenticchie *(f. pl.) lentils*

luna park *amusement park*

malocchio *evil eye*

martedì grasso *fat Tuesday, Mardi Gras*

mercoledì delle Ceneri *Ash Wednesday*

molto *many, much*

montagne russe *(f. pl.) rollercoaster*

mordere *(p.p. morso) to bite*

nano *dwarf*

Natale *(m.) Christmas*

nessuno *no one, not . . . any*

nulla / niente *nothing*

ogni *every*

ognuno *everyone, each*

oroscopo *horoscope*

pandoro *traditional Christmas cake*

panettone *(m.) traditional Christmas cake*

parecchio *some, several, quite a few*

Pasqua *Easter*

patrimonio *heritage*

patrono/a *(m.) patron*

pestare *to stamp on*

petto *chest*

poco *few, little*

polverina *powder*

portare fortuna *to bring good luck*

portare sfortuna *to bring bad luck*

pungere *(p.p. punto) to sting*

qualche *some*

qualcosa *something*

qualcuno *someone, some*

qualsiasi *any*

qualunque *any*

Quaresima *Lent*

raccontare *to tell (a story), to narrate*

rapire *to kidnap*

regalo *gift*

ricorrenza *yearly festivity*

rimanerci male *to be disappointed, upset*

sagra *festival*

saldo *stable / firm*

Santo Patrono/Santa Patrona *Patron Saint*

scacciare *to dispel, to drive away*

scaramantico/a *superstitious*

scaramanzia *superstitious practice*

scongiurare *to ward off bad luck*

scongiuro *superstitious practice*

serratura *lock*

sfilata *parade*

sistemarsi *to settle down*

soprannaturale *supernatural*

spauracchio *bogey, bogeyman*

spaventare *to scare*

spendere *(p.p. speso) to spend (money)*

spingere *(p.p. spinto) to push*

stagionale *seasonal*

stemma *coat of arms*

strega *witch*

talismano *talisman*

tanto *so much, so many*

toccare ferro *to knock on wood (literally, to touch iron)*

tombola *bingo (Italian style)*

torrone *(m.) traditional Christmas nougat*

tramandare *to pass down / to transmit*

tremare *to tremble*

troppo *too much, too many*

tuono *thunder*

tutto *all, whole, every*

uova di Pasqua *chocolate Easter eggs*

usanza *custom*

usi *(m. pl.) customs*

vario *various, different*

## LE VOSTRE PAROLE

# Italia on-line?

## Per comunicare

- Discutere avvenimenti nel futuro
- Fare richieste educatamente
- Esprimere desideri ed intenzioni
- Parlare di computer, cellulari e Internet
- Formare frasi complesse

 **INTERNET CAFÉ**

**INDIRIZZO:** www.cengage.com/italian/ponti

**ATTIVITÀ:** Chattare... è un verbo italiano?

**IN CLASSE:** A volte è difficile tradurre in linguaggio tecnico dall'inglese all'italiano, e a volte nascono parole ibride (come *chattare*). Altre volte l'inglese viene conservato. Osserva nella pagina quali parole non sono tradotte in italiano. Scrivile e poi prova a trovare su un dizionario una traduzione appropriata per un motore di ricerca completamente in italiano.

 Web Search Activity

**RESOURCES**  Audio  Web  SAM Workbook

David R. Frazier Photolibrary

◀ Telefoni cellulari anche in gondola!

# Ponti sul primo anno

Take the following quick assessment and check your answers in the answer key found on the *Ponti* website to determine whether you should do further review.

**A Numeri ordinali.** Scrivi il numero ordinale corrispondente al maschile singolare.

1. 4° _____
2. 7° _____
3. 12° _____
4. 17° _____
5. 33° _____

6. 58° _____
7. 75° _____
8. 99° _____
9. 237° _____
10. 1000° _____

**B Numeri ordinali.** Scrivi il numero ordinale corrispondente. Attenzione all'accordo!

1. _____ (1°) premio
2. _____ (5°) classificata
3. _____ (10°) persona
4. _____ (18°) compleanno
5. _____ (24°) piano
6. _____ (50°) anniversario

**C Ancora i numeri ordinali.** Completa l'esercizio con la forma corretta del numero ordinale necessario tra parentesi.

**Vincenzo:** Monica, hai usato tu il mio computer?

**Monica:** Vincenzo, per favore! È la _____ (100°) volta che me lo chiedi. No, non l'ho usato.

**Vincenzo:** E chi l'ha usato, allora? Dov'eri ieri pomeriggio? C'era qualcun altro in casa?

**Monica:** Ma cos'è…, un interrogatorio di _____ (3°) grado?

**Vincenzo:** Mi dispiace, ma voglio capire. È il _____ (4°) computer che compro quest'anno e non voglio che nessuno lo usi.

**Monica:** Capisco. Ma sei troppo paranoico.

**Vincenzo:** Facile da dire per te. Fino a cinque minuti fa ero al _____ (7°) cielo. Questo nuovo computer è fantastico. Ma ora quando uso Explorer si aprono delle finestre con centinaia di pubblicità.

**Monica:** Controlla con l'antivirus che ci ha dato Paolo. Se lo vuoi installare, il CD è nella _____ (2°) scatola nell'armadio in camera.

*Vincenzo va in camera.*

**Vincenzo:** Sei sicura? Non lo vedo. Ma ho trovato una Barbie.

**Monica:** Le _____ (1°) scatole sulla destra. Nelle altre c'è la mia roba di quando ero bambina.

## Italia on-line?

GLI ENORMI PROGRESSI fatti in campo tecnologico hanno modificato, negli ultimi anni, l'aspetto delle città italiane. Tra le strette° vie dei centri storici, di fianco alle maestose chiese medievali e rinascimentali, nei bar e nei romantici ristoranti del centro è un continuo squillare° di telefonini, ognuno con la sua musichetta particolare. Nato come uno strumento° indispensabile per persone il cui lavoro comporta° la necessità di un'assoluta reperibilità°, nel giro di pochi anni il telefono cellulare è diventato il nuovo status symbol degli italiani che fanno a gara°, dallo studente all'imprenditore°, a sfoggiare° di volta in volta modelli sempre più piccoli e tecnologicamente avanzati. Di pari passo° cresce naturalmente anche la febbre per la «musica da passeggio» che anche in Italia, facendo sembrare ormai oggetti da museo gli ingombranti lettori CD che avevano caratterizzato il look giovanile degli anni precedenti, ha ceduto il passo° alla nuova moda degli iPod e di altri lettori mp3.

*narrow*

*ringing*
*device*
*requires / availability*
**fanno…** *compete*
*entrepreneur / to show off / At the same rate*

*gave way*

Il computer, anche se più lentamente che nel nord America o in Australia, sta penetrando nelle case degli italiani così come la posta elettronica, che specialmente tra i giovanissimi prova a rimpiazzare° le ore al telefono che facevano disperare° i genitori. Molto popolari sono anche le chat line che hanno contribuito al nascere di numerosissime amicizie svincolate° dai limiti, prima difficili da superare, della distanza. Gli «Internet point» e gli «Internet bar», dove è possibile navigare in rete o accedere° alla propria posta elettronica, nati come servizio per i turisti, punteggiano° minutamente le grandi città italiane e cominciano ad essere presenti anche nei piccoli centri.

*to replace / despair*

*released, freed*

*to gain access to*
*dot*

Ma non si tratta soltanto di mode o di passatempi. Un gran numero di aziende, infatti, ha trovato nuovi sbocchi° proprio grazie alla rete virtuale° che riesce, a costi notevolmente inferiori, a raggiungere un numero elevatissimo di potenziali nuovi acquirenti°.

*outlets /* **rete…** *Internet*

*buyers*

L'unico aspetto che sembra andare controcorrente° è quello del mondo della scuola. Infatti, per la scarsezza di fondi°, a volte non riesce a soddisfare i bisogni di professori e di studenti che devono lavorare con un numero minimo di computer o con dei pezzi quasi «archeologici». Il futuro sembra però promettere un miglioramento anche in questo campo, grazie soprattutto alla ristrutturazione della scuola dell'obbligo° che ha aperto le porte allo studio dell'informatica.

*against the flow*
**scarsezza…** *shortage of funds*

**scuola…** *compulsory education*

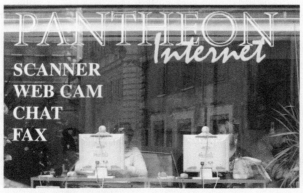

L'interno di un Internet café italiano.

## DOMANDE

1. La tecnologia ha cambiato e continua a cambiare il nostro modo di vivere, facendo passi da gigante. Quali pensi siano le novità più importanti introdotte dalle scoperte tecnologiche nel tuo Paese o nella tua città?

2. Pensi che il telefonino sia diventato uno status symbol anche nel tuo Paese? Pensi che venga utilizzato in modo appropriato oppure no?

3. Quanto tempo passi solitamente al computer? Sfrutti tutte le potenzialità del computer? Quali sì e quali no?

4. Hai mai provato ad accedere a una chat room? Quali pensi che siano i vantaggi e gli svantaggi di un'amicizia che si sviluppa attraverso una chat line o attraverso la posta elettronica?

5. Ormai è possibile fare qualunque cosa su Internet: acquistare, vendere, conoscere persone, persino frequentare corsi universitari. Mentre i vantaggi sono evidenti, quali pensi che siano i possibili svantaggi?

6. Per l'attività Web hai visitato un motore di ricerca italiano. Quali pensi che siano i servizi offerti da quella pagina che potrebbero interessare maggiormente le persone non italiane della tua età?

 Lessico

CD 2
2–4

### IL MONDO VIRTUALE

| | |
|---|---|
| l'allegato | attachment |
| il blog | blog |
| caricare | to upload |
| la chat, la chat room | chat, chat room |
| cliccare | to click on |
| immettere (dati) | to input (data) |
| inviare | to send |
| il motore di ricerca | search engine |
| navigare su Internet | to surf the Internet |
| la posta elettronica* | email |
| la rete (virtuale)* | Internet, the Web |
| scaricare | to download |
| il sito | site |
| sms | text messaging |
| usare Twitter | to use Twitter |

### IL COMPUTER

| | |
|---|---|
| bloccarsi | to freeze |
| la cartuccia (d'inchiostro) | (ink) cartridge |
| la chiavetta | flash drive |
| il (computer) portatile | laptop |

| | |
|---|---|
| il disco fisso | hard drive |
| la stampante | printer |
| stampare | to print |
| il documento | file |
| masterizzare | to burn (a CD / DVD) |
| premere | to press (a key or button) |
| il pulsante / il tasto | key |
| la tastiera | keyboard |
| salvare | to save |
| lo scanner | scanner |
| scannerizzare | to scan |
| lo schermo | screen |
| scrivere al computer | to type on a computer |
| il virus | virus |

### ALTRE PAROLE ED ESPRESSIONI UTILI

| | |
|---|---|
| la console | videogame system |
| l'informatica | computer science |
| il lettore CD / mp3 | CD / mp3 player |
| squillare | to ring |
| il telefonino / il (telefono) cellulare | cellular phone |
| il videogioco | videogame |

* L'uso di questi vocaboli è ancora in evoluzione. Per questa ragione esistono costruzioni diverse tra loro in attesa che una risulti vincente (perché più usata) sulle altre: si vedano, per esempio, i vari modi con cui ci si riferisce all'uso di Internet e della rete (in rete / nella rete / sulla rete, su(l) Web / nel Web, ecc.), o al genere grammaticale di email (un email / un'email / una mail).

## PRATICA

**A** Gioie e dolori della tecnologia. Completa il dialogo con le parole appropriate tra quelle elencate.

virus      pulsante      tastiera      cliccare      schermo
stamparlo      informatica      documento      computer

*Isabella, dopo una giornata disastrosa al computer, telefona a Francesco, un amico esperto d' _____, per un po' d'aiuto.*

**Isabella:** Francesco, ti prego, aiutami!

**Francesco:** Cos'è successo questa volta, Isabella?

**Isabella:** Non lo so. Stavo scrivendo al _____. Ho salvato il _____ che stavo scrivendo e ho provato a _____. In quel momento lo _____ è diventato completamente nero.

**Francesco:** Mmm... Potrebbe essere un _____. Hai scaricato qualche programma dal Web?

**Isabella:** No, a parte qualche canzone.

**Francesco:** Sei proprio pazza. Devi stare attenta a quello che metti nel tuo computer!

**Isabella:** Quante complicazioni! Perché deve essere sempre così difficile lavorare con la tecnologia? Puoi aiutarmi?

**Francesco:** Prova a _____ CTRL, ALT e DEL insieme sulla _____.

**Isabella:** Fatto... Non succede nulla. Ma un momento...

**Francesco:** Cosa succede?

**Isabella:** Ho capito qual è il problema... Credo che il computer si sia semplicemente spento. Forse ho premuto il _____ sbagliato.

**Francesco:** Isabella, perché non torni a scrivere con la macchina da scrivere (*typewriter*)? Non sarebbe tutto più semplice?

**B** Il cellulare e l'educazione. Se è vero che l'invenzione dei telefonini ha facilitato la vita di alcuni, è anche vero che sembra infastidire altri. Con un compagno/una compagna, cercate di creare un codice di comportamento per l'uso del cellulare, indicando per quali persone è veramente necessario e perché, e in quali luoghi non dovrebbe essere usato e perché. Presentate le vostre idee alla classe e confrontatele con quelle degli altri.

| Chi dovrebbe usarlo e perché | |
|---|---|
| *un medico* | *perché così l'ospedale potrebbe trovarlo in caso d'emergenza* |
| | |
| | |

| Dove non si dovrebbe mai usare | |
|---|---|
| *a teatro* | *perché interrompono lo spettacolo e disturbano le altre persone* |
| | |
| | |

**C** **Un Internet café.** Tu e un amico/un'amica avete deciso di trasferirvi in Italia ed aprire un «Internet café» in una piccola città. A coppie, fate una lista delle cose che sono necessarie per cominciare e di quelle che possono rendere il vostro «Internet café» un posto all'avanguardia.

**D** **Le nostre parole.** Pensa a due o tre parole relative all'argomento di questo capitolo che ti sembrano importanti e che non sono presenti nella sezione lessicale. Possono essere parole dall'attività Web, parole contenute nella lettura iniziale o semplicemente parole che ti servono per comunicare meglio. Cercale sul dizionario e presentale in classe spiegando il loro significato in italiano. Poi scrivi le parole che tutti pensano siano importanti nel *Dizionarietto* alla fine del capitolo.

## Radio ponti

### SELECTIVE LISTENING

Selective listening is like scanning for particular information when reading. You practice selective listening when you listen globally but are waiting to hear a specific news item, or a date or time, for example. There are often signals or expressions that let you know the information you seek is about to come up. Here are some language clues which can indicate that information you may be listening for follows:

**Il punto più importante**
**Interessante**
**In più**
**Per questa ragione**
**A causa di questo**
**Temo che**
**Da un lato, dall'altro lato**
**Ripeto**
**Bisogna stare attenti**

**A** **Voglio quello con...** Ascolta parte di un dialogo tra un ragazzo che vuole comprare un telefonino e il commesso di un negozio. Quindi completa le seguenti frasi scegliendo tra le possibilità offerte.

CD 2
5

1. Secondo il commesso, è importante sapere _____.
   a. quanti soldi può spendere il ragazzo
   b. quali funzioni il ragazzo desidera nel suo telefonino
   c. se il ragazzo può spendere 350 euro

2. Il ragazzo desidera che il suo nuovo telefonino sia _____.
   a. piccolo e leggero
   b. economico e leggero
   c. piccolo ed economico

3. Il commesso può offrire il nuovo telefonino a 75 euro perché _____.
   a. può scaricarci canzoni
   b. è un modello dell'anno scorso
   c. può leggerci gli email

CD 2
6

**B Le nostalgie del nonno!** Ascolta il racconto e decidi se le seguenti informazioni sono vere o false.

|  | Vero | Falso |
|---|---|---|
| 1. Il nonno dice che la vita nel passato era migliore di quella moderna, sotto tutti i punti di vista. | _____ | _____ |
| 2. Il nonno sa usare la posta elettronica da più di un anno. | _____ | _____ |
| 3. Secondo il nonno, l'email è un buon mezzo da usare per comunicare con gli amori lontani. | _____ | _____ |
| 4. Per il nonno ci sono certe cose del passato che bisogna salvare. | _____ | _____ |

Practice Tests, Flashcards

SAM Workbook Activities

## STUDIO REALIA

## Terza età al PC

Un po' semplificato per gli anziani: è dTouch, dell'italiana SR Labs, con uno schermo touch che può essere usato anche tramite comandi vocali. In pochi passi fa accedere a funzioni base come la posta, il Web, etc. Dietro, c'è un'intuizione: che gli anziani italiani vorrebbero pure un PC; se non lo comprano è solo perché lo considerano troppo difficile da usare. Lo conferma una ricerca dell'associazione Aires: solo il 35 per cento degli italiani tra i 60 e i 70 anni, e il 10 per cento degli over 70, ha un PC, ma il 40 per cento di chi non ce l'ha ne desidera uno. Un altro PC per anziani, lanciato a novembre dall'inglese Simplicity Computers, è basato su una piattaforma (*platform*) software italiana, Eldy. È utilizzato da 200 mila anziani nel mondo.

Beatrice D'A rpa

Dai nonna! È facile!

**A Tecnologia solo per i giovanissimi?** Quando si parla delle ultime novità della tecnica, la nostra immaginazione va immediatamente al ragazzo che naviga in rete, che usa le chat line e che scopre un nuovo mondo dove le barriere spazio-temporali perdono la loro importanza. O forse all'uomo o alla donna d'affari che viaggiano con il portatile e il cellulare. Quello che non ci viene in mente è sicuramente il mondo degli anziani. Ma abbiamo veramente ragione a non collegare il mondo della tecnologia con quello dei pensionati? Dopo aver letto *Terza età al PC*, con un compagno/una compagna, rispondete alle seguenti domande.

1. Qual è la cosa che vi sorprende di più di queste statistiche? Quale vi sorprende di meno?

2. Quale pensate che possa essere la percentuale di anziani nel vostro Paese che ha un computer? Giustificate la vostra risposta con esempi anche personali.

3. Pensando alle persone anziane che conoscete, quali sono le difficoltà che incontrano nell'uso del computer? Provate a pensare ad alcune soluzioni con cui si potrebbero eliminare queste difficoltà.

 **B La rete e gli anziani.** Con un compagno/una compagna, avete deciso di aprire un sito Internet per anziani. Pensate soprattutto a quali bisogni degli anziani volete andare incontro e anche ai loro interessi.

| Cosa cercano gli anziani | Nome della categoria sul sito |
| --- | --- |
| | |
| | |
| | |

Poi pensate a cosa offrireste in almeno due delle categorie per risolvere le esigenze delle persone anziane. Dopo discutetene con la classe o con un altro gruppo.

 **C Si stava meglio quando si stava peggio.** Le scoperte tecnologiche hanno risolto alcuni problemi, ma, a volte, ne hanno creato di nuovi. In gruppi di tre, individuate i pro e i contro dei progressi della scienza elencati qui sotto. Poi confrontate le vostre risposte con quelle dei compagni.

1. televisione
2. bombolette spray (*spray cans*)
3. energia nucleare
4. prodotti usa e getta
5. robotizzazione nelle industrie
6. cellulari
7. computer

## Gli svarioni[1] in rete

Google sta provando a creare un telefono che traduce direttamente le telefonate. Ma se questo telefono facesse gli stessi errori che i traduttori on-line fanno ancora oggi sarebbe un grandissimo problema. Guarda la traduzione di Google di due frasi di Barack Obama e di Angelina Jolie e poi, con un compagno/una compagna, provate a dare voi una versione corretta. Quando avete finito, potete paragonare il vostro lavoro con una possibile traduzione in fondo alla pagina.

### Gli svarioni in Rete

Google [_____]

[_____]  [____]

**Barack Obama**

«Just in case there's any confusion out there, I am not going to walk away from health care reform. I'm not going to walk away on this challenge».

**La versione di Google**

Nel caso in cui non c'è alcuna confusione lá fuori, io non vado a piedi dalla riforma del sistema sanitario. Io non vado a piedi su questa sfida.

**La vostra versione**

_____
_____
_____
_____
_____
_____

**Angelina Jolie**

«The people in my circle know not to bring anything to my attention unless it's something they feel I really have to address».

**La versione di Google**

La gente nel mio cerchio non so di portare qualcosa alla mia attenzione, a meno che non è qualcosa che sento veramente devono affrontare.

**La vostra versione**

_____
_____
_____
_____
_____
_____

"Gli svarioni in Rete," from *La Repubblica*, February 8, 2010. Used with Permission.

---

1. *Mistakes*

**Traduzioni:**
***Barack Obama:*** *In caso non fosse ancora chiaro, non ho nessuna intenzione di rinunciare alla riforma del sistema sanitario. Non ho intenzione di rinunciare a questa sfida.*
***Angelina Jolie:*** *Le persone che mi stanno intorno sanno di dover portare alla mia attenzione solo ciò che ritengono veramente necessario.*

# Grammatica

## I IL FUTURO SEMPLICE

The simple future is used to express an action that will occur.

### A Formazione dei verbi regolari

**1** The simple future is formed by dropping the final **-e** of the infinitive and adding the following endings. Notice that in the stems of verbs ending in **-are**, the characteristic **-a** changes to **-e**.

| restare | scrivere | offrire |
|---------|----------|---------|
| rest**erò** | scriv**erò** | offr**irò** |
| rest**erai** | scriv**erai** | offr**irai** |
| rest**erà** | scriv**erà** | offr**irà** |
| rest**eremo** | scriv**eremo** | offr**iremo** |
| rest**erete** | scriv**erete** | offr**irete** |
| rest**eranno** | scriv**eranno** | offr**iranno** |

**2** Verbs that end in **-care** and **-gare** add an **h** between the stem and the ending to maintain the hard sound of the **c** or **g**.

| specificare | litigare |
|-------------|----------|
| specifi**cherò** | liti**gherò** |
| specifi**cherai** | liti**gherai** |
| specifi**cherà** | liti**gherà** |
| specifi**cheremo** | liti**gheremo** |
| specifi**cherete** | liti**gherete** |
| specifi**cheranno** | liti**gheranno** |

**3** With verbs that end in **-ciare** and **-giare**, **-cia-** and **-gia-** become **-ce-** and **-ge-** when forming the future.

| **lanciare** (*to throw*): | lan**cerò**, lan**cerai**, lan**cerà**, lan**ceremo**, **lancerete, lanceranno** |
|---|---|
| **passeggiare**: | passeg**gerò**, passeg**gerai**, passeg**gerà**, passeg**geremo**, passeg**gerete**, passeg**geranno** |

The only exception is when the **i** is stressed, as in the verb **sciare**.

| **sciare**: | sc**ierò**, sc**ierai**, sc**ierà**, sc**ieremo**, sc**ierete**, sc**ieranno** |
|---|---|

**Formazione dei verbi irregolari**

Some verbs are irregular in the future tense.

**1** Some verbs drop the middle vowel.

| | |
|---|---|
| **andare:** | andrò, andrai, andrà, andremo, andrete, andranno |
| **avere:** | avrò, avrai, avrà, avremo, avrete, avranno |
| **cadere:** | cadrò, cadrai, cadrà, cadremo, cadrete, cadranno |
| **dovere:** | dovrò, dovrai, dovrà, dovremo, dovrete, dovranno |
| **potere:** | potrò, potrai, potrà, potremo, potrete, potranno |
| **sapere:** | saprò, saprai, saprà, sapremo, saprete, sapranno |
| **vedere:** | vedrò, vedrai, vedrà, vedremo, vedrete, vedranno |
| **vivere:** | vivrò, vivrai, vivrà, vivremo, vivrete, vivranno |

**2** Other verbs acquire a double **rr**.

| | |
|---|---|
| **bere:** | berrò, berrai, berrà, berremo, berrete, berranno |
| **rimanere:** | rimarrò, rimarrai, rimarrà, rimarremo, rimarrete, rimarranno |
| **tenere:** | terrò, terrai, terrà, terremo, terrete, terranno |
| **valere:** | varrò, varrai, varrà, varremo, varrete, varranno |
| **venire:** | verrò, verrai, verrà, verremo, verrete, verranno |
| **volere:** | vorrò, vorrai, vorrà, vorremo, vorrete, vorranno |

**3** Other irregular verbs include **essere**, **fare**, **dare**, and **stare**.

| essere | fare | dare | stare |
|---|---|---|---|
| sarò | farò | darò | starò |
| sarai | farai | darai | starai |
| sarà | farà | darà | starà |
| saremo | faremo | daremo | staremo |
| sarete | farete | darete | starete |
| saranno | faranno | daranno | staranno |

**Usi del futuro semplice**

**1** The future tense is often accompanied by words such as **domani**, **prossimo**, or **fra / tra** + *time expression*.

**Comprerò** un nuovo computer il mese **prossimo**.

*I will buy a new computer next month.*

**Domani** mi **installeranno** un nuovo disco fisso.

*Tomorrow they are going to install a new hard drive for me.*

**2** The future tense is often used to express uncertainty, probability, or conjecture.

| Dove **sarà** il mio telefonino? | *Where **could** my cell phone be?* |
| Quella stampante **costerà** 200 euro. | *That printer **probably costs** 200 euros.* |

**3** The future can be used to express a command.

| **Spegnerete** i telefonini in classe! | ***You will turn off** cell phones in class!* |

**4** When the verb in the independent clause is in the future, the future is also used after **se**, **quando**, and **(non) appena** in dependent clauses. English uses the present tense in similar dependent clauses.

| **Appena arriverai** all'Internet Café, **potrai** fare l'abbonamento. | ***As soon as you arrive** at the Internet Café, you **will be able** to buy a membership.* |
| **Se nevicherà** domani, **non andrò** al congresso. | ***If it snows** tomorrow, **I will not go** to the conference.* |

**5** In spoken Italian, the present indicative is frequently used in place of the future tense when discussing the immediate future.

| Ti **telefonerò** domani. | |
| Ti **telefono** domani. | ***I'll call** you tomorrow.* |

---

## PRATICA

**A** **Oggi e domani.** Trasforma le seguenti frasi dal presente al futuro.

1. Daniele viene spesso a fare le sue fotocopie da noi.

2. Scaricate molte canzoni dall'Internet?

3. Paghiamo queste cartucce con la carta di credito.

4. Miriam, scannerizzi i documenti per il professore?

5. Linda e Giovanni lasciano usare il loro cellulare agli amici.

6. Invio email tutti i giorni.

**B** **Odori dal Web.** Olga parla di una novità su Web con la sua amica Grazia. Completa il dialogo con la forma corretta del futuro dei verbi tra parentesi.

**Olga:** Ho letto che presto _____ (arrivare) gli odori dal Web.

**Grazia:** Come _____ (funzionare)?

**Olga:** _____ (esserci) un software speciale che _____ (attivare) le cartucce con gli odori che si trovano all'interno del software.

**Grazia:** Cosa mi dici? _____ (noi / passare) dall'odore dei pomodori a quello delle rose—tutto su Web?

**Olga:** Proprio così. _____ (tu / potere) anche mandare il tuo profumo preferito in un email a qualche amico speciale!

**Grazia:** Mi sembra impossibile. Solo dopo averlo provato, ci _____ (credere)!

 **C La tecnologia entro cinque anni.** Come cambierà la vita nei prossimi cinque anni grazie alla tecnologia? A coppie, formate domande usando le seguenti frasi e il futuro semplice. Poi rispondete alle domande e motivate le vostre risposte.

**ESEMPIO**

il terzo mondo / avere presto accesso / al Web

*Il terzo mondo avrà presto accesso al Web? (Sì / No, perché…)*

1. i robot / fare i lavori in casa

2. il frigorifero / dirti / quando essere necessario fare la spesa

3. esserci / più lavoro per i tecnici

4. tu / fondare un punto com

5. i negozi / essere chiusi / e farsi tutte le spese al computer

6. gli editori / pubblicare i giornali solo su Web

7. noi avere / mezzi di trasporto completamente computerizzati

8. esserci / macchine / che eseguire comandi dati a voce

 **D Perché, secondo te?** Usando il futuro di probabilità, a coppie, cercate di spiegare i seguenti avvenimenti.

1. La posta elettronica dell'università non funziona.

2. La cartuccia non entra nella stampante.

3. Non risponde al telefonino.

4. Non accettano le carte di credito on-line.

5. Non mi è arrivato il libro che ho comprato su Internet.

6. Oggi ho ricevuto 200 messaggi di posta elettronica.

7. Il mio capo vuole fare urgentemente una conferenza telefonica.

8. Stanno tutti guardando lo schermo di quel computer.

**E L'Internet nel terzo mondo?** Un tuo amico è un entusiasta dell'Internet e vuole che tutti nel terzo mondo abbiano accesso all'Internet entro tre anni. Invece, un'altra amica è contraria ed è dell'idea che ci siano altre cose molto più importanti. In gruppi di tre o quattro, pensate a quattro modi in cui la tecnologia potrebbe aiutare il terzo mondo e pensate a quattro modi in cui i soldi potrebbero essere spesi diversamente.

Practice Quizzes, Flashcards

SAM Workbook Activities

**IL FUTURO ANTERIORE**

The future perfect is used to express a future action that will have occurred before another future action.

 **Formazione del futuro anteriore**

The future perfect is formed with the future tense of the auxiliary verb **essere** or **avere** + *past participle*.

| scrivere | restare |
|----------|---------|
| avrò scritto | sarò restato/a |
| avrai scritto | sarai restato/a |
| avrà scritto | sarà restato/a |
| avremo scritto | saremo restati/e |
| avrete scritto | sarete restati/e |
| avranno scritto | saranno restati/e |

**B** **Usi del futuro anteriore**

**1** The future perfect is almost always used in combination with the future. It is often introduced with the construction **dopo che, (non) appena**, or the adverb **quando**.

**Non appena avrò finito** di stampare questa lettera, uscirò.

*As soon as I have finished printing this letter, I'll go out.*

**Dopo che avrai fatto** le correzioni al documento, te lo stamperò.

*After you have revised the document, I'll print it for you.*

**2** The future is often used in place of the future perfect in spoken Italian.

Appena **tornerò**, ti scriverò.

*As soon as I get back, I'll write to you.*

**3** Like the future, the future perfect can be used to express probability in the past.

— Dove **sarà andato** Giorgio?

*Where could Giorgio have gone?*

— **Avrà avuto** un appuntamento all'università.

*He may have had an appointment at the university.*

---

> **PRATICA**

**A Hi-Tech.** Completa le seguenti frasi con la forma corretta del futuro anteriore dei verbi tra parentesi.

1. Quando io _____ (scoprire) come funziona la nuova stampante laser, potrò consegnare i documenti al direttore.

2. Come vi _____ (dire) il custode, non è permesso tenere accesi i telefonini al museo.

3. I tecnici _____ (ricordarsi) di attivare il collegamento a Internet?

4. Dov'è andata la segretaria? _____ (lei / salire) al secondo piano per consegnare un fax.

5. _____ (noi / potere) anche andare a comprare la cartuccia ieri.

6. Dopo che voi _____ (scegliere) il computer che volete, vi consiglierò una buona stampante.

**B** **Genitori esigenti.** Quando i genitori del tuo compagno di camera chiamano e non trovano il figlio, ti fanno tante domande su di lui. Rispondi usando il futuro anteriore.

ESEMPIO

> Quando ha riparato il computer? (ieri)
> *L'avrà riparato ieri.*

1. Marco ha ricevuto il fax? (ieri)

2. Ha stampato il manuale? (la scorsa settimana)

3. Ha comprato uno scanner? (stamattina)

4. È andato alla conferenza? (alle 9.00 stamattina)

5. Ha finito il programma per Internet? (due giorni fa)

6. Gli è arrivato il nuovo software? (da una settimana)

**C** **La stanza disordinata.** Cristina ama passare il suo tempo al computer e ogni volta che i suoi compagni di stanza le chiedono di fare qualcosa trova sempre una scusa. Scopri cosa risponde Cristina ai compagni usando **dopo che** e **non appena (che)** e seguendo il modello fornito dall'esempio.

ESEMPIO

> Va' al supermercato! / installare il nuovo programma
> *Ci andrò dopo che avrò installato il nuovo programma.*
> o *Ci andrò non appena avrò installato il nuovo programma.*

1. Pulisci il bagno! / rispondere al messaggio di Andrea

2. Metti a posto il salotto! / scannerizzare le foto di Baggio

3. Aiutami ad apparecchiare! / scaricare il video di Jovanotti

4. Porta fuori i rifiuti! / stampare l'articolo

5. Lava i piatti! / mandare un email al professore

6. Vieni a fare merenda! / finire di salvare il documento

7. Va' a pagare le bollette (*bills*)! / leggere la mia posta elettronica

8. Fa' la lavatrice! / tornare dall'Internet Café

 **D** **Sognare non è peccato!** A coppie, preparate una lista di cinque cose che avrete già fatto nel 2020. Una di queste dovrà essere qualcosa che voi sapete per certo che non avrete ancora fatto per quella data. Presentatele alla classe e vedete se qualcuno riesce ad indovinare quella falsa.

ESEMPIO

> *Mi sarò sposata.* (*possibile*)
> *Mi sarò sposata con Eros Ramazzotti.* (*falso*)

 Practice Quizzes, Flashcards

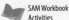 SAM Workbook Activities

# III IL CONDIZIONALE PRESENTE

The present conditional expresses an event, action, or situation that is possible under certain conditions.

## A  Formazione del condizionale presente

**1** The present conditional is formed by dropping the final **-e** of the infinitive and adding the following endings. As in the future tense, the stems of verbs ending in **-are** change the characteristic **-a** to **-e**.

| durare (*to last*) | accendere (*to turn on*) | percepire (*to perceive*) |
|---|---|---|
| dur**erei** | accend**erei** | percep**irei** |
| dur**eresti** | accend**eresti** | percep**iresti** |
| dur**erebbe** | accend**erebbe** | percep**irebbe** |
| dur**eremmo** | accend**eremmo** | percep**iremmo** |
| dur**ereste** | accend**ereste** | percep**ireste** |
| dur**erebbero** | accend**erebbero** | percep**irebbero** |

**2** Verbs that end in **-care** and **-gare** add an **h** between the stem and the ending to maintain the hard **c** or **g** sound.

> **modificare:**  modifi**cherei**, modifi**cheresti**, modifi**cherebbe**, modifi**cheremmo**, modifi**chereste**, modifi**cherebbero**

**3** Verbs that end in **-ciare** and **-giare** change **-cia-** and **-gia-** to **-ce-** and **-ge-** respectively.

> **sfoggiare** (*to show off*):  sfog**gerei**, sfog**geresti**, sfog**gerebbe**, sfog**geremmo**, sfog**gereste**, sfog**gerebbero**

**4** Verbs whose stems are irregular in the future have the same irregular stems in the conditional. The endings are always regular.

| | |
|---|---|
| **andare:** | andrei, andresti, andrebbe, andremmo, andreste, andrebbero |
| **avere:** | avrei, avresti, avrebbe, avremmo, avreste, avrebbero |
| **cadere:** | cadrei, cadresti, cadrebbe, cadremmo, cadreste, cadrebbero |
| **dovere:** | dovrei, dovresti, dovrebbe, dovremmo, dovreste, dovrebbero |
| **essere:** | sarei, saresti, sarebbe, saremmo, sareste, sarebbero |
| **fare:** | farei, faresti, farebbe, faremmo, fareste, farebbero |
| **potere:** | potrei, potresti, potrebbe, potremmo, potreste, potrebbero |
| **sapere:** | saprei, sapresti, saprebbe, sapremmo, sapreste, saprebbero |
| **vedere:** | vedrei, vedresti, vedrebbe, vedremmo, vedreste, vedrebbero |
| **vivere:** | vivrei, vivresti, vivrebbe, vivremmo, vivreste, vivrebbero |
| **volere:** | vorrei, vorresti, vorrebbe, vorremmo, vorreste, vorrebbero |

See the Verb Appendix at the end of the text for other verbs whose stems are irregular in the future and the conditional.

## B Usi del condizionale presente

1. The present conditional expresses what would happen under certain conditions or what could or should happen or be done. It often conveys a personal opinion.

| | |
|---|---|
| Tutti **dovrebbero** imparare ad usare il computer. | *Everyone **should** learn how to use the computer.* |
| Non **potrei** mai scrivere gli sms alla stessa velocità con cui li scrivono i giovani. | *I **could** never write text messages as fast as the young people do.* |
| Un telefonino **sarebbe** il regalo perfetto per mia madre. | *A cell phone **would be** the perfect gift for my mother.* |

Note that in the conditional, the modal verbs translate as *would like* (**volere**), *should* (**dovere**), and *could* (**potere**).

2. The present conditional is also used to convey courtesy when making requests.

| | |
|---|---|
| Mi **farebbe** vedere quel modello, per favore? | ***Could** you please show me that model?* |
| **Vorrei** mandare un fax, per favore. | ***I'd like** to send a fax, please.* |

3. The present conditional can be used to convey indignation.

| | |
|---|---|
| E lui chi **sarebbe** per dire quelle cose? | *And who **is he** to say those things?* |

4. The present conditional is used in hypothetical constructions to express events that could happen if something else comes to pass or were to have taken place. When **se** is used in the dependent clause, the imperfect or past perfect subjunctive must follow. (This is explained in greater detail in **Capitolo 9**, **Il periodo ipotetico**.)

| | |
|---|---|
| **Sarebbe** una bella cosa se lei accettasse quel lavoro. | *It **would be** a nice thing if she accepted that job.* |
| Se avessi un computer a casa, **lavorerei** di più. | *If I had a computer at home, I **would work** more.* |
| **Verrei** alla riunione se non avessi detto a Sara che saresti uscito con lei. | *I **would come** to the meeting if I hadn't told Sara that I would go out with her.* |

## PRATICA

**A** **Se ci fosse un black out...** Completa il brano con il condizionale presente dei verbi tra parentesi.

Molti dicono che _____ (potere) vivere senza la tecnologia, ma provate a pensare a come _____ (cambiare) la vostra vita senza computer, Internet o anche un semplice frigorifero. Probabilmente i bambini _____ (giocare) all'aperto come una volta, invece di usare i videogiochi, e i ragazzi _____ (dovere) fare a meno dei telefonini e forse _____ (leggere) più libri. Idealmente io _____ (essere) felice di vivere in un mondo così ma so che non _____ (riuscire) a resistere per più di due giorni. E voi come _____ (stare)?

 **B** **Cosa faresti?** A coppie, chiedetevi cosa fareste se aveste la possibilità di scegliere di fare le seguenti cose. Seguite il modello usando i pronomi oggetto diretto e indiretto dove possibile e spiegate le vostre risposte.

> **ESEMPIO**
>
> pagare le bollette on-line
> **St. 1:** Pagheresti le bollette on-line?
> **St. 2:** Sì, le pagherei on-line.
> *o* No. Non le pagherei on-line. Preferirei usare la posta.

1. usare un Mac o un PC
2. scrivere tutte le lettere con l'email
3. vietare l'uso del cellulare mentre si guida
4. proibire l'uso del cellulare in aereo
5. abolire le chat line
6. seguire tutti i corsi on-line
7. fare tutti gli acquisti on-line
8. trovare un amore su Web

Cosa direbbe il professore se la vedesse?

 **C** **La vita senza computer.** In gruppi di tre, scrivete una lista con minimo cinque modi in cui cambierebbe la vostra vita senza un computer. Poi paragonate la lista con le altre.

> **ESEMPIO**
>
> *Senza il computer dovrei comprare tutto nei negozi.*

Practice Quizzes, Flashcards

SAM Workbook Activities

# IV IL CONDIZIONALE PASSATO

## A Formazione del condizionale passato

The past conditional is formed with the present conditional of the auxiliary verbs **essere** and **avere** + *past participle*.

| accedere (*to gain access to*) | rimanere |
|---|---|
| avrei accesso | sarei rimasto/a |
| avresti accesso | saresti rimasto/a |
| avrebbe accesso | sarebbe rimasto/a |
| avremmo accesso | saremmo rimasti/e |
| avreste accesso | sareste rimasti/e |
| avrebbero accesso | sarebbero rimasti/e |

## B Usi del condizionale passato

1 The past conditional is used in independent clauses to express opinions and preferences.

| | |
|---|---|
| Non **sarei** mai **andata** a quell'università. | I **would** never **have gone** to that university. |
| Non **avremmo comprato** un portatile per quel prezzo. | We **wouldn't have bought** a laptop for that price. |
| Chi **avrebbe previsto** che in pochi anni l'informatica **sarebbe stata** insegnata anche nelle scuole elementari? | Who **would have imagined** that in a few years computer science **would** also **be taught** in elementary schools? |

2 The past conditional is used with the imperfect subjunctive and past perfect subjunctive to express something that would have happened if something else had taken place. (See **Capitolo 9**, **Il periodo ipotetico**.)

| | |
|---|---|
| **Sarebbe stato** un aiuto per il mondo della medicina se ci fosse stato l'Internet cinquant'anni fa. | It **would have** helped the medical world if the Internet had existed fifty years ago. |
| Se avessi saputo usare il computer, ti **avrei mandato** un email. | If I had known how to use the computer, I **would have** sent you an email. |
| Non **avrei** mai **creduto** che lui fosse il proprietario dell'Internet Train. | I never **would have believed** that he was the owner of the Internet Train. |

**3** In indirect discourse—that is, reporting what someone else said—the past conditional is used to express a future action. In English, by contrast, the present conditional is used.

Massimo ha detto che mi **avrebbe aiutato**.

*Massimo said **he would help** me.*

Io gli ho detto che **sarei venuto** alle 9.00.

*I told him that **I would come** at 9:00.*

---

PRATICA

**A La fiera di Padova.** Trasforma le seguenti frasi al condizionale passato iniziando la frase con **Ha detto che**.

ESEMPIO

Alla fiera di Padova ci sarà una festa per gli appassionati della rete.
*Ha detto che alla fiera di Padova ci sarebbe stata una festa per gli appassionati della rete.*

1. Tutti si iscriveranno alla festa su Web.

2. Approfitterà dell'offerta trovata nel sito.

3. Dovranno collegarsi al sito Internet per la fiera.

4. Altri potranno collegarsi tramite satellite.

5. Il biglietto d'ingresso costerà cinque euro e tre centesimi.

6. Offriranno lezioni di strategie tecnologiche a tutti.

7. I partecipanti seguiranno i corsi on-line.

8. Alla fine sarà rilasciato un certificato di partecipazione.

**B Che cosa avreste fatto?** A turno, raccontate ad un compagno/una compagna di classe quello che avete fatto e poi domandategli/le cosa avrebbe fatto lui/lei. Giustificate la risposta.

ESEMPIO

comprare / un PC invece di un Mac
**St. 1:** Ho comprato un PC invece di un Mac. Che cosa avresti fatto tu?
**St. 2:** Avrei comprato un PC anch'io perché non ho mai lavorato con un Mac.

1. usare / un sito Web sulla cucina per preparare una cena romantica

2. stampare / un libro dall'Internet invece di comprarlo

3. volere scaricare / solo una canzone invece di un film

4. entrare / in un sito a pagamento per giocare d'azzardo (*to gamble*)

5. andare / alla lezione d'informatica invece che a quella di latino

6. scrivere / un messaggio elettronico invece di una lettera alla nonna per il suo compleanno

7. scannerizzare / le foto a colori e non in bianco e nero

**C Una conferenza.** Completa il seguente brano usando il futuro ed il condizionale presente o passato dei verbi tra parentesi.

La prossima settimana all'Università di Sydney _____ (esserci) una conferenza sulla tecnologia. _____ (esserci) degli esperti che _____ (parlare) sia dell'uso educativo dell'Internet sia del design di un sito Web. Centinaia di compagnie _____ (mandare) i loro rappresentanti che _____ (mostrare) le più recenti novità in un mondo che sta continuamente cambiando. Io _____ (volere) tanto andare, ma non da sola.

La mia collega Fabiana mi ha detto che mi _____ (accompagnare) alla conferenza ma ieri ha saputo che _____ (avere) un colloquio di lavoro e quindi non _____ (potere) venire. La compagnia è una di quelle per cui lei _____ (volere) lavorare. _____ (essere) bello se le offrissero il lavoro. Io le ho detto che appena lei _____ (tornare) dal colloquio, le _____ (raccontare) com'è andata la conferenza.

 Practice Quizzes, Flashcards

 SAM Workbook Activities

 **I PRONOMI RELATIVI**

A relative pronoun combines a main clause with a subordinate clause. The most common relative pronouns are **che**, **cui**, **il che**, **il/la quale**, **i/le quali**, and **chi**.

 **Che**

**Che** (*who, whom, that, which*) is the most common relative pronoun. **Che** is invariable and refers to both people and things. It can be the subject or the object of a clause.

| | |
|---|---|
| L'unico computer **che** funzioni è quello nuovo. (soggetto) | *The only computer **that** works is the new one.* |
| Il computer **che** vedi è vecchio. (oggetto) | *The computer **that** you see is old.* |

**B Il che**

**Il che** (*all of which, which*) can substitute for an entire concept or sequence of events.

| | |
|---|---|
| Il computer si è bloccato e ho perso il mio lavoro, **il che** mi ha fatto veramente arrabbiare. | *The computer froze and I lost my work, **which** made me really mad.* |

**C Cui**

**1** **Cui** (*that, which, whom*) can refer to people or things. It is invariable and is usually preceded by a preposition.

| | |
|---|---|
| Le persone **con cui** lavoro sono tutti esperti di tecnologia. | *The people **with whom** I work are all technology experts.* |
| Le persone **a cui** parlavo sono tecnici. | *The people **to whom** I was speaking are technicians.* |
| Il computer **su cui** lavoravo non era molto veloce. | *The computer **on which** I was working wasn't very fast.* |

**2** **Cui** preceded by a definite article is used to express possession (*whose*). The article agrees with the noun it modifies, not with the possessor.

Il mese prossimo uscirà il nuovo Mac, **il cui** design è straordinario.

*Next month is the release date for the new Mac, **whose** design is extraordinary.*

La Professoressa Pelosi, **le cui** figlie studiano informatica, non sa usare il computer!

*Professor Pelosi, **whose** daughters study computer science, doesn't know how to use a computer!*

### D Il quale / la quale / i quali / le quali

**1** The pronoun **il quale** can replace either **che** or **cui**. It is more often used in writing than in speaking. **Il quale** agrees in number and gender with the noun to which it refers (the antecedent). It can refer to people or things and can be used as a subject or an object.

La ragazza **dalla quale (da cui)** ho comprato il mio iPod era proprio maleducata.

*The girl **from whom** I bought my iPod was really rude.*

**2** **Il quale** is used in preference to **che** and **cui** when the antecedent would otherwise be ambiguous. Unlike those pronouns, **il quale** specifies the antecedent because it indicates gender and number.

Mio zio **che** vende cellulari ha quarant'anni.
Mio zio **il quale** vende cellulari ha quarant'anni.

*My uncle **who** sells cell phones is forty years old.*

Non so niente del programma **di cui** mi parli.
Non so niente del programma **del quale** mi parli.

*I don't know anything about the program **that** you're talking about.*

Note that when **il quale** is used as the object of a preposition, the article contracts with the preposition.

### E Chi

**1** The relative pronoun **chi** refers to people unspecifically (*those who, the people who, he/she who, one who, whoever*). **Chi** is always singular and masculine in form, though not in meaning. It is used with the third-person singular form of the verb.

**Chi** non usa l'email è indietro nei tempi.

*People **who** don't use email are behind the times.*

Non sempre **chi** è ricco è felice!

*Not **all rich people** are happy!*

**2** **Chi** is often used in proverbs.

**Chi** la dura la vince.

*He who* endures wins.*

**Chi** non risica non rosica.

*Nothing ventured, nothing gained.*

**Chi** non fa, non falla.

*He who* does nothing makes no mistakes.*

## PRATICA

**A** **Chi cerca trova.** A coppie, formate almeno sei frasi sul mondo tecnologico. Usate i pronomi relativi **che** e **chi** ed il vocabolario del capitolo.

**ESEMPIO**

> *Il sito che visito più frequentemente è quello della RAI.*
>
> *Chi non sa usare il computer ha meno possibilità di trovare lavoro.*

**B** **Fatene una di due.** Trasforma le coppie di frasi in una frase singola, usando (1) il pronome **che** o il pronome **cui** preceduto da una preposizione o dall'articolo, e (2) la forma corretta di **quale**, preceduto dall'articolo e, se necessario, dalla preposizione.

**ESEMPIO**

> Quello è un programma interessante. Non ricordo il suo nome.
>
> (1) *Quello è un programma interessante di cui non ricordo il nome.*
>
> (2) *Quello è un programma interessante del quale non ricordo il nome.*

1. Word è un programma di scrittura. Laura scrive i suoi articoli con quel programma.

2. Il telefonino è diventato un nuovo status symbol. Per il telefonino si spendono moltissimi soldi.

3. Ho sentito i miei amici della chat room. Tra i miei amici della chat room c'è anche Cinzia.

4. Quello è il laboratorio d'informatica. Noi ci siamo conosciuti in quel laboratorio.

5. I lettori mp3 sono diffusi tra i giovani. Ai giovani non importa se sono costosissimi.

**C** **Una promozione in ditta.** Completa la seguente conversazione con la forma corretta del pronome relativo.

*Clara lavora per una ditta _____ presidente è in favore di una sua promozione.*
*Clara deve andare a parlargli, _____ la fa innervosire.*

| | |
|---|---|
| **Presidente:** | Buon giorno, Clara. Come sta? |
| **Clara:** | Buon giorno. Benissimo. Sono molto interessata al lavoro _____ mi ha parlato. |
| **Presidente:** | Ah sì, quello per editore del sito Web. |
| **Clara:** | Esatto. Ho avuto molte esperienze quest'anno _____ mi aiuterebbero a farlo bene. |
| **Presidente:** | È un lavoro _____ richiede molta pazienza. |
| **Clara:** | Verissimo. _____ non ha pazienza non può lavorare con la tecnologia! |
| **Presidente:** | La ragione _____ le offro questo posto è _____ lei è chiaramente qualificata sia dal punto di vista tecnico sia da quello creativo. Questo lavoro è per una persona _____ sappia scrivere e _____ sappia disegnare. |

*(continued)*

GRAMMATICA **219**

**Clara:** Grazie. Infatti, il giornale _____ ho lavorato prima di arrivare qui ha vinto vari premi e in particolare un articolo _____ ho scritto io è stato nominato.

**Presidente:** Benissimo, perché questo lavoro richiede un disegnatore Web in tutti i sensi della parola. Quindi, accetterà questo posto?

**Clara:** Con tanto piacere. Dieci anni fa _____ diceva che questo tipo di lavoro non aveva futuro si sbagliava! Ma io sono contenta, è un'ottima opportunità.

**Presidente:** Allora, siamo contenti tutti e due!

 **D** **Una telefonata di troppo.** In gruppi di tre, formate minimo quattro frasi per descrivere la scena, usando **che**, **cui**, **quale** e **chi** almeno una volta ciascuno. Poi provate a immaginare cosa potrebbe succedere.

© Gari Wyn Williams/Alamy

Practice Quizzes,
Flashcards,
**Raccontami una storia**

SAM Workbook and
Lab Activities

# Biblioteca

### IMPROVING READING SKILLS AND SPEED

You can adopt a variety of approaches to improve your reading ability and speed in a foreign language. Because Italian sentences tend to be complex and lengthy, the following techniques can help.

1. For textbook readings, review glossed words and post-reading questions before you read.

2. Break yourself of the habit of approaching each word separately. Instead, focus on groups of two to five words and try to get the gist of their meaning. Remember that you don't have to recognize every word to grasp the general meaning of what you read.

3. Italian typically uses less internal punctuation than English, and Italian sentences thus offer fewer cues about the grouping of words within a sentence. When you encounter a long sentence, make a practice of scanning the sentence to identify units of meaning.

4. Set realistic reading goals. In a foreign language, reading 5–10 minutes at a time may be more effective than trying to read an entire text at once. After reading a short passage, summarize it to yourself. Gradually increase the length of your reading sessions.

5. Get rid of distractions. Don't listen to music with lyrics in English while you're reading Italian!

6. Read often. The more you read, the more adept you will become.

## PRE-LETTURA

 **A** Leggete la seguente frase di Alessio Balbi sul modo di esprimersi dei giovani. Leggetela più volte e concentratevi sui gruppi di parole segnalati. Dopo fatene un breve riassunto orale.

«Si può comunicare / con 20 parole? / Sì, stando a una ricerca inglese / che analizza il linguaggio / dei ragazzi sul Web / e che ha fatto inorridire (*horrified*) / il governo di sua maestà: / anche se i teenager / hanno un vocabolario / di 40 mila termini, / quando parlano con i coetanei (*people their own age*) / tramite Internet o il telefonino / ne usano solo 800. / Ma non basta: / in un terzo delle conversazioni / le parole ricorrenti (*recurring*) / sarebbero appena venti».

From Alessio Balbi, "Bella e scialla: ecco come parla la 'generazione 20 parole'," January 12, 2010. *La Repubblica*. Used with permission.

 **B** Rileggete il brano del punto A. Dopo averlo letto e senza guardare il testo, cercate di elencare le caratteristiche della lingua segnalate da Alessio Balbi poi discutetene con la classe.

 **C** In gruppi di tre o quattro, scoprite le seguenti informazioni sui vostri compagni di scuola e discutete i risultati. Passate troppo tempo facendo alcune attività e troppo poco facendone altre?

| Quanto tempo al giorno... | Ore |
|---|---|
| guardare la televisione | |
| mandare sms | |
| stare su Facebook | |
| passare su Internet | |
| usare l'iPad | |
| scrivere email | |
| usare Twitter | |
| leggere un libro in formato elettronico | |

# Bella e scialla: ecco come parla la «generazione 20 parole»

### DI ALESSIO BALBI

ALESSIO BALBI è giornalista a Repubblica.it. Si occupa di internet e nuove tecnologie dal 1999, prima per siti e riviste come Infocity.it, HTML.it e Internet Magazine, poi per le testate del Gruppo Editoriale L'Espresso (la Repubblica, L'Espresso, Radio Capital e Repubblica TV).

Si è laureato in Scienze della Comunicazione con una tesi sulla crisi attraversata dai siti d'informazione all'inizio degli anni Duemila.

SI PUÒ COMUNICARE con 20 parole? Sì, stando a una ricerca inglese che analizza il linguaggio dei ragazzi sul web e che ha fatto inorridire[1] il governo di sua maestà: anche se i teenager hanno un vocabolario di 40 mila termini, quando parlano con i coetanei[2] tramite Internet o il telefonino ne usano solo 800. Ma non basta: in un terzo delle conversazioni le parole ricorrenti[3] sarebbero appena venti. Lo sostiene Tony McEnery, professore di Linguistica alla Lancaster University, la cui ricerca ha messo in allarme Jean Gross, appena nominata consulente del governo britannico per le politiche sulla comunicazione giovanile. La

Yuri Arcurs/Shutterstock

Ragazze al computer

Gross teme che l'abitudine a parlarsi attraverso il computer e i cellulari possa trasformarsi in un handicap insuperabile per il futuro dei teenager: «I ragazzi passano sempre più tempo comunicando attraverso gli sms e altri strumenti elettronici, con messaggi brevi e diretti», ha detto. «Ma devono capire che ottocento parole non sono sufficienti per conquistare un lavoro e avere successo nella vita».

Scorrendo la lista delle venti parole che costituiscono un terzo delle conversazioni online tra i giovani inglesi, si trovano termini banali, come «yeah» (*sì*), «but» (*ma*) e «no», ma anche vocaboli misteriosi come «chenzed», che può significare «stanco» o «ubriaco», oppure «spong», traducibile in «stupido». E poi ovviamente ci sono le abbreviazioni tipiche dei dialoghi su Internet, come «lol», acronimo di «laugh out loud» (*rido a crepapelle*).

Applicando gli stessi criteri alle comunicazioni elettroniche tra ragazzi italiani emergerebbero verosimilmente[4] gli ormai proverbiali «xke» al posto di «perché», «tvb» per «ti voglio bene» o «cmq» invece di «comunque». Ma anche nuove forme di saluto, come «bella», rivisitazione del vecchio «ciao». O slittamenti del significato, come

---

1. *horrified*   2. *people their own age*   3. *recurring*   4. *most likely*

nel caso di «pisciare», ormai usato come sinonimo di «lasciare», «abbandonare». Oppure «accollarsi», sostituto di «mettersi in mezzo», «dare fastidio». Termini che spesso nascono per esigenze di spazio, per rispettare gli angusti[5] limiti degli sms o dei cinguettii[6] su Twitter. E che altre volte vengono scelti per marcare una distanza da chi guarda da fuori ed è abituato ad esprimersi in un altro modo.

Un gergo[7] che dall'esterno può sembrare un codice misterioso e in qualche modo persino[8] ostile, ma che secondo gli esperti non completa l'universo linguistico delle nuove generazioni.

E così, mentre il governo inglese si prepara a lanciare per l'anno prossimo una campagna nazionale per arricchire il linguaggio dei teenager, c'è chi ridimensiona gli allarmi e preferisce ricondurre tutto a un problema di gap generazionale: «Tanta gente non capisce come i giovani possano avere un vocabolario per parlare di hip-hop e non per discorrere di politica», ha detto al *Times* il linguista David Crystal. «Il fatto è che i ragazzi sviluppano un frasario[9] articolato per parlare di ciò che piace a loro. Ed è un vocabolario che gli studiosi non sono ancora riusciti a misurare».

From Alessio Balbi, "Bella e scialla: ecco come parla la 'generazione 20 parole'," January 12, 2010. *La Repubblica*. Used with permission.

5. *restricted space*   6. *twittering*   7. *jargon*   8. *even*   9. *language*

## COMPRENSIONE

**A** Scrivi le definizioni delle seguenti parole e abbreviazioni.

1. xke _____

2. tvb _____

3. cmq _____

4. bella _____

5. accollarsi _____

**B** Secondo l'autore, com'è cambiato lo stile della comunicazione tra i giovani di oggi? Date alcuni esempi per giustificare le vostre risposte.

**C** Spiegate perché, secondo voi, è vero o non è vero che…

1. «… l'abitudine a parlarsi attraverso il computer e i cellulari possa trasformarsi in un handicap insuperabile per il futuro dei teenager».

2. «…[I ragazzi] devono capire che ottocento parole non sono sufficienti per conquistare un lavoro e avere successo nella vita».

3. «Tanta gente non capisce come i giovani possano avere un vocabolario per parlare di hip-hop e non per discorrere di politica…»

4. «… i ragazzi sviluppano un frasario (*language*) articolato per parlare di ciò che piace a loro».

**D** Secondo voi, è giusto che la ricerca del professore di linguistica abbia messo in allarme Jean Gross, il consulente del governo britannico per le politiche sulla comunicazione giovanile? Perché? Motivate le vostre risposte.

# Di propria mano

## PRE-SCRITTURA

Preparatevi all'eventuale email che dovrete mandare al vostro/alla vostra insegnante. A coppie, cercate di rispondere alle seguenti domande.

1. Secondo voi, qual è l'importanza dell'email?

2. Quali sono le caratteristiche che spingono la gente ad usare l'email?

3. Quali sono i problemi creati dall'uso diffuso dell'email?

4. Nel futuro, quali saranno le caratteristiche dell'email che attireranno la gente?

5. Preferireste usare la posta elettronica per tutte le comunicazioni? Perché?

Writing Tips

Il tuo/La tua insegnante ha proposto, per il prossimo semestre, di contattarlo/la con l'email invece di presentarsi alle ore di ricevimento. Ha spiegato che usando questo mezzo potrai comunicare con lui/lei a qualsiasi ora invece che solamente durante le ore di ricevimento. Il tuo/La tua insegnante non prenderà comunque una decisione definitiva prima ancora di sentire il tuo parere. Scrivigli/le un email esprimendo la tua preferenza e motivando la tua posizione. Usa il futuro e il condizionale dove appropriato.

Da: Piero Torti <pitor@libero.it>
Data: Mercoledì 22 gennaio 2008
Soggetto: Nuove foto
Allegati: gruppo.jpg

Ciao Clara!
Ti mando in allegato le foto della festa che ho appena finito di scannerizzare. Il tuo costume era proprio bellissimo, ma il mio era più bello. Se non ci credi, apri l'allegato e vedrai. :-)
A presto,
Piero

## Block Notes

Riflettendo sullo scontro fra tradizione ed innovazione che hai potuto osservare in classe, su Web e nelle letture che hai fatto, commenta su uno dei seguenti punti.

1. Come sono cambiate le città e le tradizioni italiane a causa delle innovazioni tecnologiche.

2. Le innovazioni tecnologiche hanno dato molto alla società italiana ma le hanno anche tolto qualcosa.

3. Il mondo dell'informatica offre grandi opportunità anche agli anziani.

# Nel mondo dei grandi

## IL CREATORE DI UN MITO: ENZO FERRARI

QUANDO SI PARLA di tecnologie applicate e di industria italiana l'immaginario collettivo in Italia e nel mondo va subito alla Ferrari, una delle macchine sportive più famose al mondo. Oggi la Ferrari ed il suo simbolo, il cavallino rampante[1], sono riconosciute ovunque[2]

Bettmann/Corbis

e Ferrari, così, non è più soltanto un'automobile ma è diventato anche il nome di un profumo, di orologi e di una linea di abbigliamento. Le origini di questa mitica automobile ci portano a Modena, dove il 18 febbraio del 1898 nasceva Enzo Anselmo Ferrari, pilota di auto da corsa[3] prima e poi team manager dell'Alfa Romeo, dove si occupava dello sviluppo delle automobili da corsa. La Ferrari come la conosciamo oggi fu fondata nel 1947 e dopo soli cinque anni, nel 1952, vinse il suo primo titolo mondiale di Formula 1. Sin[4] dagli inizi, per raccogliere i soldi per partecipare alla Formula 1, alla Mille Miglia o alla 24 Ore di Le Mans, l'azienda Ferrari vendeva macchine sportive eccezionali che ancora oggi fanno sognare tantissimi appassionati: si pensi solo, per fare due esempi, alla Dino 308 gtb4 o alla Testarossa. Enzo Ferrari restò alla guida della scuderia[5] Ferrari fino alla morte, avvenuta a Maranello il 14 agosto 1988. Oggi la Ferrari appartiene per il 90% alla FIAT mentre l'altro 10% rimane alla famiglia di Piero Lardi Ferrari. A Maranello, vicino a Modena, è oggi possibile visitare la galleria Ferrari e ammirare molte delle vetture[6] che hanno reso la Ferrari famosa in tutto il mondo.

---

1. *stallion rearing up*   2. *everywhere*   3. *race car driver*   4. *Since*   5. *racing team*   6. *cars*

## TRACCE DI RICERCA

Web Links    Il museo Ferrari

Altre grandi auto nate dal genio italiano: Alfa Romeo, Lamborghini, Maserati

La moda Ferrari: dai profumi agli abiti nel Ferrari store

# 🔊 Dizionarietto

accedere (*p.p.* accesso) *to gain access to*

allegato *attachment*

attivare (il collegamento) *to activate (the connection)*

bloccarsi *to freeze*

blog (*m.*) *blog*

caricare *to upload*

cartuccia (d'inchiostro) *(ink) cartridge*

chat, chat room (*f.*) *chat, chat room*

chiavetta *flash drive*

cliccare *to click on*

(computer) portatile (*m.*) *laptop*

console (*f.*) *video game machine*

custode (*m./f.*) *caretaker*

di fianco a *by the side of / next to*

disco fisso *hard drive*

documento *file*

durare *to last*

email (*m.*) *email (message)*

eseguire comandi *to follow orders*

immettere (*p.p.* immesso) (dati) *to input (data)*

individuare *to identify, to spot*

infastidire *to bother, to annoy*

informatica *computer science*

innervosire *to get nervous, to get on someone's nerves*

inviare *to send*

lanciare *to throw, launch*

lettore CD / mp3 (*m.*) *CD / mp3 player*

masterizzare *to burn (a CD / DVD)*

motore di ricerca (*m.*) *search engine*

navigare su Internet *to surf the Internet*

negare *to deny*

odore (*m.*) *smell, odor, scent*

percepire *to perceive*

posta elettronica *email*

potenza *power*

premere *to press (a key or button)*

pulsante (*m.*) *key*

rete (virtuale) (*f.*) *Internet, the Web*

rilasciare *to release*

riparare *to repair*

salvare *to save*

scanner (*m.*) *scanner*

scannerizzare *to scan*

scaricare *to download*

schermo *screen*

scontro *encounter, clash*

scrivere al computer (*p.p.* scritto) *to type on a computer*

sito *site*

sms *text messaging*

squillare *to ring*

stampante (*f.*) *printer*

stampare *to print*

tastiera *keyboard*

tasto *key*

telefonino, (telefono) cellulare *cellular phone*

usa e getta *disposable (products)*

usare Twitter *to use Twitter*

videogioco *videogame*

virus *virus*

## LE VOSTRE PAROLE

# Cinema ponti

## *Il premio*
## (Ermanno Olmi, 2009)

Elisabetta A. Villa/WireImage/Getty Images

Ermanno Olmi è un regista, sceneggiatore, direttore della fotografia, montatore, produttore cinematografico e scenografo italiano.

Il film narra la storia di tre ragazzi in viaggio di ritorno in treno dopo aver vinto il primo premio ad un Corcorso per innovazioni tecnologiche con l'idea di un braccialetto intelligente e allo stesso tempo «alla moda» per bambini che soffrono di diabete. La competizione è conclusa, la gioia per la vittoria grande, ma ora? Il prototipo ha bisogno di finanziamenti per poter essere prodotto. Matteo ci pensa seriamente. Anche le sue partner, Stefania e Maral, ci provano, mentre le loro facce si riflettono nel finestrino del treno. Dove stiamo andando? E cosa ci aspetta quando saremo arrivati?

### PRE-VISIONE

**A.** Guardate la foto e provate a rispondere alle domande. Secondo voi:

1. Chi sono? Quanti anni hanno? Qual è il rapporto tra di loro?
2. Descrivete l'ambiente. Dove sono? Dove vanno?
3. Cosa potete capire del film dalla foto?

From *Il premio* by Ermanno Olmi

**B. Vocabolario.** Studiate il vocabolario necessario per capire il dialogo del video e poi scegliete fra queste parole quelle giuste per completare il brano.

| | |
|---|---|
| accattivante | *winning* (accattivare: *to win over*) |
| appositamente | *purposely* |
| bracciale | *bracelet* |
| coeanei | *of the same age* |
| diabete | *diabetes* |
| ente finanziario | *financial agency / body* |
| imprenditore | *entrepreneur* |
| interlocutore | *person to talk to* |
| tasso glicemico | *glycemic rate* |

## Un'innovazione tecnologica

Stefania e Maral hanno inventato un _____ per i bambini dai 6 ai 12 anni. Questo bracciale incorpora una tecnologia digitale basata sui raggi infrarossi che permette la costante misurazione del _____ nel sangue. Questo oggetto ha l'apparenza di un classico _____ orologio da ragazzi. Consentirà ai piccoli pazienti che soffrono di _____ di non sentirsi discriminati nei confronti dei loro _____. Ora è solo un progetto ma i ragazzi cercano un _____ che li aiuti a sviluppare il prototipo.

**C.** Capita spesso di voler attirare l'attenzione di qualcuno; può essere un amico, un collega, un professionista, un poliziotto, ad esempio. In gruppi di quattro, create una situazione in cui tre di voi cercano di attirare l'attenzione di una quarta persona per chiedergli qualcosa. Quando finalmente quella persona risponde, spiegategli/le cosa volete. Recitate la scena per la classe.

**D.** Ancora in gruppi, rispondete alle domande: Avete mai vinto un premio? Conoscete qualcuno che ha vinto un premio? Per quale motivo ha vinto? Raccontate alla classe a chi è successo e per che cosa.

## VISIONE

**Primo passo:** Guardate il cortometraggio. Cercate semplicemente di capire i personaggi e il senso generale.

From *Il premio* by Ermanno Olmi

**Secondo passo:** Guardate il video. Dopo aver visto il video, rispondete ad ognuna delle seguenti domande. Poi abbinate le frasi e le vostre risposte o ogni immagine.

1. _____ Il ragazzo sorride e sta per parlare.
2. _____ Un uomo applaude.
3. _____ I ragazzi vanno via delusi.
4. _____ La ragazza spiega un'immagine sul computer.
5. _____ Il signore scrive sulla sua agenda.

Video stills from *Il premio* by Ermanno Olmi

**Terzo passo:** Guardate il film una terza volta e poi rispondete alle seguenti domande.

1. Per quale innovazione hanno vinto un premio le ragazze?

2. Cosa mangiano i ragazzi in treno?

3. Quando finalmente hanno l'attenzione del professore, lui chiede ai tre ragazzi tre ragioni per cui gli dovrebbe dare il recapito telefonico di un possibile finanziatore del progetto. Scrivete le loro risposte.

   a. _____

   b. _____

   c. _____

4. Una delle ragazze dice: «Chi ha idee non ha soldi e chi ha soldi non gliene frega delle idee». Spiegate il significato di questa frase e dite se la condividete. Motivate le vostre opinioni.

## CONCLUSIONE

 Il regista Ermanno Olmi ha voluto filmare questa storia vera di due studentesse che hanno vinto un premio per un progetto innovativo. Ha voluto aiutarle a credere nel loro futuro. Alla fine del cortometraggio c'è scritto: «Questa storia continua e avrà un lieto fine». In gruppi di tre, create voi il lieto fine. Scrivete una conversazione per concludere la storia. Recitate la conversazione per la classe.

**Bonus:** La musica che si sente in questo film viene da un'opera famosa di Giuseppe Verdi. Riuscite a identificarla? Secondo voi, perché il regista ha scelto questa musica?

# Fratelli d'Italia?

# Per comunicare

- Esprimere opinioni, credenze, dubbi ed emozioni
- Discutere di volontariato e di argomenti sociali
- Discutere di argomenti legati alla società

**INTERNET CAFÉ**

**INDIRIZZO:** www.cengage.com/italian/ponti

**ATTIVITÀ:** Salvare il pianeta.

**IN CLASSE:** Scegli un problema ecologico dal sito Web di Greenpeace e descrivilo alla classe. Poi discuti con i tuoi compagni su quali cose si potrebbero fare per aiutare la campagna di Greenpeace.

 Web Search Activity

**RESOURCES**  Audio  Web  SAM Workbook

AP Photo

◀ Migliaia d'immigranti albanesi alla ricerca di una vita migliore arrivano al porto di Brindisi, in una scena quasi da inferno dantesco.

# Ponti sul primo anno

Take the following quick assessment and check your answers in the answer key found on the *Ponti* website to determine whether you should do further review.

**A Aggettivi possessivi.** Scegli l'aggettivo possessivo appropriato per completare le seguenti frasi.

1. _____ associazioni di volontariato sono le migliori di questa città.
   a. La nostra     b. I nostri     c. Le nostre     d. Il nostro

2. In quella comunità ci sono troppi ex tossicodipendenti. _____ volontari non sono abbastanza e devono fare il doppio turno.
   a. La loro     b. I loro     c. Le loro     d. Il loro

3. Qui abbiamo moltissimi animali e sono tutti in salute. _____ gatti sono tutti vaccinati?
   a. La vostra     b. I vostri     c. Le vostre     d. Il vostro

4. _____ casa popolare è stata costruita 30 anni fa.
   a. La mia     b. I miei     c. Le mie     d. Il mio

5. _____ amici hanno fatto beneficenza a numerose associazioni.
   a. La tua     b. I tuoi     c. Le tue     d. Il tuo

6. Odio quella fabbrica. _____ rifiuti vanno tutti a finire nel fiume qui sotto.
   a. La sua     b. I suoi     c. Le sue     d. Il suo

**B Aggettivi possessivi.** Completa le frasi con il corretto aggettivo possessivo.

1. (Mio / Il mio) fratello deve smettere di sporcare i muri con quelle bombolette spray!

2. Ieri sono andato con (mio / il mio) fratello maggiore a dare da mangiare ai senzatetto.

3. Abbiamo adottato (i nostri / nostri) gatti l'anno scorso e ora sono parte della nostra famiglia.

4. (Tua / La tua) madre ha 35 anni e sono 15 anni che fa l'operatrice sociale.

5. (Le loro / Loro) sorelle sono animaliste convinte.

6. (I vostri / Vostri) genitori aiutano sempre i bisognosi.

**C Ancora i possessivi.** Michele parla della sua famiglia «particolare». Completa l'esercizio con la forma corretta dell'aggettivo possessivo necessario tra parentesi.

_____ (*my*) genitori sono delle persone generosissime. _____ (*my*) mamma fa la volontaria al rifugio La Martinella con _____ (*her*) migliore amica Mirella ogni sera e il sabato aiuta _____ (*our*) papà al centro d'accoglienza. _____ (*their*) tempo con noi non è molto anche perché io e _____ (*my*) fratelli e _____ (*my*) sorelle non siamo da meno; tutti noi, infatti, facciamo volontariato. Abbiamo anche tre cani: Jack, Birillo e Luna, tutti adottati dal rifugio dove lavora _____ (*our*) madre. Lo so che non è bello avere dei favoriti, ma Birillo è _____ (*my*) cane preferito. E _____ (*your, pl.*) famiglia è così generosa?

234 Capitolo 8  Fratelli d'Italia?

# Fratelli d'Italia?

«FRATELLI D'ITALIA» sono le parole iniziali dell'inno nazionale° italiano, parole che testimoniano l'importanza di aiutarsi l'un l'altro, proprio come fratelli, nel momento del bisogno. Effettivamente, nel corso degli ultimi anni, in Italia l'interesse verso i meno fortunati è diventato sempre più forte e le iniziative per chi si trova in difficoltà si moltiplicano all'interno della società italiana.

Giornali, televisione e Internet offrono sempre più spazio ai numerosissimi gruppi di volontariato° nati negli ultimi decenni, ed un numero sempre maggiore di giovani offre parte del proprio tempo al successo di tali iniziative. Alle organizzazioni che si muovono a livello mondiale, come Greenpeace, Unesco°, FAO° e Amnesty International, si affiancano° così gruppi italiani e cittadini che cercano di portare aiuto ad un grande numero di persone meno fortunate e in difficoltà. Immigrati, carcerati°, disabili°, tossicodipendenti°, alcolisti°, anziani ed ammalati soli, senzatetto° e ultimamente le grandi masse di immigrati sono tra quelli che usufruiscono° dei servizi offerti da operatori sociali° pubblici e privati.

Molte sono anche le iniziative indirizzate alla protezione dell'ambiente: grande attenzione viene portata al controllo dell'inquinamento e al risanamento dei fiumi e dei mari, così come le città cercano di promuovere piani antismog per proteggere sia la salute delle persone sia il grande patrimonio artistico italiano.

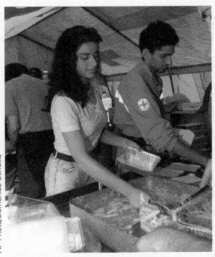

Volontari italiani in un campo profughi in Albania.

Per molti italiani, comunque, il primo impegno del governo italiano dovrebbe essere quello di affrontare il problema più recente per la penisola italiana: quello dell'immigrazione che arriva soprattutto dall'Europa dell'est e dal nord-Africa alla ricerca di un improbabile «*El Dorado*». Si sente infatti la necessità di portare avanti una campagna di sensibilizzazione° sia verso quei gruppi non ancora completamente integrati, né a livello sociale né culturale, sia verso alcune delle minoranze etniche presenti da tempo sul territorio. Trovare una via verso una normale convivenza° è il primo obiettivo che l'Italia e gli italiani dovrebbero cercare di centrare.

**inno...** *national anthem*

**gruppi...** *volunteer organizations*

*United Nations Educational, Scientific, and Cultural Organization / Food and Agriculture Organization / * **si...** *work side-by-side / prisoners / disabled people / drug addicts / alcoholics / homeless people / benefit /* **operatori...** *social workers*

**campagna...** *public-awareness campaign*

*coexistence*

## DOMANDE

1. Quali sono i problemi sociali che oggi si cercano di affrontare in Italia e che ritrovi anche nella città dove vivi?

2. In Italia viene fatta molta pubblicità alle iniziative di volontariato e questo sembra avere un grande successo. Quali pensi che siano alcune vie possibili da utilizzare per sensibilizzare le persone verso l'impegno sociale?

3. Quali sono le persone a rischio di emarginazione sociale nel tuo Paese? Perché?

4. Hai mai fatto parte di un'organizzazione che lavora nel campo sociale? A quale tipo di organizzazione vorresti offrire il tuo aiuto?

5. Esistono dei problemi legati all'immigrazione nel tuo Paese? Dove? Cosa pensi che si potrebbe fare per facilitare l'integrazione degli stranieri?

6. Tra i problemi che si affrontano in Italia esistono diverse questioni ecologiche. Quali sono i problemi ecologici più importanti nel tuo Paese? Pensa alle campagne di Greenpeace che hai visto sul sito dell'attività Web e descrivi se queste campagne sono simili a quelle del tuo Paese.

# Lessico

CD 2
11-13

## ECOLOGIA

| | |
|---|---|
| l'ambientalista (*m./f.*) | *environmentalist* |
| l'ambiente (*m.*) | *environment* |
| l'animalista (*m./f.*) | *animal-rights supporter* |
| la bomboletta spray | *aerosol spray can* |
| il canile | *dog pound* |
| depurare | *to purify* |
| l'effetto serra | *greenhouse effect* |
| l'energia eolica | *wind energy* |
| l'energia solare | *solar energy* |
| la fascia dell'ozono | *ozone layer* |
| l'inquinamento | *pollution* |
| inquinare | *to pollute* |
| l'operatore/l'operatrice sociale | *social worker* |
| la pila | *battery* |
| il prodotto usa e getta | *disposable product* |
| la protezione dell'ambiente | *environmental protection* |
| il riciclaggio | *recycling* |
| i rifiuti | *garbage* |
| scaricare | *to unload, to dump* |

## SOCIETÀ

| | |
|---|---|
| l'adozione (*f.*) | *adoption* |
| l'alcolista (*m./f.*) | *alcoholic* |
| l'analfabetismo | *illiteracy* |
| l'animale randagio | *stray animal* |
| il bisognoso | *needy person* |
| il/la carcerato/a / il/la detenuto/a | *prisoner* |
| il carcere | *prison, jail* |
| la casa di riposo | *retirement home* |
| la casa popolare | *low-cost, subsidized housing* |
| il centro d'accoglienza | *shelter* |
| la comunità | *rehabilitation center* |
| il/la disabile / il portatore/la portatrice di handicap | *handicapped person* |

| | |
|---|---|
| l'extracomunitario/a | *immigrant from a country outside the European Community* |
| fare beneficenza | *to donate* |
| l'immigrato/a | *immigrant* |
| l'immigrazione (*f.*) | *immigration* |
| l'impegno sociale | *social commitment* |
| il recupero | *recovery, rescue* |
| il rifugio | *animal shelter* |
| il/la senzatetto (*sing. & pl.*) / il barbone/la barbona | *homeless person* |
| il/la tossicodipendente | *drug addict* |
| il volontariato | *volunteer work* |
| il/la volontario/a | *volunteer* |

## ALTRE PAROLE ED ESPRESSIONI UTILI

| | |
|---|---|
| beneficenza | *charity* |
| coinvolgersi | *to get involved* |
| i diritti umani | *human rights* |
| discriminare | *to discriminate* |
| discriminazione | *discrimination* |
| impegnarsi | *to get involved* |
| impegnativo/a | *demanding, time-consuming* |
| imporre | *to impose, inflict* |
| l'incentivo | *incentive, stimulus* |
| il numero verde | *800 number* |
| l'ostracismo | *ostracism* |
| ostracizzare | *to ostracize* |
| la pena | *punishment, sentence* |
| la pena di morte | *death penalty* |
| i pannelli solari | *solar panels* |
| proteggere | *to protect* |
| il reinserimento | *reintegration (in society after rehab)* |
| sentirsi a proprio agio | *to feel at ease* |
| la solidarietà | *solidarity* |
| sovraffollato/a | *overcrowded* |

**A** **L'impegno sociale.** Completa la conversazione con queste parole appropriate.

| | | | | |
|---|---|---|---|---|
| alcolisti | carcerati | coinvolgermi | recupero | sentirei |
| canile | casa di riposo | comunità | riciclaggio | senzatetto |

*Lorenzo, Guido e Sonia sono ragazzi che lavorano per una _____ che si occupa del _____ di ragazzi che, facendo uso d'alcool e droghe, sono diventati tossicodipendenti e _____. Parlano con un'amica, Simonetta, e vorrebbero convincerla a partecipare alla loro attività di volontariato.*

**Lorenzo:** Simonetta, domani organizziamo una partita a pallavolo con alcuni ragazzi della nostra comunità. Vorresti venire?

**Simonetta:** Credo di no. Non mi _____ a mio agio.

**Sonia:** Perché?

**Simonetta:** Perché non sono capace di affrontare con serenità i problemi di altre persone.

**Guido:** Ma saremmo lì anche noi per aiutarti!

**Simonetta:** Guardate, davvero non posso. Ho provato a fare del volontariato in un _____ e dopo tre settimane avevo già portato a casa tre cani. Poi ho provato in una _____ ma ogni volta che qualcuno stava male io mi sentivo peggio.

**Lorenzo:** Certo, capisco. Ma i ragazzi con cui noi lavoriamo stanno abbastanza bene. Sono quasi guariti.

**Simonetta:** Sì, ma non è solo quello il problema. Non sono capace di _____ in una cosa del genere senza farlo completamente. Se lavorassi con i _____, li inviterei a dormire a casa mia; se lo facessi con i _____, parlerei con i loro avvocati per cercare di farli uscire. Sono un caso impossibile!

**Sonia:** No, non è vero. Qualcosa per aiutare si può sempre trovare. Perché non cominci a dare una mano a un centro che si occupa di _____: non credo che lattine, bottiglie e carta ti creeranno dei problemi.

**Simonetta:** Buona idea! Ci penserò.

**B** **Siamo tutti ambientalisti.** Anche senza appartenere ad un'organizzazione di volontariato, ci sono cose che possiamo sempre fare per proteggere il mondo intorno a noi. Con un compagno/una compagna, analizzate i seguenti problemi e fornite delle idee su come mitigarli. Dopo l'analisi pensate al problema che vi preoccupa maggiormente e spiegatene le ragioni alla classe.

1. la distruzione delle foreste

2. l'inquinamento delle acque

3. l'inquinamento atmosferico

4. l'effetto serra

5. l'abbandono degli animali

**C** **L'importanza di poter scegliere.** In gruppi di tre o quattro persone, dovete organizzare una nuova iniziativa sociale che coinvolga due delle seguenti categorie. Sceglietele, indicate il motivo della vostra scelta e presentate alla classe in quale modo pensate di andare incontro ai bisogni di ciascuna delle categorie scelte.

i tossicodipendenti    le persone sole    gli ammalati    i senzatetto    i disabili

> **ESEMPIO**
>
> **chi:** gli alcolisti
>
> **perché:** sono un grosso numero e c'è una grande possibilità di reinserirli in una vita normale
>
> **1ª iniziativa:** organizzare incontri con uno psicologo per scoprire le ragioni della loro dipendenza; introdurli in un centro per alcolisti anonimi
>
> **2ª iniziativa:** attività di gruppo (dalle gite ai tornei di carte o bocce) per tenerli occupati e lontani dalle tentazioni

**D** **Le nostre parole.** Pensa a due o tre parole relative all'argomento di questo capitolo che ti sembrano importanti e che non sono presenti nella sezione lessicale. Possono essere parole dall'attività Web, parole contenute nella lettura iniziale o semplicemente parole che ti servono per comunicare meglio. Cercale sul dizionario e presentale in classe spiegando il loro significato in italiano. Poi scrivi le parole che tutti pensano siano importanti nel *Dizionarietto* alla fine del capitolo.

## *Radio ponti*

> ### LISTENING FOR COMPARISON AND CONTRAST
>
> Communication is built on the relationship of words and ideas. Comparisons and contrasts are one way of establishing a connection between ideas. These comparisons and contrasts are often signalled by expressions such as the following:
>
> | | |
> |---|---|
> | **nello stesso modo** | **benché** |
> | **simile a** | **ciononostante** |
> | **altrettanto** | **invece** |
> | **però** | **dall'altro canto** |
> | **anche se** | **contrariamente** |

CD 2
14

**A** **Vita da cani.** Ascolta una notizia sulla condizione degli animali domestici e completa le seguenti frasi scegliendo tra le possibilità offerte.

1. L'emergenza per l'abbandono degli animali è in _____.
   a. autunno          b. primavera          c. estate

2. I rifugi di Liguria, Toscana e Marche non possono accomodare gli animali perché sono _____.
   a. sovraffollati          b. diminuiti          c. chiusi

3. La risposta agli aiuti del Governo per gli alberghi che permettono l'ingresso a cani e gatti è stata _____.

    a. grande                b. minima            c. insignificante

**B Brrr... Che freddo!** Ascolta questa notizia sulla situazione dei senzatetto a Roma e decidi se le seguenti informazioni sono vere o false.

|  | Vero | Falso |
|---|---|---|
| 1. Le chiese hanno risolto il problema dei posti letto. | _____ | _____ |
| 2. Ci saranno presto delle nuove mense. | _____ | _____ |
| 3. C'è bisogno di coperte e cibo, non di volontari. | _____ | _____ |
| 4. È possibile mandare una donazione via telefono. | _____ | _____ |

ACE Practice Tests, Flashcards

SAM Workbook Activities

Courtesy of Italian Ministry of Health

**A Umano o disumano?** Il problema dell'abbandono degli animali domestici è sfortunatamente un fenomeno che si ripete ogni anno durante l'estate, quando è tempo di andare in vacanza. Poche, infatti, sono le strutture alberghiere che accettano di ospitare anche gli animali e alcune (troppe) persone scelgono la soluzione meno costosa per affrontare il problema. Ma chi li abbandona è certamente di «razza disumana». Con un compagno/una compagna, guardate il poster (pagina 239) della campagna pubblicitaria del governo italiano contro l'abbandono e basandovi su quella (e sulle informazioni su questo fenomeno che avete ascoltato in *Radio ponti*) create voi una campagna da utilizzare la prossima estate.

# TESTIMONIANZE

**Paola Papi Barbato**
*volontaria a Telefono Azzurro*

Tratto da Donna Moderna – Arnoldo Mondadori Editore – Italia

**Enrico Silingardi**
volontario della Croce d'Oro e fondatore del Corpo Volontari Protezione Civile di Milano

Tratto da Donna Moderna – Arnoldo Mondadori Editore – Italia

«Dieci anni fa ero dipendente di una grande azienda per la quale selezionavo il personale. Così è iniziata la mia esperienza di servizio agli altri: mi chiesero di scegliere i volontari da inserire nelle attività che Telefono Azzurro iniziava allora a promuovere. Un'esperienza che subito mi ha coinvolta profondamente. Al punto che il lavoro ha cominciato a rivestire[1] un ruolo marginale nella mia vita. Sei anni fa, finalmente, sono riuscita a decidere, facendo la scelta definitiva. Ho lasciato il mio impiego per dedicarmi a tempo pieno all'associazione. Ho sempre creduto nella necessità di proteggere l'infanzia. E naturalmente credo moltissimo in tutto quello che Telefono Azzurro riesce a fare ogni giorno. Non solo per chi ci contatta per un'emergenza, ma anche per tutte quelle persone che si sono unite a noi. In questi anni abbiamo restituito un senso alla vita di tanti uomini e donne che volevano dare una mano agli altri».

«Ho iniziato a 23 anni. Una notte mio padre si sente male, deve essere ricoverato in ospedale. Arriva l'ambulanza con tre volontari che si muovono con delicatezza e professionalità. Resto colpito. E decido di rendermi utile anch'io. Da allora ogni mercoledì sono in servizio con le ambulanze. Poi, nell'Ottanta, c'è il terremoto in Irpinia. Parto volontario e mi trovo a contatto con unità cinofile[2] arrivate dalla Svizzera, perché in Italia non eravamo attrezzati per queste emergenze. Con un gruppetto di amici, decidiamo di organizzare qualcosa di simile alle unità svizzere: vogliamo dare soccorso ai feriti sotto le macerie[3] con l'aiuto dei cani. Nel 1985 abbiamo fondato un'associazione di volontari. E oggi in Italia abbiamo le nostre unità cinofile».

Paola Papi Barbato & Enrico Silingardi, "Testimonianze," from *Donna Moderna*, pp. 67, 69. Used by permission of Mondadori.

1. **a...** *to have* • 2. **unità...** *canine units trained for emergency situations* • 3. *rubble*

**B** **Reazione a catena.** La vita di Paola Papi Barbato e Enrico Silingardi è improvvisamente cambiata quando hanno deciso di dedicarsi interamente alle associazioni di volontariato in cui ora sono coinvolti. Cosa li ha spinti a donarsi completamente alla causa per cui lavorano? In gruppi di tre, pensate ora ai motivi personali che potrebbero spingere un individuo a coinvolgersi completamente in un'attività sociale e presentateli come le testimonianze che avete letto.

**ESEMPIO**

> Sono un ex tossicodipendente e dopo dieci mesi in comunità sono finalmente riuscito a liberarmi della mia dipendenza. Quando sono uscito, ho saputo che molte delle persone che conoscevo non erano state fortunate come me e avevano perso la vita. Da allora ho deciso che potevo fare qualcosa per evitare che questo capitasse ad altre persone. Ogni settimana mi invitano nelle scuole elementari dove parlo delle mie esperienze nella speranza di tenere quei ragazzi lontani dalle droghe.

 **C** **Idee per sensibilizzare.** A volte è sufficiente far conoscere i problemi e le necessità esistenti per trovare persone disposte ad aiutare. In gruppi di tre o quattro, pensate a come vorreste informare il pubblico sui problemi elencati qui sotto. Poi sceglietene uno e pensate ad un'idea per un manifesto pubblicitario, sul modello di quello per l'adozione a distanza, per attirare dei possibili volontari. A casa, create il vostro poster e portatelo in classe il giorno dopo per commentarlo insieme a quelli dei vostri compagni.

1. la fame
2. l'immigrazione
3. l'AIDS
4. l'inquinamento
5. l'analfabetismo

# Grammatica

 ## I IL MODO CONGIUNTIVO

The subjunctive mood expresses emotion, opinion, belief, possibility, and uncertainty. By contrast to the indicative mood, which expresses certainty and objective reality, the subjunctive is subjective; it is frequently used to express personal judgments and feelings.

Although the subjunctive is increasingly being replaced by the indicative, it expresses refinements and nuances of meaning that are not possible in the indicative.

The subjunctive has four tenses, two simple (**il congiuntivo presente** and **il congiuntivo imperfetto**) and two compound (**il congiuntivo passato** and **il congiuntivo trapassato**).

### Il Congiuntivo Presente

**Credo** che lui **faccia** il volontario per la Croce Rossa.

*I believe he is a volunteer for the Red Cross.*

### Il Congiuntivo Passato

**Credo** che lui **abbia fatto** il volontario per la Croce Rossa l'anno scorso.

*I believe he was a volunteer for the Red Cross last year.*

### Il Congiuntivo Imperfetto

**Credevo** che lui **facesse** il volontario per la Croce Rossa.

*I believed he was a volunteer for the Red Cross.*

### Il Congiuntivo Trapassato

**Credevo** che lui **avesse fatto** il volontario per la Croce Rossa due anni fa.

*I believed he had been a volunteer for the Red Cross two years ago.*

## Uso del congiuntivo

The subjunctive is typically used in a dependent clause introduced by **che**.

**1** The subjunctive is used after a verb in the main clause that expresses an opinion, doubt, supposition, wish, demand, or plea. Some verbs that require the subjunctive are:

| | | | |
|---|---|---|---|
| aspettarsi | *to expect* | pensare | *to think* |
| augurarsi | *to wish* | rallegrarsi | *to be happy, glad* |
| credere | *to believe* | richiedere | *to require* |
| desiderare | *to desire* | sperare | *to hope* |
| dubitare | *to doubt* | supporre | *to suppose* |
| insistere | *to insist* | temere | *to fear* |
| parere | *to seem* | volere | *to want* |

**Insistono** che i volontari **abbiano** un buon atteggiamento.

*They insist that the volunteers have a good attitude.*

**Speriamo** che molti **vengano** a mangiare.

*We hope that many will come to eat.*

**2** The subjunctive is also used after verbs and expressions of emotion such as:

| | | | |
|---|---|---|---|
| avere paura | *to be afraid* | essere lieto/a | *to be pleased* |
| dispiacere | *to displease, to be sorry* | essere sorpreso/a | *to be surprised* |
| essere contento/a | *to be content, glad* | essere spiacente | *to be sorry, to regret* |
| essere felice | *to be happy* | piacere | *to please, to like* |

**Sei sorpreso** che fare il volontariato **possa** essere facile ed allo stesso tempo difficile? | ***Are you suprised*** *that being a volunteer **can** be easy and difficult at the same time?*

**Ero contenta** che lui **avesse trovato** una buona istituzione per cui lavorare. | ***I was happy*** *that **he had found** a good institution to work for.*

③ The subjunctive is also used after *impersonal expressions* + **che**. Some impersonal expressions that require the subjunctive are:

| | | | |
|---|---|---|---|
| bisogna | *one needs to, it is necessary* | è peggio | *it's worse* |
| è bene | *it's good* | è possibile | *it's possible* |
| è difficile | *it's difficult, unlikely* | è probabile | *it's probable* |
| è facile | *it's easy, likely* | è raro | *it's rare* |
| è giusto | *it's fair* | è strano | *it's strange* |
| è importante | *it's important* | è utile | *it's useful* |
| è meglio | *it's better* | pare | *it appears* |
| è necessario | *it's necessary* | peccato | *it's a shame* |
| è normale | *it's usual, to be expected* | può darsi | *it's possible* |
| è opportuno | *it's a good thing* | sembrare | *it seems* |

**È necessario** che lui **vada** al convegno quest'anno. | ***It's necessary*** *that **he go** to the conference this year.*

**È importante** che **siano** persone sensibili. | ***It's important*** *that **they are** sensitive people.*

④ The indicative is used after impersonal expressions that express certainty.

**Era vero** che loro non **avevano capito** bene i regolamenti. | ***It was true*** *that **they hadn't understood** the regulations well.*

⑤ The subjunctive is only used when the subjects of the main clause and the dependent clause differ, as in the preceding examples. When there is no change of subject, an infinitive follows the main verb and is often preceded by the preposition **di**. Most impersonal expressions and the verbs **volere**, **desiderare**, **preferire**, **amare**, **piacere**, and **dispiacere** are not followed by the preposition **di**.

**Spero di andare** al convegno quest'anno. | ***I hope to go*** *to the conference this year.*

**Crediamo di avere** tempo per fare volontariato quest'anno. | ***We think we have*** *time to volunteer this year.*

**È importante essere** sensibili. | ***It's important to be*** *sensitive.*

**Mi piacerebbe lavorare** in un canile. | ***I'd like to work*** *in a dog pound.*

# II IL CONGIUNTIVO PRESENTE

### A  Formazione del congiuntivo presente dei verbi regolari

1 The present subjunctive is formed by adding the characteristic endings to the stem of the verb.

| procurare | pretendere | offrire | distribuire |
|-----------|------------|---------|-------------|
| procuri | pretenda | offra | distribuisca |
| procuri | pretenda | offra | distribuisca |
| procuri | pretenda | offra | distribuisca |
| procuriamo | pretendiamo | offriamo | distribuiamo |
| procuriate | pretendiate | offriate | distribuiate |
| procurino | pretendano | offrano | distribuiscano |

2 Verbs ending in **-care** and **-gare** add an **h** between the stem and the ending to maintain the hard sound of the **c** or **g** (**paghi, paghi, paghi, paghiamo, paghiate, paghino**). Verbs ending in **-ciare** and **-giare** do not double the **i** when forming the subjunctive (**mangi, mangi, mangi, mangiamo, mangiate, mangino**). The only exception is when the **i** in the infinitive is stressed, as in the verb **sciare** (**scii, scii, scii, sciamo, sciate, sciino**).

### B  Formazione del congiuntivo presente dei verbi irregolari

Some common verbs are irregular in the present subjunctive. (See the Verb Appendix for a more complete list of irregular verbs.)

1 First conjugation

| **andare:** | vada, vada, vada, andiamo, andiate, vadano |
|-------------|---------------------------------------------|
| **dare:** | dia, dia, dia, diamo, diate, diano |
| **fare:** | faccia, faccia, faccia, facciamo, facciate, facciano |
| **stare:** | stia, stia, stia, stiamo, stiate, stiano |

2 Second conjugation

| **bere:** | beva, beva, beva, beviamo, beviate, bevano |
|-----------|---------------------------------------------|
| **dovere:** | debba (deva), debba (deva), debba (deva), dobbiamo, dobbiate, debbano (devano) |
| **parere:** | paia, paia, paia, paiamo, paiate, paiano |
| **potere:** | possa, possa, possa, possiamo, possiate, possano |
| **rimanere:** | rimanga, rimanga, rimanga, rimaniamo, rimaniate, rimangano |
| **sapere:** | sappia, sappia, sappia, sappiamo, sappiate, sappiano |
| **scegliere:** | scelga, scelga, scelga, scegliamo, scegliate, scelgano |
| **valere:** | valga, valga, valga, valiamo, valiate, valgano |
| **volere:** | voglia, voglia, voglia, vogliamo, vogliate, vogliano |

**3** Third conjugation

| | |
|---|---|
| **apparire:** | appaia, appaia, appaia, appariamo, appariate, appaiano |
| **dire:** | dica, dica, dica, diciamo, diciate, dicano |
| **morire:** | muoia, muoia, muoia, moriamo, moriate, muoiano |
| **uscire:** | esca, esca, esca, usciamo, usciate, escano |
| **venire:** | venga, venga, venga, veniamo, veniate, vengano |

**4** **Essere** and **avere** are also irregular in the present subjunctive.

| essere | avere |
|---|---|
| sia | abbia |
| sia | abbia |
| sia | abbia |
| siamo | abbiamo |
| siate | abbiate |
| siano | abbiano |

## C Uso del congiuntivo presente

The present subjunctive is used in a dependent clause when the verb in the main clause is in the present or future tense, and the action in the dependent clause takes place at the same time or in the future. When the verb or expression in the main clause expresses doubt, belief, hope, or fear about the future, the future tense may be used instead of the subjunctive in the subordinate clause.

**Spero** che tutti **verranno** (o **vengano**) alla riunione domani.

*I hope* that everyone *will come* to *the meeting tomorrow.*

**Desidererò** che lui **vinca** le elezioni solo se continuerà a sostenere la nostra associazione.

*I'll want* him *to win* the election *only if he continues to support our organization.*

© David Turnley/CORBIS

Villa Literno, Campania: alcuni braccianti agricoli (*farm workers*) immigrati dall'Africa si rilassano durante la pausa con una partita a calcio balilla (*foosball*).

## PRATICA

**A La necessità dei volontari.** Completa le frasi con la forma corretta del congiuntivo presente dei verbi tra parentesi.

1. Mi auguro che il Comune _____ (cominciare) un programma per aiutare i tossicodipendenti.

2. Credo che il più grande nemico dell'ambiente _____ (essere) l'automobile.

3. Speriamo che tutti _____ (muoversi) per eliminare la povertà nel mondo.

4. Lo Stato è contento che voi _____ (riconoscere) il valore di essere volontari.

5. Se vuole aiutare, suggerisco che Lei, nel tempo libero, _____ (aiutare) gli immigrati ad ottenere l'assistenza sanitaria.

6. Pensi che il nostro obiettivo principale _____ (dovere) essere quello di aiutare gli anziani a mantenere la proprio autonomia?

7. È necessario che le donne _____ (ottenere) pari opportunità.

8. Dubito che la gente _____ (capire) quanto soffrono i bambini nei paesi del terzo mondo.

**B Il sovrappopolamento.** Completa il seguente brano con la forma corretta del congiuntivo presente dei seguenti verbi.

| | |
|---|---|
| avere | essere |
| colpire | migliorare |
| contribuire | potere |
| crescere | spettare (*to belong to*) |

Io credo che l'istruzione _____ una delle soluzioni migliori a tanti problemi. Si dice che le donne istruite _____ meno bambini e che i bambini _____ meglio per l'attenzione data loro. È probabile che il sovrappopolamento _____ alla nascita di più problemi rispetto a qualsiasi altro fenomeno. Credo che il sovrappopolamento _____ essere collegato all'inquinamento, alla fame, alla criminalità, ai problemi economici ed a numerosi altri problemi. Sembra che tutte queste calamità _____ soprattutto il terzo mondo, ma sono presenti anche nei Paesi più sviluppati. Penso che la responsabilità di trovare soluzioni _____ a tutti ma soprattutto ai Paesi industrializzati. Se tutti noi cerchiamo di aiutare, non è improbabile che la situazione mondiale _____.

**C I volontari in un carcere.** Dovete fare un orientamento per un gruppo di volontari. A coppie, esprimete le seguenti regole da seguire usando un'espressione impersonale o un verbo che regge il congiuntivo.

**ESEMPIO**

> trattare tutti con dignità
>
> *È importante trattare tutti con dignità.*
>
> o *Spero che trattiate tutti con dignità.*

1. rispettare le regole

2. essere preparati a conoscere giovani depressi

3. capire che qui dentro c'è un miscuglio (*mix*) di storie umane

4. iniziare alcune attività

5. credere al miracolo del «recupero»

6. conoscere la psicologia dei tossicodipendenti

7. non lasciarsi sopraffare dalla pietà

8. cercare di comprendere gli altri e di lavorare insieme

 **D E voi siete d'accordo?** A coppie, rispondete alle seguenti domande e spiegate le ragioni delle vostre risposte.

1. Credete che il sovrappopolamento sia un grave problema?

2. Pensate che l'istruzione possa essere una soluzione ragionevole?

3. Ritenete (*Do you believe*) che la criminalità sia legata al sovrappopolamento?

4. Credete che il sovrappopolamento sia un problema anche nei Paesi industrializzati?

**E Una mano ai senzatetto.** A coppie, pensate a tre soluzioni per il problema dei senzatetto. Poi elencate tre cose che dubitate che possano aiutarli.

**ESEMPIO**

> **Soluzione sì:** *Penso che il Governo debba costruire più case popolari.*
>
> **Soluzione no:** *Dubito che dargli dei soldi sia una soluzione.*

| Soluzioni sì | Soluzioni no |
|---|---|
| 1. | 1. |
| 2. | 2. |
| 3. | 3. |

Practice Quizzes, Flashcards

SAM Workbook Activities

IL CONGIUNTIVO PASSATO

 **Formazione del congiuntivo passato**

The past subjunctive is formed with the present subjunctive of **essere** or **avere** + *past participle* of the verb.

| procurare | occuparsi |
|---|---|
| abbia procurato | mi sia occupato/a |
| abbia procurato | ti sia occupato/a |
| abbia procurato | si sia occupato/a |
| abbiamo procurato | ci siamo occupati/e |
| abbiate procurato | vi siate occupati/e |
| abbiano procurato | si siano occupati/e |

**Temo** che il Comune non **si sia occupato** dei problemi dei senzatetto.

*I'm afraid* that city hall **hasn't addressed** the problems of the homeless.

 **Uso del congiuntivo passato**

The past subjunctive is used in a dependent clause when the verb in the main clause is in the present or future tense, and the action in the dependent clause preceded that in the main clause.

**Temo** che i soldi **siano arrivati** nelle mani sbagliate.

*I'm afraid* the money **ended up** in the wrong hands.

**Pare** che voi **abbiate capito** la situazione.

*It seems* that **you understood** the situation.

---

### PRATICA

 **La realtà italiana.** Completa le frasi con la forma corretta del congiuntivo passato dei verbi tra parentesi.

1. È un peccato che il numero di volontari _____ (abbassarsi) l'anno scorso.

2. Credo che gli anziani _____ (spendere) di più negli ultimi anni solo per poter sopravvivere.

3. È preoccupante che la disoccupazione _____ (costringere) i giovani a cercare lavoro in altri paesi.

4. Sembra che tu _____ (cambiare) il modo di spendere e pare che tu _____ (cominciare) a cercare negozi sempre più convenienti.

5. Mi rallegra che ieri tu e i volontari _____ (promuovere) le vostre attività e _____ (invitare) gli altri a partecipare.

6. Credo che in passato voi, insieme alla vostra chiesa, _____ (contribuire) molto ad aiutare i senzatetto.

7. Supponiamo che quel senatore _____ (discutere) i problemi dell'immigrazione.

**B** **La medicina nel terzo mondo.** Completa la seguente lettera con la forma corretta del congiuntivo passato dei verbi tra parentesi.

Cara Grazia,

sono contenta che la Croce Rossa mi _____ (accettare) nel suo programma. I direttori sono felici che l'anno scorso io _____ (scrivere) quella proposta per ottenere fondi. Sembra che anche tu _____ (svolgere) delle attività utili. Temo che quella malattia di cui ti occupi _____ (colpire) tante persone e spero che molti medici _____ (arrivare / già) con le medicine. Mi rallegra il fatto che loro _____ (intervenire). È possibile però che non _____ (loro / mandare) abbastanza medicine. C'e bisogno di molto aiuto. Non credo che la società _____ (capire) a fondo la serietà dei problemi.

                                                    Un abbraccio,
                                                    Maria

**C** **La povertà in città.** I poveri in città si sono trovati in situazioni difficili l'inverno scorso. A coppie, parlate dei loro disagi (*hardships*), iniziando ogni frase con un'espressione che regge il congiuntivo. Usate il congiuntivo passato ed i seguenti suggerimenti.

**ESEMPIO**

il cibo

*Penso che il costo del cibo sia stato il problema più grave.*

o *È possibile che la neve abbia bloccato il trasporto del cib*o.

1. il clima                     4. le mense

2. la fame                      5. i soldi

3. i vestiti                    6. la disoccupazione

**D** **I problemi dell'inquinamento.** Oggi ci sono molti problemi legati all'inquinamento dell'aria, della terra e dell'acqua. A coppie, discutete quelle che pensate ne siano state le cause. Segui il modello dell'esempio.

**ESEMPIO**

le machine

**St. 1:** Penso che le macchine abbiano inquinato l'aria.

**St. 2:** È possibile, ma io credo che gli scarichi delle fabbriche abbiano avuto un effetto maggiore.

*o* Sono d'accordo. Anch'io credo che le macchine siano state la causa principale dell'inquinamento dell'aria.

1. gli aerei                    5. le pile

2. i prodotti usa e getta       6. i rifiuti

3. il petrolio                  7. la distruzione delle foreste

4. le bombolette spray          8. i detersivi

Practice Quizzes, Flashcards

SAM Workbook Activities

**IL CONGIUNTIVO IMPERFETTO**

 **Formazione del congiuntivo imperfetto dei verbi regolari**

The imperfect subjunctive is formed by adding the characteristic endings to the stem of the verb.

| emigrare | assistere | pentirsi (*to regret, to repent*) |
|---|---|---|
| emigr**assi** | assist**essi** | mi pent**issi** |
| emigr**assi** | assist**essi** | ti pent**issi** |
| emigr**asse** | assist**esse** | si pent**isse** |
| emigr**assimo** | assist**essimo** | ci pent**issimo** |
| emigr**aste** | assist**este** | vi pent**iste** |
| emigr**assero** | assist**essero** | si pent**issero** |

**Ero contenta** che lui **assistesse** al congresso per i senzatetto.

*I was happy that he attended the conference on the homeless.*

**Dubitavo** che gli alberghi **avessero** a disposizione dei fondi in più per poter aprire le porte agli animali.

*I doubted that the hotels had extra funds to be able to accommodate animals.*

**Sembrava** che quella fabbrica **scaricasse** i rifiuti nel fiume.

*It seemed that that factory dumped toxic waste in the river.*

**Era difficile** che le persone che salvavano gli animali **pagassero** anche le vaccinazioni.

*It was difficult for the people who saved the animals to also pay for the vaccinations.*

**B** **Formazione del congiuntivo imperfetto dei verbi irregolari**

Verbs that have irregular forms in the imperfect indicative are also irregular in the imperfect subjunctive. These verbs are among the most common:

| bere | dare | dire | essere | fare | imporre | stare |
|---|---|---|---|---|---|---|
| bevessi | dessi | dicessi | fossi | facessi | imponessi | stessi |
| bevessi | dessi | dicessi | fossi | facessi | imponessi | stessi |
| bevesse | desse | dicesse | fosse | facesse | imponesse | stesse |
| bevessimo | dessimo | dicessimo | fossimo | facessimo | imponessimo | stessimo |
| beveste | deste | diceste | foste | faceste | imponeste | steste |
| bevessero | dessero | dicessero | fossero | facessero | imponessero | stessero |

I direttori **non volevano** che **facessero** la cena in quella sala.

*The directors **didn't want** them **to hold** the dinner in that hall.*

**Non sapevo** che la legge **imponesse** tante restrizioni per l'adozione dei bambini all'estero.

*I didn't know that the law imposed so many restrictions on the adoption of children abroad.*

**Uso del congiuntivo imperfetto**

The imperfect subjunctive is used when the verb in the main clause is in a past tense or the conditional and the action of the dependent clause takes place at the same time or later than the action of the main clause.

| | |
|---|---|
| **Speravamo** che le associazioni **aiutassero** i detenuti. | **We hoped** that the organizations **would help** the prisoners. |
| **Ho** sempre **dubitato** che gli anziani **avessero** una pensione sufficiente. | **I** always **doubted** that senior citizens **had** adequate pensions. |
| **Vorrei** che **aumentassero** la pensione degli anziani. | **I wish they would increase** pensions for seniors. |

## PRATICA

**A Aiutando il prossimo.** Completa le frasi con la forma corretta dell'imperfetto del congiuntivo dei verbi tra parentesi.

1. L'associazione dei cani randagi sperava che il loro obiettivo _____ (realizzarsi).

2. Hai suggerito che l'associazione _____ (gestire) meglio i fondi?

3. I volontari volevano che tutti _____ (dare) il sangue per aiutare i bambini malati.

4. Sembrava che gli italiani _____ (essere) altruisti, visto che dedicavano molte ore alla settimana al volontariato.

5. Il direttore ha insistito che i volontari _____ (portare) gli anziani al cinema.

6. Bisognava che il benefattore non _____ (dettare) il programma ma che l'associazione _____ (continuare) i programmi in autonomia.

7. Erano convinti che gran parte dell'aiuto _____ (dovere) venire dall'Occidente.

**B Un sondaggio.** Cento persone di Padova sono state intervistate sulla situazione dei poveri in città. Esprimi le risposte della maggioranza cominciando con **Credeva che**.

1. il Governo / dover pensare ai poveri

2. esserci / più di mille senzatetto in città

3. il centro d'accoglienza / chiudere le porte agli immigrati

4. le cucine popolari / preparare i pasti tutti i giorni

5. i bisognosi / dividersi in due categorie: visibili e invisibili

6. i medici / non contribuire abbastanza

7. il vero problema / essere la disoccupazione

8. la gente / non riuscire a capire come affrontare il problema

**C** **I volontari preparano una cena.** Trasforma le seguenti frasi al congiuntivo imperfetto.

**ESEMPIO**

Credo che i volontari arrivino alle 5.00.

*Credevo che i volontari arrivassero alle 5.00.*

1. Spero che i volontari preparino una cena per i senzatetto.

2. Vogliamo che tre o quattro persone facciano la spesa.

3. Insistiamo che i volontari comincino un'ora prima.

4. Loro desiderano che noi prepariamo da mangiare per 300 persone.

5. Dubito che possiamo accomodare così tante persone.

6. Pare che nella sala si possano ospitare solo 100 persone.

7. È possibile che dobbiamo limitarci a 250 persone.

8. Mi auguro che non piova.

**D** **Cosa ne pensavi tu?** Completa le seguenti frasi esprimendo una tua opinione. Usa l'imperfetto del congiuntivo.

1. Io non credevo che i portatori di handicap…

2. I professori vorrebbero che noi…

3. Quando ero piccolo/a avevo paura che i malati…

4. Vorrei che il Governo…

5. Spererei che gli altri…

6. Era raro che le chiese (non)…

7. Dubitavo che le scuole…

8. Desideravo che gli immigrati…

Practice Quizzes,
Flashcards

SAM Workbook
Activities

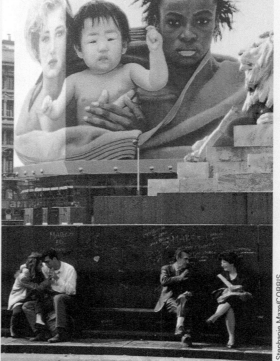

Un gigantesco cartellone pubblicitario della Benetton in Piazza Duomo a Milano sembra invitare ad abbracciare ogni tipo di cultura.

© Stephanie Maze/CORBIS

**IL CONGIUNTIVO TRAPASSATO**

**Formazione del congiuntivo trapassato**

The past perfect subjunctive is formed with the imperfect subjunctive of **essere** or **avere** + *past participle* of the verb.

| votare | difendersi |
|---|---|
| avessi votato | mi fossi difeso/a |
| avessi votato | ti fossi difeso/a |
| avesse votato | si fosse difeso/a |
| avessimo votato | ci fossimo difesi/e |
| aveste votato | vi foste difesi/e |
| avessero votato | si fossero difesi/e |

| | |
|---|---|
| **Non sapevo** che loro **avessero** già **votato**. | *I didn't know they had already voted.* |
| **Speravo** che loro **si fossero difesi** meglio dalle accuse. | *I was hoping that they had defended themselves better against the accusations.* |

 **Uso del congiuntivo trapassato**

The past perfect subjunctive is used when the verb in the main clause is in a past tense or the past conditional, and the action of the dependent clause takes place prior to the action of the main clause.

| | |
|---|---|
| **Avevo paura** che quel senatore **avesse votato** contro la volontà del popolo. | *I was afraid that that senator had voted against the will of the people.* |
| **Non avrei creduto** che lui **avesse lavorato** per beneficenza. | *I wouldn't have believed that he had worked for charity.* |

## VOLONTARI CERCASI

*Consegne a domicilio per anziani in difficoltà*

L'Auser, Associazione nazionale di anziani volontari, ha sedi in molte città, dal Nord al Sud Italia e cerca per agosto e settembre ragazzi disposti a regalare qualche ora al Filo d'Argento, il telefono amico degli anziani e delle famiglie.

I giovani devono portare le medicine o la spesa a casa di persone anziane malate. Per fare le consegne senza perdere troppo tempo, bisogna possedere una bicicletta o un motorino. Per chi vuole proporsi come pony[1] della solidarietà, **tel. 068440771.**

From "Volontari cercasi", Practica, August 2001, p. 90

---

1. *delivery person*

**A** **Alcuni problemi sociali.** Trasforma le frasi al passato, usando la forma corretta del congiuntivo trapassato. Segui il modello dell'esempio.

**ESEMPIO**

Ho paura che i politici non abbiano considerato con attenzione il problema dei senzatetto.

*Avevo paura che i politici non avessero considerato con attenzione il problema dei senzatetto.*

1. Nessuno crede che il Governo abbia preso una decisione giusta sul problema dell'immigrazione.

2. Sembra che non abbiamo capito la gravità della situazione degli orfani.

3. Dubitate che il volontariato sia riuscito a migliorare la condizione di molti?

4. Molti pensano che il mare sia stato inquinato irrimediabilmente.

5. È improbabile che voi abbiate costruito quella casa tenendo in considerazione le esigenze dei disabili.

6. Mi aspetto che la vita in comunità abbia aiutato molti giovani a disintossicarsi.

7. Riteniamo che i politici abbiano sottovalutato la necessità di un'integrazione completa per gli immigrati.

8. Ho l'impressione che il volontariato in Italia abbia avuto degli inizi difficili.

**B** **Una soluzione?** Un'amica afferma che quasi niente è stato fatto per risolvere i problemi sociali ed ambientali. Tu pensi invece che qualcosa sia stato fatto. Seguendo il modello dell'esempio, usa il congiuntivo trapassato per dirle quello che avevi sentito dire.

**ESEMPIO**

Nessuno fa niente per il problema dei rifiuti!

*Veramente? Pensavo che il Governo avesse promosso una campagna per il riciclaggio.*

1. I musei non hanno strutture adatte per ospitare i disabili!

2. Il Governo non sa come aiutare i senzatetto!

3. Le condizioni di vita in carcere peggiorano di giorno in giorno!

4. In Brasile continuano a distruggere la foresta amazzonica!

5. Le fabbriche continuano ad inquinare le acque!

6. Non si può risolvere il problema dei gas di scarico delle automobili!

7. Non ci sono strutture adatte per ospitare gli animali abbandonati!

8. Nessuno dà una mano per assistere gli anziani soli ed ammalati!

**C Eravamo contenti che...** In gruppi di tre, discutete alcuni avvenimenti dell'anno scorso di cui eravate rimasti contenti. Formate almeno quattro frasi e poi condividetele con la classe.

ESEMPIO

*Eravamo contenti che il Congresso avesse passato la legge per proteggere l'ambiente!*

**D La Giornata dell'anziano.** Completa il dialogo inserendo la forma corretta del congiuntivo (presente, passato, imperfetto o trapassato) dei verbi tra parentesi.

**Tullio:** Ciao, Domenica. Un'altra dura giornata di lavoro?

**Domenica:** Penso che non _____ (essere) possibile far nient'altro che lavorare. È già tardi e non ho ancora cominciato a fare i pacchi per domani. Inoltre, devo andare a fare la spesa.

**Tullio:** Domani? Pacchi? Cosa succede domani?

**Domenica:** Ma come, non ricordi? È possibile che tu _____ (dimenticare) una cosa del genere? È la «Giornata dell'anziano» e noi dobbiamo preparare i pacchi regalo!

**Tullio:** Mamma mia! Pensavo che _____ (noi / avere) più tempo. Pensavo che stamattina gli altri volontari _____ (andare) a comprare il cibo e le bevande.

**Domenica:** Non ti preoccupare. È importante soltanto che la festa _____ (andare) meglio dell'anno scorso e che tu mi _____ (potere) aiutare. L'anno scorso non era organizzata per niente bene.

**Tullio:** Smettiamo di discutere e mettiamoci al lavoro. Temo che ci _____ (volere) almeno altre tre ore per finire.

**Domenica:** È vero! Ma insisto che tu _____ (prendere) almeno qualcosa da mangiare prima di iniziare. È da stamattina che sei fuori e non credo che quello che hai mangiato alla mensa ti _____ (dare) l'energia sufficiente per continuare a lavorare così a lungo.

**Tullio:** Va bene. Mi auguro solo che tutto _____ (funzionare) alla perfezione e soprattutto che gli anziani _____ (divertirsi).

Practice Quizzes, Flashcards

SAM Workbook and Lab Activities

IL CONGIUNTIVO CON LE CONGIUNZIONI

 **Le congiunzioni**

**1** Certain conjunctions call for the subjunctive in the clauses they introduce.

| | | | |
|---|---|---|---|
| a condizione che | *provided that* | nonostante | *even though* |
| a meno che... non | *unless* | perché* | *so that* |
| affinché | *in order that* | prima che | *before* |
| benché | *even though* | purché | *provided that* |
| come se | *as if* | quantunque | *although* |
| di modo che | *so that* | sebbene | *even though* |
| malgrado | *despite* | sennonché | *but, except that* |
| nel caso che | *in case* | senza che | *without* |

* Note that **perché** used with the indicative means *because* and not *so that*.

**Benché avessi lavorato** molte ore, non ero stanca.

*Even though I had worked many hours, I wasn't tired.*

Userò quella borsa per la spesa **purché** non **sia** di vera pelle.

*I'll use that shopping bag **provided that it is** not **made** with real animal skin.*

Il padre ha fatto il volontario con sua figlia **affinché** anche lei **potesse** imparare ad aiutare gli altri.

*The father did volunteer work with his daughter **so that she could** also learn how to help others.*

Note that the dependent clause can precede or follow the main clause.

**2** The subjunctive is used after nearly all of these conjunctions even when the subjects of the main clause and the subordinate clause are the same. After **prima che**, **senza che**, and **affinché**, however, the subjunctive is used only when the main and subordinate clauses have different subjects. When the subjects are the same, **prima di** + *infinitive* and **senza** + *infinitive* are used. **Affinché** and **perché** are replaced with **per** + *infinitive*. As in other constructions with the subjunctive, the tense of the verb form in the main clause determines the mood of the verb in the subordinate clause.

**Usciamo prima che** il negozio **chiuda.**

*Let's leave before the store closes.*

**È andato** via **prima di finire** il progetto.

*He left before finishing the project.*

**Ho preso** un biglietto per lui **senza che** lo **sapesse.**

*I got him a ticket **without him knowing** it.*

**Ho preso** un biglietto per lui **senza** dirgli niente.

*I got him a ticket **without** saying anything to him.*

**Ho annunciato** la cena due settimane fa **affinché venissero** tutti.

*I announced the dinner two weeks ago **so that** everyone **could come**.*

**Ho annunciato** di nuovo la cena ieri **per ricordare** a tutti l'ora.

*I announced the dinner again yesterday **so as to remind** everyone about the time.*

## VII IL CONGIUNTIVO IN ALTRI CASI

**1** The subjunctive is also used in clauses introduced by a relative superlative or a restrictive adjective such as those listed below.

| Superlativo relativo | Aggettivi restrittivi |
| --- | --- |
| il più... | l'unico/l'unica |
| il/la migliore | il solo/la sola |
| il/la peggiore | il primo/la prima |

Sono **le peggiori** case che **abbia** mai **visto**.

*They are **the worst** houses **I've** ever **seen**.*

È **la sola** associazione per i portatori di handicap che **non riceva** soldi dallo Stato.

*It's **the only** association for the handicapped that **doesn't receive** money from the government.*

**2** Dependent clauses introduced by indefinite expressions such as **qualcuno** (*someone*), **qualsiasi** (*whatever, whichever*), and **qualunque** (*whatever*) require the subjunctive.

**Qualsiasi** cosa loro **possano** fare è un aiuto.

***Whatever** they **can** do is a help.*

Conosci **qualcuno** che **sappia** cucinare per molte persone?

*Do you know **someone** who **knows** how to cook for a lot of people?*

**3** The subjunctive is also used in dependent clauses introduced by the negative expression **(non)... nessuno / niente**.

**Non** conosco **nessuno** che **lavori** quanto lei.

*I **don't** know **anyone** who **works** as hard as she does.*

## PRATICA

**A** **Una scuola per bambini in difficoltà.** Completa la descrizione della scuola con le seguenti congiunzioni.

| | | | |
|---|---|---|---|
| a meno che | benché | nel caso che | purché |
| affinché | di modo che | prima che | |

Tutte le famiglie che hanno bambini di età compresa fra i sei e i dieci anni possono iscriverli alla nostra scuola _____ dimostrino un reddito (*income*) annuo inferiore ai 19.000 euro. Quando si fa domanda, bisogna presentare un certificato di nascita _____ la commissione possa verificare l'età dei bambini. Inoltre, è necessario mandare la fotocopia della dichiarazione dei redditi (*tax return*) dell'anno precedente, _____ inizi l'anno scolastico. I corsi seguono i programmi del Ministero dell'Istruzione e ci sarà un esame di ammissione _____ il bambino non sia iscritto alla prima elementare. C'è un numero limitato di studenti per classe ed ognuno è seguito individualmente _____ possa raggiungere i suoi obiettivi. È assicurata la presenza di assistenti sociali e di insegnanti di sostegno _____ gli allievi presentino particolari difficoltà di apprendimento o situazioni familiari difficili. _____ la scuola possa ospitare solo 100 studenti, la fondazione che la sostiene ha intenzione di aumentare tale numero e di ampliare l'organico entro la fine dell'anno prossimo.

**B** **Immaginare un mondo migliore.** A coppie, rispondete alle seguenti domande utilizzando gli elementi dati, seguendo il modello dell'esempio. Usate la forma corretta del congiuntivo.

**ESEMPIO**

I Paesi in via di sviluppo possono contare sugli aiuti internazionali? (benché / esserci / molte barriere burocratiche)

*Benché ci siano molte barriere burocratiche, i Paesi in via di sviluppo possono contare sugli aiuti internazionali.*

1. La fascia dell'ozono è stata seriamente danneggiata? (nonostante / molti Paesi / vietare / di usare le bombolette spray)

2. Gli ex carcerati avranno la possibilità di trovare un posto di lavoro? (malgrado / esserci / molta disoccupazione)

3. I disabili riescono ad essere indipendenti? (benché / le città / presentare / molte barriere architettoniche)

4. Offriranno nuove strutture per i senzatetto? (di modo che / tutti / potere / vivere con dignità)

5. È giusto abolire la pena di morte? (qualsiasi cosa / i governi / pensare)

6. Adottereste un orfano? (affinché / i bambini / avere / una vita migliore)

7. Esiste la possibilità di entrare in comunità? (purché / i tossicodipendenti / seguire / alcune regole di comportamento)

8. Aprirebbero una nuova classe? (nel caso che / iscriversi / in molti)

**C Le vostre opinioni.** In gruppi di tre, completate le frasi con una congiunzione e una conclusione logica. Poi paragonatele con quelle degli altri.

**Ecco alcune congiunzioni:** affinché, di modo che, perché, come se, malgrado, nel caso che, nonostante, benché, sebbene, quantunque, a meno che non, sennonché, prima che, purché, qualsiasi, senza che

**ESEMPIO**

> Preferisco aiutare i cani randagi…
>
> Preferisco aiutare i cani randagi **benché** *abbia paura di loro.*

1. L'effetto serra mi preoccupa…

2. I carcerati avevano sempre bisogno di aiuto…

3. Preferiamo fare beneficenza…

4. Gli anziani si sentono soli…

5. I politici non si sono occupati di alcuni problemi sociali…

6. Le leggi sull'immigrazione illegale sono giuste…

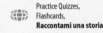 Practice Quizzes, Flashcards, **Raccontami una storia**

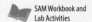 SAM Workbook and Lab Activities

# Biblioteca

## READING AND UNDERSTANDING POETRY

Many elements combine to convey a poem's meaning: images, word choice, rhythm, choice of narrator. Sometimes in order to understand a poem, it is helpful to understand something about the author, about the time period and place in which the author was writing, the social context, and the personal conditions under which s/he wrote. Before beginning to analyze a poem, it can be helpful to read it aloud slowly. Listen to rhyme, rhythms, and sounds as you read. Then go back and consider some of the other elements mentioned above.

**A** In gruppi di tre, osservate nella colonna A alcune parole ed espressioni tratte dalle due poesie che seguono, entrambe intitolate «La vispa Teresa». Abbinate la parola in colonna A con il significato in colonna B. Per aiutarvi, potete anche osservarle all'interno delle poesie.

| A | B |
|---|---|
| 1. vispa | a. così |
| 2. avea | b. dai |
| 3. a volo | c. ripetutamente |
| 4. giuliva | d. vivace |
| 5. a distesa | e. te lo meriti |
| 6. afflitta | f. radioattivi |
| 7. fo' | g. contenta |
| 8. sì | h. mentre volava |
| 9. deh | i. aveva |
| 10. bene ti sta | l. faccio |
| 11. ionizzati | m. infelice |

**B** Molte poesie utilizzano rime per creare musicalità e ritmo. In italiano, per avere una rima, dobbiamo avere lo stesso suono, dalla vocale su cui cade l'accento alla fine della parola. La rima più sfruttata (*most often used*) in assoluto è sicuramente quella tra *cuore* e *amore*. In gruppi di tre, osservate le due poesie ed elencate almeno quattro rime che riuscite a trovare.

> **ESEMPIO**
>
> Ter**esa**, sorpr**esa**, dist**esa**, pr**esa**

1. _____
2. _____
3. _____
4. _____

E ora provate voi. Pensate a due parole che usate spesso e pensate ad almeno due altre parole che rimano con quelle.

1. _____
2. _____

**C** Nella poesia di Benni, si vede una natura che deve fare i conti con tanti problemi. Discutete su quali sono i problemi ambientali più evidenti nella vostra città. Come si manifestano? Sceglietene due e pensate a qualche soluzione per risolverli. Cercate di usare il congiuntivo, cominciando le frasi con «Pensiamo che...» / «Crediamo che...» / «Sarebbe possibile...».

**D** Le due poesie parlano di due bambine, o forse la stessa, ma viste a distanza di più di cent'anni l'una dall'altra: la poesia di Salier è stata scritta, infatti, a metà dell'Ottocento (tra il 1850 e il 1858) mentre quella di Benni risale alla fine del XX secolo. A coppie, provate a immaginare le somiglianze e le differenze nella vita di un bambino di oggi e di un bambino di un secolo fa.

# Luigi Salier & Stefano Benni

LUIGI SALIER (Milano 1825–Modena 1885) Insegnante alle scuole superiori e all'Accademia Militare di Modena, nel 1870 ha raccolto alcune poesie per bambini dai 5 ai 10 anni sotto il titolo *L'arpa della fanciullezza*. Tra queste poesie c'è anche «La farfalletta», nota a tutti come «La vispa Teresa», dedicata ad una principessina di Savoia-Carignano «incorreggibile, perché male avvezza (*with no manners*)».

STEFANO BENNI (Bologna 1947) è un giornalista, scrittore e poeta che collabora a numerosi giornali e riviste. In questa parodia della famosa filastrocca (*nursery rhyme*) di Salier, Benni denuncia i cambiamenti che l'Italia ha subito (*has undergone*) col passare degli anni e il pericolo per il futuro dell'umanità portato da qualsiasi tipo d'inquinamento.

Excerpt from *La farfalletta* by Luigi Salier, from http://www.filastrocche.it/leggi.asp?id=1827
*La vispa Teresa*: © Giangiacomo Feltrinelli Editore Milano. Prima edizione nell' «Universale Economica» maggio 1993.
Used with permission.

| «La farfalletta» (Luigi Salier) | «La vispa Teresa» (Stefano Benni) |
|---|---|
| La vispa Teresa<br>avea tra l'erbetta<br>a volo sorpresa<br>gentil farfalletta | La vispa Teresa<br>avea tra l'erbetta<br>a volo sorpresa<br>gentil farfalletta |
| e tutta giuliva,<br>stringendola viva,<br>gridava a distesa:<br>«L'ho presa! L'ho presa!» | e tutta giuliva<br>stringendola viva<br>gridava a distesa:<br>«l'ho presa, l'ho presa!» |
| A lei supplicando<br>l'afflitta gridò:<br>«Vivendo, volando,<br>che male ti fo'°?» | «L'hai presa cretina<br>e bene ti sta»<br>gridò farfallina<br>«la radioattività». |
| Tu sì mi fai male<br>stringendome l'ale.<br>Deh, lasciami:<br>anch'io son figlia di Dio. | «Non sai che nei prati<br>i più ionizzati<br>siam noi poveretti<br>i piccoli insetti?» |
| Confusa, pentita,<br>Teresa arrossì:<br>dischiuse le dita<br>e quella fuggì. | Confusa, pentita<br>Teresa arrossì<br>dischiuse le dita<br>e in sei mesi morì. |

faccio

Karyna Che/Shutterstock.com

**A** Dopo aver letto le due poesie rispondete alle seguenti domande inserendo le vostre risposte nella tavola. Dove sono uguali le risposte? Dove sono differenti?

1. Dove si trova Teresa? Cosa sta facendo?

2. Cosa «prende» Teresa?

3. Cosa dice la farfalletta a Teresa per farsi liberare?

4. Cosa succede a Teresa?

| La poesia di Salier | La poesia di Benni |
|---|---|
| 1. | 1. |
| 2. | 2. |
| 3. | 3. |
| 4. | 4. |

**B** Benni, per rendere la sua parodia molto incisiva, fa morire Teresa. Con un compagno/una compagna, discutete su questo aspetto per decidere se l'operazione di Benni funziona o se pensate che sia troppo forte? Motivate la vostra risposta.

**C** L'utilizzo di energie alternative sembra essere uno dei modi più efficaci per migliorare la situazione della nostra «povera» Terra. Dividetevi in gruppi e scegliete un tipo di energia alternativa tra quelli elencati qui sotto. Preparate un breve discorso per spiegare i vantaggi di quel tipo di energia e pensate a uno slogan per promuoverlo. Quindi presentatelo alla classe.

**Tipi di energia:**  energia solare                                        energia eolica (*wind*)
energia idroelettrica (*hydroelectric*)     biogas
energia delle maree (*tides*)                    energia geotermica

# Di propria mano

### WRITING OPINIONS

In the grammar section of this chapter you learned verbs and impersonal expressions that are used with the subjunctive to express opinion. In writing, expressions of opinion are usually intended to persuade others to adopt one's point of view.

Both evidence and word choice are important in persuasive writing. Evidence lends substance to an opinion and can be decisive in convincing others that it has merit and is trustworthy. But memorable and compelling examples, vivid language, appeals to shared values, humor, and even sarcasm like Benni's, will hold readers' attention.

Phrases such as "I firmly believe," "It is absolutely necessary," or "I strongly doubt" sometimes make your opinions more forceful.

Pensa ad alcune organizzazioni che si occupano di problemi sociali e che tu vorresti costituire nella tua università o nella tua città. Come si chiamano? Chi aiutano? Qual è il loro scopo? Hai mai partecipato?

| Associazione | Problema | Settore aiutato | Scopo dell'aiuto | Hai mai partecipato? |
|---|---|---|---|---|
| | | | | |
| | | | | |
| | | | | |

## SCRITTURA

 Writing Tips

Devi fare appello (*appeal*) a un gruppo di studenti della tua università per convincerli a partecipare attivamente in ambito sociale. Scegli un'associazione che per te è importante e spiega le ragioni per cui ritieni che sia un'associazione meritevole, e per cui gli studenti dovrebbero farne parte. Nel tuo comunicato, fa' attenzione a questi suggerimenti.

1. Enfatizza il valore di quest'associazione e i principi dell'altruismo, della solidarietà e dell'impegno sociale.

2. Spiega agli studenti come la loro partecipazione avrà un impatto sulla società civile.

3. Invitali a trovare soluzioni effettive ai problemi posti.

4. Soprattutto, esprimi le tue opinioni per commuovere la gente e per spiegare perché è importante partecipare attivamente al potenziamento (*strengthening*) di questa associazione.

## Block Notes

Rifletti su come si muovono gli italiani in campo sociale ma anche sulle tue esperienze personali, su quello che hai potuto osservare su Web, in classe, nelle letture assegnate, e rispondi a una delle seguenti domande.

1. In base alle tue conoscenze dell'Italia, dove pensi che si dovrebbe concentrare maggiormente l'attenzione delle persone che vogliono impegnarsi in campo sociale?

2. Secondo te, quali sono i mezzi migliori per educare la gente al rispetto dell'ambiente e delle persone meno fortunate?

3. Come pensi che l'Italia potrebbe difendere il suo patrimonio artistico e culturale dagli effetti disastrosi dell'inquinamento ambientale?

# Nel mondo dei grandi

QUANDO SI PARTECIPA attivamente al mondo del volontariato, lo si fa non per farsi vedere, per mettersi in mostra[1], ma per offrire agli altri, nell'ombra[2], quello che non potrebbero avere altrimenti. Con questo piccolo omaggio a Gino Strada, vogliamo ringraziare tutti quelli che, lontano dalle telecamere e dai giornali, lavorano per il bene degli altri. Gino Strada nasce a Sesto San Giovanni, in provincia di Milano, il 21 aprile 1948. Studia all'Università Statale di Milano, dove si laurea in medicina, con specializzazione in chirurgia d'urgenza[3]. È un medico-chirurgo di guerra e come tale ha fondato Emergency, un'organizzazione umanitaria che intende portare aiuto alle vittime della guerra e delle mine antiuomo[4]. Dopo i primi anni, l'associazione ha allargato[5] il suo raggio[6] d'azione proponendosi, oltre che di portare aiuto medico laddove[7] sia necessario, di diffondere la salvaguardia[8] dei diritti umani e promuovere una cultura all'insegna della pace. Dal 1994, anno della sua fondazione, ad oggi Emergency è stata attiva in Cambogia, Afghanistan, Iraq, Sierra Leone, Palestina, Algeria, Sudan, Nicaragua e Kosovo. Un'altra delle caratteristiche di Emergency è quella di ambire[9] a formare professionalmente gente locale, funzionando quasi come una scuola di medicina. Nel marzo del 2007 Gino Strada, grazie alla fiducia guadagnatasi tra la popolazione afgana, è stato uno degli uomini chiave per la liberazione del giornalista de *La Repubblica* Daniele Mastrogiacomo, sequestrato[10] precedentemente da forze talebane[11]. Gino Strada è anche autore di due libri che raccontano delle sue esperienze di medico di guerra: *Pappagalli verdi: cronache di un chirurgo di guerra* (2000) e *Buskashì. Storia di un viaggio dentro la guerra* (2002).

AP Photo/Peace Reporter, HO

---

1. *show off*   2. *in the shadows*   3. *emergency surgery*   4. *land mines*   5. *expanded*   6. *range*
7. *where*   8. *protection*   9. *aspire*   10. *kidnapped*   11. *Taliban*

## TRACCE DI RICERCA

Web Links    Emergency
Italiani volontari nel mondo

# ◄))) Dizionarietto

CD 2
16–20

a condizione che *provided that*

a meno che... non *unless*

adozione (*f.*) *adoption*

affinché *in order that*

alcolista (*m./f.*) *alcoholic*

allievo *student*

altrettanto *as much as, likewise*

ambientalista (*m./f.*) *environmentalist*

ambiente (*m.*) *environment*

analfabetismo *illiteracy*

animale randagio *stray animal*

animalista (*m./f.*) *animal-rights supporter*

attrezzare *to equip*

barbone/barbona *homeless person*

benché *even though*

beneficenza *charity*

bisognoso *needy person*

bomboletta spray *aerosol spray can*

canile (*m.*) *dog pound*

carcerato/a *prisoner*

carcere (*m.*) *prison, jail*

carico *loaded, laden*

casa di riposo *retirement home*

casa popolare *low-cost, subsidized housing*

centrare *to hit the mark, to work towards achieving*

centro d'accoglienza *shelter*

ciononostante *nevertheless*

coinvolgersi (*p.p.* coinvolto) *to get involved*

come se *as if*

comportamento *behavior*

comunità (*f.*) *rehabilitation center*

convegno *convention*

d'altro canto *on the other hand*

danneggiare *to damage*

decennio *decade*

depurare *to purify*

detenuto/a *prisoner*

di modo che *so that*

diffondere (*p.p.* diffuso) *to spread, to diffuse*

diritti umani (*m. pl.*) *human rights*

disabile (*m./f.*) *handicapped person*

discriminare *to discriminate*

discriminazione *discrimination*

effetto serra *greenhouse effect*

energia eolica *wind energy*

energia solare *solar energy*

esigenza *demand, necessity*

essere spiacente *to regret, to be sorry*

extracomunitario/a *immigrant from a country outside the European Community*

farcito *stuffed, filled*

fare beneficenza *to donate*

fascia dell'ozono *ozone layer*

goccia *drop*

immigrato/a *immigrant*

immigrazione *immigration*

impegnarsi *to get involved*

impegnativo/a *demanding, time-consuming*

impegno sociale *social commitment*

imporre (*p.p.* imposto) *to impose, to inflict*

incendio *fire*

incentivo *incentive, stimulus*

inquinamento *pollution*

inquinare *to pollute*

intervenire (*p.p.* intervenuto) *to intervene*

malgrado *despite*

mitigare *to mitigate, to appease*

nel caso che *in case*

nonostante *even though*

numero verde *800 number*

operatore/operatrice sociale *social worker*

organico *workforce*

ostracismo *ostracism*

ostracizzare *to ostracize*

pannelli solari (*m. pl*) *solar panels*

pena *punishment, sentence*

pena di morte *death penalty*

pentirsi *to regret, to repent*

perché *so that*

pietà (*f.*) *pity*

pila *battery*

portatore/portatrice di handicap *handicapped person*

potenziamento *strengthening*

prima che *before*

prodotto usa e getta *disposable product*

profugo *refugee*

promuovere (*p.p.* promosso) *to promote*

proteggere (*p.p.* protetto) *to protect*

protezione dell'ambiente *environmental protection*

purché *provided that*

quantunque *although*

recupero *recovery, rescue*

reddito *income*

reggere (*p.p.* retto) *to support*

reinserimento *reintegration (in society after rehab)*

reinserire *reinsert, reinstate, reintegrate*

richiedere (*p.p.* richiesto) *to require*

riciclaggio *recycling*

ricoverato *patient (in a hospital)*

rifiuti (*m. pl.*) *garbage*

rifornimento *replenishment*

rifugio *animal shelter*

risanamento *recovery, cure*

ritenere *to believe, to retain*

scaricare *to unload, to dump*

sebbene *even though*

sennonché *unless*

sentirsi a proprio agio *to feel at ease*

senza che *without*

senzatetto (*m./f., sing. & pl.*) *homeless person*

solidarietà (*f.*) *solidarity*

sovraffollato/a *overcrowded*

supporre (*p.p.* supposto) *to suppose*

tossicodipendente (*m./f.*) *drug addict*

vietare *to prohibit*

volontariato *volunteer work*

volontario/a *volunteer*

## LE VOSTRE PAROLE

# Tutti in passerella?

# Per comunicare

- Esprimere opinioni sulla moda e sull'abbigliamento

- Parlare di cose da far fare ad altri

- Chiedere e dare permesso

- Esprimere ipotesi

 **INTERNET CAFÉ**

**INDIRIZZO:** www.cengage.com/italian/ponti

**ATTIVITÀ:** Uno stilista tra mille.

**IN CLASSE:** Porta in classe la foto che hai stampato e descrivi ai tuoi compagni il tuo «nuovo acquisto» firmato da uno dei più famosi stilisti italiani, spiegando anche perché hai scelto questo regalo per la tua persona speciale.

 Web Search Activity

**RESOURCES**  Audio   Web   SAM Workbook

◄ Un negozio d'abbigliamento in via Montenapoleone, la via della moda, a Milano.

David R. Frazier Photolibrary

# Ponti sul passato

Take the following quick assessment and check your answers in the answer key found on the *Ponti* website to determine whether you should do further review.

**A** **Il comparativo.** Completa le frasi con la forma corretta del comparativo d'uguaglianza, maggioranza o minoranza.

1. I vestiti di Armani sono _____ cari _____ quelli di Versace. (uguaglianza)

2. Il cotone è _____ caldo _____ lana. (minoranza)

3. Mi piace _____ farmi fare un vestito _____ comprarne uno già pronto. (maggioranza)

4. Spesso i vestiti firmati sono _____ eleganti _____ comodi. (maggioranza)

5. Marina ha _____ scarpe _____ borse. (uguaglianza)

6. Ci sono _____ negozi di stilisti famosi a Roma _____ a New York. (minoranza)

7. Sandra mette la gonna _____ spesso _____ me. (maggioranza)

8. Non mi posso permettere _____ _____ due paia di scarpe nuove ogni mese. (maggioranza)

**B** **Il superlativo.** Completa le frasi con gli elementi dati e la forma corretta del superlativo relativo.

> **ESEMPIO**
>
> Tra i vestiti da uomo lo smoking è... (elegante / tutti) (+)
> *Tra i vestiti da uomo lo smoking è il più elegante di tutti.*

1. I vestiti di Armani erano... (bello / sfilata) (–)

2. La seta è... (prezioso / tutte le stoffe) (+)

3. Domenico Dolce è... (conosciuto / stilisti siciliani) (+)

4. I collant sono... (comodo / tutte le calze) (–)

5. Cucire è... (noioso / lavori del sarto) (+)

6. Il tuo vestito a quadri era... (eccentrico / altri alla festa) (+)

**C** **Meglio, migliore, peggio, peggiore.** Scegli la forma corretta del comparativo o del superlativo relativo.

Questa sfilata è stata (la peggio / la peggiore) che abbia mai visto: un vero disastro. (I meglio / I migliori) stilisti hanno portato le loro collezioni a Roma e così da noi sono arrivate le seconde scelte. Sarebbe stato (meglio / migliore) se avessimo rimandato di una settimana perché la settimana del 14 febbraio sarebbe stata (la meglio / la migliore) data possibile: per San Valentino tutti spendono un po' più per il loro amore. (Peggio / Peggiore) di così non poteva proprio andare... per non parlare di quello stilista di Venezia: lui è (la peggio / la peggiore) cosa che ci potesse capitare: con i suoi vestiti ha offeso tutti. Speriamo che l'anno prossimo tutti abbiano dimenticato e che vada (meglio / migliore). Ma sarà difficile dopo che la *Gazzetta* ha scritto che da noi c'erano (i peggio / i peggiori) vestiti degli ultimi cinquant'anni.

## Tutti in passerella?

TRA LE ASSOCIAZIONI di idee che vengono in mente per prime, quando si parla dell'Italia, c'è senza dubbio quella con la moda. Versace, Gucci, Dolce & Gabbana, Ferragamo, Valentino e Krizia rappresentano solo una piccola parte dell'intero panorama della moda italiana. È grazie a loro che la moda italiana ha varcato i confini nazionali° ed ora è quasi impossibile che una grande città, in qualsiasi parte del mondo, non ostenti° una delle loro boutique nelle vie più importanti del centro.

*ha... crossed national borders / show off, boast*

La popolarità e la diffusione della moda italiana è un fenomeno relativamente recente se si pensa che sarà solamente dopo la fine della Seconda guerra mondiale, grazie agli aiuti americani per la ricostruzione stabiliti dal piano Marshall\*, che si potrà parlare di una vera e propria industria della moda. Questa industria oggi rappresenta una delle voci° più importanti tra le esportazioni italiane all'estero.

*sectors*

Non che gli italiani si vestano esclusivamente con i capi d'abbigliamento delle grandi sartorie°, le boutique dei grandi stilisti sono spesso frequentate da turisti stranieri mentre i giovani italiani sembrano preferire una maggiore libertà, legata soprattutto al continuo cambiamento delle mode. A fianco degli stilisti italiani e delle loro «linee giovani», si dovranno allora prendere in considerazione le case d'abbigliamento italiane e straniere che vanno per la maggiore° in questo momento: Benetton, Diesel, Gap, Levi's, Tommy Hilfiger e tantissimi altri.

*fashion houses*

*vanno... are very popular*

Le collezioni dei grandi stilisti influenzano sicuramente il gusto degli italiani che spesso però, per aggirare° il problema degli elevati costi, preferiscono fare le loro spese in negozi dai prezzi più accessibili.

*to avoid, to get around*

David R. Frazier Photolibrary

Non solo alta moda per i giovani italiani. Jeans e scarpe da ginnastica sembrano spesso farla da padrone.

---

\* Il piano Marshall o ERP (*European Recovery Program*) deve il suo nome al Segretario di Stato americano George C. Marshall che ne fu l'ispiratore. Con esso, gli Stati Uniti si impegnavano a fornire aiuti economici ai paesi europei coinvolti nella seconda guerra mondiale per facilitarne la ripresa. Dal 1948 al 1953 furono versati sui conti italiani 1.578 milioni di dollari.

## DOMANDE

1. Chi sono gli stilisti italiani di cui parla il testo? Ne conosci altri? Esistono boutique di questi stilisti nella tua città?

2. Hai mai comprato qualcosa di uno stilista famoso? Come puoi descrivere il rapporto qualità-prezzo?

3. Credi che vestirsi alla moda possa aprire molte porte? Perché?

4. Quali sono alcune delle cose che hai comprato e che ora sono considerate «sorpassate» dalla moda del momento? E quali cose hai comprato molto tempo fa ma che sono sempre «alla moda»?

5. Nell'attività Web viene mostrato uno stilista che non produce solamente capi d'abbigliamento. Conosci altri stilisti che usano il loro nome anche per cosmetici, profumi e articoli per la casa? Chi sono e cosa producono?

# ◀)) Lessico

CD 2
21-24

## CAPI D'ABBIGLIAMENTO

| | |
|---|---|
| l'abito, il vestito | *suit (men's and women's), dress* |
| le bretelle | *suspenders* |
| le calze | *socks (stockings, nylons)* |
| la camicia | *shirt* |
| i collant | *pantyhose* |
| il completo | *suit (men's and women's), coordinated outfit* |
| il costume da bagno | *bathing suit* |
| la cravatta a farfalla / il papillon | *bowtie* |
| le mutande | *underpants* |
| i pantaloncini | *shorts* |
| la pelliccia | *fur coat* |
| il pigiama | *pajamas* |
| la sciarpa | *scarf* |
| lo smoking | *tuxedo* |
| gli stivali | *boots* |
| il tailleur | *woman's suit* |
| il vestito da sera / l'abito da sera | *evening gown* |

## STOFFE E MATERIALI

| | |
|---|---|
| l'acrilico | *acrylic* |
| il camoscio | *suede* |
| il cotone | *cotton* |
| il cuoio | *leather (used for shoes)* |
| le fibre naturali | *natural fibers* |
| le fibre sintetiche | *synthetic fibers* |
| la lana | *wool* |
| il lino | *linen* |
| la pelle | *leather (used for clothing or purses)* |
| il poliestere | *polyester* |
| la seta | *silk* |

| | |
|---|---|
| la stoffa | *fabric* |
| il velluto | *velvet* |

## FARE (LE) SPESE / (LO) SHOPPING

| | |
|---|---|
| calzare | *to put on, to fit (shoes, gloves)* |
| farsi fare un vestito | *to have a suit / a dress made* |
| indossare | *to wear, to put on* |
| levarsi | *to take off (clothing)* |
| la marca | *brand name* |
| la misura / la taglia | *size* |
| il numero | *shoe size* |
| il saldo | *sale* |
| il/la sarto/a | *tailor* |
| lo sconto | *discount* |
| lo spogliatoio / il camerino | *dressing room* |
| lo/la stilista | *fashion designer* |

## ALTRE PAROLE ED ESPRESSIONI UTILI

| | |
|---|---|
| a coste | *ribbed* |
| a quadri | *checked* |
| a righe | *striped* |
| a tinta unita | *solid-color* |
| l'armadio | *closet* |
| la cifra | *amount* |
| cucire | *to sew* |
| il guardaroba | *wardrobe* |
| mettersi | *to put on (clothing, makeup, shoes)* |
| portare | *to wear* |
| la sfilata | *fashion show* |
| spogliarsi | *to undress* |
| vestirsi | *to get dressed* |

**A In una boutique alla moda.** Completa la conversazione con queste parole appropriate.

| | | | | |
|---|---|---|---|---|
| seta | camerino | calze | completo | taglia |
| a tinta unita | armadio | farmi fare | stilista | camicia |

*Luisa entra con il suo amico Carlo, per la prima volta, in un negozio d'alta moda per comprare un regalo al suo ragazzo Pietro.*

**Commessa:** Buongiorno, signori. Posso aiutarvi?

**Luisa:** Volevamo vedere qualche cosa da uomo. Una giacca forse.

**Commessa:** (*parlando a Carlo*) Che _____ porta?

**Carlo:** Non è per me. È per il suo ragazzo.

**Luisa:** Sì, certo, ma siete alti e magri uguali.

**Carlo:** OK. Porto la 56.

**Commessa:** Ecco qui il nostro ultimo modello. Se vuole provarla, il _____ è dietro quella parete.

**Luisa:** Sì, ma quanto costa?

**Commessa:** Per questa solo 450 euro.

**Luisa:** Solo?!? Forse è meglio vedere qualche _____. La porterà sotto le giacche che ha già nel suo _____.

**Commessa:** Eccole qui. Che colore?

**Luisa:** Blu o bianca, senza righe, quadri o disegni. Lui le porta solo _____.

**Commessa:** Abbiamo questi due tipi. Come prezzo partiamo dai 250 euro.

**Luisa:** Che prezzi! Con questi soldi potrei _____ un _____ da un buon sarto. Sono d'oro?

**Commessa:** Sono di _____ purissima. Insomma, quanto vuole spendere?

**Luisa:** Non so. Pensavo a una cifra vicina ai 50 euro.

**Commessa:** Capisco. Per quella cifra abbiamo solo delle _____. Con i pantaloni giusti, è possibile vedere la nostra marca quando si cammina.

**Luisa:** Ma siamo matti? Andiamo via, Carlo. Questo _____ forse venderà molto all'estero ma non credo che molti italiani si possano permettere di fare le spese qui. Mi avevano detto che erano cari ma qui si sta proprio esagerando.

**B Chi sarà mai?** A coppie, osservate le persone nella vostra classe e descrivete l'abbigliamento di qualcuno/a di loro. Per rendere il gioco più stimolante (e un po' più difficile), cercate di alternare nella vostra descrizione gli abiti che non porta a quelli che porta. La classe cercherà di indovinare di chi state parlando.

**ESEMPIO**

*Ha una maglietta bianca e una giacca azzurra ma non ha pantaloni e non porta sandali neri.*

**C** **Il vestito adatto.** La prossima settimana devi andare in tre posti diversi e per ogni situazione hai bisogno di un abbigliamento diverso. Decidi cosa ti dovresti mettere per ognuna di queste occasioni. Poi descrivi ai tuoi compagni i tre abbigliamenti e scopri se riescono a capire dove andrai.

1. il matrimonio di due amici

2. una festa informale da amici che hanno una piscina

3. a casa dei tuoi genitori per un po' di relax

**D** **Le nostre parole.** Pensa a due o tre parole relative all'argomento di questo capitolo che ti sembrano importanti e che non sono presenti nella sezione lessicale. Possono essere parole dall'attività Web, parole contenute nella lettura iniziale o semplicemente parole che ti servono per comunicare meglio. Cercale sul dizionario e presentale in classe spiegando il loro significato in italiano. Poi scrivi le parole che tutti pensano siano importanti nel *Dizionarietto* alla fine del capitolo.

## Radio ponti

---

### INTERACTIVE LISTENING

When you are listening to someone talk and cannot follow what is said, let the speaker know that you don't understand. You can say, "**Scusi, non ho capito**" or ask specific questions, such as:

> **Cosa significa?**
>
> **Come?**
>
> **Cosa hai / ha detto?**
>
> **Puoi / Può ripetere?**

Or you can repeat the part of the sentence you did not understand with statements, such as:

> **Volevi / Voleva dire...**
>
> **Hai / Ha detto di girare a destra.**

---

🔊
CD 2
25

**A** **Che fretta, signorina!!** Ascolta un dialogo tra una cliente di un negozio di moda e la commessa e completa le seguenti frasi scegliendo tra le possibilità offerte.

1. La cliente ha bisogno di due _____ e una minigonna.
   - a. camicie
   - b. camicette
   - c. collant

2. La cliente preferisce camicette e gonna _____.
   a. in bianco o in nero
   b. in rosso o in nero
   c. in viola o in nero

3. I due acquisti costano _____.
   a. 280 e 350 euro
   b. 28 e 35 euro
   c. 280 e 630 euro

**B Com'è difficile capirsi al telefono!** Ascolta una conversazione telefonica tra Pietro e la segretaria di un centro di bellezza e decidi se le seguenti informazioni sono vere o false.

CD 2
26

|  | Vero | Falso |
|---|---|---|
| 1. Alla Locanda Salute & Bellezza c'è la sauna. | _____ | _____ |
| 2. Offrono dieci tipi di massaggio. | _____ | _____ |
| 3. Il massaggio svedese costa 25 euro per un'ora. | _____ | _____ |
| 4. Pietro si prenota per un massaggio giovedì alle 4.00. | _____ | _____ |

ACE Practice Tests, Flashcards

SAM Workbook Activities

**STUDIO REALIA**

Bettmann/Corbis

La minigonna rivoluziona la moda negli anni Sessanta

**A** **La moda negli anni, le idee negli anni.** Ogni anno una nuova moda viene presto dimenticata per lasciare spazio alla successiva. Alcune però sopravvivono perché rappresentano un modo di essere, di affrontare il mondo e di affermare la propria appartenenza ad un determinato gruppo o ad una determinata idea. Pensate alla rivoluzione causata dalla minigonna la quale è divenuta presto il simbolo della donna liberata. A coppie, guardate le foto qui sotto e per ognuna rispondete alle sollecitazioni completando la tabella.

**Vocabolario utile:** a zampa d'elefante (*bell bottoms*), borchiato (*studded*), scarpe con la zeppa (*wedge heels*), taglio alla moicana (*mohawk*)

Graffiti Press

i figli dei fiori

David R. Frazier Photolibrary

i punk

David R. Frazier Photolibrary

gli yuppies

|  | Periodo | Caratteristiche dell'abbigliamento e dell'aspetto in generale |
|---|---|---|
| i figli dei fiori | *anni Sessanta* | |
| i punk | | |
| gli yuppies | | |

**B** **Abiti come idee.** Ora con lo stesso compagno/la stessa compagna, pensate quali siano le idee associate agli stili che avete appena visto e quale impressione vi fanno. Scrivete le vostre idee e poi condividetele con la classe.

| Idee associate agli stili, impressioni |
|---|
| i figli dei fiori |
| i punk |
| gli yuppies |

**C** **Siamo tutti stilisti!** In gruppi di tre, descrivete il look maschile e femminile che, secondo voi, meglio darebbe un'idea degli anni in cui stiamo vivendo. Presentateli poi alla classe.

# Grammatica

## I — CONCORDANZA DEI TEMPI NEL CONGIUNTIVO

The tense of a subjunctive verb in a dependent clause is determined by the tense of the verb in the main clause and the time relationship between the two verbs.

**1** If the main clause is in the present or future tense, the dependent clause will be in the present subjunctive if its action is simultaneous or later, and in the past subjunctive if the action precedes that of the main clause. The verb in the main clause also determines the tense of the verb in the dependent clause when conjunctions are used.

**Speri** che
*Do you hope* that →
- i saldi **siano** in corso?
  *the sales **are** going on?*
- **vengano** alla festa?
  *they **come** to the party?*
- **abbiano invitato** tutti i VIP?
  *they **invited** all the VIPs?*

**Comprerò** quell'abito a condizione che
*I'll buy* that dress *provided that* →
- **sia scontato.**
  *it's on sale.*
- l'**abbiano scontato.**
  *they've discounted it.*

**2** If the main clause is in any past tense or the conditional mode (present or past), the dependent clause will be in the imperfect subjunctive if its action is simultaneous or later, and in the pluperfect subjunctive if its action precedes that of the main clause.

**Credevi** che
*Did you believe* that →
- Armani **arrivasse** oggi?
  *Armani **was arriving** today?*
- Armani **fosse** già **arrivato**?
  *Armani **had** already **arrived**?*

**Spererei** che → **avesse** quei capi d'abbigliamento.
*I would hope* that *he **had** those clothes.*

**Avrei pensato** che → **avesse lavorato** più anni in quel campo.
*I would have thought* that *he **had worked** longer in that field.*

**Ho comprato** quegli stivali sebbene

*I bought* those boots *even though* →
- non ne **avessi** bisogno.
  *I didn't **need** them.*
- **ne avessi comprato** un altro paio la settimana prima.
  *I **had bought** another pair the week before.*

## PRATICA

**A Nuova moda.** Anna, una studentessa di moda, scrive alla sua collega Betta a proposito della nuova moda lanciata in autunno dagli stilisti. Completa la lettera con la forma corretta del congiuntivo dei verbi tra parentesi.

Cara Betta,

hai visto che in passerella hanno mandato la moda del guardaroba da regina? Siamo di nuovo ai tempi della regina Vittoria! Temo che _____ (essere) una moda troppo deprimente e che l'unico tocco di allegria _____ (venire) dai bottoni! Non avrei mai creduto che una moda così _____ (potere) tornare.

Ho chiesto al Professor Mara chi l'aveva lanciata, e mi ha detto che va dai tailleur di Prada agli stivaletti neri di Vuitton. Dopo la moda così sexy e seducente dell'anno scorso, è naturale che il pubblico _____ (reagire) malamente. Non avrei mai immaginato che una reazione così drammatica _____ (essere) possibile.

Poi c'è da vedere i colori. Credi che questi stilisti _____ (scegliere) il viola melanzana e il grigio per la collezione principale? Vorrei che _____ (passare) questa stagione e che noi _____ (entrare / già) nella prossima!

Ci vediamo il trimestre prossimo!

Anna

**B** **Anche gli uomini alle beauty farm.** Non è solo la donna che ricorre alle beauty farm per farsi più bella. Da qualche anno sono sempre più numerosi gli uomini che richiedono la ceretta (*waxing*) e la tinta dei capelli e che comprano la crema anticellulite. Completa la conversazione di un uomo dall'estetista usando la forma corretta del congiuntivo dei seguenti verbi.

| | | | |
|---|---|---|---|
| avere | essere (2v.) | potere | vedere |
| dovere | fare | tingere | volere |

**Pietro:** Vorrei che mi _____ i capelli biondo-Carrà*.

**Estetista:** Se gli amici Le domandano del colore?

**Pietro:** Non mi importa. Crederanno che _____ il sole a tingerli.

**Estetista:** Desidera che Le _____ uno shampoo?

**Pietro:** Sì. E credo che i miei capelli _____ bisogno anche di un buon balsamo (*conditioner*).

**Estetista:** Ieri è venuto anche Suo padre. Non pensavo che anche lui _____ la maschera antirughe.

**Pietro:** Al momento siamo tutti e due felici che Lei ci _____ aiutare a rimetterci in forma.

**Estetista:** Pensi che un nostro cliente, di cui non posso dirLe il nome, crede che tutti _____ farsi fare la ceretta per ripulirsi il torace e la pancia.

**Pietro:** Ma qui siamo arrivati al ridicolo.

**Estetista:** Non credo sinceramente che ci _____ molta differenza tra Lei e lui. In realtà entrambi volete che gli altri vi _____ più belli e ringiovaniti.

**Pietro:** Forse ha ragione.

 **C** **Cosa volevano che tu facessi?** A coppie, formate domande e risposte con la forma corretta del congiuntivo presente, passato, imperfetto e trapassato. Segui il modello dell'esempio.

**ESEMPIO**

I tuoi genitori permettevano che tu (truccarsi) quando avevi 14 anni?

**St. 1:** I tuoi genitori permettevano che tu ti truccassi quando avevi 14 anni?

**St. 2:** No, i miei genitori non permettevano che io mi truccassi.

*o* Sì, i miei genitori permettevano che io mi truccassi.

1. Il preside della scuola vuole che voi non (portare) le minigonne?

2. I tuoi genitori erano contenti che tuo fratello (mettersi) i pantaloni di pelle?

3. I tuoi amici desiderano che tu (vestirsi) come loro?

4. Tua sorella insisteva che tua madre (comprarle) degli stivali?

5. Tua madre si aspettava che tua sorella (dovere) comprarli lei?

6. Il tuo compagno d'appartamento l'anno scorso era la sola persona che (prendere) i tuoi vestiti senza chiederti il permesso?

---

*blond, like Raffaella Carrà, popular Italian television host

**D** **Cosa dubitate voi?** A coppie, formulate quante frasi possibili seguendo il modello: **Dubito, Dubitavo, Dubiterei, Avrei dubitato che...**

**ESEMPIO**

quel sarto / essere capace / di creare un bel vestito da sposa

*Dubito che quel sarto sia capace di creare un bel vestito da sposa.*

*Dubitavo che quel sarto fosse capace di creare un bel vestito da sposa.*

1. gli occhiali da sole di Versace / costare / poco
2. Valentino e Gucci / aprire / una nuova linea di moda insieme
3. la collezione primaverile / prediligere / il colore giallo
4. lo shopping on-line / facilitare / le compere
5. le minigonne / potere diventare / più corte
6. i saldi / durare / più di quindici giorni

 Practice Quizzes, Flashcards

SAM Workbook Activities

##  II IL PERIODO IPOTETICO

A hypothetical construction consists of an *if* clause, introduced by **se**, that expresses a hypothesis or condition, and a main clause that expresses a consequence or result. The **se** clause may either precede or follow the consequence. Hypothetical situations may be real, possible, or impossible.

### A  Periodo ipotetico della realtà

**1** The indicative is used to express an action that is very likely or certain to occur if a condition is met.

| | |
|---|---|
| Se **farà** bel tempo domani, **andremo** alla sfilata. | *If **it's** good weather tomorrow, **we will go** to the fashion show.* |
| Gli **telefono** se non **arriva** fra poco. | *I **will call** him if he doesn't **get** here soon.* |
| Se **non capivano, dovevano** dirmelo. | *If **they didn't understand, they should have** told me so.* |

Note that if the future is used in the main clause, then it will also be used in the subordinate clause.

| | |
|---|---|
| Se **verrete** domani, ci **troverete**. | *If **you come** tomorrow, **you will find** us.* |

**2** The verb in the **se** clause is often in the same tense as the verb in the independent clause, but the following configurations are also possible.

PRESENTE → FUTURO

| | |
|---|---|
| **Vado** alla sfilata solo se **farà** bello. | *I'm only **going to go** to the fashion show if the weather **is** good.* |

PASSATO PROSSIMO → FUTURO, PRESENTE, IMPERFETTO, TRAPASSATO O IMPERATIVO

| | |
|---|---|
| Se **non è arrivato** alle 7.00, **non arriverà** stasera. | *If **he didn't arrive** at 7:00, **he won't arrive** tonight.* |
| Se lui **non ha telefonato**, io **torno** a casa. | *If **he hasn't called**, **I'll go back** home.* |
| Se **non ha messo** la gonna, **aveva** i suoi buoni motivi. | *If **she didn't wear** the skirt, **she had** a good reason.* |
| Se **non hai** ancora **ritirato** i miei vestiti dal sarto, **corri** subito a prenderli! | *If **you haven't** yet picked up my clothes from the tailor, **go** get them immediately!* |

## B Periodo ipotetico della possibilità

**1** To express a hypothetical action that may or may not occur, the imperfect subjunctive is used in the **se** clause and the present conditional is used in the result clause.

| | |
|---|---|
| Se **vi iscriveste** al corso di moda, **non** lo **rimpiangereste**. | *If **you enrolled** in the fashion class, **you wouldn't regret** it.* |
| **Provheresti** molta soddisfazione se **facessi** bene nel corso. | ***You would feel** very satisfied if **you did** well in the course.* |

**2** This construction can also be used to describe an imaginary situation.

| | |
|---|---|
| Se **fossi** in te, **non spenderei** così tanti soldi per quella camicia. | *If **I were** you, **I wouldn't spend** that much money on that blouse.* |

**3** Sometimes the imperfect subjunctive can be combined with the past conditional.

| | |
|---|---|
| Se **pagasse** di più, **avrei accettato** il lavoro da modella. | *If **it paid** more, **I would have accepted** that job as a model.* |

## C Periodo ipotetico dell'irrealtà

**1** To express impossible or contrary-to-fact situations, the past perfect subjunctive is used in the **se** clause and the past conditional is used in the result clause.

| | |
|---|---|
| Se **foste venuti**, **vi sareste divertiti**. | *If **you had come**, **you would have had** a good time.* |

**2** Sometimes the past perfect subjunctive can be combined with the conditional present.

| | |
|---|---|
| Se **avessi guardato** quel programma alla televisione, ora **capiresti** il nuovo stile invernale. | *If **you had watched** the television program, **you'd understand** about the new winter fashions.* |

## PRATICA

**A Tutti in passerella.** Completa le seguenti frasi ipotetiche con i tempi ed i modi appropriati tra parentesi.

Se solo potessi avere il mio letto!

1. Se vi vestiste alla moda, _____ (voi / spendere) molti soldi.

2. Se il negozio non avrà il mio numero, io non _____ (comprare) quelle scarpe.

3. Se le ragazze _____ (mettersi) il vestito di lino, adesso non avrebbero caldo.

4. Se avesse risparmiato, lei _____ (potere) vestirsi più elegantemente.

5. Da bambino, se tua madre ti diceva di mettere qualcosa che non ti piaceva, tu _____ (piangere)?

6. Vedreste molte modelle che si truccano se _____ (voi / entrare) nel camerino.

7. La modella non _____ (sfilare) se il sarto non avesse cucito l'abito in tempo.

8. Anche gli adulti comprerebbero jeans a zampa d'elefante se _____ (tornare) di moda.

**B Moda fai da te.** Completa le seguenti frasi ipotetiche.

1. Metterei il mio vestito elegante se…

2. Avremmo indossato anche gli stivali se…

3. Gli stilisti disegnerebbero abiti più corti se…

4. Andiamo alla sfilata se…

5. Cerco i saldi se…

6. Laverò quella maglietta se…

7. Non farebbero i saldi di fine stagione se…

8. I giovani comprerebbero vestiti di marca se…

**C Immaginate se…** A coppie, rispondete alle seguenti domande con una frase ipotetica.

1. Cosa ti metteresti per il tuo matrimonio se ti sposassi il mese prossimo?

2. Sarebbe giusto se tutti fossero obbligati a portare le divise a scuola? Perché?

3. Se domandassi alla sarta di usare solo fibre naturali, cosa risponderebbe?

4. Se tu volessi comprare un tailleur, dove andresti?

5. Se il tuo negozio preferito fosse chiuso, dove compreresti un cappotto invernale?

6. Se avessi dei pantaloni troppo grandi, ti metteresti le bretelle?

 **D Il semestre scorso.** Descrivi a un tuo compagno/una tua compagna di classe tre cose che avresti fatto il semestre scorso se certe situazioni fossero state diverse.

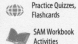 Practice Quizzes, Flashcards

SAM Workbook Activities

## III I VERBI CAUSATIVI *FARE* E *LASCIARE*

The verbs **fare** and **lasciare**, used with an infinitive, mean *to cause* or *to allow an action to occur.*

### A *Fare* + infinito

**1** **Fare** + *infinitive* means *to make someone do something* or *to have something done.*

| | |
|---|---|
| La stilista **ha fatto cucire** il vestito da sera alla sarta. | *The designer **had** the evening gown **sewn** by a seamstress.* |
| La sfilata era talmente noiosa che mi **ha fatto addormentare**. | *The fashion show was so boring that **it made me fall asleep**.* |

**2** When **fare** + *infinitive* is used with a single object, it is a direct object.

| | |
|---|---|
| Ho fatto cucire **l'abito**. | *I had **the suit** made.* |
| Ho fatto pagare **il sarto**. | *I had **the tailor** paid.* |

**3** When there are two objects, the thing acted on is the direct object and the person who performs the action is the indirect object.

| | |
|---|---|
| Ho fatto cucire **l'abito al sarto**. | *I had **the tailor** make **the suit**.* |

The indirect object ordinarily takes the preposition **a**. However, when there could be confusion about whether the person performed or received the action, **da** is used for clarity.

| | |
|---|---|
| Il sarto ha fatto mandare i vestiti **alla commessa**. | *The tailor had the clothes sent **to the sales clerk**. (or The tailor had **the sales clerk** send the clothes.)* |
| Il sarto ha fatto mandare i vestiti **dalla commessa**. | *The tailor had **the sales clerk** send the clothes.* |

**4** Object pronouns usually precede the conjugated forms of **fare**.

| | |
|---|---|
| **L'**ho fatto cucire. (abito) | *I had **it** made (sewn).* |

Object pronouns attach to **fare**, however, when it is an infinitive, a gerund, or an affirmative imperative of **tu**, **noi**, or **voi** (see **Capitolo 4**). The indirect-object pronoun **Loro** always follows the infinitive. Pronouns never attach to the infinitive that follows **fare**.

**Facendolo** fare su misura, Sabrina era sicura di avere la misura perfetta.

*Having it made to order, Sabrina was sure it was the perfect size.*

Dai! **Faglielo** mettere stasera! È un abito stupendo!

*Come on! Have him wear it this evening! It's a beautiful suit!*

**5** When a reflexive verb is used with **fare** + *infinitive*, the reflexive pronoun is omitted.

**Falla** pettinare subito!

*Have her comb her hair right away!*

**Ho fatto truccare** le modelle.

*I had the models put on makeup.*

**6** **Farsi** + *infinitive* means *to have* or *get something done for oneself* (*by someone else*). **Da** is used to introduce the name or occupation of the person or entity who performs the action.

Il signore **si è fatto fare** due abiti **da** Versace.

*The man had two suits made for himself by Versace.*

**Mi sono fatta disegnare** due vestiti da uno stilista milanese.

*I had two dresses designed for myself by a Milanese designer.*

 **Lasciare + infinito**

**1** **Lasciare** + *infinitive* means *to let* or *permit someone to do something*. This construction is used in the same way as **fare** + *infinitive* and the same rules regarding direct-object and indirect-object pronouns apply as well.

Quando ero al liceo, mia madre non mi **lasciava comprare** vestiti di marca.

*When I was in high school, my mother would not let me buy designer clothes.*

Il capo non ci **lascia portare** i jeans al lavoro.

*The boss won't let us wear jeans to work.*

**2** When **lasciare** is followed by **che** and the two clauses have different subjects, the subjunctive is used in the dependent clause.

**Lascia che** lei **si vesta** come vuole.

*Let her dress the way she wants.*

**Lasceresti che** Cecilia **portasse** il tuo abito da sera alla festa?

*Would you let Cecilia wear your evening gown to the party?*

**3** **Lasciar(e) stare** and **lasciar(e) perdere** have idiomatic meanings.

| | |
|---|---|
| lasciare stare | to let something be |
| lasciare perdere | to forget about something |

Non ne voglio più parlare. **Lascia stare!**

*I don't want to talk about it anymore. Let it be!*

Non pensarci più. **Lascia perdere!**

*Don't think about it any more. Just forget about it!*

**4** **Lasciarsi**\* + *infinitive* means *to let* or *permit something to be done* or *to happen to oneself*. **Da** is used to introduce the name or occupation of the person or entity who performs the action.

| | |
|---|---|
| **Mi sono lasciata convincere** a comprare quel vestito **dalla** pubblicità in televisione. | *I let myself be convinced to buy that dress **by** the ad on TV.* |
| Non si è più vestita bene dopo il divorzio. **Si è lasciata andare**. | *She didn't dress well anymore after the divorce. **She let herself go**.* |

---

\* When used as a reciprocal verb, **lasciarsi** may mean *to split up*. **Esempio**: Lucio e Mara si sono lasciati perché non andavano più d'accordo. *Lucio e Mara split up because they didn't get along anymore.*

> **PRATICA**

**Ⓐ Modi e mode.** Completa le seguenti frasi mettendo i verbi in parentesi nei tempi suggeriti.

> **ESEMPIO**
>
> I genitori non _____ (lasciare) mettere i pantaloncini ai loro figli. (imperfetto)
>
> I genitori non *lasciavano* mettere i pantaloncini ai loro figli.

1. Lo stilista _____ (fare) pettinare due modelle dal parrucchiere. (trapassato prossimo o passato prossimo)

2. Quei genitori non _____ (lasciare) fare i piercing alle loro figlie. (futuro)

3. La modella _____ (farsi) stirare i vestiti dalla sarta. (passato prossimo)

4. Penso che il fotografo non _____ (lasciare) usare la sua macchina fotografica a nessuno. (congiuntivo passato)

5. Se tu _____ (farsi) truccare troppo saresti sembrata un pagliaccio (*clown*). (congiuntivo trapassato)

6. I figli dei fiori non _____ (lasciarsi) convincere a indossare abiti che non fossero stati in fibre naturali. (condizionale passato)

**B Chi te lo fa fare?** A coppie, prima formate una domanda dalla frase data e poi rispondete usando i pronomi dove possibile. Segui il modello dell'esempio.

**ESEMPIO**

Metti un cappello.
**St. 1:** Chi ti fa mettere un cappello?
**St. 2:** Mia madre me lo fa mettere.

1. Porti una cravatta.
2. Togli le scarpe fuori dalla porta.
3. Compri un nuovo completo.
4. Stiri i pantaloni.
5. Metti il vestito di poliestere.
6. Vai dalla sarta tutte le settimane.
7. Ricami i vestiti.
8. Indossi scarpe a tacchi bassi invece che a tacchi alti.

**C Dalla sarta.** Riforma le seguenti frasi usando il soggetto fra parentesi e la costruzione **fare** + *infinito* o **farsi** + *infinito* seguendo gli esempi.

**ESEMPIO**

Gli studenti studiarono la moda degli anni Sessanta. (i professori)
*I professori fecero studiare la moda degli anni Sessanta agli studenti.*
Il sarto ha disegnato abiti da sera bellissimi per te. (tu)
*Tu ti sei fatta disegnare abiti da sera bellissimi dal sarto.*

1. La sarta cuciva tutti i suoi abiti. (la signora)
2. Lo stilista creò un modello per me. (io)
3. Abbiamo pagato poco. (la sarta)
4. Imparavamo a ricamare. (la zia)
5. Mauro porterà il mio smoking domani. (io)
6. Suo marito le comprò delle scarpe nuove. (lei)
7. Aspettai mezz'ora. (l'agente)
8. Rosanna ha disegnato il tailleur. (Donatella)

 **D I genitori comandano.** Scrivi tre frasi raccontando (a) tre cose che i tuoi genitori ti lasciavano fare e (b) tre cose che non ti lasciavano fare quando vivevi con loro. Una frase per ciascuna categoria deve essere falsa. A gruppi, leggete poi le frasi mentre gli altri dovranno indovinare la frase falsa.

**E Cosa vi farebbe cambiare modo di vestire?** In gruppi di tre o quattro, parlate del vostro modo di vestire.

1. Quali sono le influenze che vi farebbero cambiare il modo in cui vestite?

2. Vi farebbero cambiare idea più le influenze degli amici o le influenze dei mass media?

3. Che cosa non vi fareste convincere a portare, anche se andasse di moda?

4. Il guardaroba dei cantanti famosi vi influenzerebbe?

5. Per stupire tutti, che genere di vestito vi fareste fare per la prossima festa?

6. C'erano dei vestiti che i vostri genitori vi facevano portare che voi odiavate? Quali?

**F Le abitudini.** Una giovane ragazza parla delle sue abitudini per quanto riguarda la moda. Reagisci con sorpresa, seguendo l'esempio.

> **ESEMPIO**
>
> Metto i tacchi altissimi.
> *I tuoi genitori ti lasciano mettere i tacchi alti?!?*

1. Ho comprato tre minigonne.

2. A Milano vado spesso alle sfilate.

3. Comprerò un bikini per l'estate.

4. Vesto solo Versace.

5. Ho usato la carta di credito per comprare una pelliccia.

6. Metterò il rossetto (*lipstick*) nero per la festa.

**G Ancora le abitudini.** Adesso, usando le frasi dell'attività F, sostituisci gli oggetti con pronomi dove possibile.

> **ESEMPIO**
>
> Metto i tacchi altissimi.
> *I tuoi genitori ti lasciano mettere i tacchi alti?*
> *I tuoi genitori **te li** lasciano mettere?*

**H Vivere e lasciar vivere!** A coppie, rispondete alle seguenti domande.

1. Il tuo carattere ti permette di vivere e lasciar vivere?

2. Tu lasceresti che le tue figlie vestissero come vogliono?

3. Ti lasci influenzare dalla moda?

4. Hai un amico che non ti lascia mai parlare?

5. Conosci qualcuno che non lascia mai parlare gli altri?

6. Ti lasceresti vestire da uno stilista famoso? Da chi? Perché?

7. Il tuo professore/La tua professoressa ti lascia divertire in classe?

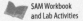

Practice Quizzes,
Flashcards,
**Raccontami una storia**

SAM Workbook
and Lab Activities

# Biblioteca

Understanding in depth what you read sometimes calls for inferring or guessing meanings that are not directly stated in the text. This is the skill known as *reading between the lines,* or in Italian, **leggere tra le righe**. Attentive readers notice clues in the text and absorb what they imply.

Distinguishing between a pure guess and a rational deduction calls for some background knowledge and experience. If a party invitation says "black tie," you can assume that the party will be elegant, formal, and frequented mostly by people who can afford that type of dress. If all the men at the party are wearing Armani suits, you can infer that their incomes are high. This would be true in Italy as well, but the ability to make other kinds of inferences about an unfamiliar culture will take time.

## PRE-LETTURA

Age fotostock/SuperStock

**Borsalino**

dk/Alamy

**cappellino**

Dewitt/Shutterstock

**cappello a cilindro**

Dmitry V. Petrenko/Shutterstock.com

**cappello da alpino**

Simone Andress/Shutterstock

**cappello da sole**

grigiomedio/Shutterstock

**cappello di paglia**

Oleksii Sagitov/Shutterstock

**berretto**

**A** In gruppi di tre, guardate le immagini (pagina 286) e pensate alla parola *cappello*. Poi rispondete alle seguenti domande.

1. Per quali occasioni portate un cappello?

2. Che tipo di cappello?

3. Conoscete qualcuno che porta un cappello? Quale tipo di cappello? Com'è questa persona?

4. Secondo voi, portare un cappello è associato con uno status sociale? In quali occasioni questo si verifica?

 **B** Quando si legge una commedia, bisogna sapere esprimere vari tipi di stati d'animo, di situazioni, e di ruoli sociali. Bisogna interpretare il dialogo con un tono che rifletta la situazione. In gruppi di tre, cercate di scrivere delle frasi che riflettano i seguenti stati d'animo e poi leggetele ad alta voce con l'espressione giusta. Chiedete ai vostri compagni di indovinare l'interpretazione.

| | | | |
|---|---|---|---|
| Allegria | Autoritarietà | Cinismo | Curiosità |
| Incredulità | Indignazione | Lamentosità | Perplessità |
| Ironia | Sarcasmo | Indifferenza | Protesta |

**C** Ora leggete alcune frasi tratte dalla commedia con l'interpretazione indicata.

**Indifferenza:** Noi è solo un mese che ci conosciamo.

**Protesta:** Non dire così, «un mese che ci conosciamo» come se io non fossi tua moglie.

**Incredulità:** E tu subito le hai fatto riporre in naftalina la nostra roba da inverno?

**Sarcasmo:** Geniale. Genialissimo.

**Curiosità:** Lamberto Genova? Io lo conoscevo. Lo conoscevo benissimo. È morto?

**Autoritarietà:** Vittoria! Guardi se riesce a trovare un cappello!

**Lamentosità:** Però ci vuole la scala. Devo andarla a prendere in cantina. È in alto, la roba da inverno, e io solo con la seggiola non ci arrivo.

**D** Il seguente brano è tratto dalla commedia *Ti ho sposato per allegria* di Natalia Ginzburg. Secondo voi, cosa può significare il titolo? Vi sembra una buona idea sposare qualcuno per «allegria»?

# Ti ho sposato per allegria

## NATALIA GINZBURG

NATALIA GINZBURG (1916–1991), pubblicò il suo primo racconto nel 1933. Nel 1938 sposò Leone Ginzburg e poi lo seguì al confino nel 1940 quando era prigioniero politico. Il marito morì ucciso e torturato in carcere a Roma nel 1944. Natalia Ginzburg continuò a scrivere e pubblicare e nel 1963 vinse il premio Strega con il romanzo autobiografico *Lessico famigliare*. Scrisse *Ti ho sposato per allegria* nel 1965. Nel 1983 fu eletta deputata alla Camera tra gli indipendenti di Sinistra.

Everett Collection

La commedia *Ti ho sposato per allegria* di Natalia Ginzburg fu trasformata in un film nel 1967 da Luciano Salce. I personaggi sono Pietro (avvocato / marito), Giuliana (moglie) e Vittoria (serva).

| | |
|---|---|
| **Piero:** | Il mio cappello dov'è? |
| **Giuliana:** | Hai un cappello? |
| **Piero:** | L'avevo. Adesso non lo trovo più. |
| **Giuliana:** | Io non me lo ricordo questo cappello. |
| **Piero:** | Forse non te lo puoi ricordare. Non lo metto da molto tempo. Noi è solo un mese che ci conosciamo. |
| **Giuliana:** | Non dire così, «un mese che ci conosciamo» come se io non fossi tua moglie. |
| **Piero:** | Sei mia moglie da una settimana. In questa settimana, |

e in tutto il mese passato, non ho mai messo il cappello. Lo metto solo quando piove forte, oppure quando vado ai funerali. Oggi piove, e devo andare a un funerale. È un cappello marrone, moscio[1]. Un buon cappello.

| | |
|---|---|
| **Giuliana:** | Forse l'avrai a casa di tua madre. |
| **Piero:** | Forse. Tu non è che l'hai visto per caso, in mezzo a tutta la mia roba[2], un cappello? |
| **Giuliana:** | No. Però tutta la tua roba l'ho fatta mettere in naftalina[3]. Può darsi che ci fosse anche questo cappello. Vai a un funerale? Chi è morto? |
| **Piero:** | È morto uno. Da quanti giorni l'abbiamo, Vittoria? |
| **Giuliana:** | Da mercoledì. Tre giorni. |
| **Piero:** | E tu subito le hai fatto riporre[4] in naftalina la nostra roba da inverno? |
| **Giuliana:** | La tua. Io di roba da inverno non ne ho. Ho una gonna, una maglia, e l'impermeabile[5]. |
| **Piero:** | Hai fatto mettere in naftalina tutta la mia roba da inverno? Subito? |
| **Giuliana:** | Subito. |
| **Piero:** | Geniale. Genialissimo. Però ora facciamo pescar fuori il mio |

---

1. *soft*    2. *clothes / things*    3. *mothballs*    4. *put away*    5. *raincoat*

| | |
|---|---|
| | cappello. Devo andare a questo funerale. Con mia madre. |
| **Giuliana:** | Dimmi chi è morto. |
| **Piero:** | È morto uno che si chiamava Lamberto Genova. Era un amico dei miei. È morto l'altro ieri, di una trombosi alle coronarie[6], all'improvviso, nella stanza da bagno, mentre si faceva la barba. |
| **Giuliana:** | Lamberto Genova? Io lo conoscevo. Lo conoscevo benissimo. È morto? |
| **Piero:** | Sì. |
| **Giuliana:** | Nella stanza da bagno! Lamberto Genova! Io lo conoscevo, ti dico! Lo conoscevo benissimo! Una volta mi ha anche prestato dei soldi. |
| **Piero:** | Impossibile. Era un uomo così avaro. |

| | |
|---|---|
| **Giuliana:** | Però mi ha prestato dei soldi. Era molto innamorato di me. |
| **Piero:** | Vittoria! Guardi se riesce a trovare un cappello! Un cappello marrone, moscio, tutto peloso[7]! La signora dice che forse l'ha messo in naftalina. |
| **Vittoria:** | Allora sarà nell'armadio delle quattro stagioni. |
| **Piero:** | Cos'è l'armadio delle quattro stagioni? |
| **Giuliana:** | È l'armadio, nel corridoio. È in quattro scomparti[8]. Vittoria dice che si chiama così. |
| **Vittoria:** | Però ci vuole la scala. Devo andarla a prendere in cantina[9]. È in alto, la roba da inverno, e io solo con la seggiola[10] non ci arrivo. |
| **Piero:** | Possibile che sia così difficile riavere il proprio cappello? |

---

6. **trombosi...** *blood clots in coronary arteries*   7. *woolly*   8. *compartments*   9. *basement*   10. *chair*

## COMPRENSIONE

1. I personaggi della Ginzburg spesso si avvicinano agli stereotipi tradizionali. Potete trovare esempi in cui i personaggi si comportano stereotipicamente?

| Pietro | Giulia | Vittoria |
|---|---|---|
| | | |
| | | |

2. Questa commedia spesso illustra un incontro di due mondi: una contrapposizione tra le classi sociali. In queste due pagine, riuscite a trovare tracce di questi due mondi?

3. Secondo voi, Piero troverà il suo cappello? È importante che lo trovi?

# Di propria mano

The point of view a writer chooses determines the perspective from which a story will be told and the kind of information a reader will be given. The most commonly used points of view are (a) first person, (b) third-person omniscient, and (c) third-person objective.

1. **First person:** The first-person narrator is a character in the story who reveals his or her own experiences, feelings, and thoughts, as well as information directly received from other characters.

2. **Third-person omniscient:** A third-person omniscient narrator has knowledge of the experiences, thoughts, and feelings of all the characters in the story. How much the narrator reveals to the reader about a character or a scene will vary with the importance of the character and the needs of the narrative.

3. **Third-person objective:** An objective narrator also speaks in the third person but is restricted in access and understanding to what is observable through the senses, and what a human being can experience at a given moment. Unlike an omniscient narrator, this narrator can't observe two scenes that take place simultaneously and doesn't know what is going on in the minds of the characters.

## PRE-SCRITTURA

**A** Leggi il seguente brano tratto da *Vita e morte di Adria e dei suoi figli* di Massimo Bontempelli e determina se è scritto nella terza persona onnisciente o nella terza persona obiettiva.

«Congedato il parrucchiere, in cappello e camice, tranquillamente era scesa alla sala da pranzo. Il pranzo era semplice, le poche parole che moglie e marito si scambiavano furono, come sempre, cordiali e riposanti. Risalita alle sue stanze, aveva rialzato di un leggerissimo trucco i toni del volto, poi le cameriere finirono d'abbigliarla aggiungendo al camice colore di perla una piccola fascia che la serrava leggermente sotto il seno, e un leggero manto azzurro. Adria e il marito si fecero portare al Teatro Valle.»

Ora riscrivi il brano precedente in prima persona dal punto di vista di Adria.

**B** Se dovessi descrivere il tuo concetto di bellezza ideale, quali sarebbero gli elementi essenziali? Scrivi le parole che ti vengono subito in mente quando pensi alle seguenti categorie.

| |
|---|
| **Personalità** |
| **Moda** |
| **Fisico** |
| **Ambiente** |

 Writing Tips

Scegli un personaggio nella tua società che rappresenta la bellezza perfetta secondo i mass media. Descrivi questo personaggio usando la terza persona (onnisciente o obiettiva) in tutti gli aspetti possibili (personalità, modo di vestire, di presentarsi...). Poi esprimi le tue opinioni su questa persona e spiega se, secondo i tuoi criteri, rappresenta la bellezza perfetta oppure no e chiarisci le ragioni della tua risposta.

## Block Notes

Rifletti su quello che hai potuto osservare su Web, in classe e nelle letture che hai fatto e rispondi a una delle seguenti domande.

1. Come ti sembra che sia il rapporto tra i giovani italiani e la moda? Hai notato delle differenze con il Paese in cui vivi?

2. Quali pensi che siano le caratteristiche della moda italiana che la rendono così popolare all'estero?

3. Ogni generazione ha la propria moda o, meglio, le proprie mode e queste sembrano in grado di superare qualsiasi barriera e raggiungere i giovani in ogni angolo del mondo. Come descriveresti la moda dei giovani d'oggi? Quali sono le marche e gli stili più popolari?

# Nel mondo dei grandi

## FERRAGAMO E LE SCARPE

NATO NEL 1898 a Bonito in provincia di Avellino, Salvatore Ferragamo è nel 1914 a Napoli dove, dopo aver studiato l'arte del calzolaio[1], apre un piccolo negozio. Le condizioni di vita in Italia allora non erano delle migliori e così nel 1914 Ferragamo raggiunge uno dei suoi fratelli a Boston, dove si mette a lavorare in una fabbrica. Ben presto però convince i fratelli a trasferirsi in California dove apre un piccolo negozio di calzolaio. Dopo un breve periodo in cui si occupa solo di riparazioni, comincia a creare dei sandali su misura che avranno un grande successo tra le star di Hollywood. Da questo momento in poi la sua fama cresce a dismisura[2] fino al punto di essere chiamato «il Calzolaio delle stelle». In quegli anni Ferragamo crea calzature[3] anche per alcune grandi produzioni hollywoodiane e per esempio, le scarpette di rubino[4] di Dorothy ne *Il mago di Oz* sono realizzate da lui. Tra le tante stelle del cinema che hanno indossato le sue creazioni, si possono ricordare Joan Crawford, Greta Garbo, Marilyn Monroe, Audrey Hepburn e, naturalmente, Sophia Loren.

Nel 1927 lo stilista torna in Italia, a Firenze, dove prosegue la sua attività che cresce fino ad arrivare anche ad avere circa 700 artigiani[5] capaci di creare 350 paia di scarpe al giorno. Muore nel 1962 ma il suo nome e la sua famiglia restano dietro a quella che oggi si chiama Salvatore Ferragamo Italia Spa. Nel 1995 a Palazzo Spini Feroni di Firenze viene inaugurato un museo dedicato alla sua opera e alle sue tante innovazioni e nel 2007, a Los Angeles, una targa[6] che lo ricorda è stata inaugurata tra Rodeo Drive e Dayton Way, luogo che gli organizzatori hanno definito come l'incrocio tra moda e film.

David Lees/Corbis

1. *shoemaker*   2. *disproportionately*   3. *footwear*   4. *ruby slippers*   5. *shoe craftsmen*   6. *plaque*

## TRACCE DI RICERCA

Web Links

Salvatore Ferragamo e Hollywood
Museo della scarpa di Salvatore Ferragamo
Altri stilisti italiani
Salvatore Ferragamo Italia Spa: non solo scarpe

# Dizionarietto

CD 2
27-30

a coste *ribbed*

a quadri *checked*

a righe *striped*

a tinta unita *solid-color*

abito *suit (men's and women's), dress*

abito da sera *evening gown*

acrilico *acrylic*

antirughe (*m. sing.*) *anti-wrinkle*

armadio *closet*

bretelle (*f. pl.*) *suspenders*

calzare *to put on, to fit (shoes, gloves)*

calze (*f. pl.*) *socks (stockings, nylons)*

camerino *dressing room*

camicia *shirt*

camoscio *suede*

cifra *amount*

collant (*m. pl.*) *pantyhose*

completo *suit (men's and women's) / coordinated outfit*

conto *account*

costume da bagno (*m.*) *bathing suit*

cotone (*m.*) *cotton*

cravatta a farfalla *bowtie*

cucire *to sew*

cuoio *leather (used for shoes)*

divisa *uniform*

estetista (*m./f.*) *beautician*

farla da padrone *to dominate*

farsi fare un vestito *to have a suit, dress made*

fibra naturale *natural fiber*

fibra sintetica *synthetic fiber*

guardaroba (*m.*) *wardrobe*

incrocio *crossroad*

indossare *to wear, to put on*

lana *wool*

levarsi *to take off (clothing)*

lino *linen*

marca *brand name*

mettersi (*p.p.* messo) *to put on (clothing, makeup, shoes)*

minigonna *miniskirt*

misura *size*

mutande (*f. pl.*) *underpants*

numero *shoe size*

pancia *stomach / belly*

pantaloncini (*m. pl.*) *shorts*

papillon (*m.*) *bowtie*

parrucchiere/a *hairdresser*

passerella *runway*

pelle (*f.*) *leather (used for clothing or purses)*

pelliccia *fur coat*

pigiama (*m. sing.*) *pajamas*

poliestere (*m.*) *polyester*

portare *to wear*

preside (*m./f.*) *principal*

ricamare *to embroider*

ricamato *embroidered*

rimpiangere (*p.p.* rimpianto) *to regret*

ripresa *reconstruction, resumption*

ripulirsi *to clean oneself*

risparmiare *to save*

saldo *sale*

sarto/a *tailor*

sciarpa *scarf*

sconto *discount*

seta *silk*

sfilata *fashion show*

smoking (*m.*) *tuxedo*

sorpassato *dated*

spogliarsi *to undress*

spogliatoio *dressing room*

stilista (*m./f.*) *fashion designer*

stivali (*m. pl.*) *boots*

stoffa *fabric*

stupire *to astonish*

su misura *made to order*

tacco *heel*

taglia *size*

tailleur (*m.*) *woman's suit*

tinta *dye*

velluto *velvet*

versare *to deposit, to pour*

vestirsi *to get dressed*

vestito *suit (men's and women's), dress*

vestito da sera *evening gown*

**LE VOSTRE PAROLE**

# ▷ Cinema ponti

## La meglio gioventù
## (Marco Tullio Giordana, 2003)

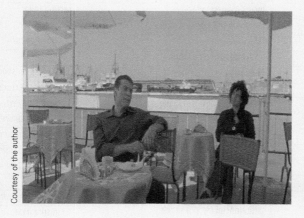

Courtesy of the author

Marco Tullio Giordana è un regista e sceneggiatore italiano. Il cinema di Giordana risente profondamente delle esperienze vissute dal regista in gioventù.

*La meglio gioventù* è un film che racconta le vicende di una famiglia dall'estate del 1966 fino alla primavera del 2003. Due fratelli, Nicola e Matteo Carati, vivono inseparabilmente gli anni dell'adolescenza fino a quando appare una ragazza con gravi problemi psichici e la situazione cambia. Le loro vite prendono strade diverse. Dopo un lungo viaggio in Norvegia, Nicola si laureerà in medicina (psichiatria), mentre Matteo entrerà nell'esercito e, successivamente, nelle forze di Polizia. Nel corso della storia il passato è rivissuto con nostalgia e la gioventù si trasforma in una vita con i problemi dell'età adulta.

## PRE-VISIONE

 **A.** Guardate la foto e parlate dei personaggi, dell'ambiente e tutto quello che potete capire del film dalla foto.

 **B.** Racconta al tuo compagno/alla tua compagna se ti consideri un bravo fotografo/una brava fotografa? Che cosa ti piace fotografare in particolare? Spiega la tua scelta.

## VISIONE

**Primo passo:** Guardate il video senza audio. A coppie (preferibilmente un ragazzo e una ragazza), lavorate insieme per ipotizzare su ciò che accade prima, durante e dopo la scena.

### PARTE 1:

1. Scrivete un dialogo che rispecchi la conversazione nel film.
2. Insieme cercate di recitare il dialogo mimando le parole e le azioni degli attori. In pratica, voi diventate le voci degli attori.

   - *Count the actual number of exchanges between the two actors, paying particular attention to the timing of the dialogue and the gestures. (For example, are the phrases long or short? Are there pauses? Are there any gestures? Do you notice when the lips close to form a word?)*
   - *Deduce content and rhythm of the dialogue and write a dialogue that makes sense within the context of the clip.*
   - *Match the duration of the dialogue, the movement of lips, and gestures where possible, to the dialogue you are writing.*
   - *Once the dialogue is complete, repeatedly practice the dialogue while watching the clip in an effort to match the exact rhythms, gestures, and expressions of the actors. You become the voice of the actors.*

### PARTE 2:

1. Registrate il dialogo e poi sovrapponetelo a quello originale nel video.
2. Ascoltate il vostro dialogo per valutare insieme la vostra lingua parlata.

   - *Record the dialogue and superimpose it on the film clip. Watch the film with you as the actors.*

**Secondo passo:** Guardate il video con l'audio. Dopo aver visto il video, abbinate le immagini ad oguna di queste frasi.

1. _____ Vedi quel bambino. Guarda la mano, è sicuro, pretende.
2. _____ …due anelli all'anulare è vedova, ed è molto sola…
3. _____ Devi trovare l'anima.
4. _____ …lo stai cercando il mistero?
5. _____ Che fai prendi in giro?

Video stills from *La meglio gioventù* by Marco Tullio Giordana

**Terzo passo:** Guarda il video di nuovo. Ascolta il dialogo e confronta quello che hai detto con quello che è stato effettivamente detto. Nota le somiglianze e le differenze.

**Quarto passo:** Trascrivi il dialogo e poi controlla la trascrizione per l'accuratezza.

 **Quinto passo:** *Cultural Projects*

1. Fate una lista di cose ambientali e culturali che avete notato nel guardare il film.
2. A coppie, scegliete un argomento e fate una breve presentazione PowerPoint per approfondire l'aspetto culturale che avete scelto.

> *While working with this clip repeatedly, you begin to notice certain cultural characteristics. Culture can be defined as: (1) Italian geography (specifically Sicily, Palermo, and the seashore); (2) social customs and traditions (widow / summer vacations); (3) Italian gestures and symbols; (4) attitudes of people and observations of interpersonal interactions; and (5) the Italian educational system (Italian school children).*

## CONCLUSIONE

 Presentate la vostra presentazione PowerPoint alla classe.

# Fortunato al gioco, sfortunato in amore?

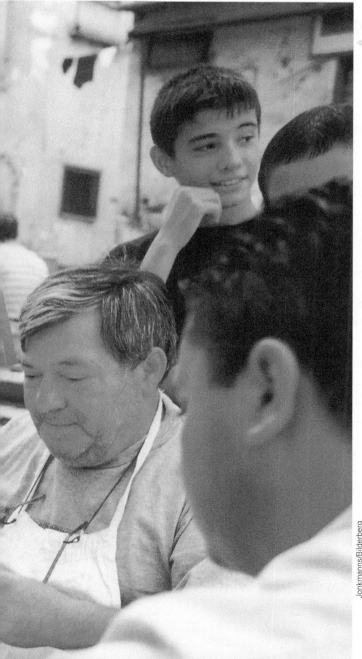

# Per comunicare

- Dare indicazioni
- Dare e ricevere istruzioni
- Parlare di vari tipi di giochi e passatempi
- Parlare in maniera impersonale

## INTERNET CAFÉ

**INDIRIZZO:** www.cengage.com/italian/ponti

**ATTIVITÀ:** Una partita a carte.

**IN CLASSE:** Porta in classe la descrizione del tuo gioco preferito. Tra tutti i giochi descritti, vota il favorito. Il gioco menzionato più volte sarà quello che gli studenti potranno imparare se vorranno organizzare un mini torneo.

 Web Search Activity

**RESOURCES**
Audio   Web   SAM Workbook

 A Napoli si gioca a carte anche per strada mentre i bambini guardano e imparano.

Jonkmanns/Bilderberg

# Ponti sul passato

Take the following quick assessment and check your answers in the answer key found on the *Ponti* website to determine whether you should do further review.

**A** **Passato prossimo.** Scrivi la forma corretta del participio passato dei verbi elencati qui sotto.

1. prendere _____
2. uscire _____
3. perdere _____
4. vincere _____
5. fare _____

6. distribuire _____
7. giocare _____
8. dire _____
9. piacere _____
10. dare _____

**B** **Tre tempi!** Scrivi la forma corretta del passato prossimo, dell'imperfetto e del trapassato corrispondenti alle forme del presente presentate qui sotto. Attenzione al soggetto!

**ESEMPIO**

io vado: *sono andato/a, andavo, ero andato/a*

|  | Passato Prossimo | Imperfetto | Trapassato |
|---|---|---|---|
| 1. tu conosci: | | | |
| 2. noi beviamo: | | | |
| 3. lei entra: | | | |
| 4. io scrivo: | | | |
| 5. vi piacciono: | | | |
| 6. loro si lavano: | | | |

**C** **Passato prossimo, imperfetto, trapassato.** Completa il brano con la forma corretta dei verbi tra parentesi al passato prossimo, all'imperfetto o al trapassato prossimo.

Ieri sera io, Franco, Giovanna e Beatrice _____ (passare) una magnifica serata a casa di Luca dove _____ (giocare) a carte e ad altri giochi da tavolo. Luca come al solito _____ (essere) felice di averci a casa sua e nel pomeriggio, prima del nostro arrivo, _____ (lui, preparare) una decina di antipasti veramente squisiti. Anche quando _____ (frequentare) insieme le elementari, noi quattro _____ (incontrarsi) quasi ogni fine settimana per giocare. Questa volta invece che giocare a nascondino (*hide and seek*), il gioco che Giovanna e Beatrice _____ (preferire) da bambine, _____ (noi, alternare) partite a briscola e a scopa con il Risiko (*Risk*)™ e il Pictionary™. Ieri io non _____ (vincere) nemmeno una partita a carte, ma a Risiko non _____ (avere) rivali.

# Fortunato al gioco, sfortunato in amore?

TUTTI SANNO dell'importanza dello sport per gli italiani e anche chi non lo pratica segue spesso con passione la sua squadra del cuore. Gli sport più popolari in Italia sono sicuramente il calcio, il ciclismo e la Formula 1, ma anche la pallavolo, la pallacanestro e il rugby sono seguiti da un pubblico numeroso. Ma, aldilà dello sport da praticare o da guardare, oppure delle attività che sono comuni a tutte le culture come leggere libri, andare al cinema o ai concerti, quali sono i passatempi preferiti dagli italiani? Insieme ai giochi di società° come Pictionary™, Trivial™ e Monopoli™, molto popolari in Italia così come nel resto del mondo, il gioco delle carte riveste° un ruolo di primo piano nella cultura italiana, dalle Alpi alla Sicilia. Il luogo preferito per il gioco è sicuramente il bar, dove si possono vedere persone di tutte le età che, con le loro bevande sul tavolo, trascorrono i momenti di svago° sfidandosi° in accese partite°. Ma questo passatempo, capace di resistere all'invasione dei videogiochi, non ha bisogno di un luogo specifico. Infatti, viaggiando per l'Italia, si potranno vedere gli italiani giocare a carte in ogni posto che offra la possibilità di farlo: sulle scalinate delle chiese, in spiaggia sotto l'ombrellone o nei parchi. Non è raro vedere giocare insieme nonni e nipoti, mantenendo viva una tradizione i cui inizi sembrano perdersi in un tempo lontano.

*giochi...* board games

has

amusement, relaxation / challenging each other / **accese...** animated games

Persino° durante le feste natalizie°, accanto all'immancabile° tombola°, le famiglie si riuniscono e passano pomeriggi e serate giocando a carte. I giochi di questo periodo coinvolgono° un numero maggiore di persone e sono diversi da quelli giocati al bar: si passa dal *sette e mezzo* (una variante di *blackjack*) a *bestia* (una specie di briscola), solo per citarne° due tra i più diffusi. Tra le novità di questi anni è necessario includere il poker che, grazie alla trasmissione in televisione delle *World Series of Poker*, ha visto crescere enormemente la sua popolarità.

*Even* / **feste...** *Christmas holidays / inevitable / Italian bingo / involve, include to name*

Comunque, le carte non rappresentano solo un momento di socializzazione; c'è anche chi crede che siano capaci di rivelare i segreti del futuro. Esistono infatti carte speciali, come i tarocchi, che vengono utilizzate da maghi e cartomanti° per leggere il destino di chi chiede il loro parere. Forse anche grazie a questa associazione tra magia e carte, dobbiamo la nascita del proverbio «Fortunato al gioco, sfortunato in amore» che sembra invitare a tenersi lontani° dalle carte e dal gioco.

*fortune-tellers*

**tenersi...** *to stay away from*

Una chiromante legge il futuro di un cliente utilizzando i tarocchi.

Floria Leeuwenberg/The Cover Story/Corbis

## DOMANDE

1. Secondo l'introduzione, a parte gli sport, quali altri giochi fanno parte della tradizione italiana?

2. Quali pensi che siano le differenze tra un bar italiano e uno del tuo Paese?

3. Quali sono i tuoi passatempi preferiti? Quali giochi di società conosci e a quali hai giocato?

4. Nel tuo Paese esistono delle tradizioni di gioco simili a quelle italiane durante le feste più importanti?

5. Ti sei mai fatto leggere le carte da un/una chiromante? Com'è stata l'esperienza? Te le faresti leggere ancora?

6. Nel sito Web hai potuto vedere quanti giochi, solamente di carte, esistono in Italia. Quali sono i giochi di carte e di società più popolari nel tuo Paese? Hai mai giocato a carte? A quali giochi? Quando?

 Lessico

CD 2
31-33

### GLI SPORT

| | |
|---|---|
| l'allenatore/l'allenatrice | *trainer, coach* |
| l'arbitro/a | *referee* |
| l'atletica | *track and field* |
| il calcio | *soccer* |
| il campionato | *championship* |
| il campo | *field / court* |
| il canottaggio | *rowing* |
| il ciclismo | *cycling* |
| la classifica | *(sports) table / placings / results* |
| la Formula 1 | *Formula One car racing* |
| il nuoto | *swimming* |
| la pallacanestro | *basketball* |
| la pallanuoto | *waterpolo* |
| la pallavolo | *volleyball* |
| il pareggio | *tie / draw* |
| il rigore | *penalty shot* |
| il rugby | *rugby* |
| lo sci | *ski* |
| la sconfitta | *defeat* |
| lo spettatore/la spettatrice | *spectator* |
| il tempo | *period* |
| il tennis | *tennis* |
| il torneo | *tournament* |
| la vittoria | *victory* |

### LE CARTE

| | |
|---|---|
| l'asso | *ace* |
| i bastoni, le coppe, i denari, le spade | *clubs, cups, coins, spades (suits in a traditional Italian deck of cards)* |
| i cuori, i quadri, i picche, i fiori | *hearts, diamonds, spades, clubs* |
| distribuire / dare le carte | *to deal the cards* |
| la donna / la regina | *queen* |
| il fante | *jack* |
| fare i segni | *to signal* |
| la/le fiche | *poker chip(s)* |
| la mano | *hand* |
| il mazziere | *card dealer* |
| il mazzo di carte | *deck of cards* |
| pescare una carta | *to draw a card* |
| la prima mano | *opening hand* |
| il re | *king* |
| scartare una carta | *to discard a card* |
| il seme | *suit (of cards)* |

### I GIOCHI E LA FORTUNA

| | |
|---|---|
| l'avversario/a | *opponent* |
| il banditore/la banditrice | *caller (in **tombola**)* |
| la cartella | *card (in **tombola**)* |
| il/la cartomante / chiromante | *fortune-teller* |
| la casella | *box (on **tombola** card)* |

| | | | | |
|---|---|---|---|---|
| contare | to count | il premio | prize |
| il dado | dice | il punteggio | score |
| estrarre | to draw | raggiungere | to reach |
| l'estrazione | drawing | gli scacchi | chess |
| giocare d'azzardo | to gamble | scommettere | to bet |
| il giocatore/la giocatrice | player | sconfiggere / battere | to defeat |
| il gioco da tavola / il gioco di società | board game | il segnalino | marker / game piece / token |
| il lotto | Italian national lottery | lo svago | diversion / amusement |
| incoraggiare | to encourage | i tarocchi | tarot cards |
| la partita | game | la tombola | Italian bingo |
| il passatempo | hobby | vincere | to win |
| perdere | to lose | | |

## PRATICA

**A La briscola.** Tra i giochi di carte preferiti dagli italiani, si può riconoscere una discreta popolarità alla *briscola*, alla *scopa*, alla *scala 40* e al *ramino*. Le carte usate sono sia quelle da poker sia le tradizionali carte italiane, dove ogni mazzo è composto da 40 carte, usate sia per la *briscola* sia per la *scopa*. Completa il seguente brano con le parole date per scoprire come si gioca a briscola.

| | | |
|---|---|---|
| coppe | spade | distribuiscono |
| mazzo | contano | farsi dei segni |
| giocatori | passatempi | scarta |

Sicuramente, tra i giochi di carte, la briscola è uno dei _____ preferiti dagli italiani. Si usa un _____ di carte tradizionali italiane con i denari, i bastoni, le coppe e le _____. Le carte più importanti sono l'asso (11 punti), il tre (10 punti) e il re (4 punti)* e poi si scende fino al due. All'inizio della partita si _____ tre carte ai giocatori, che possono essere due o quattro, e poi si scopre una carta sul tavolo. Se la carta sul tavolo è un denari, la briscola per la partita sarà denari, se è un coppe, allora la briscola sarà _____ e così via. La briscola è la carta più importante, quella che permette ai _____ di prendere le carte degli avversari. Si poggiano le carte restanti sopra la briscola. Per cominciare, il giocatore dopo il mazziere _____ la prima carta. Quando si gioca in quattro, dopo la prima mano, i giocatori che sono in coppia possono _____ per informare il compagno delle carte in proprio possesso. Ogni volta che si scarta, si pesca una carta dal mazzo, fino ad esaurimento dello stesso. Dopo aver finito tutte le carte, si _____ i punti e chi supera i sessanta vince.

---

* Il cavallo (o, in certi mazzi, la regina) vale tre punti, il fante vale due punti; 2, 4, 5, 6, 7 valgono 0 punti.

**B La saggezza dei proverbi.** Secondo il proverbio «fortunato al gioco, sfortunato in amore», non si possono avere entrambe le cose nella vita. Può darsi però che nel gioco e in amore non sia importante soltanto la fortuna ma anche la strategia. Con un compagno/una compagna, scambiatevi delle buone strategie per vincere una partita a carte e/o conquistare un amore. Elencate nella tabella le vostre idee.

| Strategie per vincere una partita a carte | Strategie per conquistare un amore |
|---|---|
| 1. *ricordare le carte già giocate* | 1. |
| 2. | 2. |
| 3. | 3. |

**C Al di là delle carte: i giochi di società.** Nella foto accanto vedete la carta del Pictionary italiano che indica le varie categorie. Con un compagno/una compagna, create una carta che includa le cinque categorie con parole vostre e poi sfidate un altro gruppo a risolvere in due minuti almeno tre delle parole. Una persona del gruppo cercherà di disegnare le parole che voi avete preparato e gli altri dovranno indovinarle. Una volta scaduto il tempo, proverete voi ad indovinare le parole della carta dei vostri avversari.

LE CATEGORIE SONO:

PERSONE/LUOGHI/ANIMALI

OGGETTI

AZIONI

DIFFICOLTÁ

SFIDA

© Mattel*

**D Le nostre parole.** Pensa a due o tre parole relative all'argomento di questo capitolo che ti sembrano importanti e che non sono presenti nella sezione lessicale. Possono essere parole dall'attività Web, parole contenute nella lettura iniziale o semplicemente parole che ti servono per comunicare meglio. Cercale sul dizionario e presentale in classe spiegando il loro significato in italiano. Poi scrivi le parole che tutti pensano siano importanti nel *Dizionarietto* alla fine del capitolo.

| | | | | 9 | 4 | | | |
|---|---|---|---|---|---|---|---|---|
| | 6 | | | | | | | 8 |
| | 1 | | | | | 4 | | |
| 3 | | 2 | 6 | | | | | 5 |
| 8 | | | 3 | | 5 | | | 6 |
| 9 | | | | | 8 | 1 | | 7 |
| | 7 | | | | | | | 3 |
| 4 | | | | | | | 8 | |
| | | | | 9 | 6 | | | |

© Cengage Learning 2013

Anche in Italia è arrivato il sudoku ed è diventato subito popolarissimo! Prova a risolvere questo schema con un compagno/una compagna. Non sai come si gioca? Alcune caselle riportano un numero, altre sono vuote. Il gioco consiste nel riempire tutte le caselle in modo tale che ogni riga, ogni colonna e ogni settore contenga tutti i numeri da 1 a 9, senza alcuna ripetizione.

* Mattel makes no representation as to the authenticity of the materials obtained herein. The authors assume full responsibility for facts and information contained in this book. All opinions expressed are those of the authors, and not of Mattel, Inc.

## Radio ponti

### LISTENING AND NOTE TAKING

Many of the listening strategies you have already learned can be useful in note taking. Listen for the main point and jot down only important material. Do not get bogged down in detail when taking notes unless you are listening for specific information as in the exercise that follows. The speaker often gives cues to what's important by repeating information or by changing intonation or pace. Listen for both structural cues (introduction, transition words, summary) and phonological cues (change in voice volume, speed, emotion). When taking notes, listen for signal words, such as **per esempio**, **in conclusione**, **quindi**, **per questo**. Notes should consist of key words or very short sentences. Use your own words, but try not to change the meaning.

Have a uniform system for punctuation and abbreviation that will make sense to you. Form abbreviations for commonly used words by writing the first few letters. Some forms of shorthand in Italian include:

| | |
|---|---|
| cmq = **comunque** | x = **per** |
| dx = **destro/destra** | xché = **perché** |
| qlc = **qualcosa** | xò = **però** |
| qln = **qualcuno** | + = **più** |
| NB = **nota bene** | − = **meno** |
| PS = **post scriptum** | 1°, 2°, ecc. = **primo, secondo, ecc.** |
| spt = **soprattutto** | 1ª, 2ª, ecc. = **prima, seconda, ecc.** |
| sx = **sinistro/sinistra** | |

**A** **Domeniche e calcio!!** Gino lavora per la pagina sportiva del giornale della scuola e ascolta alla radio le partite per preparare il suo articolo. Ascolta anche tu la trasmissione e scegli quali abbreviazioni avrebbe scelto Gino per prendere appunti.

1. La Juventus vince due a uno al _____ minuto del 2° tempo.

   a. 12°             b. 22°             c. 21°

2. Al 15° minuto il Parma vince tre a uno _____ la partita è ancora aperta.

   a. xò              b. x               c. xché

3. A Genova la partita è stata momentaneamente sospesa xché _____ ha colpito l'arbitro con una bottiglietta.

   a. spt             b. qlc             c. qln

4. Matri ha calciato il rigore con il piede _____.

   a. dx              b. sx              c. spt

◄))
CD 2
35

**B Tutti pazzi per il Giro!** Ascolta una notizia sui risultati del Giro d'Italia, la più importante corsa ciclistica italiana. Scrivi su un foglio di carta le idee principali e poi decidi se le seguenti informazioni sono vere o false.

|  | Vero | Falso |
|---|---|---|
| 1. La 9ª tappa ha sconvolto la classifica. | _____ | _____ |
| 2. La maglia rosa è il simbolo del 1° in classifica nel Giro d'Italia. | _____ | _____ |
| 3. Sarà soprattutto il freddo a selezionare i corridori più in forma. | _____ | _____ |
| 4. Ci si aspetta una temperatura di −15 gradi Celsius. | _____ | _____ |

ACE Practice Tests,
Flashcards

SAM Workbook
Activities

## STUDIO REALIA

Ce n'è per tutti i gusti.

Jeffery Deaver — **giallo thriller**

Helen Fielding — **arancio comedy**

J.R.R. Tolkien — **rosso fantasy**

Dacia Maraini — **azzurro italiano**

Steven Pressfield — **verde storico**

© 2005 Rcs Quotidiani S.p.a.

Nel 1929 la Mondadori pubblicava il primo di tanti romanzi polizieschi in una serie dalla copertina gialla che si chiamava, appunto, Giallo Mondadori. In breve tempo «leggere un giallo» è diventato sinonimo di «leggere un romanzo poliziesco» e ancora oggi «il giallo» è considerato un genere letterario. In questa pubblicità si gioca proprio su tale precedente e ad ogni genere letterario viene dato un colore: quindi «leggere un verde» sarà come «leggere un romanzo storico» mentre «leggere un rosso» vorrà dire «leggere un romanzo fantasy».

## PRATICA

**A Che genere è?** Leggi le seguenti trame (*plots*) di romanzi e poi identifica la categoria giusta secondo l'abbinamento fatto nella pubblicità. Scrivi la risposta nello spazio apposito.

rosso     verde     giallo     azzurro     arancio

1. _____ Due gemelli, un ragazzo e una ragazza, si iscrivono al liceo a metà dell'anno accademico. Avevano fatto parte di un circo per 12 anni e non

avevano mai frequentato una scuola normale. Ma non si accontentano della vita accademica e siccome conoscono molti segreti del mondo magico fanno presto a fare amicizia con gli altri ragazzi. I gemelli invitano i nuovi amici ad accompagnarli in un'avventura che li porterà in altre dimensioni temporali.

2. _____ Molte aspirazioni spingevano verso la libertà e l'uguaglianza ma per ottenerle il popolo aveva dovuto affrontare spesso una forte resistenza politica, regimi ingiusti ed atrocità. Dopo molte ribellioni, però, il risultato fu una società più civile e una possibilità di speranza per le masse.

3. _____ Due cacciatori assistono per caso ad un omicidio nella foresta. Temono di essere scoperti dall'assassino e si nascondono impauriti. Tornati a casa, sentono al telegiornale che la vittima era figlio di un marchese ricchissimo che avrebbe speso anche tutti i suoi soldi per trovare l'assassino. I cacciatori cominciano a credere che si tratti di un crimine organizzato dalla mafia e hanno paura a denunciare la loro scoperta. Le loro vite sono sconvolte. Seguono l'indagine, la fuga e la caccia.

4. _____ La sua vita in un paesino fuori Torino era rimasta indietro rispetto ai tempi moderni ma quando succedono degli eventi drammatici, si è costretti ad entrare di forza nel presente. Anche la sua onesta famiglia subisce dei soprusi causati da una politica corrotta. Sarà la musica a salvare la sua famiglia, portando il protagonista via dal paese e consegnandolo alla città di Milano dove trova un mondo culturale diverso che sembra pronto ad accoglierlo. La storia racconta appunto la vita di questa famiglia che si sposta trovando nuove prospettive. Il romanzo più autobiografico dello scrittore piemontese.

5. _____ Due ragazzi, dopo essersi laureati, fanno un viaggio in Medio Oriente per la prima volta. Dopo poco tempo vengono scambiati per figli di dignitari. Ad un tratto si trovano in certe situazioni in cui non sanno come comportarsi. Quando cercano di spiegare di non essere imparentati con questi dignitari, non sono creduti. Nessuno gli dà retta. Seguono delle scene in un palazzo ed in giro per la città in cui i protagonisti passano i momenti più belli, comici e surreali della loro vita.

**B** **Per tutti i gusti.** Osservate la pubblicità «Ce n'è per tutti i gusti». Poi pensate ai vostri libri preferiti per ogni categoria. Completate la seguente tabella con le informazioni richieste e dopo, a coppie, raccontate a un compagno/una compagna la trama del vostro libro preferito in assoluto.

| Categoria | Titolo | Trama |
|-----------|--------|-------|
| rosso | | |
| giallo | | |
| arancio | | |
| verde | | |
| azzurro | | |

**C Commenti, per favore!** Dopo aver fatto queste attività, con un compagno/una compagna, cercate di giudicare la vostra esperienza. Riflettete sui seguenti punti.

1. Siete d'accordo sui colori con cui la pubblicità ha identificato i vari generi di romanzo?

2. Pensate al vostro genere di romanzo preferito e scegliete quello che sarebbe, secondo voi, il colore migliore per descriverlo. Spiegate le vostre ragioni.

**D La tombola.** La tombola viene giocata in tutta Italia da persone di ogni generazione. Il gioco assomiglia al Bingo americano in quanto «il banditore» estrae un numero alla volta, lo annuncia, mentre i giocatori cercano la casella corrispondente sulla loro cartella. Chi possiede il numero chiamato lo ricopre (*cover*) con un segnalino. Rispetto alla variante americana, nel gioco italiano ci sono più possibilità di vincere e ad ogni passaggio il premio diventa maggiore. I vincitori sono i primi a coprire le caselle nel seguente ordine:

**ambo:** 2 numeri sulla stessa riga

**terno:** 3 numeri sulla stessa riga

**quaterna:** 4 numeri sulla stessa riga

**cinquina:** 5 numeri sulla stessa riga

**tombola:** tutti i numeri della cartella

Chi riesce a coprire tutte le caselle della cartella fa tombola e vince un gran premio. Se più di un giocatore dovesse coprire tutta la cartella con lo stesso numero, i vincitori dovranno dividersi la vincita. E ora giocate a tombola! In gruppi di due o tre, guardate la vostra cartella e con una matita coprite ogni numero uscito facendo attenzione alle combinazioni vincenti.

**Tombola**

| 3 |    | 20 |    | 43 |    | 64 |    | 82 |
|----|----|----|----|----|----|----|----|----|
| 7 |    | 28 | 36 |    | 51 |    | 77 |    |
|    | 12 |    | 39 |    | 59 | 68 |    | 85 |

**Tombola**

|    | 16 | 20 |    | 46 |    | 64 |    | 81 |
|----|----|----|----|----|----|----|----|----|
| 7 |    | 23 | 32 |    | 52 |    | 70 |    |
|    | 18 |    | 35 |    | 59 | 67 |    | 88 |

**Tombola**

|    | 11 |    | 30 | 45 |    | 63 | 72 |    |
|----|----|----|----|----|----|----|----|----|
| 4 |    | 27 |    | 49 |    | 67 |    | 81 |
|    | 16 |    | 38 |    | 52 |    | 76 | 85 |

**Tombola**

| 1 |    | 22 |    | 40 | 54 |    | 75 |    |
|----|----|----|----|----|----|----|----|----|
|    | 10 |    | 34 |    | 59 |    | 77 | 83 |
| 8 |    | 25 |    | 47 |    | 68 |    | 86 |

**Tombola**

|    | 14 | 23 |    | 44 |    | 60 |    | 82 |
|----|----|----|----|----|----|----|----|----|
| 6 |    | 29 | 31 |    | 51 |    | 79 |    |
|    | 18 |    | 37 |    | 58 | 65 |    | 90 |

**Tombola**

|    | 12 | 23 |    | 40 |    | 66 |    | 81 |
|----|----|----|----|----|----|----|----|----|
| 1 |    | 26 | 32 |    | 57 |    | 70 |    |
|    | 17 |    | 35 | 44 |    | 68 |    | 89 |

1. Perché pensate che la gente trovi la tombola divertente e piacevole?

2. Qual è un gioco che voi fate spesso e che vorreste insegnare ad un italiano? Descrivete il gioco e spiegate come ci si gioca.

# Grammatica

## Ⓘ LA FORMA PASSIVA

All verbs, transitive and intransitive, have an active form, but only transitive verbs (those that can take a direct object) have a passive form. In the active form of a transitive verb, the subject performs an action that is received by the direct object. In the passive form, the subject of the sentence is acted on. The performer of the action (the *agent*), if mentioned, is introduced by the preposition **da**. The passive voice is used less frequently in Italian than in English. In both languages, it is more common in writing than in speech.

ATTIVA

| L'istruttore | ha spiegato | le regole. |
|---|---|---|
| SUBJECT | VERB | DIRECT OBJECT |

*The instructor explained the rules.*

PASSIVA

| Le regole | sono state spiegate | dall'istruttore. |
|---|---|---|
| SUBJECT | VERB | da + AGENT |

*The rules were explained by the instructor.*

**Formazione della forma passiva**

**1** The passive voice is formed with the auxiliary verb **essere** + *past participle* of the verb, which agrees in number and gender with the subject. **Essere** may be conjugated in any tense.

**2** The agent who performs the action may or may not be named. When named, the agent is preceded by the preposition **da**, which combines with the article when necessary.

PRESENTE

Le regole **sono rispettate** da tutti?

*Are the rules observed by everyone?*

PASSATO PROSSIMO

La partita **è stata rimandata** al prossimo venerdì.

*The game was postponed until next Friday.*

TRAPASSATO PROSSIMO

Il premio **era stato vinto** da Remo l'anno precedente.

*The prize had been won by Remo the year before.*

PASSATO REMOTO

Il libro delle regole **fu scritto** dalla persona che inventò il gioco.

*The rulebook was written by the person who invented the game.*

IMPERFETTO

Il ragazzo **era** sempre **escluso** dal gioco dagli altri.

*The boy was always excluded from the game by the others.*

FUTURO

I premi **saranno distribuiti** dai bambini.

*The prizes will be distributed by the children.*

FUTURO ANTERIORE

La competizione **sarà stata programmata** per l'estate.

*The competition was probably planned for the summer.*

CONDIZIONALE PRESENTE

Con sessantuno punti questa partita **sarebbe vinta**.

*With sixty-one points, this game would be won.*

CONDIZIONALE PASSATO

Il futuro **sarebbe stato previsto** dai cartomanti alla festa.

*The future would have been predicted by the fortune-tellers at the party.*

CONGIUNTIVO PRESENTE

È importante che la partita **sia giocata** di sera.

*It's important that the game be played in the evening.*

CONGIUNTIVO PASSATO

Penso che molti punti **siano stati fatti** disonestamente.

*I think many points were scored dishonestly.*

CONGIUNTIVO IMPERFETTO

Non pensavo che il poker **fosse amato** così tanto in Italia.

*I didn't think that poker **was loved** in Italy.*

CONGIUNTIVO TRAPASSATO

Sarebbe stato meglio se l'asso **fosse stato scartato**.

*It would have been better if the ace **had been discarded**.*

## B Altri verbi ausiliari usati nella forma passiva

**Andare** and **venire** can replace **essere** as an auxiliary verb in passive constructions in the simple tenses. Note that such a use of **andare** often indicates obligation.

Se nessuno fa tombola, un altro numero **è pescato** dal banditore.

*If no one gets* tombola, *another number **is picked** by the caller.*

Se nessuno fa tombola, un altro numero **va pescato** dal banditore.

*If no one gets* tombola, *another number **must be picked** by the caller.*

Quella mossa **è considerata** un fallo dall'arbitro.

Quella mossa **viene considerata** un fallo dall'arbitro.

*That move **is considered** a foul by the referee.*

---

## PRATICA

**A La tombola.** Completa il seguente brano con la forma passiva del verbo corretto al presente.

| considerare | estrarre | interrompere | organizzare | richiedere |
| cucinare | giocare | offrire | presentare | vendere |

La tombola, una variante del bingo anglosassone, _____ da un gran numero d'italiani. Spesso la tombola _____ da circoli sociali, bar e parrocchie per raccogliere fondi e per offrire un pomeriggio rilassante in compagnia di altre persone. I numeri, quando è possibile, _____ da un bambino, per sottolineare l'imparzialità del gioco. Il gioco è particolarmente divertente quando _____ dai commenti dei giocatori sui numeri estratti o quando i numeri mancanti _____ ad alta voce dai giocatori vicini alla vittoria. In alcuni paesi la tombola _____ l'evento dell'anno: queste tombole prevedono premi grandissimi che spesso _____ da sponsor importanti come la FIAT. Durante queste «super tombole», il paese organizza delle vere e proprie feste dove diversi cibi tradizionali _____ dalle donne locali e poi _____ alle numerose persone che partecipano all'evento. Spesso, alla fine della giornata, uno spettacolo di musica o di danza _____ dalle autorità locali.

**B** Giochi diversi, regole diverse. Trasforma le seguenti frasi dalla forma attiva a quella passiva.

1. Il mazziere distribuisce le carte.

2. Il giocatore copriva i numeri con i segnalini.

3. Chi coprirà più numeri vincerà il gioco.

4. Il governo più volte proibì la tombola.

5. I giocatori esperti hanno studiato particolari segni per la briscola.

6. Il banditore della tombola estraeva i numeri.

7. I due ragazzi hanno vinto la partita.

8. I giocatori applicherebbero quasi tutte le regole.

 **C** Sport e giochi per tutti. A coppie, formate delle domande con la forma attiva e poi rispondete usando la forma passiva. Usate il tempo verbale più logico per il senso della frase che create.

> **ESEMPIO**
>
> il ciclismo / seguire / gli italiani
> **St. 1:** Gli italiani seguono il ciclismo?
> **St. 2:** Sì, il ciclismo è seguito dagli italiani.

1. il torneo / perdere / la ciclista

2. il campionato / celebrare / lo spettatore

3. l'avversario / sconfiggere / il giocatore

4. il premio / vincere / la squadra

5. il lotto / giocare / tutti

6. il torneo / organizzare / il proprietario

 **D** Dal tennis al baseball. Rispondete alle seguenti domande con la forma passiva seguendo il tempo indicato.

> **ESEMPIO**
>
> **St. 1:** Luca Toni ha segnato il gol decisivo?
> **St. 2:** Sì, il gol decisivo è stato segnato da Luca.

1. I tennisti del passato usavano racchette molto più piccole?

2. Pensi che gli italiani seguano la nazionale di rugby?

3. Secondo te, il Milan dominerà la classifica quest'anno?

4. Credevi che i pallavolisti italiani avessero vinto la World League molte volte?

5. La Francia perse la finale della coppa del mondo ai rigori?

6. Oggi i ragazzi italiani sognano una carriera da giocatori professionisti nel baseball?

**E** **Una partita a Trivial.** La settimana scorsa Sebastiano e alcuni amici sono stati a casa di Stefania per giocare a Trivial. Sebastiano afferma che alcuni suoi amici hanno fatto determinate cose. Invece Stefania è sicurissima che le hanno fatte altre persone. A coppie, uno studente legge l'affermazione di Sebastiano, l'altro fa la parte di Stefania e, usando la forma passiva, nega quello che dice Sebastiano.

**ESEMPIO**

> **St. 1:** Massimo ha perso i dadi. (Graziella)
> **St. 2:** No! I dadi sono stati persi da Graziella.

1. Giorgio ha portato il vino. (Damiano)

2. Damiano aveva invitato gli altri. (Francesca)

3. Patrizia ha detto molte bugie quando giocava. (Massimo)

4. Massimo ci aveva spiegato le regole. (Giorgio)

5. Tiziana ci ha offerto la pizza. (Luigi)

6. Luigi aveva sfidato Giorgio. (Alessio)

7. Francesca ha sbagliato tutte le risposte. (Patrizia)

8. Alessio ha vinto la partita. (Tiziana)

 **F** **Non è vero!** In gruppi di tre, create otto frasi come sopra. Presentatele poi ad un altro gruppo che dovrà contraddirle usando la forma passiva.

**ESEMPIO**

> I francesi hanno inventato la tombola.
> *No! La tombola è stata inventata dagli italiani.*

 Practice Quizzes, Flashcards

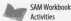 SAM Workbook Activities

## **II** **IL *SI* PASSIVANTE**

The *si* **passivante** is another passive construction in which the agent is not expressed. It is more commonly used than the passive. The *si* **passivante** resembles the third-person singular and plural reflexive forms.

Forma attiva

Non hanno capito le istruzioni.

Forma passiva

Le istruzioni non sono state capite.

*Si* passivante

Non si sono capite le istruzioni.

## Formazione del si passivante

**1** The *si* **passivante** is formed with the pronoun **si** and the third-person singular or plural of a transitive verb. If the subject is singular, the verb is singular; if it is plural, the verb is plural. In the first example that follows, the subject is **il biglietto**. In the second example, the subject is **le istruzioni**.

| | |
|---|---|
| **Si compra** il biglietto alla biglietteria. | *You buy* the ticket at the ticket counter.* |
| **Si leggerebbero** le istruzioni. | *One would read* the instructions. |

**2** In compound tenses, the *si* **passivante** is conjugated with **essere**. The past participle must agree with the subject in number and gender.

| | |
|---|---|
| La strategia è stata imparata. | *The strategy **was learned**.* |
| Si è imparat**a** la strategia. | *They learned the strategy.* |
| Tutte le regole **saranno** state imparate. | *All the rules **will have been learned**.* |
| Si **saranno** imparate tutte le regole. | *They will have learned all the rules.* |

**3** *Si + pronomi*

When **si** is used with a direct- or indirect-object pronoun, the pronoun precedes **si**. The only exception is **ne**, and in this construction **si** changes to **se** (**se ne**). With direct-object pronouns, the verb is always in the third-person singular. The past participle in a compound verb agrees with the direct-object pronoun.

| | |
|---|---|
| —Devi sempre giocare quella carta quando la peschi? | *Should you always play that card when you get it?* |
| —Certamente! **La si** deve giocare sempre quando **la si** pesca. | *Certainly! You should always play **that card** when **you** get **it**.* |
| Quando si vince, non **se ne** parla. | *When you win, **you don't** talk about it.* |
| **Gli si** danno le carte. | *One gives **them** the cards.* |
| **Si** danno le carte **a loro**. | OR *We give **them** the cards.* |
| Abbiamo vinto tutti i premi. → | *We won all the prizes.* |
| **Li si** è vinti tutti. → | *One* (OR *We*) *won **them** all.* |

---

* The *si* **passivante** may be expressed in English in the passive voice with the impersonal *they / you / one.*

---

> ## PRATICA

**A** **Il comportamento da tenere allo stadio.** Completa le seguenti frasi con la forma corretta del verbo al presente.

1. Si _____ (comprare) i biglietti anticipatamente.

2. Si _____ (guardare) la partita con gli amici.

3. Si _____ (bere) bibite analcoliche.

4. Si _____ (preparare) coreografie per incitare la squadra.

5. Si _____ (cantare) cori tutti insieme.

6. Si _____ (incoraggiare) la squadra del cuore.

**B La lotteria.** Trasforma le seguenti frasi dalla forma passiva al *si* passivante per raccontare le notizie sulla lotteria del Capodanno.

> **ESEMPIO**
>
> Gli stessi numeri erano stati scelti da Michele.
>
> *Si erano scelti gli stessi numeri.*

1. Per la lotteria sono stati spesi tre milioni di euro dagli italiani.

2. I biglietti erano stati comprati dal pubblico dal primo novembre al 5 gennaio.

3. I numeri sono stati estratti alle 7.00 dal banditore.

4. Poi i numeri sono stati annunciati alla televisione dall'annunciatrice.

5. La lotteria è stata vinta da un ragazzo di 18 anni.

6. La vincita sarà distribuita dal governo per un periodo di 20 anni.

**C Poker a Las Vegas.** Trasforma le seguenti frasi attive usando il *si* passivante e i pronomi, quando è possibile.

> **ESEMPIO**
>
> Abbiamo fatto le vacanze a Las Vegas.
>
> *Le si sono fatte a Las Vegas.*

1. Al Venetian, abbiamo imparato le regole per giocare a poker.

2. Quando ci siamo seduti, ci siamo messi gli occhiali da sole.

3. Se hai due buone carte in mano, devi continuare a giocare.

4. Quando avevamo quasi finito le fiche, con tre assi abbiamo vinto la partita.

5. Abbiamo provato grande gioia alla vittoria.

6. Abbiamo conosciuto dei giocatori professionisti.

7. Alla fine, tutti insieme abbiamo bevuto dello champagne.

Practice Quizzes, Flashcards

SAM Workbook Activities

##  IL *SI* IMPERSONALE

The impersonal form is used when a subject is not explicitly named. In English the impersonal form is expressed with *one, people, everyone, they,* or the spoken form *you.* The most common use in Italian is the *si* **impersonale**, but the third-person plural form of the verb or the expressions **la gente** and **uno** can also be used. When using the *si* **impersonale**, the person who completes the action is not identified.

| | |
|---|---|
| In Italia **si gioca** al lotto il martedì, il giovedì e il sabato. | *In Italy **people play** the lottery on Tuesdays, Thursdays, and Saturdays.* |
| **Si va** a Las Vegas per divertirsi. | ***People go** to Las Vegas to have fun.* |

**Formazione del *si* impersonale**

The impersonal construction is formed with the pronoun **si** and the third-person singular of any verb, transitive or intransitive. It is used with transitive verbs when the direct object is not expressed.

| | |
|---|---|
| Con queste carte non **si vincerà**. | **You will** not **win** with these cards. |
| **Si arrivò** appena in tempo. | **We arrived** just in time. |
| **Si è usciti** tutte le sere. | **We went out** every night. |

 **Usi del *si* impersonale**

**1** **Si** + *verbi intransitivi*

With intransitive verbs (verbs that do not take a direct object), the auxiliary verb in compound past tenses is singular and the past participle is either masculine plural or feminine plural. The feminine plural form is used only when all those referred to are female.

| | |
|---|---|
| **Si è rimasti** al bar fino a mezzanotte. (*m.*) <br> **Si è rimaste** al bar fino a mezzanotte. (*f.*) | **We stayed** at the bar until midnight |

**2** **Si** + *verbo di stato* + *aggettivo*

When **si** is followed by a verb that expresses a state of being, such as **essere** or **diventare**, and an adjective, the adjective takes the masculine plural form.

| | |
|---|---|
| Non **si è felici** quando si perde. | **People aren't happy** when they lose. |
| **Si è coraggiosi** se si gioca con Baldino. | **You are courageous** if you play with Baldino. |
| Quando **si diventa saggi**, si capisce meglio il mondo. | When **you become wise**, you understand the world better. |

 **Verbi riflessivi**

**1** When the *si* impersonale or *si* passivante is used with reflexive verbs, **ci si** is used to avoid combining **si** + **si**. The verb is in the third-person singular.

| | |
|---|---|
| **Ci si diverte** quando si vince. | **People have fun** when they win. |
| Dopo che **ci si sarà laureati**, si andrà a Las Vegas! | After we graduate, **we'll go** to Las Vegas! |

**2** Past tenses of reflexive verbs follow the same rules as intransitive verbs.

| | |
|---|---|
| **Ci si è divertiti** alla partita. | **We had a good time** at the game. |

**3** When **dovere**, **volere**, or **potere** is used with a reflexive verb, the modal verb is conjugated.

| | |
|---|---|
| **Ci si può** divertire ad Atlantic City. | **It's possible** to have fun in Atlantic City. |
| **Ci si deve** iscrivere ai corsi prestissimo. | **One should** enroll in the courses very early. |

**A** Le conseguenze... Svolgi le seguenti frasi nella forma impersonale o passivante secondo il caso.

**ESEMPIO**

> Quando aspetti i numeri del lotto, sei sempre teso.
> *Quando si aspettano i numeri del lotto, si è sempre tesi.*

1. Quando sei ricco, sei felice.

2. Quando sei stressato, è bene andare in vacanza.

3. Mi stanco se gioco fino a tardi.

4. Sei disonesto se dici bugie.

5. Quando sei sfortunato, è meglio non giocare.

6. Quando perdi tutto, sei disperato.

7. Lui si arrabbia quando non sente chiamare il proprio numero.

8. Sei contento quando vinci la partita.

**B** Alla partita. Rispondi alle seguenti domande usando la forma impersonale e seguendo le indicazioni tra parentesi.

**ESEMPIO**

> A che ora vi siete alzati per andare alla partita? (7.00)
> *Ci si è alzati alle 7.00.*

1. A che ora vi siete incontrate con Gino e Michele? (11.30)

2. Perché non vi siete vestite con i colori della squadra? (andare a una festa tra amici dopo)

3. Che cosa vi siete dimenticati? (di portare l'ombrello)

4. Dove vi siete fermati dopo la festa? (al bar)

5. A che ora vi siete dati la buona notte? (4.20)

6. E quando vi siete addormentati? (nel primo mattino)

**C** Organizzare una festa. Leggi il seguente brano e identifica tra le forme enumerate il *si* impersonale, la forma passiva, il *si* passivante o il verbo riflessivo.

Avevamo chiesto a Tommaso di organizzare la serata ma lo si riteneva (1) del tutto incapace. Tra di noi, ci si chiedeva (2) spesso se sarebbe stato capace di farlo, o se si sarebbe finiti (3) come l'ultima volta. Quando qualcosa veniva organizzato (4) da lui, come la tombola del mese precedente, nessuno si divertiva (5). Quando si è incapaci (6) come lui, è importante avere il coraggio di dire «Non sono in grado di farlo». Alle nostre serate si balla (7), si fanno (8) giochi di società e ci si incontra (9) con gli amici che spesso, a causa del lavoro, non si possono vedere (10) ogni giorno. Se non si riesce (11) ad organizzarle bene, è un grande problema. La festa è domani. Se va male, ci si dovrà incontrare (12) e dirgli che non si può più andare (13) avanti così.

**D** **Il gioco dei mimi.** A coppie, ricordate una volta in cui avete giocato al gioco dei mimi (*charades*). Poi rispondete alle seguenti domande usando la forma impersonale o quella passivante.

**ESEMPIO**

**St. 1:** Avevate giocato al bar la sera prima?

**St. 2:** Sì, si era giocato al bar la sera prima.

1. Siete arrivati puntuali per giocare?

2. Era la prima volta che giocavate al gioco dei mimi?

3. Chi o che cosa avete imitato?

4. Gli altri hanno indovinato chi eravate o cosa imitavate?

5. Quante risposte sbagliate hanno dato prima di indovinarlo?

6. Quante persone avete invitato?

7. Per quanto tempo siete rimasti a giocare?

8. Giocherete di nuovo?

**E** **Indovina il gioco.** In gruppi di tre, cercate di ricostruire le istruzioni per un gioco che sapete giocare bene, usando la forma impersonale e il *si* passivante dove necessario. Dopo, raccontate le istruzioni ad un altro gruppo che cercherà di indovinare di quale gioco parlate. Poi scambiatevi di ruolo.

**F** **Una partita a scopa.** Completa il seguente brano con la forma impersonale o con il *si* passivante dai verbi tra parentesi.

Solitamente una partita a scopa la _____ (giocare) fissando un certo punteggio complessivo da raggiungere. Tale punteggio, che _____ (decidere) all'inizio e di comune accordo, può essere di 11, 16 o 21 punti. In certe regioni _____ (avere) l'abitudine di giocare a «chiamarsi fuori». Cioè, quando con le carte che si sono già conquistate nel corso di una partita _____ (ottenere) tanti punti che, sommati a quelli già realizzati in precedenza, _____ (raggiungere) la quota fissata per la vittoria, ci si deve «chiamare fuori». A quel punto _____ (dovere) sospendere la partita. Ovviamente, avvenuta tale sospensione, occorre controllare che i punti già fatti coincidano con quelli che mancavano. In caso di errore la partita _____ (considerare) vinta dall'avversario.

Practice Quizzes,
Flashcards,
**Raccontami una storia**

SAM Workbook and
Lab Activities

# Biblioteca

## PRE-LETTURA

**A** La scena che leggerete ha luogo in località Pavaglione, nelle langhe (*foothills*) piemontesi, ma in essa si fa riferimento a molti posti del nord d'Italia. Con un compagno/una compagna, guardate la mappa e osservate dove si trovano Manera, Murazzano, Alba, Asti, Torino e Lequio. Poi, aiutandovi anche con il testo, rispondete alle seguenti domande.

1. Cosa succede al protagonista del racconto, a Manera?

2. Qual è la caratteristica di Murazzano?

3. Qual è la città o il paese più vicino a Monte Carlo?

4. Di dov'era l'uomo che ha vinto molti soldi a Monte Carlo?

**B** Nella prima frase della seguente lettura il ragazzo che narra, Agostino, parla delle sue conoscenze a Manera: «Non c'era nessuno delle parti del Pavaglione che potessi dirmelo amico, ma non avevo neanche dei nemici...» Scorri il testo ed elenca i nomi delle persone (minimo quattro) menzionate dal ragazzo e cerca di notare una caratteristica per ognuna di loro.

### ESEMPIO

*Mario Bernasca—partitante* (player) *più forte con Baldino*

**C** A coppie, pensate ad alcuni aggettivi che descrivono una persona che ha il vizio delle carte.

## «La malora»

### BEPPE FENOGLIO

NEI SUOI LAVORI Beppe Fenoglio (1922–1963) prende spunto dalla propria esperienza personale. I suoi romanzi e racconti trattano soprattutto della vita della povera gente nelle Langhe\*, dove lo scrittore ha passato la sua vita, e della lotta partigiana durante la seconda guerra mondiale, alla quale ha attivamente partecipato. Da questo passo de «La malora» (*ruin*) scopriamo uno dei pochi divertimenti che i mezzadri (*sharecroppers*) si potevano permettere.

NON C'ERA NESSUNO delle parti del Pavaglione\*\* che potessi dirmelo amico, ma non avevo neanche dei nemici, salvo forse un balordo[1] che senza avanzar niente da me e soltanto per far lo spiritoso m'aveva attaccato una festa[2] a Manera, ma m'abbrivò[3] solo a parole. Dai primi tempi conoscevo ormai una partita[4] di gente, e quasi tutta l'ho conosciuta dentro i muri del Pavaglione; perché la casa di Tobia era la prima bisca[5] di quei posti. Baldino, il figlio più giovane, aveva la mano santa con le carte, Tobia gli aveva consegnato il mazzo e lui se lo teneva stretto, non l'imprestava[6] nemmeno a Jano, neanche per lasciargli fare una partita di prova con me. Le sere fisse, Baldino tirava fuori il suo mazzo, che nessuno della casa sapeva dove lo nascondesse, e lo mischiava per mezz'ora e senza mai alzar gli occhi, finché alla porta della stalla bussavano i giovani di tutto lì intorno; e dopo due ciance[7] tanto per mascherar la febbre, si cominciavano i tagli al nove[8]. Tobia s'inginocchiava dietro a Baldino e gli studiava il gioco da sopra la spalla, per ridere forte quando Baldino scopriva la sua carta superiore e dargli uno schiaffetto sul volto quando ramazzava la posta[9].

Io perdevo più o meno in fretta i miei pochi e m'allungavo da parte sulla paglia[10] a guardare un po' il gioco degli altri e un

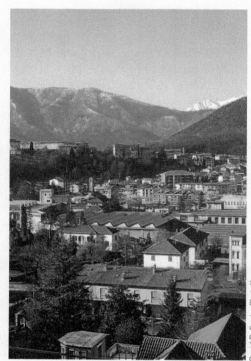

Un'immagine di Lanzo, cittadina delle Langhe in Piemonte

David R. Frazier Photolibrary

po' la padrona che filava in un angolo. Jano era come me alle carte, che aveva sempre la sfortuna in favore, ma al contrario di me s'illudeva[11] di potersi rifare, e quando aveva perso tutto il suo chiedeva a Baldino che gli imprestasse sul suo guadagno, ma mai una volta che[12] Baldino gli abbia imprestato un

---

1. *bully*   2. **m'aveva...** *picked a quarrel with me*   3. *attacked me*   4. *group*   5. *gambling house*   6. **non...** *wouldn't lend*   7. *idle chit-chat*   8. **si...** *everybody started to play the game "nine"*   9. **ramazzava...** *he collected the money*   10. *straw*   11. *he kidded himself*   12. **ma...** *but never once did*

\* Le Langhe refers to the hills in the southern part of the Piedmont region.
\*\* Pavaglione is the name of a farmhouse in the hills of the Piedmont region.

soldo, e in questo era spalleggiato[13] da Tobia che ci speculava e conosceva suo figlio più vecchio per una testa perdente.

A proposito del gioco, anche lassù da noi il vizio è incarnito e giocano forte, specie a Murazzano, ma non c'è nessun confronto con le langhe basse[14], dove in una notte si giocano delle cascine di sessanta giornate[15] e dove spuntano dei giocatori di tanta forza che poi girano il mondo, conosciuti per nome nelle bische d'Alba, d'Asti e di Torino, e che vanno a giocare perfino in Francia. È capitato a me di vedere un uomo di Lequio che aveva vinto un milione a Montecarlo. S'era fermato al bivio[16] di Manera, tutto vestito di nuovo dal cappello alle scarpe, e teneva la vincita in un pacchetto appeso al dito, un pacchetto come quelli che fanno in Alba per le paste dolci. Tutta la gente intorno a Manera correva a vederlo come un baraccone[17], lui aspettava che se ne fosse radunata un po', poi alzava il dito e mostrava in giro il pacchetto dei soldi, e diceva: —Tutto quello che vedo

posso comprarmelo. O buona gente, posso farvi diventar tutti miei mezzadri[18] —. Era un uomo di Lequio.

Non fosse stato per il gioco, forse non avrei fatto la conoscenza di Mario Bernasca. Era il partitante[19] più forte con Baldino, e il suo avversario naturale, ma glieli lasciava[20] nove su dieci, e io che tenevo per lui ci pativo[21] io stesso; lui invece sembrava di no, dopo che aveva perso tutto quello che s'era portato dietro diceva sempre di buon umore:

—Tanto non sono miei, sono di quelli che ho piumato[22] lungo questa settimana, —e doveva esser vero perché non perdeva mai meno d'uno scudo[23] e non poteva avercelo se non l'avesse guadagnato al nove o a bassetta[24] da qualche altra parte. E quando aveva ben perso, faceva a Tobia: —Allora, Tobia, stasera ci perdonate il lume[25]—ma Tobia non rinunciava mai a raccogliere la tassa sul lume, anche quando Baldino aveva avuto una sera d'oro.

13. *supported*    14. **langhe…** *low hills, foothills (of Piedmont)*    15. **delle…** *rich farmhouses*
16. *crossroad*    17. *freak*    18. *sharecroppers*    19. *player*    20. **glieli…** *he lost the money*    21. *I suffered*
22. **ho…** *I won*    23. *antique Italian coin*    24. *a card game*    25. **ci…** *let us off from paying for the lights*

## COMPRENSIONE

**A** Metti i seguenti avvenimenti del brano nell'ordine (1–8) in cui sono successi.

_____ a. Un milione era stato vinto da un uomo di Lequio.

_____ b. Tutti gli amici sono stati conosciuti da me dentro i muri del Pavaglione.

_____ c. Il mazzo era tirato fuori tutte le sere da Baldino.

_____ d. I miei pochi soldi furono persi subito.

_____ e. Il mazzo era stato consegnato a Baldino da Jano.

_____ f. Tutte le carte erano mischiate da Baldino.

_____ g. Il gioco è studiato da Jano.

_____ h. I soldi non erano mai imprestati a Tobia da Baldino.

**B** Questo brano è scritto dal punto di vista del ragazzo. Come caratterizza lui i seguenti personaggi?

1. Baldino

2. l'uomo di Lequio

3. Tobia

**C** Che tipo di giocatore è il narratore rispetto a Jano?

**D** Paragonate l'immagine di questi giocatori ai giocatori di oggi che vediamo nei film o alla televisione. Condividete le vostre conclusioni con la classe.

**E** Leggi la seguente frase e poi inventa la scena che segue.

«Mi ricordo una notte che Bernasca perdeva già più di due scudi e Baldino rideva come fanno le asine quando le portano al maschio».

# Di propria mano

### GIVING INSTRUCTIONS

Giving instructions is a frequent part of everyday life. When relaying oral or written instructions, it is essential to be precise. Use simple language and an easy-to-follow sequence. If the task is complicated, illustrations are very helpful, and at times essential.

In Italian, written instructions and directions typically use the *si* **impersonale** and/or the *si* **passivante**.

### PRE-SCRITTURA

A coppie, disegnate un oggetto dalla forma semplice. Poi scrivete le istruzioni per disegnare l'oggetto e leggetele ad un'altra coppia di studenti che, seguendole, dovrà creare lo stesso modello. Quando i vostri compagni avranno completato il disegno, paragonatelo al vostro per controllare se hanno seguito bene le vostre istruzioni.

**Alcune frasi utili:**

fare una linea retta (*to draw a straight line*)
disegnare un cerchio / un quadrato / un rettangolo
unire una linea all'altra / un punto all'altro

## SCRITTURA

🌐 Writing Tips

Prepara un discorso scritto, lungo non più di due minuti, in cui spieghi come fare qualcosa: ad esempio, come giocare a carte, oppure come raggiungere una destinazione, come servire una palla da tennis, come pulire un pesce, come preparare un panino, ecc. Scegli un argomento che pensi di riuscire a spiegare alla classe in meno di due minuti. Ad esempio, per spiegare come si gioca a Monopoli ci metteresti più di due minuti e quindi la scelta di questo argomento è sconsigliata. Dopo che la composizione sarà stata corretta, fai una presentazione orale alla classe portando i materiali visivi necessari per dimostrare la tecnica.

## Block Notes

Rifletti su quello che hai potuto osservare sul Web, in classe e nelle letture che hai fatto e rispondi ad una delle seguenti domande.

1. Per quanto riguarda i passatempi, esistono grandi differenze tra il tuo Paese e l'Italia?

2. Quali cose faresti in Italia che abitualmente non fai dove vivi? Perché?

3. In base a quello che avevi letto o sentito a proposito dell'Italia, l'immagine data in questo capitolo corrisponde a quella che avevi oppure no?

# Nel mondo dei grandi

## UN ITALO-AMERICANO NEL CALCIO CHE CONTA: GIUSEPPE ROSSI

PROBABILMENTE il calcio non raggiungerà mai negli Stati Uniti la popolarità di sport quali il football americano, la pallacanestro e il baseball, ma per i tanti italoamericani e per gli ancor più numerosi latinoamericani che risiedono negli Stati Uniti, rimane lo «spettacolo più bello del mondo». Non sorprenderà, allora, che uno dei più grandi talenti calcistici nati negli States sia proprio un italoamericano. Giuseppe Rossi, nato a Teaneck, in New Jersey, nel febbraio del 1987 da genitori italiani, è stato negli ultimi

New Press/Getty Images

anni sulle prime pagine dei più importanti giornali sportivi europei. Cresciuto calcisticamente a Clifton, in New Jersey, dove suo padre era allenatore, viene notato dagli osservatori del Parma i quali, all'età di soli quindici anni lo portano in Italia per giocare nelle squadre giovanili. Giuseppe Rossi è un attaccante[1] molto rapido, mancino naturale ma con un gran controllo anche del piede destro, caratteristiche che lo rendono pericolosissimo quando si avvicina alla porta avversaria[2]. Probabilmente per la sua giovane età ma anche per il suo metro e 73 di altezza, si è guadagnato il soprannome di «bambino».

Rossi ha giocato in importanti squadre europee come il Manchester United in Inghilterra, il Parma in Italia e il Villareal in Spagna. Nel 2007 rivela tutte le sue capacità quando, già a metà campionato, arriva al Parma dove i suoi gol salvano la squadra italiana da una retrocessione[3] che prima del suo arrivo sembrava ormai certa. Dopo la parentesi italiana, parte dunque la sua avventura spagnola con il Villareal che lo compra dal Manchester United per una cifra che si aggira sui[4] dieci milioni di euro. Nel 2006 era stato invitato da Bruce Arena al ritiro pre-mondiale della formazione statunitense ma Rossi, che ha una doppia nazionalità, aveva rifiutato[5] esprimendo il suo desiderio di giocare per la nazionale italiana e qualcuno non lo ha ancora perdonato per questo. Dopo essere stato uno dei migliori giocatori della nazionale under 21 italiana e aver fatto parte nel 2008 della squadra italiana che ha partecipato alle Olimpiadi di Pechino, Giuseppe Rossi oggi è uno dei giocatori più importanti della nazionale italiana nella quale ha esordito, sempre nel 2008, in una partita contro la Bulgaria finita zero a zero.

1. *forward*   2. *opposing goal*   3. *relegation*   4. *is nearly*   5. *rejected*

## TRACCE DI RICERCA

Web Links    Altri italoamericani nello sport
Le squadre di calcio italiane
Sportivi italiani in America

# Dizionarietto

allenatore/allenatrice *trainer, coach*

apposito *appropriate, special*

arbitro/a *referee*

asso *ace*

atletica *track and field*

avversario/a *opponent*

banditore/banditrice *caller (in **tombola**)*

bastoni (*m. pl.*) *clubs*

battere *to defeat*

caccia *hunt / hunting*

cacciatore/cacciatrice *hunter*

calcio *soccer*

campionato *championship*

campo *field / court*

canottaggio *rowing*

cartella *card (in **tombola**)*

cartomante / chiromante (*m./f.*) *fortune-teller*

casella *box (on **tombola** card)*

cedere *to give*

ciclismo *cycling*

classifica *(sports) table / placings / results*

contare *to count*

coppe (*f. pl.*) *cups*

cuori (*m. pl.*) *hearts*

dado *dice*

dare le carte *to deal the cards*

dare retta *pay attention to, listen to*

denari (*m. pl.*) *coins*

distribuire *to deal the cards*

donna *queen (in cards)*

estrarre (*p.p.* estratto) *to draw*

estrazione (*f.*) *drawing*

fallo *foul*

fante (*m.*) *jack*

fare i segni *to signal*

fiche (*f. sing. & pl.*) *poker chip*

filare *to spin*

fiori (*m. pl.*) *clubs (in cards)*

Formula 1 *Formula One car racing*

gemelli *twins*

giocare d'azzardo *to gamble*

giocatore/giocatrice *player*

gioco da tavola / di società *board game*

imparentato *related*

(im)prestare *to lend*

in prestito *on loan*

incarnito *ingrown*

incoraggiare *to encourage*

indagine (*f.*) *investigation*

inginocchiarsi *to kneel down*

lotto *Italian national lottery*

mano (*f.*) *hand*

mazziere (*m.*) *card dealer*

mazzo di carte *deck of cards*

mischiare *to mix, to mingle*

nuoto *swimming*

pallacanestro (*f.*) *basketball*

pallanuoto (*f.*) *waterpolo*

pallavolo (*f.*) *volleyball*

pareggio *tie / draw*

parrocchia *parish*

partita *game*

passatempo *hobby*

perdere (*p.p.* perso) *to lose*

pescare una carta *to draw a card*

picche (*f. pl.*) *spades*

poggiarsi *to lean*

premio *prize*

prendere spunto *to take as a starting point*

prima mano (*f.*) *opening hand*

punteggio *score*

quadri (*m. pl.*) *diamonds*

radunarsi *to gather*

raggiungere *to reach*

re *king*

regina *queen*

retrocessione (*f.*) *downfall, demotion, relegation*

rigore (*m.*) *penalty shot*

rimandare *to postpone*

rugby (*m.*) *rugby*

saggezza *wisdom*

scacchi (*m. pl.*) *chess*

scartare una carta *to discard a card*

schiaffetto *little slap*

sci (*m. sing. & pl.*) *ski*

scommettere (*p.p.* scommesso) *to bet*

sconfiggere (*p.p.* sconfitto) *to defeat*

sconfitta *defeat*

sconvolgere (*p.p.* sconvolto) *to upset, to disturb*

segnalino *game piece / token / marker*

segnare un gol *to make a goal*

seme (*m.*) *suit (of cards)*

sopruso *abuse*

spade (*f. pl.*) *spades*

spettatore/spettatrice *spectator*

spostarsi *to move*

spuntare *to sprout / to give rise to*

squadra del cuore *favorite team*

subire *to undergo / to sustain*

svago *diversion / amusement*

tarocchi (*m. pl.*) *tarot cards*

tempo *period (ex. quarter, inning)*

tennis (*m.*) *tennis*

teso *tense / tight*

tombola *Italian bingo*

torneo *tournament*

vincere (*p.p.* vinto) *to win*

vittoria *victory*

## LE VOSTRE PAROLE

# Chi li ha visti?

# Per comunicare

- Parlare di diversi generi di film
- Parlare di fumetti italiani moderni
- Raccontare il dialogo di un film
- Raccontare una conversazione

 **INTERNET CAFÉ**

**INDIRIZZO:** www.cengage.com/italian/ponti

**ATTIVITÀ:** Un lupo… per amico.

**IN CLASSE:** Scegli una delle strisce che preferisci, stampala e portala in classe. Presentala ai tuoi compagni e spiega le ragioni per cui ti è piaciuta.

 Web Search Activity

**RESOURCES**  Audio  Web  SAM Workbook

*Miramax/Dimension Films/The Kobal Collection*

◄ Una scena dal film di Nanni Moretti, *La stanza del figlio*

# Ponti sul passato

Take the following quick assessment and check your answers in the answer key found on the **Ponti** website to determine whether you should do further review.

**A** **Le preposizioni: Tra cinema e fumetti.** Scegli la corretta preposizione per completare le frasi.

1. Non c'è niente _____ (da / di) fare oggi. Leggerò un fumetto.

2. Non vado mai _____ (al / a) cinema, preferisco andare _____ (al / a) teatro.

3. Per favore guarda _____ (nel / sul) giornale quali film danno all'Ariston.

4. Metti _____ (del / nel) burro _____ (dei / sui) popcorn?

5. _____ (In / Nel) film *L'uomo che verrà* si parla _____ (della / con la) strage di Marzabotto.

6. Braccio di ferro (*Popeye*) ha _____ (dei / di) muscoli grandissimi.

**B** **Le preposizioni: Una nostalgica TV anni '80 e '90...** Inserisci la preposizione corretta tra quelle offerte per completare le frasi.

| nell' | di (2v.) | con | sulle | alle |
|-------|----------|-----|-------|------|
| dei | degli | tra | a | alla |

1. *Magnum P.I.* lavorava _____ isole Hawaii.

2. Grazie _____ sua macchina che si chiamava Kitt, *Knight-Rider* combatteva il crimine.

3. _____ *A-Team* il personaggio più divertente era Mister T.

4. *MacGyver* era un detective molto intelligente che non usava armi. Faceva tutto _____ il suo coltellino svizzero.

5. *Baywatch* parlava _____ bagnini _____ spiagge di Los Angeles.

6. I protagonisti di *Seinfeld* vivevano _____ New York.

7. I due protagonisti _____ *NYPD Blue* erano molto diversi _____ loro.

8. *Roseanne* era uno _____ programmi più amati _____ anni '90.

**C** **Le preposizioni: Un classico del cinema italiano: *Mediterraneo.*** Completa il seguente brano con la preposizione necessaria.

*Mediterraneo* è stato uno _____ ultimi film italiani _____ vincere un Oscar come Migliore Film Straniero. Diretto _____ Gabriele Salvatores, parla _____ un gruppo _____ soldati italiani durante la Seconda Guerra Mondiale che, praticamente, viene abbandonato _____ un'isola _____ arcipelago greco. Qui questi soldati si dimenticano _____ guerra e fanno amicizia _____ le donne, i vecchi e i bambini. Uno di loro, si innamora _____ una donna di nome Vassilissa, e i due decidono _____ sposarsi. Finita la guerra, gli altri soldati tornano _____ Italia, ma i due sposi restano _____ Grecia dove aprono un ristorante.

## Chi li ha visti?

DAI TEMPI AVVENTUROSI in cui si parlava di «una terra di navigatori, santi ed eroi» molti italiani oggi provano a ritrovare quelle sensazioni al cinema o nei fumetti° che riempiono le edicole di tutta la penisola. Accanto ai prodotti internazionali, l'Italia offre un vasto campionario° di registi cinematografici e disegnatori di fumetti che non ha nulla da invidiare° ai più famosi colleghi nel resto del mondo.

*comics*

*sample*

*to envy*

Il cinema italiano è conosciuto in tutto il mondo soprattutto per i maestri del neorealismo, per i grandi «film d'autore» di registi quali Antonioni, Fellini, Visconti, Pasolini e Bertolucci e per la fama di attori come Marcello Mastroianni e Sophia Loren. In tempi più recenti si è avuta l'esplosione del fenomeno Benigni e, seppur° in tono minore, di Nanni Moretti e sono stati realizzati film di successo quali *Nuovo Cinema Paradiso, Mediterraneo, Il postino, Io non ho paura* e *La meglio gioventù.* Tra i nuovi registi, o tra quelli già affermati° in Italia, figurano Carlo Mazzacurati, Liliana Cavani, Francesca Archibugi, Pupi Avati, Silvio Soldini, Gabriele Muccino e Ferzan Ozpetek (di origine turca ma che si considera regista italiano a tutti gli effetti), i cui lavori presentano un'Italia più vicina ai nostri giorni, osservata attraverso un sapiente° uso della telecamera.

*even though*

*well-known*

*wise*

© Sergio Bonelli Editore

Nel mondo dei fumetti, oltre al mitico Topolino, quelli che vanno per la maggiore vengono pubblicati dall'editore Sergio Bonelli il quale dà alle stampe vecchie e nuove serie che raggiungono un numero altissimo di lettori. Tra le prime vanno ricordate *Tex, Zagor* e *Comandante Mark:* ambientate tutte e tre nell'America dei pionieri, hanno contribuito enormemente al fascino che gli Stati Uniti hanno esercitato ed esercitano sull'Italia. Tra le seconde, l'«Oscar» della serie di fumetti più venduta va a *Dylan Dog* che come trama° si avvicina agli *X-Files* televisivi, seguita a breve distanza da *Nathan Never,* agente speciale in un mondo del lontano futuro.

*plot*

### DOMANDE

1. Quali sono i film italiani che hai visto o di cui hai sentito parlare?
2. Chi sono i più famosi registi e attori italiani?

3. In Italia i film stranieri vengono doppiati mentre negli altri Paesi molto spesso si preferisce mantenere la lingua originale ed usare sottotitoli. Cosa pensi che sia meglio e perché?

4. Se tu dovessi scrivere un film storico ambientato in Italia, quale periodo sceglieresti e perché?

5. In Italia i fumetti sono letti non solo da giovanissimi. Chi acquista e chi legge fumetti nel tuo Paese? Tu leggi fumetti? Quali erano i tuoi fumetti preferiti da bambino/a?

6. Che tipo di persone pensi che incontreresti se ti iscrivessi alla mailing list di Lupo Alberto? Adulti o giovani? Uomini o donne? Perché?

## Lessico

CD 2
41-44

### IL CINEMA: LA PRODUZIONE

| | |
|---|---|
| l'attore | *actor* |
| l'attrice | *actress* |
| il cascatore/la cascatrice | *stuntman/stuntwoman* |
| cinematografico | *cinematographic* |
| la cinepresa | *movie camera* |
| la colonna sonora | *soundtrack* |
| la comparsa | *walk-on, extra (in a film)* |
| il/la controfigura | *double* |
| il copione | *script* |
| il costume | *costume* |
| doppiare | *to dub* |
| il doppiatore/la doppiatrice | *dubber* |
| gli effetti speciali | *special effects* |
| girare | *to shoot (a film)* |
| interpretare/fare la parte di | *to play the part of* |
| il produttore (cinematografico)/ la produttrice (cinematografica) | *filmmaker / producer* |
| il/la regista | *director* |
| la ripresa | *shot* |
| la scena | *scene* |
| lo sceneggiatore/la sceneggiatrice | *screenwriter* |
| il trailer | *trailer* |

### AL CINEMA

| | |
|---|---|
| l'anteprima | *preview* |
| la biglietteria | *box office* |
| fare la fila | *to stand in line* |
| la maschera | *usher* |

### I FILM

| | |
|---|---|
| i cartoni animati | *cartoons* |
| la commedia | *comedy* |
| il cortometraggio | *short movie* |
| il documentario | *documentary* |
| il film a colori | *color movie* |
| il film d'animazione | *animated movie* |
| il film storico | *historical movie* |
| il lettore DVD | *DVD player* |
| il lungometraggio | *feature-length movie* |
| il film d'avventura | *adventure movie* |
| il film d'azione | *action movie* |
| il film dell'orrore | *horror movie* |
| il film di fantascienza | *science-fiction movie* |
| la (video)cassetta | *videotape* |
| il film giallo | *mystery movie* |
| il film in bianco e nero | *black-and-white movie* |
| il film poliziesco | *detective movie* |
| il film romantico | *romantic movie* |
| il videoregistratore | *video machine (VHS)* |
| la videoteca | *video store* |
| il western | *western (movie)* |

### I FUMETTI (*COMICS*)

| | |
|---|---|
| il disegnatore/la disegnatrice | *cartoon artist* |
| l'editore/l'editrice | *publisher* |
| l'episodio | *episode* |
| la raccolta | *collection* |
| la ristampa | *reprint* |
| la striscia | *comic strip* |

**A** **Tra cinema e fumetti.** Quest'anno Luca, Laura e Beppe hanno deciso di affittare un appartamento insieme. Sono tre amici che si conoscono fin dalle elementari e si trovano benissimo insieme con un solo piccolo problema. Inserisci le parole appropriate elencate qui sotto negli spazi vuoti, per completare il dialogo e scoprire di cosa si tratta.

| anteprima | effetti speciali | fila | raccolta | biglietteria |
|-----------|------------------|------|----------|--------------|
| episodio | fumetto | ristampa | comparse | fantascienza |

**Luca:** Hai letto l'ultimo numero di *Dylan Dog?*

**Beppe:** Sai che amo quel _____! Non potrei proprio fare a meno di comprarlo lo stesso giorno che arriva in edicola. E Laura è come me. Lei ama anche *Zagor*. Non ci crederai, ma ha la _____ completa originale, nessuna _____. Sai quanto costa il primo _____ di *Zagor*, quello uscito nel 1965? Si parla di più di mille euro!

**Luca:** Certo che lo so. Sono contento che Laura sia così appassionata di fumetti. Ogni volta che ho voglia di leggerne uno, non devo far altro che andare in camera sua. A proposito di western, stasera sulla RAI danno un film con John Wayne. Ti va di guardarlo?

**Beppe:** Veramente preferirei guardare *E.T.* su Canale 5. È un film di _____, e tu sai che sono un appassionato di tutto quello che riguarda gli extraterrestri.

**Luca:** Oh no. La scorsa settimana *Blade Runner,* ieri *Star Wars* e oggi ancora? No, vorrei vedere un film realistico, senza troppi _____. Sentiamo cosa dice Laura. Laura, John Wayne o *E.T.* stasera?

**Laura:** State scherzando, vero? Non ricordate che per stasera ho comprato i biglietti per l' _____ del nuovo film di Soldini? Per poterli avere, ho fatto la _____ per quattro ore davanti alla _____ del cinema.

**Beppe:** È vero! È il film che Soldini ha girato qui a Parma e ci sono anch'io.

**Luca:** Tu? Nel film?

**Beppe:** Sì. Avevano bisogno di _____. Io sono andato e mi hanno preso.

**Luca:** Allora, forse è una buona ragione per non andare.

**Laura:** Smettetela di scherzare e preparatevi, che dobbiamo uscire tra 10 minuti.

**B** **Pollice su, pollice giù.** In gruppi di tre, per ogni genere cinematografico elencato qui sotto date l'Oscar ai vostri film preferiti. Poi identificate il peggiore che abbiate mai visto. Presentate e spiegate le vostre scelte alla classe e scoprite quali film sono sicuramente da vedere e quali no, secondo il gusto di tutta la classe.

| Genere | | |
|---|---|---|
| | Patrice Rossi Calkin | Patrice Rossi Calkin |
| film d'azione | | |
| film romantico | | |
| film giallo | | |
| film storico | | |
| film di fantascienza | | |
| film d'animazione | | |

**C** **Cosa diranno mai?** In gruppi di tre, guardate la seguente striscia e completatela con i dialoghi che vi sembrano appropriati.

© Cengage Learning 2013

**D** **Le nostre parole.** Pensa a due o tre parole relative all'argomento di questo capitolo che ti sembrano importanti e che non sono presenti nella sezione lessicale. Possono essere parole dall'attività Web, parole contenute nella lettura iniziale o semplicemente parole che ti servono per comunicare meglio. Cercale sul dizionario e presentale in classe spiegando il loro significato in italiano. Poi scrivi le parole che tutti pensano siano importanti nel *Dizionarietto* alla fine del capitolo.

# Radio ponti

## LISTENING AND INTERPRETING FIGURATIVE LANGUAGE

Speakers of Italian, like many writers and artists, use words to create images. Common examples of figurative language are metaphors, similes, and personification. Figurative language appears in many literary forms but also in advertisements and even in conversation. A metaphor equates two unlike objects to point out the similarities or analogy between them (**Io sono una frana con la matematica.**—*I'm no good at math. / I'm hopeless with numbers.*). A simile compares two unlike objects using *like* or *as* to point out the similarities between them (**È forte come un leone.**—*She's as strong as a lion.*). Personification attributes human qualities to objects (**Il vento accarezza gli alberi.**—*The wind caresses the trees.*). Idiomatic expressions (**andare in fumo**—*to go up in smoke*) also evoke images and make speech more colorful.

When listening for figurative language and idiomatic expressions, listen not only for the literal meaning but also for what is associated with it. Remember that even though you may recognize all the words in a sentence, the meanings of those words may be unexpected. If someone says, "**Ha la testa fra le nuvole**," you will understand that it's unlikely that his head is actually in the clouds. Therefore, you would infer that the image expresses an idiomatic meaning.

**A** **Nuovi fumetti.** Ascolta una conversazione tra due amiche e poi collega le espressioni della colonna A con le definizioni corrispondenti della colonna B. Ascolta più di una volta e fa' attenzione al contesto.

CD 2 45

| A | B |
|---|---|
| 1. essere rose e fiori | a. i criminali |
| 2. cadere dalle nuvole | b. essere distratti |
| 3. la feccia | c. tutto |
| 4. avere la testa fra le nuvole | d. molto astuta |
| 5. furba come una volpe | e. senza pensare |
| 6. capra e cavoli | f. svanire, scomparire |
| 7. a vanvera | g. essere sorpresi |
| 8. dire pane al pane e vino al vino | h. andare bene, senza problemi |
| 9. andare in fumo | i. non nascondere la verità |

**B** **Basta brutti voti in storia!!** Ascolta la notizia di una nuova *Storia italiana a fumetti* e decidi se le seguenti informazioni sono vere o false. Fa' attenzione alle espressioni figurative.

CD 2 46

|  | Vero | Falso |
|---|---|---|
| 1. Sembra che l'operazione sia partita bene. | _____ | _____ |
| 2. Sfortunatamente costa moltissimo. | _____ | _____ |
| 3. Bisogna rendere la storia piacevole agli studenti. | _____ | _____ |
| 4. I genitori non dovranno più preoccuparsi per i risultati scolastici dei figli in tutte le materie. | _____ | _____ |

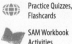

Practice Quizzes, Flashcards

SAM Workbook Activities

**Cinemaconcerto 2002** ⛿ **Ufficio Cinema Comune di Parma**

# MAL D'AMERICA
## dal Po al Mississippi

**giovedì 1 agosto**

**ANDY J. FOREST Band** in concerto (Blues & Cajun)
*Uno dei più noti armonicisti e cantanti della scena blues europea per un sanguigno e incandescente omaggio alla 'musica del diavolo'.*
a seguire film
**Alì** di Michael Mann (USA, 2001) con Jon Voight, Will Smith, M.Van Peebles
*Successo, cadute e lotte di Cassius Clay, il più grande pugile della storia.*

**giovedì 8 agosto**

**I BELLI DI WAIKIKI** in concerto (Rock'n'Roll Hula Style)
*La simpatia, il rock'n'roll anni '50 e le dolci melodie delle isole Hawaii.*
*"Porta un amico, un costume ed un sorriso e sarai il benvenuto !"*
a seguire film
**Blow** di Ted Demme (USA, 2001) con Penelope Cruz, Johnny Depp, Franka Potente
*La vera storia di George Jung, il più noto trafficante di cocaina degli anni '70.*

**giovedì 22 agosto**

**Emiliana** di Paolo Lasagni e Ferdinando Anceschi (Italia, 2002) **anteprima**
*Un angolo di New Orleans nella bassa reggiana, un gruppo di musicisti, i paesaggi del grande fiume, il blues, l'amicizia... Esiste un filo conduttore tra il Po e il Mississippi? Un documentario girato dal fotografo di scena di Ligabue.*
a seguire
**ORACLE KING & THE PLANTATIONS** in concerto (Blues)
*Dallo schermo al palco i 6 bluesmen protagonisti di Emiliana: Oracle King, Johnny La Rosa, Oscar Abelli, Armand "the cow", Max Lugli, Martin "Angel Face" Jotti...*

**Cinema Astra arena estiva**

inizio spettacoli h 21.00
ingresso Euro 7.00
Info: 0521 218684 / 0521 960554
www.ufficiocinema.it
e-mail: cinema@comune.parma.it

*si ringrazia l'Associazione Lune Nuove per la gentile collaborazione*

© 2002 Ufficio Cinema del Comune di Parma

© 2002 Ufficio Cinema del Comune di Parma

⛿ Ufficio Cinema Comune di Parma

# MAL D'AMERICA
## dal Po al Mississippi
### Cinema Astra arena estiva

---

 **PRATICA**

**A** **Mal d'America.** Immagini e suoni americani e angoli d'Italia all'americana: ecco come si presenta questa miniserie tra cinema e concerto offerta da un cinema italiano. In gruppi di tre, osservate la grafica di questa cartolina pubblicitaria e leggetene il programma. Poi, riflettendo sui tratti comuni all'Italia e agli Stati Uniti, pensate a tre film che potrebbero far parte di una vostra serie. Pensate anche al tipo di concerto che dovrebbe accompagnare ogni film e trovate un titolo che catturi l'attenzione. Infine, su un foglio di carta, disegnate la grafica del poster per il vostro mini festival «Tra l'Italia e l'America».

| Titolo del festival: | | | |
|---|---|---|---|
| | **Titolo** | **Descrizione molto breve del film** | **Tipo di concerto** |
| primo film | | | |
| secondo film | | | |
| terzo film | | | |

**B** **Doppiare: una necessità.** Tutti i film non italiani che arrivano nella penisola vengono doppiati. Fortunatamente i doppiatori italiani sono considerati tra i migliori del mondo. In gruppi di quattro, traducete questo passo da *Harry ti presento Sally* (*When Harry Met Sally*) e poi mettetelo in scena. Due studenti faranno gli attori che parlano inglese, gli altri due proveranno a doppiarli con la traduzione appena fatta.

| | |
|---|---|
| **Waitress:** | What can I get you? |
| **Harry:** | I'll have the number three. |
| **Sally:** | I'd like the chef salad [**l'insalata dello chef**], please, with the oil and vinegar on the side. And the apple pie à la mode. |
| **Waitress:** | Chef and apple à la mode. |
| **Sally:** | But I'd like the pie heated, and I don't want the ice cream on top— I want it on the side. And I'd like strawberry instead of vanilla if you have it. If not, then no ice cream, just whipped cream, but only if it's real. If it's out of a can, then nothing. |
| **Waitress:** | Not even the pie? |
| **Sally:** | No, just the pie. But then not heated. |

From the Film, "When Harry Met Sally," © 1989 MGM.

 **C** **Ciak, si gira.** Alcuni produttori di Cinecittà, la «Hollywood italiana» a Roma, vi hanno appena chiesto di presentare un progetto per un film comico basato sugli stereotipi che caratterizzano gli italiani all'estero. A coppie, preparate un breve progetto. Includete gli stereotipi che vorreste usare, il luogo dove vorreste girare il film, gli attori che vorreste utilizzare e alcune canzoni per la colonna sonora. Fornite spiegazioni per ognuna delle vostre scelte e poi presentatele alla classe.

# Grammatica

## IL DISCORSO DIRETTO E INDIRETTO

There are two ways to report other people's written or spoken words: direct discourse and indirect discourse.

###  **A** Il discorso diretto

Direct discourse reports the exact words of the speaker, just as they were spoken or written.

Braccio di Ferro disse: «Mangio spinaci tutti i giorni».

*Popeye said,* *"I eat spinach every day."*

© 2008 King Features Syndicate, Inc. TM Hearst Holdings Inc.

© 2008 Kings Features Syndicate

Direct discourse is the easiest and most objective way to report someone else's words. In writing, the person's words are always enclosed in quotation marks.

Among the verbs commonly used to introduce direct discourse are **dire, chiedere, domandare, esclamare, ordinare, ribattere** (*to retort*), and **rispondere.**

**Il discorso indiretto**

In indirect discourse, a narrator restates or rephrases the words of another person rather than repeating them.

Indirect discourse requires an introductory verb such as **dire** or **domandare**, but in writing it is not set off by distinctive punctuation, as is direct discourse.

| | |
|---|---|
| Braccio di Ferro disse che mangiava spinaci tutti i giorni. | *Popeye said that he ate spinach every day.* |

 **La trasformazione dal discorso diretto al discorso indiretto**

As in English, the transformation of direct discourse into indirect discourse requires several changes:

- change of verb tense
- change of subject
- change of personal pronouns
- change of possessive pronouns and adjectives
- change of demonstrative adjectives and adverbs of location and time
- in some cases, change of verb mood
- **domandare** and **chiedere**

 Change of verb tense

**a.** When the verb that introduces indirect discourse is in the present or future tense, the shift from direct to indirect discourse does not require a change in the verb tense.

### Discorso diretto → Discorso indiretto

| | |
|---|---|
| Antonio dice: «Mi **piacciono** i fumetti». | Antonio dice che gli **piacciono** i fumetti. |
| *Antonio says, "I **like** comic strips."* | *Antonio says that he **likes** comic strips.* |
| Antonio dirà: «Non **mi intendo** d'arte». | Antonio dirà che non **si intende** d'arte. |
| *Antonio will say, "I **don't know** much about art."* | *Antonio will say that he **doesn't know** much about art.* |

**b.** If, however, the introductory verb is in a past tense, the shift to indirect discourse requires a change in the verb's tense. Note that equivalent changes occur in the indicative and the subjunctive. Below (c, d), each example of a change of tense in the indicative is followed by an example of the same change of tense in the subjunctive.

### Discorso diretto (presente) → Discorso indiretto (imperfetto)

| | |
|---|---|
| Giovanni ha confessato: «Questo film dell'orrore mi **fa paura**». | Giovanni ha confessato che quel film dell'orrore gli **faceva paura**. |
| *Giovanni confessed, "This horror film **scares** me."* | *Giovanni confessed that that horror film **scared** him.* |

Siro ha detto: «Non **credo** che questo cascatore **sappia** fare molto».

Siro ha detto che non **credeva** che quel cascatore **sapesse** fare molto.

*Siro said, "I **don't believe** this stuntman **knows** how to do much."*

*Siro said he **didn't believe** that that stuntman **knew** how to do much.*

**c.** Verbs in the **imperfetto** and the **trapassato** do not change tense in the shift from direct to indirect discourse.

### Discorso diretto (imperfetto) → Discorso indiretto (imperfetto)

Franca ha detto: «Maria **non voleva** restare nel cinema un minuto di più».

Franca ha detto che Maria **non voleva** restare nel cinema un minuto di più.

*Franca said, "Maria **didn't want** to stay at the theater one more minute."*

*Franca said that Maria **didn't want** to stay at the theater one more minute.*

Disse: «**Pensavo** che il giornalino **uscisse** oggi».

Disse che **pensava** che il giornalino **uscisse** quel giorno.

*He said, "I **thought** that the magazine **came out** today."*

*He said that **he thought** that the magazine **came out** that day.*

### Discorso diretto (trapassato) → Discorso indiretto (trapassato)

Ha detto: «L'**avevo** già **vista** in un altro film».

Ha detto che l'**aveva** già **vista** in un altro film.

*He said, "I **had already seen her** in another movie."*

*He said that **he had already seen her** in another movie.*

Rispose: «Non **credevo** che l'**avesse** già **comprata**».

Rispose che non **credeva** che l'**avesse** già **comprata**.

*He answered, "I **didn't believe** that **she had** already **bought it**."*

*He answered that **he didn't believe** she **had** already **bought it**.*

**d.** Verbs in other past tenses undergo the following changes:

### Discorso diretto (passato prossimo / remoto / congiuntivo passato) → Discorso indiretto (trapassato)

Anna aggiunse: «Gli effetti speciali mi **hanno fatto** tremare».

Anna aggiunse che gli effetti speciali l'**avevano fatta** tremare.

*Anna added, "The special effects **made me** tremble."*

*Anna added that the special effects had **made her** tremble.*

Maria ha detto: «Penso che **abbiano girato** il film in Toscana».

Maria ha detto che pensava che **avessero girato** il film in Toscana.

*Maria said, "I think **they filmed** that movie in Tuscany."*

*Maria said that she thought **they had filmed** that movie in Tuscany.*

**e.** Verbs in the **futuro** and **condizionale** undergo the following changes:

| Discorso diretto (futuro / condizionale) → | Discorso indiretto (condizionale passato) |
|---|---|
| Hanno commentato: «Non **andremo** mai più ai film di quel regista». | Hanno commentato che non **sarebbero** mai più **andati** ai film di quel regista. |
| *They commented, "**We will** never **go** to another film by that director."* | *They commented that **they would** never **go** to another film by that director.* |

**f.** Hypothetical constructions—real, possible, and impossible—undergo the following changes in the shift from direct to indirect discourse.

### Realtà

| | |
|---|---|
| Giulia disse: «Se **avremo** tempo, **andremo** insieme». | Giulia disse che se **avessero avuto** tempo, **sarebbero andati** insieme. |
| *Giulia said, "If **we have** time, **we'll go** together."* | *Giulia said that if **they had** time, **they would go** together.* |

### Possibilità

| | |
|---|---|
| Disse: «Se **avessi** tempo, ti **accompagnerei** volentieri». | Disse che se **avesse avuto** tempo, l'**avrebbe accompagnata** volentieri. |
| *He said, "If **I had** time, **I would** gladly **accompany you**."* | *He said that if **he had** time, **he would** gladly **accompany her**.* |

### Irrealtà

| | |
|---|---|
| Rispose: «Se **avessi avuto** tempo, ti **avrei accompagnato**». | Rispose che se **avesse avuto** tempo, l'**avrebbe accompagnata**. |
| *He said, "If **I had had** time, **I would have accompanied you**."* | *He said that if **he had had** time, **he would have accompanied her**.* |

**2** Changes of subject, personal pronouns, and possessive pronouns and adjectives

**a.** If the introductory verb is in the third person and the subject of the direct discourse is in the first or second person, the subject and verb shift to the third person.

| Discorso diretto → | Discorso indiretto |
|---|---|
| Liliana ha ammesso: «**Ho sbagliato**». | Liliana ha ammesso che **aveva sbagliato**. |
| *Liliana admitted, "**I made a mistake**."* | *Liliana admitted that **she had made a mistake**.* |
| Cristina e Edoardo urlarono a Liliana: «**Hai sbagliato!**» | Cristina e Edoardo urlarono a Liliana che **aveva sbagliato**. |
| *Cristina and Edoardo yelled at Liliana, "**You made a mistake!**"* | *Cristina and Edoardo yelled at Liliana that **she had made a mistake**.* |

**b.** If the introductory verb is in the first or second person, or if the indirect-object pronouns **mi**, **ti**, **ci**, or **vi** appear in the introductory clause, the subject does not usually change to the third person.

| Discorso diretto | → | Discorso indiretto |
|---|---|---|

Ho ribattuto: «**Io** non lo **guarderò**».

*I said again, "**I'm** not **going to watch** it."*

Ho ribattuto che **io** non l'**avrei guardato**.

*I said again that **I would** not **watch it**.*

Tu hai detto: «Non lo **farò**».

*You said, "**I will** not **do** it."*

Tu hai detto che non l'**avresti fatto**.

*You said that **you would** not **do** it.*

Luca **ci** ha urlato: «Non **siete** invitati!»

*Luca screamed at us, "**You are** not invited!"*

Luca ci ha urlato che non **eravamo invitati**.

*Luca screamed at us that **we were** not invited.*

Noi abbiamo scritto: «Non **siamo stati** presenti alla riunione».

*We wrote, "**We were** not present at the meeting."*

Noi abbiamo scritto che non **eravamo stati** presenti alla riunione.

*We wrote that **we were** not present at the meeting.*

Io **vi** ho ripetuto: «**Dovete** vedere quel film!»

*I repeated to you, "**You must** see that movie!"*

Io vi ho ripetuto che **dovevate** vedere quel film!

*I repeated to you that **you had to** see that movie!*

**c.** Indirect discourse reporting the words of a speaker talking about himself or herself can use the infinitive preceded by the preposition **di**. The present infinitive is used to express a contemporary action and the past infinitive to indicate a past action.

| Discorso diretto | → | Discorso indiretto |
|---|---|---|

Tommaso dice: «**Sono** intelligente».

*Tommaso says, "**I'm** intelligent."*

Tommaso dice **di essere** intelligente.

*Tommaso says that **he is** intelligent.*

Tommaso ha detto: «**Ho letto** l'articolo».

*Tommaso said, "**I read** the article."*

Tommaso ha detto **di aver letto** l'articolo.

*Tommaso said that **he had read** the article.*

**d.** Possessive adjectives and pronouns in the first or second person shift to the third person.

| Discorso diretto | Discorso indiretto |
|---|---|
| mio, tuo | suo |
| nostro, vostro | loro |

Luca dice: «Il **mio** film preferito è *Nuovo Cinema Paradiso*».

*Luca says, "**My** favorite movie is Nuovo Cinema Paradiso."*

Luca dice che il **suo** film preferito è *Nuovo Cinema Paradiso*.

*Luca says that **his** favorite movie is Nuovo Cinema Paradiso.*

Anna e Franco hanno detto: «Il **nostro**, invece, è *Mediterraneo*».

*Anna and Franco said, "**Ours**, instead, is Mediterraneo."*

Anna e Franco hanno detto che il **loro**, invece, era *Mediterraneo*.

*Anna and Franco said that **theirs**, instead, was Mediterraneo.*

**e.** First- and second-person personal pronouns, direct-object pronouns, indirect-object pronouns, and reflexive pronouns often shift to the third person.

PRONOMI OGGETTO DIRETTO

| Discorso diretto | Discorso indiretto |
|---|---|
| mi, ti | lo, la |
| ci, vi | li, le |

Ferruccio chiese ad Anna: «**Ti** vedrò domani sera al cinema?»

*Ferruccio asked Anna, "Will I see **you** tomorrow evening at the movies?"*

Ferruccio chiese ad Anna se **l'**avrebbe vist**a** la sera dopo al cinema.

*Ferruccio asked Anna if **he** would see her at the movies the following evening.*

PRONOMI OGGETTO INDIRETTO

| Discorso diretto | Discorso indiretto |
|---|---|
| mi, ti | gli, le |
| ci, vi | gli, ... loro |

Gabriella disse: «Anche da grande **mi** piacciono i fumetti».

*Gabriella said, "Even as an adult **I** like comics."*

Gabriella disse che anche da grande **le** piacevano i fumetti.

*Gabriella said that even as an adult **she** liked comics.*

PRONOMI RIFLESSIVI

| Discorso diretto | Discorso indiretto |
|---|---|
| mi, ti | si |
| ci, vi | si |

Annamaria ha detto a Paola: «Siedití qui!»

*Annamaria said to Paola, "Sit here!"*

Annamaria ha detto a Paola di seder**si** là.

*Annamaria told Paola to sit there.*

**3** Change of demonstrative adjectives and adverbs of location and time.

Adjectives and adverbs that express proximity in time or space must be replaced with the corresponding adjectives or adverbs that indicate distance. These changes do not occur if the introductory verb is in the present tense.

| **Discorso diretto** | → | **Discorso indiretto** |
|---|---|---|
| questo | | quello |
| qui / qua | | lì / là |

| | |
|---|---|
| oggi | quel giorno |
| l'altro ieri | due giorni prima |
| ieri | il giorno precedente (prima) |
| domani | il giorno seguente (dopo) |
| poco fa | poco prima |
| ora / adesso | allora |
| fra poco | poco dopo |
| scorso | prima / precedente |
| prossimo | dopo / seguente |
| a me | a lui/a lei |

Sergio ha dichiarato: «**Ieri** ho guardato un film neorealista, ed **ora** sono depresso».

Sergio ha dichiarato che **il giorno prima** aveva guardato un film neorealista e **che allora** era depresso.

*Sergio declared, "**Yesterday** I watched a neorealist film, and **now** I'm depressed."*

*Sergio declared that **the day before** he had watched a neorealist film and **that later** he was depressed.*

 **4** Changes of verb mood

In indirect discourse, a command can be reported in two ways: with **di** + *infinitive* or with the subjunctive.

| **Discorso diretto (imperativo)** → | **Discorso indiretto (infinito congiuntivo imperfetto)** |
|---|---|
| Il signore ha urlato: «**Comprate** i biglietti in biglietteria, non qui!» | Il signore ha urlato **di comprare** i biglietti in biglietteria, non lì.<br>Il signore ha urlato **che comprassero** i biglietti in biglietteria, non lì. |
| *The man yelled, "**Buy** the tickets at the ticket booth, not here!"* | *The man yelled **to buy** the tickets at the ticket booth, not there.* |

**5** **Domandare** and **chiedere**

When the introductory verb in indirect discourse is either **domandare** or **chiedere**, the subsequent verb may be either indicative or subjunctive. Spoken Italian favors the indicative. Questions that are answered with *yes* or *no* are introduced by the word **se**. All other questions are introduced with the same interrogative used in the direct discourse.

| **Discorso diretto** → | **Discorso indiretto** |
|---|---|
| Carla ha chiesto: «Qual **è** il tuo fumetto preferito?» | Carla ha chiesto quale **era / fosse** il suo fumetto preferito. |
| *Carla asked, "Which one **is** your favorite comic strip?"* | *Carla asked which one **was** his favorite comic strip.* |
| Domandò: «**Hai** mai **letto** Paperino?» | Domandò se **avesse / aveva** mai **letto** Paperino. |
| *He asked, "**Have you** ever **read** Paperino?"* | *He asked if **she had** ever **read** Paperino.* |

## PRATICA

**A Chi l'ha detto?** Trasforma le frasi dal discorso diretto al discorso indiretto.

1. Il regista dice: «Non ho ancora scelto l'attore protagonista. Domani farò le audizioni».

2. L'attrice ha chiesto: «Dov'è il mio camerino?»

3. Il cameraman ha urlato: «Andate tutti ai vostri posti, si gira!»

4. Il produttore ha assicurato: «Se useremo la colonna sonora di Ennio Morricone il film sarà un successo».

5. Il pubblico ha commentato: «Il regista non ha rispettato la sceneggiatura».

6. Le comparse hanno dichiarato: «Ieri non abbiamo ricevuto i costumi e il regista si è infuriato».

7. L'attore rispose: «Penso che non ci sia spazio per una prima donna».

8. I doppiatori hanno affermato: «Faremo di tutto per doppiare il film alla perfezione».

 **B Lupo Alberto.** A coppie, narrate quello che ha detto Lupo Alberto usando il discorso indiretto.

© Silver/McK

**C Un banchetto.** Cambia le seguenti frasi dal discorso diretto al discorso indiretto.

Nonna Papera disse:

1. «Non potete mancare. Siete nostri ospiti».

2. «Il banchetto inizierà fra poco».

3. «Lo zio Paperone ha preparato una grande cena».

4. «Mangerete dei cibi incredibili».

5. «Tutto sarà servito».

6. «I camerieri non sono arrivati».

7. «Sembra che non ci sia nemmeno un cameriere in giro».

8. «Allora faremo self-service».

Nonna Papera concluse: «All'attacco!»

**D** **Il cinema.** In gruppi di tre, uno studente fa la domanda, uno risponde e l'altro narra la risposta usando uno dei verbi introduttivi suggeriti in questo capitolo a pagina 335. Fate attenzione al tempo verbale.

capitolo a pagina 335

> **ESEMPIO**
>
> tu / preferire / film doppiato / sottotitoli
> **St. 1:** Preferisci un film doppiato o con i sottotitoli?
> **St. 2:** Preferisco un film con i sottotitoli.
> **St. 3:** Ha detto che preferiva un film con i sottotitoli.

1. tu / fare / comparsa / scorsa settimana

2. quanto / tu / credere / costare / una cinepresa

3. tu / fare la fila / per / anteprima / ieri

4. tu / pensare / il regista / avere / più autorità / lo sceneggiatore

5. è possibile / a Hollywood / esserci / più sceneggiatori / che film

6. a Hollywood / esserci / più attori / che sceneggiatori

7. quanti / film / tu / vedere / la scorsa settimana

8. tu / preferire andare / cinema / o guardare / film / televisione

**E** **Intervista allo sceneggiatore di un nuovo film dell'orrore.** Usando il discorso indiretto, ripeti ad un tuo amico/una tua amica le domande che sono state fatte a questo sceneggiatore in un'intervista recente sul suo nuovo film dell'orrore.

> **ESEMPIO**
>
> Cosa comporta esattamente il lavoro di «sceneggiatore»?
> *Gli hanno domandato che cosa comportava esattamente il lavoro di*
> *«sceneggiatore».*

1. Che effetto le ha fatto vedere il film?

2. Il viaggio del protagonista è simbolico?

3. In alcune scene ci sono i suoi figli o sono attori bambini?

4. I suoi film sono basati sulla realtà?

5. Cosa ha fatto per creare l'effetto dei colori?

6. Può dirci qualcosa sul suo nuovo progetto?

7. Farebbe di nuovo questo tipo di film se ne avesse l'opportunità?

8. Come si è sentito quando è arrivato l'Oscar?

**F** **Una serata al cinema.** Cambia il seguente dialogo in discorso indiretto. Introduci ogni frase con uno dei verbi al passato suggeriti a pagina 335.

Introduci ogni frase con uno dei verbi al passato suggeriti a pagina 335.

**Lucia:** Vorrei andare al cinema questo pomeriggio.

**Stefano:** Proprio ora? Non ne ho voglia.

**Lucia:** Ma c'è il nuovo film di Benigni e la mia attrice preferita interpreta la parte della protagonista. Dai! Fammi questo favore.

**Stefano:** Se ci tieni così tanto penso di poterti accompagnare. La prossima volta però andiamo a vedere un film di fantascienza che piace a me, con gli effetti speciali, come nei film del mio regista preferito.

**Lucia:** D'accordo. Lo farò volentieri. Adesso andiamo!

**G Una puntata del mio programma preferito.** In gruppi di tre, parlate di un film o di una puntata di uno spettacolo televisivo che avete visto recentemente. Raccontate gli avvenimenti principali usando il presente. Poi, usando il discorso indiretto, raccontate ad un altro gruppo quello che avete detto, facendo tutti i cambiamenti necessari. Menzionate almeno sei avvenimenti.

> Nell'ultima puntata di «House» c'è un giovane che ha una malattia misteriosa. Come sempre gli fanno diversi test senza riuscire a scoprire la causa. Cutty si arrabbia con House perché pensa che lui si sia comportato male...
>
> ⟶ *Abbiamo detto che nell'ultima puntata di «House» c'era un giovane che aveva una malattia misteriosa. Poi abbiamo detto che, come sempre, gli facevano diversi test senza riuscire a scoprire la causa. Inoltre abbiamo detto che Cutty si arrabbiava con House perché pensava che lui si fosse comportato male.*

Practice Quizzes,
Flashcards,
**Raccontami una storia**

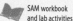

SAM workbook
and lab activities

# Biblioteca

We all summarize constantly in daily life. When you recount a conversation or a scene in a movie or television show—when you render direct discourse as indirect discourse—you typically summarize the intent of individuals' remarks rather than reporting every utterance. Summarizing helps to identify the main ideas of a text and to understand its structure. It requires creative synthesis and condensation of the selection's thrust. Summarizing may begin with an outline, but instead of merely listing the main ideas, a summary creates a new text. The key to the process is to distinguish between the main ideas and the supporting ideas and examples. Putting the main ideas in your own words and in a condensed form can lead to a deeper understanding of any text. Summarized ideas must be attributed to the original source.

 In gruppi di due o tre, rispondete alle seguenti domande.

1. C'era un adulto che vi ha ispirato quando eravate piccoli/e? Chi era? Che ruolo ha avuto nel formare il vostro futuro?

2. Provate nostalgia per una città o per una persona? Che cosa sentite quando pensate a questa città o a questa persona?

3. Quando eravate piccoli/e, andavate spesso al cinema? Quale tipo di film preferivate e perché? E adesso?

# Nuovo Cinema Paradiso

## GIUSEPPE TORNATORE

GIUSEPPE TORNATORE (1956– ), regista siciliano, ha raggiunto la fama mondiale nel 1988 quando con il suo secondo film, *Nuovo Cinema Paradiso,* ha vinto l'Oscar come migliore film straniero e il premio speciale della giuria al Festival di Cannes. Tra gli altri suoi film ricordiamo *Stanno tutti bene* (1990), *L'uomo delle stelle* (1995) e *Malena* (2000).

**Roma – Appartamento Salvatore (*Interno notte*)**

L'APPARTAMENTO È RICCO, ben arredato. Non c'è nessuno ad aspettare Salvatore. Dalla vetrata[1] della terrazza appare la città immersa nella notte. L'uomo si sveste avviandosi verso[2] la camera da letto. Si muove piano, come non volesse far rumore. Non accende neanche la luce, finisce di svestirsi al chiarore bluastro[3] proveniente dalla[4] vetrata. Un fruscio[5], un movimento sul letto, una voce di donna che si sveglia:

L'amore per il cinema negli occhi di un bambino in *Nuovo Cinema Paradiso* di Giuseppe Tornatore.

**Clara:** Salvatore… Ma che ore sono?…

**Salvatore:** È tardi, Clara. Perdonami, ma non ho potuto neanche avvisarti[6] che non sarei arrivato… … Dormi adesso. Dormi…

(La ragazza…)

**Clara:** Ha telefonato tua madre. Mi ha scambiata per un'altra…

**Salvatore:** (*sorpreso*) E tu cosa le hai detto?

**Clara:** Ho fatto finta di niente, per non deluderla. Abbiamo parlato un bel po'. Dice che non vai a trovarla da anni… Ma è vero?…

**Salvatore:** Ha chiamato per dirti solo questo?…

**Clara:** Ha detto che è morto un certo Alfredo. E domani pomeriggio ci sono i funerali…

Di colpo gli occhi di Salvatore assumono una strana luce. Non vi si legge più la voglia di prendere sonno. È una notizia che non si aspettava. Che lo coglie impreparato[7]…

**Clara:** Ma chi è? Un tuo parente?

**Salvatore:** No. Dormi. Dormi.

Lei dorme nel silenzio assoluto della notte.

Una profonda ed inquieta commozione, come un brivido di gelo[8], assale[9] Salvatore. Fissa oltre il vetro la città… ma il suo sguardo va lontano, oltre la linea delle case, oltre il cielo nero, come cercasse di cogliere un volto[10] antico, una espressione che quasi gli sfugge: il volto di

---

1. *window*  2. **avviandosi…** *going toward*  3. **chiarore…** *bluish light*  4. **proveniente…** *coming from*  5. *rustling*  6. *to inform you*  7. **lo…** *catches him off-guard*  8. **brivido…** *shiver (from the cold)*  9. *comes over*  10. *face*

Alfredo. Quel nome è come una chiave magica. Evoca mille ricordi, rimuove dai fondali[11] infiniti dell'oblìo[12] un passato che credeva svanito[13], cancellato ed invece ora riemerge, acquista luce per sovrapporsi[14] al suo volto di uomo maturo… un'altra immagine, antica, lontana…

[…]

**Sala Cinema Paradiso e cabina (*Interno mattina*)**

Il prete[15] è entrato in una sala cinematografica non molto grande.

Lungo le pareti, alternati alle appliques delle luci[16] ci sono i cartelloni con i film imminenti… La donna delle pulizie ha finito, se ne sta andando. In galleria, sopra l'ultima fila di sedie, ci sono i buchi[17] della cabina: quello centrale è mimetizzato[18] da una grande testa di leone che ruggisce[19], tutta in gesso, e tra i denti aguzzi[20] si intravede[21] l'obiettivo del proiettore. Poi ci sono altri due buchi più piccoli dietro i quali si delinea, a tratti, la figura di un uomo…

… È Alfredo, l'operatore. Ha circa quarant'anni, volto duro, da contadino. Ha finito di caricare il proiettore e sta accendendo i carboni nella lanterna. Ora toglie il vetro da uno dei buchi e guarda in sala, verso il prete che gli fa cenno[22]:

**Prete:**   Alfredo, puoi partire!!

E si siede solitario al centro della sala vuota.

In cabina Alfredo aziona[23] il proiettore…

…Sul quadro appaiono i titoli di testa di un film americano degli anni '40. Il volto del parroco è attento. Nella mano destra, appoggiata sul bracciolo[24] della sedia, tiene il campanello.

In fondo alla platea[25], dietro l'ultima fila, una tenda si muove, si apre una fessura[26], appare il volto piccolo e smunto[27] di Salvatore.

È riuscito a sgattaiolare[28] di nascosto e se ne sta lì silenzioso, affascinato, a seguire la «pellicola» sul quadrato luminoso…

Dal buco della cabina… Alfredo segue il film, ma i suoi occhi vanno spesso verso la sagoma[29] del prete, che adesso tamburella con le dita sul campanello.

Sullo schermo il protagonista e la protagonista, due stars di Hollywood, sono in primo piano, il dialogo è appassionato, romantico.

Salvatore, rapito[30] da quei volti, dal loro modo di parlare, dalla bellezza di lei, scivola piano piano lungo la tenda sino a sedersi per terra, ma i suoi occhi non lasciano mai il quadro…

La scena d'amore è al suo momento più alto, la musica cresce, e finalmente i due protagonisti si abbracciano, si baciano…

Istintivamente il prete alza in aria il campanello, come in un rito antico, e suona con forza…

In cabina Alfredo sente lo squillo, è il segnale che aspettava.

Prende un pezzetto di carta da un mazzetto di fogli pronti all'uso, e lo mette nella bobina[31] che si sta avvolgendo[32], tra le spire di pellicola, in quella precisa scena. La proiezione continua…

… Salvatore ha gli occhi sbarrati[33], forse non ha mai visto un uomo e una donna baciarsi, è un'immagine che ha per lui il fascino del proibito, il terrore del peccato…

---

11. *depths*   12. *oblivion*   13. *vanished*   14. *to superimpose*   15. *priest*   16. **appliques…** *wall lamps*
17. *holes*   18. *camouflaged*   19. *roars*   20. *sharp*   21. **si…** *one catches a glimpse of*   22. **fa…** *waves*
23. *starts*   24. *arm (of a chair)*   25. *box seats*   26. *crack*   27. *pale*   28. *steal away*   29. *silhouette*
30. *fascinated*   31. *reel*   32. *winding*   33. *wide open*

Ora sullo schermo è apparsa una figura di donna che si spoglia mostrando per un istante le larghe e voluttuose spalle nude, bianche.

Salvatore guarda a bocca aperta. Il prete, arrabbiato, si attacca alla campanella e la scuote con più forza del solito…

[…]

### Cabina Cinema Paradiso (*Interno giorno*)

Nonostante la velocità, dalla bobina appaiono numerosi cerchi[34] bianchi, sono i pezzetti di carta che Alfredo ha inserito. Sta riavvolgendo il film a mano, nell'avvolgifilm. Vicino a lui Salvatore fissa attentamente tutti i suoi movimenti, con occhi svelti, ladri.

**Alfredo:** (*duro, urlando*) Qua non ci devi venire!! Ma come te lo devo fare capire?…

**Alfredo:** … Se prende fuoco la pellicola, a come sei piccolo tu, fai una vampata[35] sola: vum! E diventi un pezzo di carbone…

**Salvatore:** (*sovrapponendosi a lui*) … e diventi un pezzo di carbone!…

Alfredo coglie l'ironia. Fa per dargli uno scappellotto[36], ritira la mano per prendere le forbici.

**Alfredo:** (*arrabbiato*) Minchia[37] che lingua lunga che hai! Qualche giorno te la taglio!…

… Salvatore prende lo spezzone[38] e lo guarda da vicino…

**Salvatore:** Me lo posso prendere?…

**Alfredo:** Minchia ma allora sei sordo! Questo lo devo mettere di nuovo dentro, quando smontiamo la pellicola! Peggio di una piattola[39] sei!?

Salvatore infila la mano in un cesto pieno di spezzoni. Tira su un ciuffo di pellicola: sono tutti baci tagliati.

**Salvatore:** E perché questi non ce l'hai messi quando hai smontato le pellicole?

Alfredo è colto in fallo[40]. Ferma le bobine ad un altro pezzetto di carta, esegue il taglio:

**Alfredo:** Perché qualche volta non trovo più il punto giusto e allora… in sostanza… restano qua…

**Salvatore:** (*eccitato*) Allora questi me li posso prendere?

Alfredo scoppia, non ne può più. Prende il bambino per le spalle e strattonandolo[41]:

**Alfredo:** Senti Totò! Prima che ti do un calcio in culo, facciamo un patto[42]. Questi pezzi qua sono tuoi, te li regalo.

**Salvatore:** Grazie!

**Alfredo:** Prego! Però! Numero uno: qua non ci devi venire più. Numero due: te li tengo io. Oh!! E ora vattene!!

---

34. *circles*   35. *blaze, burst of flame*   36. *slap, smack*   37. *curse used in southern Italy*   38. *(literally) a piece of film which has been cut out*   39. *nuisance*   40. **colto…** *caught in the act*   41. *pulling him* 42. *pact, agreement*

Lo prende e lo gira verso le scale. Per lui il discorso è chiuso. Torna all'avvolgifilm. Salvatore si volta e, approfittando di un attimo di distrazione di Alfredo, acciuffa una manciata[43] di fotogrammi sparsi sul banco. Li mette in tasca e…

**Salvatore:** Però che patto è? I pezzi sono miei. E perché te li devi tenere tu?…

**Alfredo:** Vatteneee!!! Non ti fare vedere più!!!

E prima che il calcio giunga a destinazione, Salvatore si è già dileguato[44] correndo veloce giù per la scala a chiocciola[45].

[…]

From *Nuovo Cinema Paradiso* by Giuseppe Tornatore (1990).

43. **acciuffa…** *snatches a handful*   44. *vanished*   45. **scala…** *winding staircase*

## COMPRENSIONE

 **A** Domande. In gruppi di tre, rispondete alle seguenti domande.

1. Come vi sembra il rapporto tra Clara e Salvatore?

2. Parlate della reazione di Salvatore quando sente la notizia della morte di Alfredo.

3. Cosa avete imparato di Alfredo, del suo lavoro, della sua personalità?

4. Cosa pensate del fatto che il prete censuri il film?

5. Come descrivereste il rapporto tra Salvatore e Alfredo?

6. Secondo voi, Salvatore tornerà per il funerale di Alfredo? Motivate la vostra risposta.

7. Pensate che oggi sia necessario fare la censura dei film?

 **B** Riassunto. Per riassumere il testo che avete appena letto, procedete seguendo i passaggi suggeriti qui sotto.

1. Identificate i momenti principali di ogni scena.

2. Riassumete l'azione di ogni scena.

3. Scegliete, nella terza scena, lo scambio centrale tra Alfredo e Salvatore e raccontatelo ai vostri compagni usando il discorso indiretto (riassumetelo invece di riferire ogni parola).

# Di propria mano

## PRE-SCRITTURA

Scriverai una recensione. Prima di scriverla, pensa ai dettagli elencati qui sotto. Scrivi degli appunti per aiutarti a ricordare gli elementi necessari per la recensione. Scrivi più dettagli possibili del film che recensirai.

(1) identifica il titolo, il regista e il genere; (2) scrivi un riassunto breve della trama; (3) nota alcuni dettagli centrali rispetto alla trama; (4) paragonalo ad altri film dello stesso regista o a film che trattano lo stesso argomento; (5) consiglia ai tuoi lettori di vedere o di non vedere questo film

## SCRITTURA

Writing Tips — Adesso, scrivi una tua recensione di un film che hai visto in passato. Segui le strategie suggerite sopra per scriverla.

## Block Notes

Riflettendo su quello che hai potuto osservare su Web, in classe e nelle letture che hai fatto, rispondi alle seguenti domande.

1. Alcuni fumetti interessano agli adulti perché, al di là del piacere della lettura, affrontano problemi del mondo reale. Quali sono alcuni fumetti che conosci e che presentano anche un lato serio?

2. Fumetti e cinema offrono un momento di svago in modo diverso. Quali sono le affinità e le differenze tra i due?

3. Quali sono i film italiani che ti hanno colpito maggiormente? Quali vorresti vedere dopo averne sentito parlare in classe?

# Nel mondo dei grandi

## GABRIELE SALVATORES

GABRIELE SALVATORES, tra i più conosciuti sceneggiatori e registi italiani, nasce a Napoli il 30 luglio del 1950. Presto si trasferisce a Milano dove fonda[1] insieme a Ferdinando Bruni il teatro dell'Elfo, per il quale dirigerà numerosissimi spettacoli. Nel 1981 realizza con Mario Pagani un musical-rock basato sullo shakesperiano *A midsummer night's dream* che arriva a registrare fino a duecentomila presenze.

Questo spettacolo diventerà il suo primo lungometraggio segnando il suo distacco dal teatro e il progressivo avvicinamento al cinema, che si esplica[2] anche attraverso la regia di vari video musicali e di pubblicità televisive. Bisognerà aspettare fino al 1987 per *Kamikazen*, il suo secondo film, seguito poi nel 1989 da *Marrakech Express* e *Turné*. Il grande successo arriva però nel 1990, quando il suo *Mediterraneo* verrà premiato alla notte degli Oscar come migliore film straniero. Al

Medusa Prods/Alquimia Cinema/
The Kobal Collection

successo di *Mediterraneo* faranno seguito numerosi film tra cui *Sud*, un film denuncia sulle condizioni del meridione[3] dal punto di vista degli emarginati[4], *Nirvana* (1997), uno dei rari film di fantascienza italiani, e *Amnèsia* (2002), incentrato[5] sul difficile rapporto genitori-figli.

Nel 2003 dirige *Io non ho paura*, tratto dal romanzo di Niccolò Ammaniti, con il quale è stato candidato nuovamente all'Oscar. In questo film Salvatores ci riporta ai numerosissimi sequestri[6] perpetrati dall'Anonima Sequestri che hanno terrorizzato l'Italia negli anni '70 e '80 e che hanno visto protagonisti loro malgrado anche personaggi famosi come il cantautore Fabrizio De Andrè e la sua futura moglie, Dori Ghezzi. La grandezza di Salvatores è quella di non sedersi sugli allori[7] e di cercare continuamente nuove strade da percorrere. Ecco allora che nel 2005 si cimenta[8] in un «noir», *Quo vadis, baby?*, tratto dall'omonimo romanzo[9] di Grazia Verasani, in cui alla bellezza del prodotto cinematografico in sé, girato in alta definizione digitale, si dovranno aggiungere le numerosissime citazioni omaggio a film di culto come *Ultimo tango a Parigi* o *M., Il mostro di Düsseldorf*, perfettamente incasellate nelle maglie[10] della trama. L'ultimo suo film è *Happy Family* uscito nel 2010.

1. *founded*   2. *is expressed*   3. *south*   4. *outcasts*   5. *based*   6. *kidnappings*   7. *rest on his laurels*   8. *puts himself to the test*   9. *novel with the same name*   10. *enmeshed*

## TRACCE DI RICERCA

Web Links    I nuovi registi italiani
I sequestri in Italia
L'Italia e gli Academy Awards
Registi e attori italiani a Hollywood

# Dizionarietto

ammettere (*p.p.* ammesso) *to admit*

andare in fumo *to go up in smoke*

anteprima *preview*

attore *actor*

attrice *actress*

avvolgere (*p.p.* avvolto) *to wind, to wrap*

banchetto *banquet*

biglietteria *box office*

bobina *reel*

buco *hole*

cartone animato *cartoon*

cascatore/cascatrice *stuntman/stuntwoman*

cinematografico *cinematographic*

cinepresa *movie camera*

colonna sonora *soundtrack*

commedia *comedy*

comparsa *walk-on, extra (in a film)*

controfigura (*m./f.*) *double*

copione (*m.*) *script*

cortometraggio *short movie*

costume *costume*

disegnatore/disegnatrice *cartoon artist*

distacco *detachment, separation*

documentario *documentary*

doppiare *to dub*

doppiatore/doppiatrice *dubber*

editore/editrice *publisher*

effetti speciali (*m. pl.*) *special effects*

episodio *episode*

fare la fila *to stand in line*

fare la parte di *to play the part of*

film a colori *color movie*

film d'animazione *animated movie*

film d'avventura *adventure movie*

film d'azione *action movie*

film dell'orrore *horror movie*

film di fantascienza *science-fiction movie*

film giallo *mystery movie*

film in bianco e nero *black-and-white movie*

film poliziesco *detective movie*

film romantico *romantic movie*

film storico *historical movie*

fumetto *comic book*

girare *to shoot (a film)*

giuria *jury, panel*

guanciale (*m.*) *pillow*

interpretare *to play the part of*

lettore DVD *DVD player*

lungometraggio *feature-length movie*

maschera *usher*

presenza (al film) *viewer, presence*

prete (*m.*) *priest*

produttore (cinematografico)/produttrice
(cinematografica) *filmmaker, producer*

puntata *episode*

raccolta *collection*

regista (*m./f.*) *director*

ripresa *shot*

ristampa *reprint*

scena *scene*

sceneggiatore/sceneggiatrice *screenwriter*

scoppiare *to burst, to explode*

scuotere (*p.p.* scosso) *to shake*

sguardo *look, glance*

smontare *to take apart*

spezzone (*m.*) *film strip*

striscia *comic strip*

svanire *to vanish, to disappear*

tamburellare *to tap, to drum (fingers)*

trailer (*m.*) *trailer*

tratto *trait, feature*

urlare *to yell, to cry out*

(video)cassetta *videotape*

videoregistratore (*m.*) *video machine (VHS)*

videoteca *video store*

western *western (movie)*

## LE VOSTRE PAROLE

# Cinema ponti

## *A piedi nudi sul palco*
## (Andrea Rovetta, 2007)

From *A piedi nudi sul palco* by Andrea Rovetta

Andrea Rovetta è nato a Brescia, in Italia. Dopo alcune esperienze nel teatro e nella pubblicità, ha cominciato a scrivere e dirigere cortometraggi e a lavorare per la televisione.

*A piedi nudi sul palco*, divertentissima storia di un provino in cui una sfortunata aspirante attrice (interpretata da Cecilia Dazzi) si trova a fronteggiare un regista deciso a non assumerla nel cast, nonostante le sue abilità davvero fuori dal comune.

## PRE-VISIONE

**A.** Quali sono, secondo voi, qualità essenziali per un attore/un'attrice? Valutate le seguenti capacità in ordine crescente da **0** (meno importante) a **12** (più importante).

_____ Parlare altre lingue

_____ Suonare il pianoforte

_____ Cantare

_____ Fare i versi degli animali

_____ Essere ventriloqui

_____ Fare giochi circensi (da circo)

_____ Saltare la corda

_____ Fare la verticale (*handstand*)

_____ Fare muovere le orecchie

_____ Suonare la musica rock

_____ Ballare

_____ Volare

**B.** Durante il corso del provino dell'attrice, il maestro le chiede di recitare in varie lingue. Ogni sua recita è anche una risposta all'atteggiamento del maestro. I vari brani definiscono il ruolo della donna diversamente. Leggete i brani di Ovidio e di Molière e/o le traduzioni e cercate di identificarne il messaggio principale. Come viene caratterizzata la donna in questi brani (donna tragica, donna passiva, donna leggera, donna disonesta, donna pettegola, ecc.)?

---

### Ovidio - Lettere di Eroine: Medea a Giasone

Padre oltraggiato gioisci! Gioite voi Colchi abbandonati! Ombra di mio fratello, ricevi il sacrificio d'espiazione!

*My wounded father, rejoice! Colchians, forsaken, rejoice! My brother's shade, in me find offerings to the dead!*

---

### Misanthrope – Molière

Act III, Scene 4: Arsinoé

Mais vous savez qu'il est des choses dans la vie

*But as you know there are things in life*

qu'on ne peut excuser, quoiqu'on en ait envie;

*that cannot be excused, however much we wish to do so,*

et je me vie contrainte à demuerer d'accord…

*and I found myself, at last, constrained to admit*

---

 **C.** Le altre due recite sono di una poesia di T. S. Eliot intitolata «Sweeney Erect» e il testo di una canzone del gruppo Bebe dal titolo «Pafuera tearanas». Cercate di trovare il testo della poesia e della canzone su Internet, leggetelo e commentatelo basandovi su quanto richiesto nell'esercizio precedente.

## VISIONE

 **Primo passo**

**A.** Guardate il film una prima volta per valutare le capacità di questa attrice. È stata scelta per il ruolo? A gruppi, discutete la scelta del regista.

**B.** Guardate il film una seconda volta e fate particolare attenzione al ruolo dell'assistente femminile del regista. Com'è lei secondo voi? Com'è diversa dall'attrice?

**C.** Riconoscete il brano che l'attrice ha suonato al pianoforte? Secondo voi, c'è qualche significato nella scelta di questo pezzo musicale? Pensate che anche la musica rifletta il ruolo della donna?

**Secondo passo:** Guardate il video un'altra volta. Dopo aver visto il video, abbinate le immagini ad ognuna di queste frasi.

1. _____ Guardi, per questo ruolo io cerco una che suoni il pianoforte, lei sa suonare?… Dammi 'sta uno!

2. _____ Signorina lei sa volare?

3. _____ Allora vedo che non ha capito… io non sono qui per salvare Rambo da voi, io sono qui per salvare voi da lui!

4. _____ Buona sera… caffè… faccia due passi a destra per favore… alla mia destra… due passi a sinistra… si fermi, si giri, guardi a destra… a destra! …ha qualcosa di pronto?

5. _____ Peccato guardi, cercavo una che non sapesse volare…

Video stills from *A piedi nudi sul palco* by Andrea Rovetta

Questo film ha ricevuto il premio CiakDonna, un'associazione che si occupa di problematiche femminili, di ambiente e di salute. Le ragioni per cui gli è stato assegnato questo premio sembrano evidenti: chiara, infatti, è la condanna di come frequentemente le effettive capacità delle donne non siano quasi mai sufficienti per entrare ed avere successo nel mondo del lavoro (e non solo quello). E, sfortunatamente, questo non succede perché le donne non siano effettivamente capaci e qualificate, ma perché i criteri di giudizi sono ancora saldamente regolati da un «codice» maschilista che ci fa pensare a quanto siamo ancora veramente lontani da un mondo di effettiva pari opportunità.

From A piedi nudi sul palco by Andrea Rovetta

 Discutete se siete d'accordo con questo premio e le ragioni per cui è stato assegnato. In particolare, rispondete alle seguenti domande:

1. Secondo voi, l'attrice in *A piedi nudi sul palco* non è stata scelta per motivi di merito? Motivate la risposta con esempi dal film.

2. Il regista potrebbe essere considerato un maschilista? Perché sì o no.

3. Pensate che ci siano pari opportunità nel mondo del cinema e del teatro? Date qualche esempio.

# Italiani si diventa?

# Per comunicare

- Parlare dello stile di vita e delle abitudini degli italiani
- Parlare degli aspetti della vita quotidiana
- Affittare un appartamento in Italia
- Riconoscere e usare espressioni idiomatiche

**INTERNET CAFÉ**

**INDIRIZZO:** www.cengage.com/italian/ponti

**ATTIVITÀ:** Pacchi, lettere e francobolli.

**IN CLASSE:** Scegli il francobollo che preferisci, stampalo e portalo in classe. Presentalo ai tuoi compagni e spiega le ragioni per cui è quello che preferisci.

 Web Search Activity

**RESOURCES**  Audio  Web  SAM Workbook

◄ Manifestando per i propri diritti

*AP Photo/Massimo Sambucetti*

# Ponti sul passato

Take the following quick assessment and check your answers in the answer key found on the *Ponti* website to determine whether you should do further review.

**A) I pronomi oggetto diretto o indiretto: Al bar.** Sottolinea i pronomi oggetto diretto e fai uno cerchio intorno a quelli indiretti utilizzati nelle seguenti frasi.

1. Non amo l'espresso. Se lo bevo poi sono agitato tutto il giorno.

2. Che clienti! Li ho serviti e non mi hanno lasciato un centesimo di mancia.

3. Non prendere quelle paste alla crema qui. Le prendiamo in pasticceria.

4. Ieri ho visto Marina e le ho chiesto di dirmi dove ha comprato quel buonissimo moscato. Lo voglio per il nostro anniversario.

5. Aspettami all'uscita. Non ci hanno ancora dato il resto. Sai, gli ho dato 50 euro e 46 euro di mancia sarebbero un po' troppi, no?

**B) I pronomi oggetto diretto, indiretto, *ci* e *ne*: Vivere in Italia!** Rispondi alle domande e sostituisci le parole sottolineate con i pronomi di oggetto diretto, indiretto, **ci** e **ne**.

1. Hai affittato la camera nell'hotel di cui ti avevo parlato?

2. Mi porti a Roma per favore?

3. Ci faresti una foto davanti all'Arena?

4. Te ne vuoi proprio andare da Milano?

5. Le hai mandato una cartolina da Capri?

**C) I pronomi oggetto diretto, indiretto, *ci* e *ne*: Correndo, per non perdere il treno.** Completa il dialogo utilizzando i pronomi di oggetto diretto, indiretto, doppi, **ci** o **ne**. Fa' anche i cambiamenti necessari.

**Sandro:** Corri Sara! O perderemo il treno…

**Sara:** Non _____ _____ faccio. Lo zaino è troppo pesante!

**Sandro:** _____ avevo detto di non metter_____ dentro i libri. Tanto non studierai al mare.

**Sara:** Non _____ _____ posso permettere. Ho un esame di Medicina a settembre. Se non lo passo i miei genitori non _____ lasceranno mai più andare in vacanza con te.

**Sandro:** E cosa centro io? Sarà perché non _____ piaccio. Tua madre, da quando _____ ho detto che voglio andare a vivere a Roma dopo l'università non _____ parla più.

**Sara:** Non _____ dovevi dire. Lo sai che è super protettiva.

**Sandro:** E tuo padre? Il fatto che sono vegetariano non _____ sopporta proprio. Non è che per essere uomini bisogna mangiare bistecche.

**Sara:** Che noia! Ancora questa storia? … Rilassati, vedrai che con il tempo tutto andrà meglio. Su, da _____ un bacio!

**Sandro:** _____ _____ do volentieri. Ma devi parlar _____ e far _____ capire che sono un ottimo ragazzo.

**Sara:** Non ti preoccupare. _____ sanno.

## Italiani si diventa?

IL SOGNO DI CHI viaggia all'estero è, quasi sempre, un'esperienza reale del Paese che visita, non solamente da turista ma da assoluto protagonista.

Sotto parecchi punti di vista l'Italia è il luogo adatto per fare questo tipo di immersione, specialmente quando le mete° del viaggio sono lontane dai percorsi° turistici abituali. Nei piccoli centri italiani, i turisti solitamente trovano cordialità e incoraggiamento° sinceri quando provano a parlare la lingua italiana. Ma la vera immersione avviene quando si è deciso di trascorrere in un Paese straniero un periodo prolungato di tempo. Solo dopo qualche settimana in Italia ci si sarà abituati a bere il caffè in piedi al banco mentre si fanno due chiacchiere° con il barista, a non ordinare il cappuccino a fine pranzo o cena e a sentirsi parte della città dove si vive.

*destinations / routes*

*encouragement*

**fanno...** *chatting*

La comprensione della cultura italiana passa comunque attraverso la lingua. Dopo un po' ci si sente in grado° di usare l'italiano imparato a scuola con le nuove persone e ci si butta° ad assimilare un po' più di lingua gergale.° Risulta più difficile, però, affrontare la burocrazia italiana e le situazioni di tutti i giorni, che si tratti di agenzie immobiliari° o ospedali, stazioni ferroviarie o uffici postali. Le file alle Poste o alle stazioni possono trasformarsi in piccoli incubi° soprattutto quando l'interlocutore non parla altro che l'italiano e la fila dietro comincia ad allungarsi.° Spiegarsi con un agente immobiliare o al pronto soccorso° può

**ci...** *one feels able*
**ci...** *one throws oneself / slang*
**agenzie...** *real estate agencies / nightmares*

*to get longer /*
**pronto...** *emergency room*

risolversi in incomprensioni e/o piccoli disastri.

La ricetta per vivere l'Italia da italiani, insomma, è la stessa che vale per tutti i Paesi del mondo: immergersi completamente in essa nel bene e nel male, senza chiusure mentali e con la lingua come arma principale per affrontare la vita nel nuovo Paese.

Tutti in fila alla biglietteria della stazione Termini di Roma.

### DOMANDE

1. Secondo te, perché l'autore del brano pensa che l'Italia sia un luogo perfetto per una vacanza non solo turistica?

2. Nei tuoi viaggi sei mai riuscito/a a «vivere» i luoghi che hai visitato in questo modo? Dove sei andato/a? Perché pensi di esserci riuscito/a o perché credi di averlo vissuto solo da turista?

3. Quali pensi che siano alcune cose necessarie per vivere pienamente in una città o in un Paese straniero?

4. Nei tuoi viaggi ti sei mai trovato/a in difficoltà a causa della lingua? Quali sono le situazioni in cui non vorresti trovarti in un luogo dove l'inglese è parlato pochissimo?

5. Cosa penseresti di fare per offrire ad un amico straniero che viene nel tuo Paese una «vera» esperienza di immersione? Quali sarebbero, secondo te, le difficoltà più grandi per un italiano che visita il tuo Paese e non ne conosce la lingua?

6. Comprare francobolli on-line elimina il problema di dover fare la fila all'ufficio postale. Quali altri servizi on-line vorresti avere a disposizione per semplificare la tua vita in Italia?

# Lessico

CD
51-56

## LA BUROCRAZIA

| | | | |
|---|---|---|---|
| l'ambasciata | *embassy* | il permesso di lavoro | *work permit* |
| il clandestino/la clandestina | *illegal alien* | il permesso di soggiorno | *residency permit* |
| il consolato | *consulate* | il visto | *visa* |
| l'immigrante (*m./f.*) | *immigrant*\* | | |

\* *Immigrante* è la persona che viene dall'estero per cercare lavoro; *immigrato* è la persona che si è trasferita in un Paese diverso dal proprio per cercare un lavoro.

---

**MINISTERO DELL'INTERNO**
AMMINISTRAZIONE DELLA PUBBLICA SICUREZZA

Questura di CATANZARO
***PERMESSO DI SOGGIORNO PER STRANIERI***
FOREIGNERS' PERMIT OF STAY

COGNOME
SURNAME

NOME
NAME

LUOGO NASCITA          DATA
PLACE OF BIRTH         DATE

CITTADINANZA           STATO CIVILE        RIFUG.
CITIZENSHIP            MARITAL STATUS      REFUGEE

RESIDENZA ESTERO
RES. ABROAD

RECAPITO ITALIA–COMUNE        PROV.
ADDRESS IN ITALY–BOROUGH      PROVINCE

INDIRIZZO
ADDRESS

DOCUMENTO          NUMERO         SCADENZA     /    /
DOCUMENT           NUMBER         VALID UNTIL

RILASCIATO DA      DATA     /    /
ISSUED BY          DATE

INGRESSO ITALIA–DATA      FRONTIERA
ENTRY IN ITALY–DATE       BORDER OF

VISTO              RILASCIATO DA       SCADENZA     /    /
VISA               ISSUED BY           VALID UNTIL

MOTIVO DEL VISTO INGRESSO
REASON FOR VISA

MOTIVO DEL SOGGIORNO
REASON FOR STAY

MEZZO SOSTENTAMENTO
MEANS OF SUPPORT

CONIUGE
WIFE/HUSBAND

PERSONE A CARICO
PERSONS BEING CARED FOR IF LIVING TOGETHER

---

CONTI CORRENTI POSTALI - Ricevuta di Versamento     Bar

TELECOM ITALIA    €   sul c/c n.   **1404**     di Euro    **89,00**

IMPORTO DA PAGARE
Euro:      **89,00**
SCADENZA
**17/06/2008**
Le alleghiamo il bollettino per il pagamento
I pagamenti delle fatture precedenti sono regolari. Grazie

intestato a:

**TELECOM ITALIA S.P.A.BOLOGNA**

| N.TELEFONO | CODICI | | PERIODO |
|---|---|---|---|
| 0621931071 | 15 | PR | 3 BIM.2002 |
| FATTURA | | SCADENZA | |
| 1H04349463 | | 17/06/2008 | |

Eseguito da :

CAVATORTA RAG. UGO
60, VIA VERDI
43100 PARMA PR

```
|44/221  02  14-06-08  R1|
|0077            €*89,00*|
|VCY 0320 _____ €*0,77*|
```

BOLLO DELL' UFF. POSTALE

## TROVARE UNA CASA, UN APPARTAMENTO

| | |
|---|---|
| l'acconto / la caparra | *deposit* |
| l'affitto | *rent* |
| l'allacciamento del telefono | *telephone installation* |
| ammobiliato/a | *furnished* |
| il bilocale | *one-bedroom apartment* |
| la bolletta | *bill* |
| firmare | *to sign* |
| la luce, l'acqua, il gas, il riscaldamento | *utilities (electricity, water, gas, heat)* |
| il monolocale | *studio apartment* |
| il padrone/la padrona di casa | *landlord/landlady* |

## ALL'UFFICIO POSTALE

| | |
|---|---|
| la cartolina | *postcard* |
| il destinatario/la destinataria | *recipient* |
| il francobollo | *stamp* |
| l'impiegato/a | *clerk* |
| il/la mittente | *sender* |
| il pacco | *package* |
| la posta aerea | *air mail* |
| il postino | *postman* |
| il vaglia postale | *money order* |

## ALLA STAZIONE

| | |
|---|---|
| l'andata e ritorno | *round trip* |
| la cuccetta | *bed in sleeper car (on a train)* |
| la fila | *line* |
| la prenotazione | *reservation* |
| la prima / seconda classe | *first / second class* |
| la sala d'aspetto | *waiting room* |
| lo sportello | *window (for service)* |
| il supplemento rapido | *supplemental fare (for a high-speed train)* |

## TROVARE UN LAVORO

| | |
|---|---|
| compilare | *to fill out* |
| il curriculum vitae | *résumé* |
| il modulo | *form* |
| lo stage | *internship* |
| l'ufficio di collocamento | *employment agency* |

## Curriculum Vitae

Nerina Vecchi
Via Pispini 3
53100 Siena
0577-459872

*ISTRUZIONE*

- Maggio 2008 - Laurea in Economia e commercio - Università degli Studi di Roma.
- Giugno 2004 - Diploma di Ragioneria - Istituto «Melloni» di Siena.

*LINGUE*

- Inglese, tedesco e spagnolo.

*CONOSCENZE INFORMATICHE*

- Word, WordPerfect, Adobe Photoshop, Acrobat Reader, Dream Weaver, Multi Edit

*ESPERIENZA LAVORATIVA*

- Giugno 2010–presente - Stage per interpreti - Parlamento Europeo, Bruxelles
- Maggio–Settembre 2009 - Segretaria - Ufficio Commerciale Tidone, Siena
- Luglio–Agosto 2007 - animatrice - Club Vacanze Sole e Mare, Sciacca
- Luglio–Agosto 2005 - animatrice - Club Vacanze Savana, Kenia
- Luglio–Agosto 2004 - animatrice - Club Vacanze Lago d'Idro, Brescia

## DAL MEDICO

| | | | |
|---|---|---|---|
| avere mal di testa / stomaco / denti | *to have a headache / stomachache / toothache* | il pronto soccorso | *emergency room* |
| la cura | *treatment, cure* | i punti | *stitches* |
| la/le diagnosi | *diagnosis* | la ricetta | *prescription* |
| la frattura | *fracture* | il ricovero | *hospitalization* |
| l'iniezione | *injection* | lo sciroppo | *medicinal syrup* |
| la medicina | *medicine* | sdraiarsi | *to lie down* |
| la pastiglia | *pill* | la vaccinazione | *vaccination* |
| la pomata | *ointment* | | |

**A Una vacanza disastrosa.** Completa il dialogo con le seguenti parole appropriate e scopri cos'è successo.

| | |
|---|---|
| allacciamento | fila |
| ambasciata | firmare |
| biglietteria | padrone di casa |
| cura | permesso di lavoro |
| diagnosi | visto |

**Giovanni:** Amelia, com'è andato il viaggio in Italia?

**Amelia:** Non mi va di parlarne… L'Italia era bellissima e credo che ci tornerò, ma farò qualcosa di diverso…

**Giovanni:** Su, per favore, dimmi cos'è successo?

**Amelia:** Non ero abbastanza organizzata, non mi ero preparata bene… Tutto era cominciato bene. Ero andata all' _____ per fare mettere il _____ sul passaporto. Come sai, dovevo lavorare al Guggenheim a Venezia e quindi mi sono fatta dare anche il _____. I problemi sono cominciati appena arrivata. Per uno sciopero all'aeroporto di Venezia, siamo stati deviati a Verona. Da lì ho dovuto prendere un treno. Alla _____ c'era una _____ lunghissima e dopo un'ora sono arrivata davanti allo sportello. Purtroppo nessuno parlava inglese e le persone dietro di me non erano molto pazienti. Un vero incubo!

**Giovanni:** Mi sembra solo un piccolo inconveniente…

**Amelia:** Questo è solo l'inizio! Una volta arrivata a Venezia, ci sono voluti 25 giorni per l' _____ del telefono e così, per poter chiamare, ho dovuto affittare un telefonino che mi è costato un occhio della testa; il _____, che era stato tanto simpatico prima di _____ il contratto d'affitto, si è rivelato un mostro. Non potevo fare feste, non potevo invitare amici e spesso il riscaldamento non funzionava; per finire mi sono ammalata.

**Giovanni:** Cos'hai avuto?

**Amelia:** Non lo so ancora. Il primo dottore ha sbagliato _____, il secondo anche e il terzo finalmente ha capito che avevo una polmonite. Sono stata in ospedale per tre settimane. La _____ era soprattutto a base d'iniezioni… Non voglio più parlarne. Quando sono uscita dall'ospedale, sono dovuta ripartire perché avevano assunto un'altra persona per sostituirmi.

**Giovanni:** Mi dispiace, Amelia. Sei stata davvero sfortunata.

**B Com'è difficile trovare un appartamento!** A coppie, descrivete il vostro tipo ideale di appartamento, scrivendo la vostra preferenza nell'apposita casella. Poi trovate un compromesso e descrivete un appartamento che accontenti i gusti di entrambi. Aggiungete l'affitto che vorreste pagare e altre cose che per voi sono importanti. Poi presentate la vostra descrizione alla classe.

|  | Studente/Studentessa | Studente/Studentessa |
|---|---|---|
| monolocale / bilocale / trilocale | | |
| ammobiliato / non ammobiliato | | |
| al pianterreno / al primo piano / al secondo piano / all'ultimo piano | | |
| numero bagni | | |
| servizi extra indispensabili | | |
| elettrodomestici necessari (lavatrice, lavastoviglie, ecc.) | | |
| con aria condizionata | | |
| con giardino | | |
| con balcone | | |
| affitto massimo | | |
| altre cose importanti | | |

**C Al pronto soccorso.** Avete avuto un piccolo incidente in cucina e siete dovuti andare al pronto soccorso. A coppie, fate uno/una la parte del medico, l'altro/a quella del/della paziente. Aiutandovi con le informazioni fornite dal paziente e dal medico nel modulo, ricostruite il dialogo tra i due.

---

**Ospedale San Patrizio — Pronto Soccorso**

*Nome del paziente:* Guido Pisi

*Età:* 45 anni

*Allergie:* antibiotici

**Parte riservata al medico:**

*Diagnosi:* ferita al dito medio della mano sinistra

*Causa:* taglio con coltello mentre affettava il salame

*Trattamento:* vaccinazione antitetanica, 4 punti di sutura

*Ricovero:* no

*Cura:* cambiare medicazione una volta al giorno, tenere puliti i punti, non bagnarli per 5 giorni

*Note:* ritornare tra 10 giorni per la rimozione dei punti

---

**D E a te com'è andata?** A coppie, chiedete a un vostro compagno/una vostra compagna di classe informazioni sulle sue ultime esperienze, utilizzando le seguenti domande. Quando avete terminato, lasciatevi intervistare da lui/lei.

1. Quando hai viaggiato l'ultima volta in treno? C'era una lunga fila per acquistare il biglietto? Hai viaggiato in prima o in seconda classe?

2. Sei mai stato/a ricoverato/a in ospedale per una frattura? Cosa ti sei rotto/a?

3. Ti hanno mai fatto una diagnosi sbagliata?

4. Hai mai fatto uno stage? Con quale azienda?

5. Di solito compri dei francobolli o vai direttamente all'ufficio postale per spedire le tue lettere?

6. Com'è il tuo padrone di casa? È caro il tuo affitto? In che tipo d'appartamento vivi?

**E Le nostre parole.** Pensa a due o tre parole relative all'argomento di questo capitolo che ti sembrano importanti e che non sono presenti nella sezione lessicale. Possono essere parole dall'attività Web, parole contenute nella lettura iniziale o semplicemente parole che ti servono per comunicare meglio. Cercale sul dizionario e presentale in classe spiegando il loro significato in italiano. Poi scrivi le parole che tutti pensano siano importanti nel *Dizionarietto* alla fine del capitolo.

## Radio ponti

### LISTENING TO DETERMINE BIAS AND STEREOTYPING

When you listen to judge a message and interpret a speaker's ideas, you are using critical thinking skills. Try to avoid pre-formed opinions and attitudes toward the speaker or the message, which can distort your perception of the speaker's message. It is a natural tendency to hear what supports your own beliefs, so try to be aware of this bias and its effects in order to combat it. Also, attempt to critically judge both sides of an argument or statement before coming to a conclusion and withhold judgment until comprehension of the message is complete. Your objective should be to seek clarity and understanding.

**A La stessa idea?** Ascolta le risposte di due politici alla domanda di una giornalista e completa le seguenti frasi scegliendo tra le possibilità offerte.

CD 2
57

1. Il primo politico vuole _____ gli immigranti illegali che hanno un lavoro.
   a. regolarizzare      b. accogliere        c. rimpatriare

2. Il primo politico pensa che _____ degli italiani siano più importanti di quelle degli immigrati.
   a. i controlli        b. le famiglie       c. le tradizioni

3. Il secondo politico dice che è la sua coalizione a cercare una strada verso _____.
   a. la soluzione       b. l'integrazione    c. l'emigrazione

4. Il secondo politico dice che il primo passo deve essere l'incentivazione della _____.
   a. integrazione       b. comunicazione     c. festa

**B** **AAA LAVORO AAA.** Ascolta alcuni annunci di lavoro e decidi se le seguenti considerazioni di Marco sono basate su fatti (**F**) oppure su pregiudizi o stereotipi (**P**).

I commenti di Marco, studente universitario:

|  | F | P |
|---|---|---|
| 1. Non m'interessa il primo lavoro perché i francesi sono sempre un po' snob. | _____ | _____ |
| 2. Non mi darebbero mai il secondo lavoro perché non vogliono un uomo per quei lavori. | _____ | _____ |
| 3. Vorrei lavorare al Teatro Regio perché 600 euro al mese sono un buonissimo stipendio per uno studente. | _____ | _____ |
| 4. Non voglio lavorare in pizzeria perché sarei impegnato tutto il fine settimana. | _____ | _____ |

Practice Quizzes, Flashcards

SAM Workbook Activities

## STUDIO REALIA

**1.**

*Nome dell'azienda:* Aguar S.a.s.

*Settore:* Servizi professionali (consulenze, contabilità) - Società di elaborazione dati contabili[1] in ausilio ad uno studio professionale

### CERCHIAMO
### 1 Segretaria

Non sono richieste conoscenze specifiche se non l'utilizzo di Office e Internet. La candidata dovrà avere meno di 24 anni e svolgerà lavori vari d'ufficio, archivio, segreteria e centralino.

| Categoria dell'offerta | Impiegati |
|---|---|
| **Altra categoria** | Primo impiego |
| **Area professionale** | Amministrazione e Finanza (segreteria, impiegati, contabilità) |
| **Zona di lavoro** | Città: Milano (MI), zona Centro (la zona è servita da mezzi pubblici) |
| **Tipo di inquadramento**[2] | Assunzione a tempo indeterminato |
| **Stipendio lordo**[3] **annuo** | Fino a 15.000 euro all'anno |

1. **elaborazione...** *bookkeeping* • 2. *position* • 3. *gross*

**2.**

*Nome dell'azienda:* Mia S.r.l.

*Settore:* Turismo (hotel, ristorazione, viaggi) - Società di fornitura servizi turistici e animazione turistica

### CERCHIAMO
#### 300 Animatori/Animatrici

Giovani con età compresa tra i 18 e i 35 anni, caratterialmente estroversi, dinamici, disponibili a spostamenti sul territorio nazionale. Bella presenza, conoscenza lingue, buon livello di cultura generale. Individui disponibili a lavorare nell'ambito dell'animazione e intrattenimento turistico.

| | |
|---|---|
| **Categoria dell'offerta** | Collaborazioni |
| **Altra categoria** | Lavoro temporaneo |
| **Area professionale** | Turismo e Lingue (interpreti, guide, alberghieri, animatori) |
| **Zona di lavoro** | Nazione: Italia |
| **Tipo di inquadramento** | Assunzione a tempo determinato (2 / 6 mesi) |
| **Stipendio lordo annuo** | Commisurato alle capacità individuali |

**3.**

*Nome dell'azienda:* Etjca Milano

*Settore:* Vendita al dettaglio[4] Importante catena di supermercati

### CERCHIAMO
#### 50 Cassiere e Cassieri part-time

Giovani, età massima 32 anni, dinamici, anche senza esperienza ma con molta voglia di imparare. Si offre un lavoro di 4 ore giornaliere collocate[5] nel tardo pomeriggio e in chiusura di negozio.

| | |
|---|---|
| **Categoria dell'offerta** | Lavoro temporaneo |
| **Altra categoria** | Primo impiego |
| **Area professionale** | Senza specifiche |
| **Zona di lavoro** | Città: Milano (MI) |
| **Tipo di inquadramento** | Lavoro temporaneo |
| **Stipendio lordo annuo** | Fino a 15.000 euro all'anno |

4. **al…** *retail* • 5. *arranged*

**A** **Offerte di lavoro su Internet.** Per chi cerca lavoro e non ha paura di spostarsi in città diverse, l'Internet è diventata una fonte d'informazioni preziosissima. Avete visto tre delle offerte dal sito Bancalavoro. Seguendo lo stesso schema, lavorate in coppia create un'offerta per un lavoro che vorreste avere in Italia quando avrete finito l'università. Poi descrivete alla classe il lavoro che avete creato.

| | |
|---|---|
| *Nome dell'azienda:* | |
| *Settore:* | |
| CERCHIAMO | |
| *Descrizione:* | |

| | |
|---|---|
| **Categoria dell'offerta** | |
| **Altra categoria** | |
| **Area professionale** | |
| **Zona di lavoro** | |
| **Tipo di inquadramento** | |
| **Stipendio lordo annuo** | |

**B** **Cerco lavoro!** A coppie, scoprite quali di queste persone potrebbero fare domanda per uno dei lavori sopra descritti e perché non potrebbero farla per gli altri due.

Cristina Ferrari ha 21 anni e cerca il suo primo lavoro. Preferirebbe lavorare a Milano. Vorrebbe trovare un lavoro che le assicuri un contratto duraturo. No part-time.

Luca Pelosio ha 33 anni. Cerca un lavoro temporaneo mentre aspetta di poter aprire un'attività in proprio.

Chiara Minardi ha 24 anni. Cerca un lavoro lontano dalle grandi città e dove sia possibile fare pratica dell'inglese e del francese che ha studiato all'università.

Guardando poi la vostra offerta di lavoro, decidete chi di queste persone potrebbe andare bene e spiegate perché.

**C** **Pro e contro.** Come avete potuto vedere, in Italia è possibile specificare nelle offerte di lavoro l'età massima dei candidati, mentre in molti altri Paesi è illegale discriminare in base a questo criterio. A coppie, elencate i pro e i contro di questa possibilità.

| Pro | Contro |
| --- | --- |
|  |  |
|  |  |
|  |  |

# Grammatica

## I I MODI FINITI E I MODI INDEFINITI

The conjugated forms of Italian verbs, or **modi finiti** (indicative, subjunctive, conditional, and imperative), specify person, number, time, and sometimes gender. By contrast, the **modi indefiniti** (infinitives, participles, and gerunds) do not specify the subject, and thus never function as the main verb in a sentence. These indefinite forms are used to introduce subordinate clauses that add detail to the statement in the main clause.

Infinitive: **Dopo aver vinto** la borsa di studio, è potuto andare in Italia per un anno.
*After having won the scholarship, he was able to go to Italy for a year.*

Participle: **Vinta** la borsa di studio, è potuto andare in Italia per un anno.
*Having won the scholarship, he was able to go to Italy for a year.*

Gerund: **Avendo vinto** la borsa di studio, è potuto andare in Italia per un anno.
*Having won the scholarship, he was able to go to Italy for a year.*

## II L'INFINITO

The infinitive has two forms: present (simple) and past (compound). The past infinitive consists of the infinitive of the auxiliary verb **avere** or **essere** plus the past participle of the main verb.

| Infinito presente | Infinito passato |
|---|---|
| affittare | aver(e) affittato |
| andare | essere andato/a/i/e |

| | |
|---|---|
| Vorrei **affittare** un appartamento in centro. | *I'd like **to rent** an apartment downtown.* |
| Dopo **aver affittato** un appartamento in centro, mi sono reso conto che c'era troppo rumore. | *After **having rented** an apartment downtown, I realized that it was too noisy.* |

 **Usi dell'infinito presente**

**1** Like the English *-ing* form, the infinitive often functions as a subject or an object. Sometimes, especially in poetry and proverbs, it is preceded by the definite article **il**.

| | |
|---|---|
| **Vivere** in Italia è meraviglioso. | ***Living** in Italy is wonderful.* |
| E **il naufragar** m'è dolce in questo mare. (G. Leopardi) | *And sweet to me is **being shipwrecked** in this sea.* |

**2** The infinitive can be used as an imperative, particularly in written notices and instructions.

**Chiudere** il gas!    ***Turn off** the gas!*

**3** The infinitive is used after impersonal expressions containing **essere**; the modal verbs **dovere**, **potere**, and **volere**; and verbs followed by a preposition.

| | |
|---|---|
| È necessario **compilare** il modulo completamente. | *It is important **to fill out** the form completely.* |
| Vorrei **trovare** un appartamento entro una settimana. | *I'd like **to find** an apartment within a week.* |
| Spero di **chiamare** il padrone di casa domani. | *I hope **to call** the landlord tomorrow.* |

 **Usi dell'infinito passato**

The past infinitive is used to express an action completed before the action of the main verb. The past infinitive may also be introduced by another verb or by **dopo**.

| | |
|---|---|
| Dopo **aver chiamato** il padrone di casa, sono andata a vedere il bilocale. | *After **having called** the landlord, I went to see the one-bedroom apartment.* |

Mi ricordo di **aver** finalmente **ricevuto** il permesso di lavoro sei mesi fa.

*I remember finally **receiving** the work permit six months ago.*

## C L'infinito e i pronomi

When pronouns are attached to the infinitive, the final **-e** of the infinitive is dropped. With past infinitives, the past participle agrees in gender and number with the pronoun.

Compilar**lo** (il modulo) non è stato facile.

*Filling **it** out wasn't easy.*

Dopo aver**gliele** spedit**e** (le lettere a Remo), sono andata a casa.

*After having mailed **them to him**, I went home.*

Dopo esser**mi** (io) svegliata presto per portare i documenti in questura, mi sono ricordata che quel giorno dovevo anche andare dal dentista.

*After waking up early to take documents to police headquarters, I remembered that I also had to go to the dentist that day.*

## PRATICA

**A Fare o non fare?** Luca ha un nuovo lavoro e non vuole fare brutte figure. In gruppi di tre, fate una lista di dieci cose che Luca dovrà fare o non fare domani, quando comincerà a lavorare.

**ESEMPIO**

*Luca, non ascoltare l'iPod durante le riunioni!*
*Luca, devi arrivare sempre puntuale!*

**B Sostituzioni.** Sostituisci la parte in corsivo con un infinito facendo i cambiamenti necessari.

**ESEMPIO**

*Il pensiero* del trasloco la rendeva nervosa.
*Pensare al trasloco la rendeva nervosa.*

1. *La vita* in Italia non è facile.

2. *La perdita de*i soldi dell'acconto era sufficiente per convincerlo a non cambiare casa.

3. Per lui *il viaggio* non era più un'avventura ma era un lavoro.

4. Ci è voluta un'ora per *la lettura de*gli annunci.

5. Gli inquilini hanno lottato per *la difesa de*i loro appartamenti.

6. *L'ammissione* che acqua, luce e gas erano troppo cari non era stata una cosa facile per il padrone di casa.

**C** **Dal medico.** Trasforma le seguenti frasi dall'infinito presente all'infinito passato facendo tutti i cambiamenti necessari.

**ESEMPIO**

> Penso di *prendere* la medicina stasera.
> *Penso di aver preso la medicina ieri sera.*

1. Dubito di *comprare* lo sciroppo al supermercato.
2. Temo di *perdere* la pastiglia.
3. Penso di *andare* da un altro medico per questa ricetta.
4. Sono felice di *uscire* dall'ospedale.
5. Spero d*i ricevere* una buona diagnosi.
6. Sono contenta di *sdraiarmi* per qualche ora.
7. Credo di *pagare* troppo per le visite mediche.
8. Penso di *guarire*.

**D** **La burocrazia.** Trasforma le seguenti frasi all'infinito passato.

**ESEMPIO**

> Dopo *che ebbi ricevuto* il visto, partii.
> *Dopo aver ricevuto il visto, partii.*

1. Dopo *che avrò compilato* il modulo per il permesso di soggiorno, tornerò a casa.
2. Dopo *che ebbe ottenuto* il permesso di lavoro, festeggiò.
3. Dopo *che sarà andata* all'ambasciata, avrà i documenti necessari per viaggiare all'estero.
4. Dopo *che ci saremo sposati*, torneremo al nostro paese per la luna di miele.
5. Dopo *che avrai sentito* il messaggio del consolato, ti sentirai più tranquillo.
6. Dopo *che avrò chiarito* il mio stato, andrò in vacanza.

**E** **Prima una cosa, poi l'altra.** Completa le seguenti frasi con l'infinito passato di un verbo che le completi in modo logico. Attenzione all'accordo.

1. Dopo _____, gli piace sdraiarsi sul divano.
2. Dopo _____, manderò cinquanta copie del mio curriculum in giro.
3. Dopo _____, si è recato all'ospedale, dove gli hanno dato dieci punti.
4. Dopo _____, spediranno una cartolina al professore d'italiano.
5. Dopo _____, devo chiedere scusa al padrone di casa.
6. Dopo _____, si sono rese conto che è bene fare una prenotazione.

Practice Quizzes, Flashcards

SAM Workbook Activities

# III IL PARTICIPIO

The participle has two forms: present and past.

## A Il participio presente

The present participle is formed by adding **-ante** to the stem of **-are** verbs, and **-ente** to the stem of **-ere** and **-ire**\* verbs. The present participle often serves as a noun or an adjective. Used as an adjective, the present participle agrees with the noun it modifies.

| | | |
|---|---|---|
| importare | → | import**ante** |
| dirigere | → | dirig**ente** |
| seguire | → | segu**ente** |

**1** The present participle used as an adjective can replace a relative clause.

I passeggeri **paganti** (che hanno pagato) hanno diritto alla colazione nel vagone ristorante.

*Paying passengers have a right to breakfast in the dining car.*

Dopo aver pagato tutte le bollette, i soldi **restanti** possono essere usati per la caparra del nuovo appartamento.

*After paying all the bills, **the rest** of the money can be used for the deposit for the new apartment.*

**2** The present participle can also be used as a noun.

Gli **insegnanti** d'inglese devono avere il permesso di soggiorno.

*The English **teachers** have to have a residency permit.*

Quella **cantante** famosa cercherà un posto di lavoro all'Accademia Nazionale di Santa Cecilia.

*That famous **singer** will look for work at the Conservatory of Santa Cecilia.*

## B Il participio passato

**1** The past participle is already familiar as a component of the compound past tenses. The past participle can also be used alone in a dependent clause to express an action completed before that of the main clause. When used in this way, the past participle agrees with the object or the subject depending on the meaning of the sentence.

**Presa** la patente, è partito subito in moto.

*Having received his license, he left immediately on a motorcycle.*

**Preso** per un altro, è stato arrestato.

*Mistaken for someone else, he was arrested.*

---

\* Note that some **-ire** verbs form the present participle with the suffix **-iente**. Among them: **dormire–dormiente, salire–saliente, venire–veniente**.

**2** The past participle can replace a clause beginning with **quando** or **dopo** **(che)** that describes a past action.

Quando **ho finito** di fare le valige, ho chiamato un taxi.

**Finito** di fare le valige, ho chiamato un taxi.

} *Having finished packing the suitcases, I called a taxi.*

###  Il participio passato e i pronomi

When pronouns are used with the past participle, they attach to it.

Fatte **le fotografie**, ci siamo avviati verso il consolato.

Fatte**le**, ci siamo avviati verso il consolato.

} *Having taken **the pictures (them)**, we set out for the consulate.*

Lasciato **il messaggio al direttore**, speravamo di ricevere presto una risposta.

Lasciato**glielo**, speravamo di ricevere presto una risposta.

} *Having left **the message (it) with the director (him)**, we hoped to get an answer soon.*

---

### PRATICA

**A** È un participio presente! Sì, ma anche un nome! Molte volte i participi presenti vengono utilizzati come nomi comuni o come aggettivi. Sapresti riconoscere da quali verbi derivano i nomi elencati qui sotto?

1. contenente
2. richiedente
3. agente
4. amante
5. corrente
6. parlante
7. dipendente
8. mancante

**B** Alla manifestazione. Completa il seguente brano con la forma corretta del participio presente del verbo tra parentesi.

Avendo invitato tutti a partecipare alla manifestazione sui diritti degli _____ (immigrare) africani, ci si aspettava una folla _____ (impressionare). Infatti, tutti i _____ (partecipare) capivano l'importanza della loro presenza per cercare di arrivare ad una vera integrazione. Dopo aver letto tutti i documenti del Governo, era chiaro che molte leggi _____ (importare), avrebbero potuto aiutare la causa di altre culture. I _____ (proporre) delle nuove leggi erano tutti _____ (rappresentare) del comune di Reggio.

**C Domande per voi.** A coppie, rispondete alle seguenti domande usando il participio passato.

Quando hai finito i compiti, dove sei andato/a?

*Finiti i compiti, sono andato/a in discoteca.*

1. Dopo essere arrivato/a a scuola, sei andato/a subito a lezione?
2. Quando hai aperto la porta, chi hai visto?
3. Essendo confuso/a, hai deciso di tornare a casa?
4. Dopo aver telefonato agli amici, cosa hai saputo?
5. Quando hai preso il libro, dove l'hai messo?
6. Dopo esserti sdraiato/a sul letto, hai cominciato a leggere?

 **D Scambiamoci le parti!** Ora ripetete l'esercizio C scambiandovi i ruoli. Questa volta usate i pronomi oggetto diretto, indiretto, doppi, **ci** o **ne** quando possibile.

Practice Quizzes, Flashcards

SAM Workbook and Lab Activities

 **IV IL GERUNDIO**

The gerund is the Italian equivalent of the *-ing* form in English. It is used to describe an action in progress. When a gerund introduces a dependent clause, its subject and the subject of the main clause must be the same.

**Pagando** (Mentre pagava) la caparra, si rese conto di non avere più soldi.

*Paying the deposit, he realized he didn't have any more money.*

 **A Il gerundio presente**

**1** The present gerund is formed by adding **-ando** to the stem of **-are** verbs and **-endo** to the stems of **-ere** and **-ire** verbs.

| | | |
|---|---|---|
| consigliare | → | consigli**ando** |
| credere | → | cred**endo** |
| preferire | → | prefer**endo** |

Some irregular formations include:

**bere:** bevendo      **dire:** dicendo      **fare:** facendo

When a verb is reflexive, the pronoun attaches to the gerund.

togliersi: **togliendosi**      trasferirsi: **trasferendosi**

**2** The gerund can replace **mentre** + *imperfect* to indicate an action or condition going on when something else occurred.

**Cercando** (Mentre cercavo) una farmacia, mi è passato il mal di testa.

*While I was looking for a pharmacy, my headache went away.*

**3** A gerund can indicate the manner in which something is done.

**Ridendo** ha detto: «Perfetto. Non volevo andare comunque». / ***Laughing****, she said, "Perfect. I didn't want to go anyway."*

**4** A gerund can be used independently to describe a condition that leads to, permits, or causes the action in the main clause. In this case, the subjects of the dependent and independent clauses need not be the same.

Tempo **permettendo**, andremo a Bologna per il weekend. / *Weather **permitting**, we'll go to Bologna for the weekend.*

**Discutendo** la situazione con lui di persona, ho capito meglio i problemi che gli stranieri affrontano. / ***Discussing*** *the situation with him personally, I better understood the problems that immigrants face.*

**5** A gerund can also replace a hypothetical construction.

**Pagando** (Se paghi) in anticipo, risparmi il 5 per cento. / *By **paying** ahead of time, you save 5 percent.*

**Facendo** (Se fai) le valige la sera prima del volo, sarai meno stressato prima di partire. / *By **packing** your bags the night before your flight, you'll feel less stressed.*

## **B** Il gerundio passato

The past gerund is formed with the present gerund of the auxiliary verb **essere** or **avere** and the past participle. It is used to express actions that took place before the action of the main clause.

| mandare | → | avendo mandato |
|---|---|---|
| rimanere | → | essendo rimasto/a/i/e |

**Avendo abitato** in Italia per un anno, ho imparato ad apprezzare molte tradizioni italiane. / ***Having lived*** *in Italy for a year, I learned to appreciate many Italian traditions.*

**Essendo arrivata** in ritardo, era molto nervosa. / ***Having arrived*** *late, she was very nervous.*

## **C** Il gerundio e i pronomi

**1** When pronouns are used with the present gerund, they attach directly to it.

Scrivendo **a lui** un email, potrai avere una risposta più velocemente.

Scrivendo**gli** un email, potrai avere una risposta più velocemente. / *By writing **him** an email, you'll get an answer faster.*

Andando **a quell'appartamento**, vedrete quanto è bello.

Andando**ci**, vedrete quanto è bello. / *If you go **to that apartment** (there), you'll see how beautiful it is.*

**2** When pronouns are used with the past gerund, they attach to the auxiliary verb. The past participle agrees in gender and number with direct-object pronouns.

Avendo comprato **i biglietti**, eravamo sicuri di avere un posto in aereo.

Avendo**li** comprat**i**, eravamo sicuri di avere un posto in aereo.

*Having purchased **the tickets** (them), we were sure to have a seat on the plane.*

Essendo**ci** già stata molte volte, conosceva bene Roma.

*Having been **there** many times, she knew Rome well.*

---

## PRATICA

**A** In stazione. Trasforma le seguenti frasi seguendo l'esempio.

**ESEMPIO**

*Mentre andava* alla biglietteria, ha visto un suo amico.
*Andando alla biglietteria, ha visto un suo amico.*

1. *Mentre si sedeva* in sala d'aspetto, sentì l'annuncio che il suo treno era in arrivo.
2. *Mentre facevi* la prenotazione, hai deciso di comprare un biglietto di prima classe.
3. *Mentre dormivano* nella cuccetta, hanno sentito tanti rumori.
4. *Mentre pagavate* il supplemento rapido, vi accorgeste che il costo del treno era troppo alto.
5. *Mentre lasciavo* lo sportello, vidi il mio portafoglio per terra.
6. *Mentre ordinava* un cappuccino al bar, ha visto arrivare il suo treno.

**B** Sempre in stazione. Adesso ripeti l'esercizio usando i pronomi oggetto diretto, indiretto, doppi, **ci** o **ne** quando possibile.

 **C** All'ufficio postale. A coppie, rispondete alle seguenti domande usando il gerundio passato.

**ESEMPIO**

Hai spedito la lettera? (non finirla)
*No. Non avendola finita, non l'ho spedita.*

1. Hai incartato il pacco? (dimenticare la carta)
2. È venuto il postino? (essere un giorno di festa)
3. Hai trovato l'indirizzo del destinatario? (perdere l'agenda)
4. Hai preso il vaglia postale? (uscire dall'ufficio alle 8.00)
5. Hai comprato i francobolli? (alzarsi tardi)
6. Sei riuscito/a a leggere il nome del mittente? (lasciare gli occhiali a casa)

**D Sistemandoti a Roma.** A coppie, chiedete al vostro compagno/alla vostra compagna di classe un aiuto per potervi sistemare a Roma. Rispondete alle domande usando il gerundio. Seguite l'esempio dato.

**ESEMPIO**

trovare un appartamento a Roma

**St. 1:** Come faccio a trovare un appartamento a Roma?

**St. 2:** Puoi trovare un appartamento mettendoti in contatto con un'agenzia immobiliare.

*Practice Quizzes,*
*Flashcards,*
**Raccontami una storia**

*SAM Workbook*
*and Lab Activities*

1. sapere se ho bisogno di un visto
2. prendere un permesso di soggiorno
3. trovare un monolocale non costoso

4. comunicare con il padrone di casa
5. mandare un pacco ai miei
6. comprare un cellulare

# Biblioteca

### INTERPRETING IDIOMS

As you learned in *Radio ponti* in **Capitolo 11**, an idiom is a combination of words that have acquired a special meaning different from the literal meanings of the individual words. One definition of an idiom is a usage that cannot be translated word for word into another language; for this reason, if you find that a literal translation does not seem to make sense with the surrounding context, it may be an idiom.

Some idioms are common to everyday speech. An example of such an idiom in English is *to carry out*, meaning *to put into action*. In Italian a common idiom is **prendere in giro**, meaning *to tease, to fool*.

Other idioms are more colorful, and likely to be baffling to a non-native speaker. Consider what an Italian who had never encountered the term would think if you asked him for a "rain check." You might be similarly baffled if an Italian said that he had been studying English **da un pezzo**.

— Per il permesso di soggiorno, deve compilare questi 56 moduli.
— Mi prende in giro?
— Certo che no! E devono essere tutti in un italiano perfetto!

Advanced language skills call for understanding and using idioms. Some idioms are easy to guess if similar expressions exist in your native language: **stanco morto**, for example, translates as *dead tired*. If you don't recognize an idiom, try to guess its meaning from the context. When using a dictionary to find the meaning of an idiom, search toward the end of the entry.

**A** Studia la seguente lista di frasi idiomatiche e abbina loro il significato corretto.

_____ 1. sfiorare il cielo con le dita      a. *to play on someone's emotions*

_____ 2. portare i pantaloni      b. *to barely be able to keep oneself from doing something*

_____ 3. avere cura di sé      c. *lump in the throat*

_____ 4. tentare la carta sentimentale      d. *to be in seventh heaven*

_____ 5. ridere a piena gola      e. *to be a slave / servant* (*figuratively*)

_____ 6. groppo in gola      f. *to laugh wholeheartedly*

_____ 7. trattenersi a stento      g. *to be the boss*

_____ 8. fare la serva      h. *to take care of oneself*

_____ 9. fare per me      i. *to suit me*

**B** Verifica le tue scelte e poi leggi i seguenti passi e inserisci l'espressione idiomatica dalla lista precedente che descrive meglio la situazione. Fa' tutti i cambiamenti necessari.

1. Giulia ha deciso in giovane età che non voleva essere casalinga e che addirittura non voleva sposarsi. Aveva osservato la vita di sua madre, sempre a pulire, a cucinare, a lavare e stirare, ad aiutare gli altri, ecc., cioè a _____. Giulia aveva deciso che quella vita non _____.

2. Lasciando l'Italia e gli amici per sempre, ha sentito un _____.

3. Quando si incontravano nel weekend, preparavano cibo tradizionale del loro Paese, ascoltavano la loro musica, raccontavano storie divertenti di vecchi tempi e _____.

4. In quella casa, anche se lui credeva di essere il capo, lei prendeva tutte le decisioni importanti e chiaramente era lei che _____.

5. Quando sua madre le disse che poteva andare in Italia, un suo sogno che finalmente si sarebbe realizzato, lei _____.

6. Lei non si trascurava. _____. Tutti i giorni andava in palestra, nuotava in piscina e poi tornava al lavoro.

**C** La lettura che segue tratta di una giovane donna emigrata in Italia dal Togo, nell'Africa dell'Ovest. Immaginate quali aspetti della vita italiana le possano sembrare diversi e quali aspetti del suo Paese le possano mancare. Dite le vostre idee alla classe.

| Italia: aspetti diversi | Togo: aspetti nostalgici |
| --- | --- |
| | |
| | |
| | |
| | |

## Mal di...

### KOSSI KOMLA-EBRI

KOSSI KOMLA-EBRI è nato in Togo ed è venuto in Italia per studiare medicina. Attualmente lavora all'ospedale di Erba, vicino a Milano. Ha partecipato al premio letterario Eks&Tra* dove ha ricevuto vari riconoscimenti. I suoi lavori sono presenti in numerose antologie.

DI TUTTI GLI anni trascorsi in Italia, non saprei quale incolpare[1] per quello che mi succede ora. So bene che dovrei decidermi una volta per tutte a recidere[2] il cordone ombelicale che mi lega a questo vizio[3], questa specie di malattia.

Non ricordo neanche come iniziò tutto questo, sicuramente incominciò al mio ritorno in Africa dall'Italia.

«L'Italia!»... allora solo pensarci era come sfiorare il cielo con le dita. Erano anni che Fofo (mio fratello) mi prometteva di portarmi con sé in Europa. Non so descrivere l'immensità della mia gioia quando arrivò la tanto attesa lettera. Ce la portò mio cugino che abitava in città la cui casella postale

Turisti e venditori stranieri per le vie della capitale.

Marta Demartini/Alamy

faceva in pratica da «refugium peccatorum[4]» per tutta la corrispondenza della parentela ed oltre, nel villaggio.

Mio padre fu un po' restio[5] a lasciarmi partire:

—Una ragazza che se ne va da sola nei paesi dei bianchi! Non se ne parla neanche!

Mia madre prese le mie difese:

—Non se ne va da sola, va a raggiungere suo fratello! Al cocciuto[6] «Non se ne parla» reiterato dal marito, lei mi fece segno con la testa di uscire e quel segnale mi rincuorò[7], perché, sapevo, nonostante le apparenze, chi in casa nostra «portava i pantaloni».

Di fatto, il giorno dopo, mia madre mi portò al mercato ad acquistare una valigia e dei pantaloni usati e mio padre andò in città, a richiedere i documenti di viaggio.

La vigilia della partenza, vidi una tenera lacrima solcare[8] il viso di mia madre ed ebbi un effimero senso di colpa, sapendo di abbandonarla da sola al lavoro dei campi e alle faccende domestiche. Papà si rinchiuse in un silenzio di difesa fino all'ultimo momento, poi nel salutarmi, mi mise nella mano un talismano di cuoio intarsiato[9], con una conchiglia e brontolò:

—Abbi cura di te!

---

1. *to blame*  2. *to cut*  3. *habit*  4. **refugium...** *(Latin) here, a post office box shared by many people*
5. *reluctant*  6. *obstinate*  7. **mi...** *cheered me up*  8. *to streak*  9. *inlaid*

* Questo concorso è aperto a tutti gli immigrati residenti in Italia e provenienti dall'Europa dell'Est, Africa, Asia e America Latina. Il nome indica la provenienza da altri paesi (Ex) e l'arrivo *tra* gli italiani.

L'Italia! Dio, il freddo! Non immaginavo fosse così pungente. Le mie labbra si screpolarono[10], le dita si irrigidirono e la mia pelle prese quel colore grigio delle lucertole, nonostante mi spalmassi[11] di crema di cocco. La prima notte fu infernale, la passai in un albergo prenotato a Roma da mio fratello; coricata sul letto come usavo fare sulla stuoia[12] nella mia capanna[13], ero mezzo assiderata[14], non sapendo che bisognava infilarsi dentro le lenzuola. Fofo me lo spiegò, sfottendomi[15], il giorno dopo, quando venne a prendermi alla stazione a Bergamo.

Mio fratello mi aveva fatto venire per badare alla sua casa e ai suoi figli, perché lui e la moglie lavoravano tutto il giorno. Lui, la moglie italiana e i loro due bambini abitavano a Torre Boldone, un paesino non lontano dal capoluogo, dove lavorava come medico. Mi avevano destinato una stanza nella taverna[16] della loro villetta. Si vedeva che stavano bene, anche se trovavo mio fratello un po' succube[17] della moglie, che comandava come mia madre, ma in modo più esplicito.

All'inizio fu difficile comunicare con mia cognata e i miei nipotini, perché non capivo la lingua, e mio fratello si rifiutò di farmi da traduttore. Subito mi raccomandò di tenere la mia stanza in ordine, di usare le «pattine[18]» quando entravo in salotto, di non farmi la doccia tutti i giorni perché il riscaldamento costa, di non lasciare le luci accese nelle scale e in bagno, di non impiegare tre ore per stirare, di non parlare nella nostra lingua e di tenere basso il volume di quella «nenia[19]» di musica africana. Incluso nel sacrosanto decalogo[20], vi era il divieto di cucinare cibi che richiedevano troppo tempo di cottura, e che soprattutto impregnavano la casa per giorni con la scia[21] degli aromi dei condimenti (la «puzza»)…

Dovevo badare a loro [ai miei nipoti], ma non riuscivo a farmi obbedire. Un giorno in cui ero fuori di me, li sgridai nella mia lingua, perché mi era più facile e loro scoppiarono a ridere, scimmiottando[22] letteralmente il mio «parlare africano» con «Abuga, bongo bingo!» «Eppure»—pensai con amarezza—«questa è la lingua dei padri del vostro padre!», ma non proferii[23] parola.

Non sapevo più come comportarmi. Mia cognata mi faceva sentire un'intrusa, mi guardava con aria sospettosa, perché, per educazione, non la guardavo negli occhi quando le parlavo. La sentii un giorno dire a una sua amica al telefono che ero sorniona[24] e ipocrita.

Il mio sogno d'Europa stava tramutandosi in un incubo: troppo freddo, poco tempo, e poi l'indifferenza, la solitudine…

Devo la mia salvezza a Conception, una ragazza filippina che faceva la colf[25] presso una famiglia nella villetta contigua alla nostra e parlava un po' di francese. Ci vedemmo per la prima volta sui balconi, mentre ero intenta a battere un tappeto, poi ci trovammo a fare la spesa al supermercato. Lei era già in Italia da cinque anni e la sua amicizia ed i suoi consigli furono per me come manna nel deserto.

Presto imparai la lingua, a cucinare e a tenere la casa al meglio. Lavoravo svelta e mi avanzava tempo per leggere e guardare la televisione. Ben presto avevo imparato ad apprezzare il cibo. Cercai di assimilare più cose possibili, di dimenticare totalmente quella che ero. Intanto diventai più esigente, volevo che mio fratello mi lasciasse uscire ogni tanto, volevo la mia giornata di libertà come Conception, volevo soldi per poter mandare un regalo a mia madre, per comprare vestiti nuovi come piacevano

---

10. **si…** *got chapped*   11. **mi…** *I covered myself*   12. *mat*   13. *hut*   14. *frozen to death*
15. *teasing me*   16. *basement*   17. *dominated*   18. *cloth covers for shoes (to protect floors)*
19. *monotonous chant*   20. *decalogue (a set of rules)*   21. *trail*   22. *mimicking*   23. *I uttered*
24. *sneaky*   25. *housekeeper*

a me e non più riciclare quelli di mia cognata. Nella discussione che ne nacque con mio fratello, ci scambiammo accuse reciproche, che non avrei mai pensato poter formulare. Disse: «Sei un'ingrata!», quando gli annunciai di aver trovato lavoro presso una signora anziana a Bergamo, perché volevo guadagnarmi la mia indipendenza. Da prima urlò: «Se volevamo pagarci una babysitter o una colf, non c'era bisogno di mandarti a chiamare dall'Africa, sai!», poi di fronte alla fermezza della mia decisione, tentò la carta sentimentale: «Non t'importa di lasciarci così in difficoltà, di abbandonare i tuoi nipoti, fingevi allora di volergli bene! Sei proprio senza cuore!»

Solo io so quanto mi costò lasciare mio fratello, resistendo alla tentazione di abbracciarlo, per spiegargli che non ero venuta fino in Europa senza tentare di realizzare qualcosa, che a differenza di lui, sognavo di tornare a casa o creare qualche cosa di mio, che non volevo fare la domestica a vita in terra straniera…

Passato il primo momento di rabbia, e dopo una lettera di nostro padre, mio fratello venne a trovarmi di nascosto dalla moglie. Lì da me, ritrovavo il Fofo che avevo sempre conosciuto, parlavamo nella nostra lingua, gli preparavo piatti nostri, piccanti, che inghiottiva golosamente[26]… con le dita, poi spezzava l'osso con i denti e ne succhiava voluttuosamente il midollo[27], facendo un rumore infernale e lo sentii infine ridere come si usa da noi a piena gola e parlare e ricordare della gente, degli episodi del villaggio. Un giorno, vedendolo ballare scatenato al ritmo di una musica tradizionale, lo sfottei:

—Dottore, se ti vedessero i tuoi pazienti!

E lui ribatté ridendo:

—Diranno: eppure sembrava uno come noi!…

Un giorno, Fofo mi trovò a casa con delle amiche [africane] intente a ballare un motivo[28] del paese. Al suo arrivo, si fece un silenzio di rispetto, ma carico di rimprovero, perché in molti lo consideravamo come un «traditore». Non tanto perché aveva sposato una bianca, ma perché, dicevano, era diventato come un bianco: freddo ed indifferente alla sua gente, come se si vergognasse delle sue origini e poi non si capiva perché, con tutto lo spazio che aveva in casa sua, non organizzasse ogni tanto qualche serata per ballare, almeno per le feste importanti. Si sentiva a disagio e dopo un po' scappò via con la scusa di un paziente da visitare. Da allora prese a telefonarmi prima di arrivare come usano in Europa. Non per difenderlo, ma capivo che aveva fatto la scelta di stare definitivamente in Italia, e per la pace della sua famiglia era dovuto scendere a compromessi con se stesso…

«Qui in Europa» sentenziò «ognuno deve pensare per sé, punto e basta, io mi sento in dovere solo nei confronti dei miei parenti stretti e solo se bisognosi o meritevoli».

Certo non condividevo il suo punto di vista.

Replicai soltanto:

«Fofo, questo paese, questa nebbia, non fa per me, mi manca il sole, le feste al villaggio, il tempo, le risa della gente, il vivere assieme con le persone.»

Eppure, continuai a lavorare, risparmiando, soffocata dalla nostalgia con un unico pensiero e traguardo[29]: tornare a casa per aprire il mio negozio di sartoria[30].

Infine due anni fa, con un groppo[31] in gola,… trattenendo a stento[32] le mie lacrime nascenti, salutai mio fratello, Conception e tutti i miei amici, e me ne tornai a «casa» con la valigia piena di regali, di piatti e posate, con un sogno da realizzare.

---

26. **inghiottiva…** *gobbled gluttonously*  27. *marrow*  28. *motif (here, of a dance)*  29. *goal*
30. **negozio…** *tailor shop*  31. *lump*  32. **trattenendo…** *holding back*

Al mio ritorno in Africa, passata la prima settimana d'effervescenza, capii che non potevo più vivere al villaggio, dove non c'era né luce né acqua corrente, abituata com'ero ormai a vivere con certe comodità. Non riuscivo più ad intavolare[33] una conversazione decente con le amiche di un tempo che, ormai, si erano sposate: chi già con due, o tre figli e che, lo sentivo, m'invidiavano malevolmente. I miei vecchi insistevano a volermi scegliere un uomo da sposare, ma io avevo ormai deciso per una vita libera da «single»: non volevo fare la serva di nessun uomo e tanto meno rinunciare ai miei progetti.

Decisi di trasferirmi in città, un po' per sfuggire all'assalto quotidiano dello sciame[34] di parenti, che si allineavano[35] per la questua[36], un po' perché il caldo, le mosche, le zanzare mi erano diventati insopportabili e sentivo la necessità di vivere in un ambiente climatizzato, ordinato e tranquillo.

Il primo anno non fu così facile, ma lentamente incominciai a farmi una certa clientela e una delle mie clienti, Sonia, che ha il suo negozio di parrucchiera dirimpetto[37] al mio, è diventata la mia migliore amica. Sonia è una ragazza formosa, gentile e decisa: è tornata dalla Germania, dove lavorava «nello spettacolo» due anni prima di me, per investire i suoi risparmi nel suo salone.

Ora per me le cose vanno meglio.

In verità dovrei dire, ora andrebbero meglio, se non fosse per quella strana sensazione d'irrequietezza che ogni tanto mi invade tutta fin dentro le ossa.

Allora prendo la mia auto, vado in centro città a girare per i negozi, entro nei supermercati a comprarmi degli spaghetti, delle scatole di pelati[38], della carne venuta dalla Francia, un po' di taleggio[39] e poi ritorno a casa a cucinare il tutto e ad invitare Sonia a cenare con me. A volte andiamo a prendere l'aperitivo al «Gattobar» e poi via di corsa a divorare una pizza «Da Silvia» per concludere la serata a vedere qualche bel film con Mastroianni e Sofia Loren. Oppure ce ne stiamo in casa a vedere le mie foto di quando ero a casa «mia» in Italia ascoltando le canzoni del festival di Sanremo, di Baglioni, Ramazzotti o Zucchero…

Ah, l'Italia! Pensare che in Italia, volevo tanto tornare a casa! Ormai mi sento come inquilina[40] di due patrie: a volte ne sono felice, a volte mi sento un po' dimezzata[41], un po' squilibrata, come se una parte di me fosse rimasta là, eppure so che lì avrei di nuovo il mal d'Africa.

Forse la mia è nostalgia, o più semplicemente mal di… mal d'Europa.

33. *to start up*   34. *swarm*   35. **si**… *lined up*   36. *donation of money*   37. *opposite*   38. *peeled whole tomatoes*   39. *type of cheese*   40. *tenant*   41. *torn in two*

1. Quali sono i requisiti del «sacrosanto decalogo» specificati alla sorella di Fofo al suo arrivo in Italia? Come avresti reagito a tali ordini?

2. Elenca alcune tradizioni che la protagonista aveva portato con sé in Italia e che inizialmente l'avevano messa in difficoltà.

3. Quando la protagonista viveva in Italia, per quali cose provava nostalgia? Quando tu viaggi, che cosa ti manca di più del tuo Paese?

4. Quando la protagonista torna al suo Paese, come riesce a soddisfare i propri desideri legati all'Italia?

5. Ti sei mai sentito/a diviso/a tra due Paesi o città? Spiega.

 6. Immaginate una conversazione tra la protagonista e i suoi genitori, dopo il suo ritorno in Africa, in cui lei dica di non volere più vivere nel paese di origine ma di volere trasferirsi in città. Poi recitate la conversazione per la classe.

# Di propria mano

## ORGANIZING A PAPER

Since the beginning of this book, you have kept a journal of your observations about and reactions to Italian lifestyles, traditions, and behaviors. This chapter's writing assignment is to use your journal entries in an essay on cultural stereotyping. First, reread your entries with an eye to gathering material for your paper.

- Look for recurring themes and ideas and highlight them.
- Think about how they relate to each other.
- Divide your themes into subcategories and try to arrange them in a rational order.

Pensa alle seguenti domande per prepararti a scrivere sull'argomento degli stereotipi.

1. Avevi immagini stereotipiche degli italiani all'inizio dell'anno accademico o prima di aver studiato l'italiano?

2. Quali erano le caratterische principali delle tue immagini stereotipiche?

3. Secondo te, quali erano le fonti di quelle immagini stereotipiche?

4. Nel corso di quest'anno, hai letto qualcosa che ti ha fatto rivalutare quelle immagini stereotipiche?

5. Pensi di aver acquisito nuove immagini che possano essere anch'esse stereotipiche? Spiega.

## SCRITTURA

 Writing Tips Scrivi una composizione in cui rifletti sull'argomento degli stereotipi. Prima di scrivere, fai un abbozzo che tenga conto delle tue risposte alle domande nella Pre-scrittura sugli stereotipi e che si riferisca anche a quello che quest'anno hai scritto nel Block Notes. Cerca di giustificare le tue osservazioni facendo riferimento ai tuoi commenti scritti e a quello che hai letto. Dopo aver fatto un abbozzo, scrivi la prima stesura della composizione finale.

### Block Notes

Riflettendo su quello che hai potuto osservare su Web, in classe e nelle letture che hai fatto, rispondi alle seguenti domande.

1. Come pensi che sia meglio comportarsi per vivere pienamente in un Paese straniero?

2. Dopo aver studiato italiano per due anni, quali situazioni credi che potrebbero ancora metterti in difficoltà in Italia?

3. Riferendoti al racconto di Kossi Komla-Ebri come modello, quali pensi che possano essere le situazioni che troveresti più difficili e quelle che troveresti più piacevoli durante un soggiorno in Italia?

# Nel mondo dei grandi

## TAHAR LAMRI E L'AMORE PER LA LINGUA ITALIANA

«PER ME, SCRIVERE IN ITALIA, paese dove ho scelto di vivere e con-vivere, vivere nella lingua italiana, convivere con essa e farla convivere con le altre mie lingue materne (il dialetto algerino, l'arabo ed in un certo senso il francese) significa forse creare in qualche modo l'illusione di avervi messo radici. Radici di mangrovia, in superficie, sempre sulla linea di confine, che separa l'acqua dolce della memoria, da quella salata del vivere quotidiano».

**Tahar Lamri**, *I sessanta nomi dell'amore*

© Cei Enzo Umberto

IN UN CAPITOLO dove si cerca di porre l'accento su come la lingua sia il primo passo necessario verso l'integrazione, la scelta del nostro personaggio non poteva che cadere su Tahar Lamri, scrittore di origine algerina che non perde occasione per dichiarare il suo amore per la lingua del Paese che lo ospita, l'Italia appunto. Tahar nasce in Algeria nel 1958. Si laurea in legge compiendo i suoi studi in parte in Algeria e in parte in Libia dove si trasferisce nel 1979. In Libia lavorerà presso il Consolato di Francia a Bengasi fino al 1984. Da quest'anno cominciano le sue peregrinazioni europee a cominciare dalla Francia per terminare poi in Italia, nel 1986, dove ancora oggi risiede con base a Ravenna. Lamri è stato il primo vincitore nel 1995 del concorso letterario Eks&Tra, riservato a scrittori migranti, con il racconto «Solo allora sono certo potrò capire» oggi raccolto nel suo lavoro più importante, *I sessanta nomi dell'amore*. All'interno di questo romanzo, formato da numerosi racconti racchiusi entro una cornice, si trova anche *Il pellegrinaggio della voce*, testo per il teatro interpretato dallo stesso Lamri in uno spettacolo che lo ha portato in giro per l'Italia prima, l'Europa poi, sino alla sua più recente visita statunitense nella primavera del 2008. Quello che affascina di Tahar è la facilità di scrittura in una persona che nel 1987, al suo arrivo in Italia, non parlava l'italiano. Come lui stesso ricorda, in Algeria studiava l'arabo e il francese che però usava solo a scuola perché a casa si parlava invece il Sabir, «la lingua dei pirati del Mediterraneo e dei naviganti. Una lingua che è un misto di parole arabe, turche, italiane, latine, berbere, francesi, spagnole, africane e persino inglesi». Scegliere di scrivere in italiano (e ne *Il pellegrinaggio della voce* anche in diversi dialetti italiani) diventa dunque un atto d'amore verso la lingua stessa e una scelta che implica un atto di libertà, in contrasto con l'arabo o il francese, lingue imposte dal luogo di nascita. Scrivere in italiano, possederlo, insomma, come si può notare nella citazione in apertura, è il primo passo per pensare di aver messo salde radici nel Paese in cui Tahar ha scelto di vivere.

From Tahar Lamri, "Per me, scrivere in Italia, paese dove ho scelto di vivere...", I sessanta nomi dell'amore, Fara Editore, 2006

## TRACCE DI RICERCA

Web Links  Gli scrittori migranti
*I sessanta nomi dell'amore* (molti racconti sono on-line)
Concorso letterario Eks&Tra
Manifestazioni etniche in Italia

# Dizionarietto

acconto *deposit*

affettare *to slice*

affitto *rent*

afflusso *flow*

allacciamento del telefono *telephone installation*

amarezza *bitterness*

ambasciata *embassy*

ammobiliato/a *furnished*

andata e ritorno *round trip*

animatore/animatrice *organizer*

avere mal di denti *to have a toothache*

avere mal di stomaco *to have a stomachache*

avere mal di testa *to have a headache*

avere una marcia in più *to be a cut above*

avviarsi *to set out for*

badare *to mind, to take care of*

bilocale (*m.*) *one-bedroom apartment*

bolletta *bill*

brontolare *to grumble*

caparra *deposit*

capillare *widespread*

cartolina *postcard*

centralino *switchboard*

clandestino/a *illegal alien*

commisurare *to compare, to liken*

compilare *to fill out*

conchiglia *shell*

consolato *consulate*

contabilità (*f.*) *bookkeeping, accounting*

contiguo *adjoining, next to*

cuccetta *bed in sleeper car (on a train)*

cura *treatment, cure*

curriculum vitae (*m.*) *résumé*

da un pezzo *for a while now*

destinatario/a *recipient*

diagnosi (*f. sing. & pl.*) *diagnosis*

duraturo *lasting, enduring*

fila *line*

firmare *to sign*

francobollo *stamp*

frattura *fracture*

immigrante (*m./f.*) *immigrant*

impiegato/a *clerk*

incartare *to wrap*

iniezione (*f.*) *injection*

intrattenimento *entertainment*

irrigidirsi *to stiffen*

luce, acqua, gas, riscaldamento *utilities (electricity, water, gas, heat)*

lucertola *lizard*

medicina *medicine*

mittente (*m./f.*) *sender*

modulo *form*

monolocale (*m.*) *studio apartment*

mostro *monster*

pacco *package*

padrona di casa *landlady*

padrone di casa *landlord*

pastiglia *pill*

peregrinazione (*f.*) *wandering, roaming*

permesso di lavoro *work permit*

permesso di soggiorno *residency permit*

polmonite (*f.*) *pneumonia*

pomata *ointment*

portafoglio *wallet*

posta aerea *air mail*

postino *postman*

prenotazione (*f.*) *reservation*

prima / seconda classe *first / second class*

pronto soccorso *emergency room*

punti (*m. pl.*) *stitches*

puzza *stink*

questura *police station, headquarters*

ragioneria *accounting*

ricetta *prescription*

ricovero *hospitalization*

rimozione (*f.*) *removal*

rimprovero *reprimand*

sala d'aspetto *waiting room*

scatenare *to stir up*

sciroppo *medicinal syrup*

scontrarsi *to clash*

sdraiarsi *to lie down*

sfottere *to tease*

spezzare *to break*

sportello *window (for service)*

spostamento *move, shift*

squilibrato *unbalanced*

stage *internship*

succhiare *to suck*

supplemento rapido *supplemental fare (for a high-speed train)*

traditore/traditrice *traitor*

trascurarsi *to neglect oneself*

ufficio di collocamento *employment agency*

vaccinazione (*f.*) *vaccination*

vaglia postale (*m.*) *money order*

visto *visa*

## LE VOSTRE PAROLE

# Reference

# Verb Appendix

## A Avere and essere

| AVERE | | | | | | | |
|---|---|---|---|---|---|---|---|
| Presente | Imperfetto | Futuro | Condizionale | Passato remoto | Congiuntivo presente | Congiuntivo imperfetto | Imperativo |
| ho | avevo | avrò | avrei | ebbi | abbia | avessi | _____ |
| hai | avevi | avrai | avresti | avesti | abbia | avessi | abbi |
| ha | aveva | avrà | avrebbe | ebbe | abbia | avesse | abbia |
| abbiamo | avevamo | avremo | avremmo | avemmo | abbiamo | avessimo | abbiamo |
| avete | avevate | avrete | avreste | aveste | abbiate | aveste | abbiate |
| hanno | avevano | avranno | avrebbero | ebbero | abbiano | avessero | abbiano |

**Participio passato:** avuto
**Passato prossimo:** ho avuto, hai avuto, ha avuto, abbiamo avuto, avete avuto, hanno avuto
**Participio presente:** avente
**Participio passato:** avuto

**Infinito presente:** avere
**Infinito passato:** aver avuto
**Gerundio presente:** avendo
**Gerundio passato:** avendo avuto

| ESSERE | | | | | | | |
|---|---|---|---|---|---|---|---|
| Presente | Imperfetto | Futuro | Condizionale | Passato remoto | Congiuntivo presente | Congiuntivo imperfetto | Imperativo |
| sono | ero | sarò | sarei | fui | sia | fossi | _____ |
| sei | eri | sarai | saresti | fosti | sia | fossi | sii |
| è | era | sarà | sarebbe | fu | sia | fosse | sia |
| siamo | eravamo | saremo | saremmo | fummo | siamo | fossimo | siamo |
| siete | eravate | sarete | sareste | foste | siate | foste | siate |
| sono | erano | saranno | sarebbero | furono | siano | fossero | siano |

**Participio passato:** stato
**Passato prossimo:** sono stato/a, sei stato/a, è stato/a, siamo stati/e, siete stati/e, sono stati/e
**Participio presente:** ———————
**Participio passato:** stato/a/i/e

**Infinito presente:** essere
**Infinito passato:** esser(e) stato/a/i/e
**Gerundio presente:** essendo
**Gerundio passato:** essendo stato/a/i/e

## B Regular Verbs: Simple Tenses and Compound Tenses with avere and essere

| | VERBI IN -are | | VERBI IN -ere | VERBI IN -ire | |
| --- | --- | --- | --- | --- | --- |
| | comprare | entrare | vendere | partire | finire |
| **Indicativo presente** | compro | entro | vendo | parto | finisco |
| | i | i | i | i | isci |
| | a | a | e | e | isce |
| | iamo | iamo | iamo | iamo | iamo |
| | ate | ate | ete | ite | ite |
| | ano | ano | ono | ono | iscono |
| **Imperfetto** | compravo | entravo | vendevo | partivo | finivo |
| | avi | avi | evi | ivi | ivi |
| | ava | ava | eva | iva | iva |
| | avamo | avamo | evamo | ivamo | ivamo |
| | avate | avate | evate | ivate | ivate |
| | avano | avano | evano | ivano | ivano |
| **Futuro** | comprerò | entrerò | venderò | partirò | finirò |
| | ai | ai | ai | ai | ai |
| | à | à | à | à | à |
| | emo | emo | emo | emo | emo |
| | ete | ete | ete | ete | ete |
| | anno | anno | anno | anno | anno |
| **Passato remoto** | comprai | entrai | vendei (etti) | partii | finii |
| | asti | asti | esti | isti | isti |
| | ò | ò | è (ette) | ì | ì |
| | ammo | ammo | emmo | immo | immo |
| | aste | aste | este | iste | iste |
| | arono | arono | erono (ettero) | irono | irono |
| **Passato prossimo** | ho comprato | sono entrato/a | ho venduto | sono partito/a | ho finito |
| | hai | sei | hai | sei | hai |
| | ha | è | ha | è | ha |
| | abbiamo | siamo entrati/e | abbiamo | siamo partiti/e | abbiamo |
| | avete | siete | avete | siete | avete |
| | hanno | sono | hanno | sono | hanno |
| **Trapassato** | avevo comprato | ero entrato/a | avevo venduto | ero partito/a | avevo finito |
| | avevi | eri | avevi | eri | avevi |
| | aveva | era | aveva | era | aveva |
| | avevamo | eravamo entrati/e | avevamo | eravamo partiti/e | avevamo |
| | avevate | eravate | avevate | eravate | avevate |
| | avevano | erano | avevano | erano | avevano |

| | VERBI IN -are | | VERBI in -ere | VERBI in -ire | |
|---|---|---|---|---|---|
| | **compr**are | **entr**are | **vend**ere | **par**tire | **fin**ire |
| Imperativo | compra | entra | vendi | parti | finisci |
| | i | i | a | a | isca |
| | iamo | iamo | iamo | iamo | iamo |
| | ate | ate | ete | ite | ite |
| | ino | ino | ano | ano | iscano |
| Condizionale | comprerei | entrerei | venderei | partirei | finirei |
| | eresti | eresti | eresti | iresti | iresti |
| | erebbe | erebbe | erebbe | irebbe | irebbe |
| | eremmo | eremmo | eremmo | iremmo | iremmo |
| | ereste | ereste | ereste | ireste | ireste |
| | erebbero | erebbero | erebbero | irebbero | irebbero |
| Congiuntivo presente | compri | entri | venda | parta | finisca |
| | i | i | a | a | isca |
| | i | i | a | a | isca |
| | iamo | iamo | iamo | iamo | iamo |
| | iate | iate | iate | iate | iate |
| | ino | ino | ano | ano | iscano |
| Congiuntivo imperfetto | comprassi | entrassi | vendessi | partissi | finissi |
| | assi | assi | essi | issi | issi |
| | asse | asse | esse | isse | isse |
| | assimo | assimo | essimo | issimo | issimo |
| | aste | aste | este | iste | iste |
| | assero | assero | essero | issero | issero |
| Participio presente | comprante | entrante | vendente | partente | finente |
| Participio passato | comprato | entrato | venduto | partito | finito |
| Infinito presente | comprare | entrare | vendere | partire | finire |
| Infinito passato | aver(e) comprato | esser(e) entrato | aver(e) venduto | esser(e) partito | aver(e) finito |
| Gerundio presente | comprando | entrando | vendendo | partendo | finendo |
| Gerundio passato | avendo comprato | essendo entrato | avendo venduto | essendo partito | avendo finito |

## C Verbs Conjugated with essere

The following verbs are conjugated with **essere**. In addition, all reflexive verbs are conjugated with **essere** (for example, **lavarsi**, *to wash oneself*: **mi sono lavato/a, ti sei lavato/a, si è lavato/a, ci siamo lavati/e, vi siete lavati/e, si sono lavati/e**).

**accadere** to happen
**andare** to go
**arrivare** to arrive
**bastare** to be enough
**cadere** to fall
**cambiare** to change
**cominciare** to begin
**costare** to cost
**crescere** to grow
**dimagrire** to lose weight
**diminuire** to diminish, to decrease
**diventare** to become
**durare** to last
**entrare** to enter
**essere** to be
**evolvere** to evolve
**fuggire** to flee
**giungere** to arrive
**guarire** to heal
**impazzire** to go mad
**importare** to matter
**ingrassare** to gain weight
**mancare** to lack

**morire** to die
**nascere** to be born
**parere** to seem
**partire** to depart
**passare** to stop by
**piacere** to please, to like
**restare** to remain
**rimanere** to remain
**ritornare** to return
**riuscire** to succeed
**salire** to climb up
**servire** to be useful
**scappare** to escape
**scendere** to go down, to get off
**scivolare** to slide
**scomparire** to disappear
**sembrare** to seem
**sorgere** to rise
**stare** to stay
**succedere** to happen
**uscire** to go out
**venire** to come

## D Verbs with Irregular Past Participles

**accendere (acceso)** to turn on
**affiggere (affisso)** to post, to affix
**aggiungere (aggiunto)** to add
**apparire (apparso)** to appear
**appendere (appeso)** to hang
**apprendere (appreso)** to learn
**aprire (aperto)** to open
**assumere (assunto)** to hire
**attendere (atteso)** to wait

**bere (bevuto)** to drink

**chiedere (chiesto)** to ask
**chiudere (chiuso)** to close
**cogliere (colto)** to gather
**comprendere (compreso)** to understand
**concludere (concluso)** to conclude
**conoscere (conosciuto)** to know
**convincere (convinto)** to convince
**coprire (coperto)** to cover
**correre (corso)** to run
**correggere (corretto)** to correct
**cuocere (cotto)** to cook

**decidere (deciso)** to decide
**difendere (difeso)** to defend
**dire (detto)** to say
**discutere (discusso)** to discuss
**dipendere (dipeso)** to depend
**distruggere (distrutto)** to destroy

**eleggere (eletto)** to elect
**esprimere (espresso)** to express
**essere (stato)** to be
**evadere (evaso)** to evade

**fare (fatto)** to do, to make
**fingere (finto)** to pretend

**giungere (giunto)** to arrive

**indire (indetto)** to call, to announce
**insistere (insistito)** to insist
**interrompere (interrotto)** to interrupt

**leggere (letto)** to read

**mettere (messo)** to put
**morire (morto)** to die
**muovere (mosso)** to move

**nascere (nato)** to be born
**nascondere (nascosto)** to hide

**offendere (offeso)** to offend
**offrire (offerto)** to offer

**perdere (perso** or **perduto)** to lose
**permettere (permesso)** to permit
**persuadere (persuaso)** to persuade
**porre (posto)** to place
**prendere (preso)** to take
**prevedere (previsto)** to expect, to foresee
**promettere (promesso)** to promise
**promuovere (promosso)** to promote
**proporre (proposto)** to propose
**proteggere (protetto)** to protect

**raggiungere (raggiunto)** to arrive, to reach
**rendere (reso)** to render
**richiedere (richiesto)** to require, to seek
**ridere (riso)** to laugh
**ridurre (ridotto)** to reduce
**rimanere (rimasto)** to remain
**riprendere (ripreso)** to start again
**risolvere (risolto)** to resolve
**rispondere (risposto)** to answer
**rompere (rotto)** to break

**scegliere (scelto)** to select
**scendere (sceso)** to go down, to get off
**scomparire (scomparso)** to disappear
**scrivere (scritto)** to write
**soffrire (sofferto)** to suffer
**sorridere (sorriso)** to smile
**spegnere (spento)** to turn off
**spendere (speso)** to spend
**succedere (successo)** to happen

**togliere (tolto)** to remove
**trarre (tratto)** to draw, to pull
**trasmettere (trasmesso)** to transmit

**uccidere (ucciso)** to kill

**vedere (visto** or **veduto)** to see
**venire (venuto)** to come
**vincere (vinto)** to win

# E Irregular Verbs

The verbs in this section are irregular in the following tenses only.

**accendere** to turn on
*P. remoto:* accesi, accendesti, accese, accendemmo, accendeste, accesero

**accogliere** to welcome (*compound of* **cogliere**)

**affiggere** to post, to affix
*P. remoto:* affissi, affiggesti, affisse, affiggemmo, affiggeste, affissero

**andare** to go
*Ind. pres.:* vado, vai, va, andiamo, andate, vanno
*Futuro:* andrò, andrai, andrà, andremo, andrete, andranno
*Imperativo:* va', vada, andiamo, andate, vadano
*Condizionale:* andrei, andresti, andrebbe, andremmo, andreste, andrebbero
*Cong. pres.:* vada, vada, vada, andiamo, andiate, vadano

**apprendere** to learn (*compound of* **prendere**)

**assumere** to hire
*P. remoto:* assunsi, assumesti, assunse, assumemmo, assumeste, assunsero

**bere** to drink
*Ind. pres.:* bevo, bevi, beve, beviamo, bevete, bevono
*Imperfetto:* bevevo, bevevi, beveva, bevevamo, bevevate, bevevano
*Futuro:* berrò, berrai, berrà, berremo, berrete, berranno
*P. remoto:* bevvi, bevesti, bevve, bevemmo, beveste, bevvero
*Imperativo:* bevi, beva, beviamo, bevete, bevano
*Condizionale:* berrei, berresti, berrebbe, berremmo, berreste, berrebbero
*Cong. pres.:* beva, beva, beva, beviamo, beviate, bevano
*Cong. imp.:* bevessi, bevessi, bevesse, bevessimo, beveste, bevessero

**cadere** to fall
*Futuro:* cadrò, cadrai, cadrà, ecc.
*P. remoto:* caddi, cadesti, cadde, cademmo, cadeste, caddero
*Condizionale:* cadrei, cadresti, cadrebbe, ecc.

**chiedere** to ask for
*P. remoto:* chiesi, chiedesti, chiese, chiedemmo, chiedeste, chiesero

**chiudere** to close
*P. remoto:* chiusi, chiudesti, chiuse, chiudemmo, chiudeste, chiusero

**cogliere** to pick
*Ind. pres.:* colgo, cogli, coglie, cogliamo, cogliete, colgono
*P. remoto:* colsi, cogliesti, colse, cogliemmo, coglieste, colsero
*Imperativo:* cogli, colga, cogliamo, cogliete, colgano
*Cong. pres.:* colga, colga, colga, cogliamo, cogliate, colgano

**comprendere** to understand (*compound of* **prendere**)

**concludere** to conclude
*P. remoto:* conclusi, concludesti, concluse, concludemmo, concludeste, conclusero

**conoscere** to know
*P. remoto:* conobbi, conoscesti, conobbe, conoscemmo, conosceste, conobbero

**convincere** to convince (*compound of* **vincere**)

**dare** to give
*Ind. pres.:* do, dai, dà, diamo, date, danno
*P. remoto:* diedi (detti), desti, diede (dette), demmo, deste, diedero (dettero)
*Imperativo:* da', dia, diamo, date, diano
*Futuro:* darò, darai, darà, daremo, darete, daranno
*Condizionale:* darei, daresti, darebbe, daremmo, dareste, darebbero
*Cong. pres.:* dia, dia, dia, diamo, diate, diano
*Cong. imp.:* dessi, dessi, desse, dessimo, deste, dessero

**decidere** to decide
*P. remoto:* decisi, decidesti, decise, decidemmo, decideste, decisero

**dire** to say, to tell
*Ind. pres.:* dico, dici, dice, diciamo, dite, dicono
*Imperfetto:* dicevo, dicevi, diceva, ecc.
*P. remoto:* dissi, dicesti, disse, dicemmo, diceste, dissero
*Imperativo:* di', dica, diciamo, dite, dicano
*Cong. pres.:* dica, dica, dica, diciamo, diciate, dicano
*Cong. imp.:* dicessi, dicessi, dicesse, ecc.

**discutere** to discuss
*P. remoto:* discussi, discutesti, discusse, discutemmo, discuteste, discussero

**distrarre** to distract (*compound of* **trarre**)

**dovere** to have to, must
*Ind. pres.:* devo, devi, deve, dobbiamo, dovete, devono
*Futuro:* dovrò, dovrai, dovrà, ecc.
*Condizionale:* dovrei, dovresti, dovrebbe, ecc.
*Cong. pres.:* debba, debba, debba, dobbiamo, dobbiate, debbano

**eleggere** to elect
*P. remoto:* elessi, eleggesti, elesse, eleggemmo, eleggeste, elessero

**esprimere** to express
*P. remoto:* espressi, esprimesti, espresse, esprimemmo, esprimeste, espressero

**fare** to do, to make
*Ind. pres.:* faccio, fai, fa, facciamo, fate, fanno
*Imperfetto:* facevo, facevi, faceva, ecc.
*P. remoto:* feci, facesti, fece, facemmo, faceste, fecero
*Imperativo:* fa', faccia, facciamo, fate, facciano
*Futuro:* farò, farai, farà, faremo, farete, faranno
*Condizionale:* farei, faresti, farebbe, faremmo, fareste, farebbero
*Cong. pres.:* faccia, faccia, faccia, facciamo, facciate, facciano
*Cong. imp.:* facessi, facessi, facesse, ecc.

**indire** to call (*compound of* **dire**)

**interrompere** to interrupt
*P. remoto:* interruppi, interrompesti, interruppe, interrompemmo, interrompeste, interruppero

**leggere** to read
*P. remoto:* lessi, leggesti, lesse, leggemmo, leggeste, lessero

**mettere** to place, to put
*P. remoto:* misi, mettesti, mise, mettemmo, metteste, misero

**morire** to die
*Ind. pres.:* muoio, muori, muore, moriamo, morite, muoiono
*Cong. pres.:* muoia, muoia, muoia, moriamo, moriate, muoiano

**nascere** to be born
*P. remoto:* nacqui, nascesti, nacque, nascemmo, nasceste, nacquero

**nascondere** to hide
*P. remoto:* nascosi, nascondesti, nascose, nascondemmo, nascondeste, nascosero

**ottenere** to obtain (*compound of* **tenere**)

**permettere** to permit (*compound of* **mettere**)

**piacere** to like, to please
*Ind. pres.:* piaccio, piaci, piace, piacciamo, piacete, piacciono
*P. remoto:* piacqui, piacesti, piacque, piacemmo, piaceste, piacquero
*Cong. pres.:* piaccia, piaccia, piaccia, piacciamo, piacciate, piacciano

**potere** to be able
*Ind. pres.:* posso, puoi, può, possiamo, potete, possono
*Futuro:* potrò, potrai, potrà, ecc.
*Condizionale:* potrei, potresti, potrebbe, ecc.
*Cong. pres.:* possa, possa, possa, possiamo, possiate, possano

**prendere** to take
*P. remoto:* presi, prendesti, prese, prendemmo, prendeste, presero

**prevedere** to foresee (*compound of* **vedere**)

**promettere** to promise (*compound of* **mettere**)

**promuovere** to promote
*P. remoto:* promossi, promovesti, promosse, promovemmo, promoveste, promossero

**raccogliere** to collect, to gather (*compound of* **cogliere**)

**raggiungere** to reach
*P. remoto:* raggiunsi, raggiungesti, raggiunse, raggiungemmo, raggiungeste, raggiunsero

**richiedere** to require, to seek (*compound of* **chiedere**)

**ridere** to laugh
*P. remoto:* risi, ridesti, rise, ridemmo, rideste, risero

**ridurre** to reduce
*Ind. pres.:* riduco, riduci, riduce, riduciamo, riducete, riducono
*Imperfetto:* riducevo, riducevi, riduceva, riducevamo, riducevate, riducevano
*Futuro:* ridurrò, ridurrai, ridurrà, ecc.
*P. remoto:* ridussi, riducesti, ridusse, riducemmo, riduceste, ridussero
*Imperativo:* riduci, riduca, riduciamo, riduciate, riducano
*Condizionale:* ridurrei, ridurresti, ridurrebbe, ecc.
*Cong. pres.:* riduca, riduca, riduca, riduciamo, riduciate, riducano
*Cong. imp.:* riducessi, riducessi, riducesse, riducessimo, riduceste, riducessero

**rimanere** to remain
*Ind. pres.:* rimango, rimani, rimane, rimaniamo, rimanete, rimangono
*Futuro:* rimarrò, rimarrai, rimarrà, ecc.
*P. remoto:* rimasi, rimanesti, rimase, rimanemmo, rimaneste, rimasero
*Imperativo:* rimani, rimanga, rimaniamo, rimanete, rimangano
*Condizionale:* rimarrei, rimarresti, rimarrebbe, ecc.
*Cong. pres.:* rimanga, rimanga, rimanga, rimaniamo, rimaniate, rimangano

**riprendere** to start again (*compound of* **prendere**)

**rispondere** to answer
*P. remoto:* risposi, rispondesti, rispose, rispondemmo, rispondeste, risposero

**salire** to go up
*Ind. pres.:* salgo, sali, sale, saliamo, salite, salgono
*Imperativo:* sali, salga, saliamo, saliate, salgano
*Cong. pres.:* salga, salga, salga, saliamo, saliate, salgano

**sapere** to know
*Ind. pres.:* so, sai, sa, sappiamo, sapete, sanno
*Futuro:* saprò, saprai, saprà, ecc.
*P. remoto:* seppi, sapesti, seppe, sapemmo, sapeste, seppero
*Imperativo:* sappi, sappia, sappiamo, sappiate, sappiano
*Condizionale:* saprei, sapresti, saprebbe, ecc.
*Cong. pres.:* sappia, sappia, sappia, sappiamo, sappiate, sappiano

**scegliere** to choose
*Ind. pres.:* scelgo, scegli, sceglie, scegliamo, scegliete, scelgono
*P. remoto:* scelsi, scegliesti, scelse, scegliemmo, sceglieste, scelsero
*Imperativo:* scegli, scelga, scegliamo, scegliete, scelgano
*Cong. pres.:* scelga, scelga, scelga, scegliamo, scegliate, scelgano

**scendere** to go down, to get off
*P. remoto:* scesi, scendesti, scese, scendemmo, scendeste, scesero

**scrivere** to write
*P. remoto:* scrissi, scrivesti, scrisse, scrivemmo, scriveste, scrissero

**sedere** to sit
*Ind. pres.:* siedo, siedi, siede, sediamo, sedete, siedono
*Imperativo:* siedi, sieda, sediamo, sedete, siedano
*Cong. pres.:* sieda, sieda, sieda, sediamo, sediate, siedano

**sorridere** to smile (*compound of* **ridere**)
*P. remoto:* sorrisi, sorridesti, sorrise, sorridemmo, sorrideste, sorrisero

**spegnere** to turn off
*P. remoto:* spensi, spegnesti, spense, spegnemmo, spegneste, spensero

**stare** to be
*Ind. pres.:* sto, stai, sta, stiamo, state, stanno
*Futuro:* starò, starai, starà, staremo, starete, staranno
*P. remoto:* stetti, stesti, stette, stemmo, steste, stettero
*Imperativo:* sta', stia, stiamo, state, stiano
*Condizionale:* starei, staresti, starebbe, staremmo, stareste, starebbero
*Cong. pres.:* stia, stia, stia, stiamo, stiate, stiano
*Cong. imp.:* stessi, stessi, stesse, stessimo, steste, stessero

**tenere** to keep
*Ind. pres.:* tengo, tieni, tiene, teniamo, tenete, tengono
*Futuro:* terrò, terrai, terrà, ecc.
*P. remoto:* tenni, tenesti, tenne, tenemmo, teneste, tennero
*Imperativo:* tieni, tenga, teniamo, tenete, tengano
*Condizionale:* terrei, terresti, terrebbe, ecc.
*Cong. pres.:* tenga, tenga, tenga, teniamo, teniate, tengano

**trarre** to take out
*Ind. pres.:* traggo, trai, trae, traiamo, traete, traggono
*Imperfetto:* traevo, traevi, traeva, traevamo, traevate, traevano
*Futuro:* trarrò, trarrai, trarrà, ecc.
*P. remoto:* trassi, traesti, trasse, traemmo, traeste, trassero
*Imperativo:* trai, tragga, traiamo, traete, traggano
*Condizionale:* trarrei, trarresti, trarrebbe, ecc.
*Cong. pres.:* tragga, tragga, tragga, traiamo, traiate, traggano

**trasmettere** to transmit (*compound of* **mettere**)

**uscire** to go out
*Ind. pres.:* esco, esci, esce, usciamo, uscite, escono
*Imperativo:* esci, esca, usciamo, uscite, escano
*Cong. pres.:* esca, esca, esca, usciamo, usciate, escano

**vedere** to see
*Futuro:* vedrò, vedrai, vedrà, ecc.
*P. remoto:* vidi, vedesti, vide, vedemmo, vedeste, videro
*Condizionale:* vedrei, vedresti, vedrebbe, ecc.

**venire** to come
*Ind. pres.:* vengo, vieni, viene, veniamo, venite, vengono
*Futuro:* verrò, verrai, verrà, ecc.
*P. remoto:* venni, venisti, venne, venimmo, veniste, vennero
*Imperativo:* vieni, venga, veniamo, venite, vengano
*Condizionale:* verrei, verresti, verrebbe, ecc.
*Cong. pres.:* venga, venga, venga, veniamo, veniate, vengano

**vincere** to win
*P. remoto:* vinsi, vincesti, vinse, vincemmo, vinceste, vinsero

**vivere** to live
*Futuro:* vivrò, vivrai, vivrà, ecc.
*P. remoto:* vissi, vivesti, visse, vivemmo, viveste, vissero
*Condizionale:* vivrei, vivresti, vivrebbe, ecc.

**volere** to want
*Ind. pres.:* voglio, vuoi, vuole, vogliamo, volete, vogliono
*Futuro:* vorrò, vorrai, vorrà, ecc.
*P. remoto:* volli, volesti, volle, volemmo, voleste, vollero
*Condizionale:* vorrei, vorresti, vorrebbe, ecc.
*Cong. pres.:* voglia, voglia, voglia, vogliamo, vogliate, vogliano

# Vocabolario italiano-inglese

The vocabulary contains all active words from the **Lessico** chapter lists and words presented in grammar sections, as well as many words used in activities and readings. A number following an entry indicates the chapter in which the word first appears as an active item. Adjectives appear in their masculine singular form. The following abbreviations are used:

| | | | |
|---|---|---|---|
| *adj.* | adjective | *n.* | noun |
| *adv.* | adverb | *pl.* | plural |
| *f.* | feminine | *p.p.* | past participle |
| *inv.* | invariable | *sing.* | singular |
| *m.* | masculine | *v.* | verb |

## A

**a condizione che** provided that, 8
**a coste** ribbed (*e.g., fabric*), 9
**a mani vuote** empty-handed, 3
**a meno che non** unless
**a noleggio** rented, 1
**a proposito** by the way
**a quadri** checked, 9
**a righe** striped, 9
**a scapito di** at the expense of, to the detriment of, 9
**a tinta unita** solid-color, 9
**a vicenda** in turn, 2
**abbaiare** to bark, 2
**abbassare** to lower, 2
**abbassare (il volume)** to turn down, to lower (the volume/the sound), 4
**abbonamento** subscription, 2
**abbonarsi** to subscribe, 2
**abbozzare** to sketch, to outline, 4
**abbracciare** to embrace, to hug, 4
**abitante** (*m./f.*) inhabitant
**abito** suit (*for men and women*), dress, 9
**abito da sera** evening gown, 9
**abituarsi** to get used to
**abitudine** (*f.*) habit, practice, 9
**accadere** to happen, 1
**accanto a** next to, 2
**accedere** to gain access to, 7
**accendere** (*p.p.* **acceso**) to turn on, to light, 7
**accertarsi** to ascertain, 5
**accettare** to accept, 7

**accogliente** cozy, welcoming, 1
**accomunare** to join, to unite, 5
**acconto** deposit, 12
**accordare** to tune, 4
**accorgersene** to become aware of, 5
**accorgersi** to become aware of, to notice, 3
**acqua del rubinetto** tap water, 5
**acqua minerale gasata** sparkling mineral water, 5
**acqua minerale naturale** natural mineral water, 5
**acquisto** purchase, 1
**acre** harsh, 1
**acrilico** acrylic, 9
**ad un tratto** all of a sudden, 3
**adattarsi** to adapt oneself, 7
**addirittura** absolutely, even
**additivo** additive, 5
**adeguarsi** to conform, 1
**adozione** (*f.*) adoption, 8
**affacciarsi** to face, 6
**affascinare** to fascinate, to charm, 4
**afferrare** to grasp, to grab, 3
**affettare** to slice, 11
**affidare** to entrust, 2
**affinché** in order that
**affitto** rent, 12
**affliggere** (*p.p.* **afflitto**) to afflict, 7
**afflusso** flow, 12
**affollato** crowded, 5
**affrontare** to face, to confront, 2
**aggiungere** (*p.p.* **aggiunto**) to add, 1
**agnello** lamb, 5
**al forno** baked, 5

**alba** dawn, 3
**alcolista** (*m./f.*) alcoholic, 8
**alcuni/e** some, a few, 6
**all'antica** old-fashioned, 3
**all'inizio** in the beginning, 3
**alla fine** in the end, 3
**alla griglia** grilled, 5
**alla moda** trendy
**allacciamento (del telefono)** (telephone) installation, 12
**allegato** (*m.*) attachment, 7
**allenatore/allenatrice** trainer, coach, 10
**allestito** prepared, 1
**allievo/a** student, 8
**allontanarsi** to go away, to depart, 2
**altrettanto** as much as, likewise, 8
**altrimenti** otherwise
**altro** other, another, 6
**alzare (il volume)** to turn up (the volume/the sound), 4
**amarezza** bitterness, 12
**amaro** bitter, 1
**ambasciata** embassy, 12
**ambientalista** (*m./f.*) environmentalist, 8
**ambiente** (*m.*) environment, 8
**americaneggiante** (*adj.*) American style, 1
**americanizzato** Americanized, 1
**ammettere** to admit, 11
**ammobiliato** furnished, 12
**amplificatore** (*m.*) amplifier, 4
**amuleto** amulet, 6
**analfabetismo** illiteracy, 8

**andare in fumo** to go up in smoke, 11

**andarsene** to go away, to leave, 5

**andata e ritorno** round trip, 12

**anello** ring, 3

**animale randagio** (*m.*) stray animal, 8

**animalista** (*m./f.*) animal-rights supporter, 8

**animatore/animatrice** organizer, 12

**annullare** to cancel, to annul, 2

**annunciatore/annunciatrice** announcer, 2

**antenato** ancestor, 6

**anteprima** sneak preview, 11

**antipasto** (*m.*) antipasto, appetizer, 5

**antirughe** (*m. sing.*) anti-wrinkle, 9

**aperitivo** aperitif, 5

**apocalittico** apocalyptical, 8

**apparecchiare (la tavola)** to set the table, 5

**apparire** (*p.p.* **apparso**) to appear, 8

**appartenere** to belong, 3

**applaudire** to applaud, 4

**appoggiare** to support, 3

**appoggio** support, 8

**apposito** appropriate, special, 10

**apprezzare** to appreciate, 4

**approfittare** to profit; to take advantage of, 7

**appropriarsi** to appropriate, 1

**appunto** (*adv.*) exactly, precisely, 7

**arachide** (*f.*) peanut, 5

**arbitro/a** referee, 10

**arma** weapon, 12

**armadio** closet, 9

**arrabbiarsi** to get angry, 1

**arredamento** furnishings, 2

**arrossire** to blush, 3

**arrosto** (*n.*) roast, 5; (*adj.*) roasted, 5

**artigianale** handmade, 9

**ascella** armpit, 4

**asciugatrice** (*f.*) clothes dryer, 3

**asciutto** dry, 3

**asilo** preschool, 3

**aspettarsi** to expect, 8

**assaggiare** to taste, 5

**assai** (*adv.*) so much, 5

**assenza** absence, 1

**assicurare** to assure, 3

**assistere** to attend, 8

**asso** ace, 10

**assomigliare** to be like

**atletica** track and field, 10

**atteggiamento** attitude, 8

**attesa** wait, 2

**attirare** to attract

**attivare (il collegamento)** to activate (the connection), 7

**attore/attrice** actor/actress, 11

**attraverso** through, 4

**attrezzare** to equip, 8

**attuare** to carry out, 12

**augurarsi** to wish, 8

**aula** classroom, hall, 8

**autorimessa** (*f.*) garage

**avanguardia** avant-garde, 7

**avercela con** to have it in for (someone), 5

**avere mal di denti** to have a toothache, 12

**avere mal di stomaco** to have a stomach ache, 12

**avere mal di testa** to have a headache, 12

**avere orecchio** to have an ear for music, 4

**avere una marcia in più** to be a cut above, 12

**avidità** (*f.*) greed, 8

**avvelenare** to poison, 8

**avvenimento** event, 2

**avvenire** (*n.*) future; (*v.*) (*p.p.* **avvenuto**) to come about, 12

**avversario/a** opponent, 10

**avvertire** to inform, 7

**avviarsi** to set out for, 12

**avvicinarsi** to approach

**avvisare** to inform, to advise, 2

**avvolgere** (*p.p.* **avvolto**) to wrap, 5; to wind, 11

**azienda** business, 1

**azionista** (*m./f.*) stockholder, 2

**azzardo** hazard, risk, 4

# B

**badare** to mind, to take care of, 12

**baffi** (*m. pl.*) moustache, 9

**bagaglio** luggage, 2

**bagnato fradicio** soaked, drenched, 1

**ballare (una canzone)** to dance (to a song), 4

**bambinaio/a** babysitter

**bancarella** stand (*at a market*), 1

**banchetto** banquet, 11

**bancone** (*m.*) counter, 2

**banditore/banditrice** number caller (in *tombola*), 10

**barbone/barbona** homeless person, 8

**basarsi su** to be based on, 4

**basso** bass guitar, 4

**bastare** to suffice, to be enough, 5

**bastoni** clubs (*suit in cards*), 10

**battaglia** battle, fight, 2

**battere a macchina** to type on a typewriter

**battere** to defeat, 10

**batteria** drums, 4

**battersi** to fight, 1

**battuta** (*f.*) line (*of song or dialogue*), 4

**battute** (*f. pl.*) beats (*music*), 4

**bebè** (*m.*) baby, 3

**Befana** (*f.*) a benevolent witch who brings toys to good children and coal to bad ones on January 6 (*Epiphany*), 6

**benché** even though

**beneficenza** charity, 8

**bevanda** drink, 5

**biglietteria** box office, ticket counter, 11

**biglietto** (*m.*) ticket, 4

**bilocale** (*m.*) one-bedroom apartment, 12

**bimbo/a** baby, 8

**binario** railroad track, railroad platform, 2

**biologico** organic, 5

**bisognoso** needy (person), 8

**blindato** armored, 4

**bloccarsi** to freeze (*the computer*), 7

**bloccato** stopped, blocked

**blog** (*m.*) blog, 7

**bobina** reel, 11

**bolletta** bill, 12

**bollettino** bill, 12

**bollire** to boil, 4

**bollito** boiled (*added to boiling water*), 5

**bomboletta spray** aerosol spray can, 8

**bontà** goodness, 2

**bottone** (*m.*) button, 9

**bretelle** (*f. pl.*) suspenders, 9

**brezza** breeze, 3

**brivido** shiver, 3

**brodo** broth, 5

**brontolare** to grumble, 12

**bruciare** to burn, 9

**buco** hole, 11

**burattino** puppet, 6

**bussare** to knock, 6

**buttafuori** (*m.*) bouncer, 4
**buttare** to throw, 5
**buttarsi** to throw, to fling oneself, 3

## C

**caccia** hunt / hunting, 10
**cacciatore/cacciatrice** hunter, 10
**caderci** to fall for, 5
**cadere** to fall
**caffè** (*m.*) coffee, 1
**caffè corretto** coffee with liqueur, 1
**caffè macchiato** coffee with a dash of milk, 1
**caffè ristretto** strong coffee, 1
**caffeina** caffeine, 1
**calcio** soccer, 10
**caldo bestiale** unbearable heat, 1
**calorosamente** warmly, 4
**calza** sock, 9
**calzare** to put on, to fit (*shoes, gloves*), 9
**cambiamento** change, 1
**camerino** dressing room, 4
**camicia** (*f.*) shirt, 9
**camion** (*m.*) truck, 4
**camoscio** suede, 9
**campionato** championship, 10
**campo** field, 1
**canale** (*m.*) channel, 2
**cancello di imbarco** boarding gate
**canile** (*m.*) dog pound, 8
**canottaggio** (*m.*) rowing, 10
**cantante** (*m./f.*) singer, 4
**cantautore/cantautrice** singer-songwriter, 4
**caparra** deposit, 12
**capillare** widespread, 12
**capitare** to happen, 7
**capo d'abbigliamento** article of clothing, 9
**Capodanno** New Year's Day, 6
**carcerato/carcerata** prisoner, 8
**carcere** (*m.*) prison, jail, 8
**caricare** to upload, 7
**carico** loaded, laden, 8
**Carnevale** Carnival, 6
**cartella** bingo or **tombola** card, 10
**cartolina** postcard, 12
**cartomante** (*m./f.*) fortune-teller, 10
**cartoni animati** (*m. pl.*) cartoons, 11
**cartuccia (d'inchiostro)** (*f.*) (ink) cartridge, 7
**casa di riposo** retirement home, 8

**casa popolare** low-cost / subsidized housing, 8
**casalinga** housewife, 3
**cascarci** to fall for, 5
**cascatore/cascatrice** (*m.*) stuntman/stuntwoman, 11
**casella** box (*on a bingo/tombola card*), 10
**caso: nel caso che** in case, 9
**casse** (*f. pl.*) speakers, 4
**catturare** to capture
**catturato** captured, 2
**CD** (*m.*) music CD, CD-ROM, 4
**cedere** to give, 10
**celebrare** to celebrate, 6
**celebre** famous, 1
**cellulare** (*m.*) cell phone, 7
**cementificazione** (*f.*) overdevelopment, 8
**cenare** to eat dinner / supper, 5
**cenone** (*m.*) New Year's Eve dinner, 6
**centinaia** hundreds, 2
**centinaio** (*m.*) hundred
**centralino** switchboard, 12
**centrare** to hit the mark, to work towards achieving, 8
**centro d'accoglienza** shelter, 8
**certo** certain, 6
**cervello** brain, 3
**chat (room)** (*f.*) chat (room), 7
**chiacchierare** to chat, 5
**chiarificare** to clarify, 2
**chiarimento** clarification, explanation, 7
**chiarire** to clarify, 9
**chiaro e tondo** in no uncertain terms, 1
**chiarore** (*m.*) glimmer, faint light, 9
**chiavetta** (*f.*) flash drive, 7
**chilo(grammo)** kilo(gram) (2.2 pounds), 5
**chiromante** (*m./f.*) fortune-teller, 6
**chirurgo** surgeon, 2
**chitarra** guitar, 4
**chiunque** anyone, 6
**ciascuno** each, each one, 6
**ciclismo** (*m.*) cycling, 10
**cifra** (*f.*) amount, 9
**cinematografico** cinematographic, 11
**cinepresa** movie camera, 11
**cioè** that is, 8
**ciondolo** pendant, good-luck charm, 6
**ciononostante** nevertheless, 8

**circolo** (*m.*) club
**circondare** to surround, 4
**citare** to cite, to quote, 2
**civiltà** civilization, 1
**clandestino/clandestina** illegal alien, 12
**classifica** (*f.*) (sports) table / placings / results, 10
**cliccare** to click on, 7
**codice** (*m.*) code, 7
**cogliere** (*p.p.* **colto**) to collect, to gather, 7
**coinvolgersi** (*p.p.* **coinvolto**) to get involved, 8
**collant** (*m. pl.*) pantyhose, 9
**collegare** to connect, to link, 7
**collegarsi a Internet** to connect to the Internet
**collina** hill, 3
**colloquio (di lavoro)** job interview, 7
**colomba** (literally, *dove*) traditional Easter cake in the shape of a dove, 6
**colonna sonora** soundtrack, 11
**colorante** (*m.*) food coloring, dye, 5
**colpa** fault, 2
**colpire** to strike, to hit, 1
**come se** as if
**comitiva** party, group
**commedia** (*f.*) comedy, 11
**commesso/commessa** sales clerk, 7
**commisurare** to compare, to liken, 12
**commuovere** (*p.p.* **commosso**) to move, to touch (*emotionally*), 2
**comparsa** walk-on, extra (*in a film*), 11
**compere** (*f. pl.*) shopping (*not for food*), 7
**compiacimento** satisfaction, pleasure, 4
**compilare** to fill out (*a form*), 12
**complesso** band (music), 4
**completo** suit (*men's and women's*) / coordinated outfit, 9
**comporre** (*p.p.* **composto**) to compose, 4
**comportamento** behavior, 8
**(computer) portatile** (*m.*) laptop computer, 7
**comune** (*m.*) city hall, 3
**comunità** rehabilitation center, 8
**conchiglia** shell, 12
**condimento** dressing (*for salad or sandwich*), 5

**condividere** (*p.p.* **condiviso**) to share, 3
**condurre** (*p.p.* **condotto**) to conduct, 6
**conduttore/conduttrice** anchorman/anchorwoman, 2
**consegnare** to deliver, to hand over, to submit, 3
**conservante** (*m.*) preservative, 5
**consigliare** to advise
**consolato** consulate, 12
**console** (*f.*) videogame system, 7
**consumatore/consumatrice** consumer, 5
**consumismo** (*m.*) consumerism, 1
**contabilità** (*f.*) bookkeeping, accounting, 12
**contare** to count, 10
**conto** account, 9
**contorno** side dish, 5
**contrada** town districts (in Siena), 6
**contraddistinguere** (*p.p.* **contraddistinto**) to mark, 1
**controfigura** (*m./f.*) double, 11
**convegno** meeting, conference, 7
**convincere** (*p.p.* **convinto**) to convince, 1
**convivenza** cohabitation, 3
**convivere** (*p.p.* **convissuto**) to live together, 3
**copertina** (*f.*) cover, 4
**copione** (*m.*) script, 11
**coppa** cup, goblet, 10
**coppe** (*f. pl.*) cups (*suits in a traditional Italian deck of cards*), 10
**coppia di fatto** (*f.*) committed couple living together without the benefits of a legal union, 3
**corista** (*m./f.*) singer in a chorus, backup singer, 4
**cortometraggio** short movie, 11
**così** like this, this way; thus, 3
**così... come** as ... as, 1
**costringere** (*p.p.* **costretto**) to force, 3
**costume** (*m.*) costume, 11
**costume da bagno** (*m.*) bathing suit, 9
**costumi** (*m. pl.*) customs, 6
**cotone** (*m.*) cotton, 9
**cottura** cooking (*time or type*), 5
**cravatta a farfalla** bowtie, 9
**credenza** belief
**crescere** (*p.p.* **cresciuto**) to grow, 6
**crescita** growth, 5

**cronaca** news, 2
**cronaca nera** crime news, 2
**cronaca rosa** celebrity news, 2
**cronista** (*m./f.*) reporter, 2
**cuccetta** bed in sleeper car (*on a train*), 12
**cucire** to sew, 9
**cultura contadina** (*f.*) peasant culture, 6
**cuocere** (*p.p.* **cotto**) to cook, 5
**cuccetta** (*f.*) bed in sleeper car (*on a train*), 12
**cuoio** leather (*shoes*), 9
**cuori** (*m. pl.*) hearts (*suit in cards*), 10
**cura** treatment, cure, 12
**cure termali** (*f. pl.*) spa treatments
**curare** to take care of, 2
**curatore/curatrice** curator, 2
**curriculum vitae** (*m.*) resumé, 12
**custode** (*m./f.*) caretaker, 7

# D

**da asporto** take-out, 1
**da portar via** take-out, 1
**da un pezzo** for a while now, 12
**dado** die (*singular of dice*), 10
**dai!** come on! 1
**dall'altro canto** on the other hand, 8
**danneggiare** to damage, 8
**dare le carte** to deal the cards, 10
**dare retta** pay attention to, listen to, 10
**davanti a** in front of, 3
**debole** weak, 6
**decennio** decade, 7
**decollare** to take off (*plane*)
**decollo** takeoff (*plane*), 2
**dedurre** (*p.p.* **dedotto**) to deduce, 6
**degno** worthy, 1
**demolire** to demolish, 6
**denari** (*m. pl.*) coins (*suit in cards*), 10
**deprimente** depressing, 9
**depurare** to purify, 8
**destinatario/destinataria** recipient, 12
**detenuto/detenuta** prisoner, 8
**dettame** (*m.*) dictate, 3
**di fianco a** by the side of / next to, 7
**di fronte a** in front of, 3
**di modo che** so that
**di proposito** on purpose

**di tratto in tratto** every so often, 9
**diagnosi** (*f.*) diagnosis, 12
**dibattere** to debate, 2
**dichiarare** to declare, to state, 3
**difendere** (*p.p.* **difeso**) to defend
**difetto** defect, 2
**diffidare** to distrust, 5
**diffondere** (*p.p.* **diffuso**) to spread, to diffuse, 8
**dimagrire** to lose weight, 5
**dimenticarsi** to forget
**dimezzarsi** to cut in half, 3
**dipingere** (*p.p.* **dipinto**) to paint
**dirigente** (*m./f.*) manager, 3
**dirigersi** (*p.p.* **diretto**) to head for, to head towards, 6
**diritti umani** (*m. pl.*) human rights, 8
**diritto** (*m.*) right, 3
**disabile** (*m./f.*) handicapped person, 8
**dischetto** diskette, 7
**disco** record, 4
**disco fisso** hard drive, 7
**discografico/discografica** person in the record industry, 4
**discorso** speech, 6
**discoteca** disco, discotheque, 4
**discriminare** to discriminate, 8
**discriminazione** (*f.*) discrimination, 8
**discutere** (*p.p.* **discusso**) to discuss
**disegnatore/disegnatrice** cartoon artist, 11
**disperato** desperate, 3
**dispiacere** to be sorry, to mind, 5
**disponibile** available, 2
**disporre** (*p.p.* **disposto**) to arrange; to dispose, 10
**disprezzo** contempt, 8
**distacco** detachment, separation, 11
**distinguersi** (*p.p.* **distinto**) to stand out
**distribuire** to distribute, 8;
**distribuire le carte** to deal cards, 10
**disumano** inhuman, cruel, 7
**ditta** company, 3
**diverso** various; different, 6
**dividere** (*p.p.* **diviso**) to share, to divide, 3
**divieto (di sosta)** no parking, 3
**divisa** uniform 3
**divorziare (da)** to divorce, 3
**documentario** documentary, 11

**documento** computer file, document, 7

**dolce** (*n. m.*) dessert; (*adj.*) sweet, 5

**dolcificante** (*m.*) sugar substitute, sweetener, 5

**dolciume** sweet, 5

**doloso** fraudulent, malicious, 8

**domicilio** residence, 7

**donna** queen (*in cards*), 10

**dopo** after, 3

**dopo di che** after that, 3

**doppiaggio** (movie) dubbing, 11

**doppiare** to dub, 11

**doppiatore/doppiatrice** dubber, 1

**dubbio** doubt, 1

**dubitare** to doubt, 8

**duello elettorale** electoral challenge, 8

**durante** during, 3

**durare** to last, 7

**duraturo** lasting, enduring

## E

**ebbene** well then, so, 9

**eccetto** except, 3

**edicola** newsstand, 2

**editore/editrice** publisher, 2

**editoriale** (*m.*) editorial, 2

**edizione straordinaria** (*f.*) special edition, 2

**effetti speciali** (*m. pl.*) special effects, 11

**effetto serra** greenhouse effect, 8

**efficace** efficient, 1

**elencare** to list, 2

**elettrodomestico** (*m.*) appliance, 3

**email** (*m.*) email (message), 7

**emittente** (*f.*) television station, 2

**energia eolica** (*f.*) wind energy, 8

**energia solare** (*f.*) solar energy, 8

**enfatizzare** to emphasize, 1

**enoteca** wine shop, 5

**entrambi/entrambe** both, 5

**entusiasta** (*adj.*) enthusiastic, 7

**episodio** episode, 11

**erede** (*m./f.*) heir, 3

**eredità** (*f.*) inheritance, 3

**errato** wrong, 2

**esaltarsi** to boast, 9

**esame di laboratorio** test

**esaurire** to run out, to exhaust, 6

**eseguire** to execute, to carry out, 7

**eseguire comandi** to carry out orders, 7

**esercito** army, 3

**esibire** to exhibit, 1

**esigente** demanding, 7

**esigenza** (*f.*) demand, necessity, 8

**esortare** to exhort, to urge, 1

**esprimere** (*p.p.* **espresso**) to express

**esquimese** (*m.*) Eskimo, 8

**essere a dieta** to be on a diet, 5

**essere a disagio** to be uncomfortable, 1

**essere a posto** to be fine, 1

**essere a proprio** agio to be at ease, 1

**essere in tournée** to be on tour, 4

**essere intonato** to have good pitch, 4

**essere pieno** to be full, 5

**essere sazio** to be full, 5

**essere spiacente** to regret, to be sorry, 8

**essere stonato** to be tone-deaf, 4

**estetista** (*m./f.*) beautician, 9

**estinzione** (*f.*) extinction, 3

**estrarre** (*p.p.* **estratto**) to draw, to extract, 10

**estrazione** (*f.*) drawing, 10

**etto** hectogram (approx. one-quarter pound), 5

**evitare** to avoid, 4

**evolvere** (*p.p.* **evoluto**) to evolve, 6

**extracomunitario/ extracomunitaria** person from outside the European Community residing in an E.U. country, 8

## F

**fabbricare, fabbricarsi** to make, 6

**faccende domestiche** (*f. pl.*) household chores, 3

**fallo** foul, 10

**fan** (*m./f.*) fan, 4

**fango** mud, 8

**fantasma** (*m.*) ghost, 6

**fante** (*m.*) jack (*in cards*), 10

**farcela** to be able to do something, 5

**farcire** to stuff, to fill, 8

**farcito** stuffed, filled, 8

**fare beneficenza** to donate ,8

**fare concorrenza a** to compete with (in business), 1

**fare i segni** to signal, 10

**fare il bucato** to do laundry, 3

**fare impazzire** to drive someone crazy, 4

**fare la fila** to stand in line, 11

**fare la manutenzione auto** to do car maintenance, 3

**fare la parte di** to play the part of, 11

**fare le corna** to knock on wood, 6

**fare le spese** to go (non-grocery) shopping, 9

**farina** flour, 5

**farla da padrone** to dominate, 9

**farsi fare** to have something done, 9

**farsi fare un autografo** to get an autograph, 4

**farsi fare un vestito** to have a suit / dress made, 9

**fascia dell'ozono** ozone layer, 8

**fastidioso** annoying, 6

**fata** fairy, 6

**fattura** invoice, 12

**favola** fairy tale, 6

**fedele** faithful, 9

**femminista** (*n./adj. invar.*) feminist, 3

**ferro da stiro** iron, 3

**festeggiare** to celebrate, 6

**fetta** (*f.*) slice (*of bread, of watermelon, etc.*), 5

**fiaba** fairy tale, fable, 6

**fianco** hip, side, 7

**fibre naturali** (*f. pl.*) natural fibers, 9

**fibre sintetiche** (*f. pl.*) synthetic fibers, 9

**fiche** (*f. sing. & pl.*) poker chip(s), 10

**fidarsi** to trust someone, 3

**fiducia** trust, 1

**fila** (*f.*) line, 12

**filare** to spin, 10

**film a colori** (*m.*) color movie, 11

**film d'animazione** (*m.*) animated movie, 11

**film d'avventura** (*m.*) adventure movie, 11

**film d'azione** (*m.*) action movie, 11

**film dell'orrore** (*m.*) horror movie, 11

**film di fantascienza** (*m.*) science-fiction movie

**film giallo** (*m.*) mystery movie, 11

**film in bianco e nero** (*m.*) black and white movie, 11

**film poliziesco** (*m.*) detective movie, 11

**film romantico** (*m.*) romantic movie, 11

**film storico** (*m.*) historical movie, 11

**filo** string, 6
**fine settimana** (*m.*) weekend
**fingere** (*p.p.* **finto**) to pretend, 2
**fino a** until, 3
**fiori** clubs (*suit in cards*), 10
**firmare** to sign, 12
**fisarmonica** accordion, 4
**fischiare** to boo (literally, *to whistle*), 4
**flauto** flute, 4
**folklore** (*m.*) folklore, 6
**fondo** bottom, 3
**formaggiera** bowl for grated cheese, 5
**Formula 1** Formula One car racing, 10
**fornire** to supply, furnish, provide, 5
**fornitore/fornitrice** supplier, 1
**forzare** to force
**fotoreporter** (*m./f.*) news photographer, 2
**francobollo** stamp, 12
**frattura** fracture, 12
**freccia** arrow, 1
**fregare** to cheat, to take someone for a ride; to rub, 2
**fregarsene** not to care about
**frittelle** fritters, 6
**fritto** fried, 5
**frontiera** border, frontier
**frutti di mare** (*m. pl.*) seafood, 5
**fumetto** comic strip, 2
**fuochi artificiali** (*m. pl.*) fireworks, 6
**fuoco** fire, 8
**furto** theft

# G

**galleria** tunnel
**garanzia** (*n.*) guarantee, 5
**gemello** twin, 10
**genero** son-in-law, 3
**gesto** gesture, 6
**ginocchio** (*pl.* **le ginocchia**) knee, 3
**giocare d'azzardo** to gamble, 10
**giocatore/giocatrice** player, 10
**gioco da tavola** board game, 10
**gioco di società** board game, 10
**gioiello** jewel, 5
**giornale** newspaper, 2
**giornalista** (*m./f.*) journalist, 2
**giostra** (*f.*) merry-go-round, ride (at an amusement park), 6
**girare** to shoot (*a film*), 11

**gita** excursion, 8
**giudizio** judgment, 3
**giungere** (*p.p.* **giunto**) to arrive; to join, 6
**giuria** jury, panel, 11
**giurisprudenza** law, 7
**goccia** drop, 8
**godere** to enjoy, 1
**godersi** to enjoy, 1
**grassetto** bold (type), 12
**grattugiare** to grate, 5
**gravidanza** pregnancy
**grillo** cricket, 6
**gruppo** (*m.*) band, 4
**guanciale** (*m.*) pillow, 11
**guardaroba** (*m.*) wardrobe, 9
**guarire** to heal, 6
**guastare** to spoil, to damage, 1
**guastarsi** to break (down), 1
**gusto** flavor, 1

# I

**idromassaggio** hydromassage, 7
**imbarcare** to embark, 2
**immettere (dati)** (*p.p.* **immesso**) to upload (information), to input data, 7
**immigrante** (*m./f.*) immigrant, 12
**immigrato/immigrata** immigrant, 8
**immigrazione** (*f.*) immigration, 8
**impacco** compress, 6
**imparentato** related, 10
**impedire** to prevent, 5
**impegnarsi** to get involved, 8
**impegnativo** demanding, time-consuming, 8
**impegno** commitment, 3
**impegno sociale** social commitment, 8
**impiccare** to hang, 6
**impiegato/impiegata** clerk, 12
**imporre** (*p.p.* **imposto**) to impose, to inflict, 8
**importarsene** to care about something, 5
**impresario/a** entrepreneur
**(im)prestare** to lend, 10
**in assoluto** absolutely, 10
**In bocca al lupo! / Crepi il lupo!** Good luck! / Thank you! (lit. *In the mouth of the wolf! / May the wolf die!*), 6
**in cattive acque** in hot water, 3
**in fretta e furia** in a real hurry, 3

**in prestito** on loan, 10
**in seguito** following that, 3
**incarico** task, job, 3
**incarnito** ingrown, (figuratively: in the blood/genes) 10
**incartare** to wrap, 12
**incendio** fire, 8
**incentivo** incentive, stimulus, 8
**inconfondibile** unmistakable, 1
**incoraggiare** to encourage, 10
**incrocio** crossroad, intersection 9
**indagine** (*f.*) inquiry, investigation, 5
**indossare** to wear, to put on, 9
**indovinare** to guess, 7
**indumento** garment, 6
**infastidire** to annoy, 6
**infine** in conclusion, 2
**influsso** influence, 1
**informatica** computer science, 7
**inginocchiarsi** to kneel down, 10
**ingiustizia** injustice, 6
**ingoiare** to swallow, 5
**ingrassare** to gain weight, 5
**ingresso** entry, 7
**iniezione** (*f.*) injection, 12
**iniziativa** initiative, 8
**innamorarsi** to fall in love
**innamorato cotto** madly in love, 1
**innanzitutto** above all, 3
**innervosire** to get nervous, 7
**innervosirsi** to get nervous, 7
**inquinamento** pollution, smog, 8
**inquinare** to pollute, 8
**insaccati** sausages, salami, 5
**insensibilità** (*f.*) insensitivity, 4
**insieme a** together with, 3
**insieme con** together with, 3
**insolito** unusual, 3
**insomma** in short, in other words, 2
**intanto** meanwhile, 1
**intendersi** (*p.p.* **inteso**) to be an expert, 3
**interpretare** to play the part of, 11
**interprete** (*m./f.*) interpreter, 1
**interrompere** (*p.p.* **interrotto**) to interrupt, 7
**intervenire** to intervene, 8
**intervistare** to interview, 2
**intorno** around, 3
**intrattenimento** entertainment, 12
**invece di** rather than, instead of, 3
**investimento** investment, 6
**inviare** to send, 7

**inviato/a** correspondent, 2
**ipotizzare** to assume, 6
**irrigidirsi** to stiffen, 12
**iscriversi** (*p.p.* **iscritto**) to enroll
**ispirare** to inspire, 4
**italianizzato** Italianized, 1

## L

**lana** wool, 9
**lanciare** to throw, to fling, to launch, 7
**lattina** (aluminum) can, 8
**lavare i piatti** to wash the dishes, 3
**lavastoviglie** (*f.*) dishwasher, 3
**lavatrice** (*f.*) washer, 3
**lavoro a tempo pieno** full-time work, 3
**lavoro part-time** part-time work, 3
**lecito** lawful, permissible, 3
**legame** (*m.*) tie, connection, 1
**legno** wood, 6
**lenticchia** (*f.*) lentil, 6
**lessato** boiled (*added to cold water and brought to a boil*), 5
**lettore CD / mp3 / DVD** (*m.*) CD / mp3 / DVD player, 7
**levarsi** to take off (*one's clothes or shoes*), 9
**lino** linen, 9
**litigare** to fight (with somebody), to argue, 3
**lontano da** far from, 3
**lotta** fight, 3
**lotta partigiana** partisan struggle, 3
**lottare** to fight, 3
**Lotto** Italian national lottery, 10
**luce, acqua, gas, riscaldamento** utilities (*electricity, water, gas, heat*), 12
**lucertola** lizard, 12
**luci** (*f. pl.*) lights, 4
**luna di miele** honeymoon, 3
**luna park** (*m.*) amusement park, 6
**lungo** along, 3
**lungometraggio** feature-length movie, 11
**lusinghiero** flattering, 1

## M

**macedonia** fruit salad, 5
**maestoso** majestic, 7
**maestro/a** teacher, 2

**maiale** (*m.*) pork, 5
**mal di schiena** backache, 1
**malgrado** despite
**malinconico** melancholy, 1
**malocchio** evil eye, 6
**mancanza** lack, 5
**mancare** to miss; to be lacking, 5
**mandare in onda** to go on the air, 1
**mandolino** (*m.*) mandolin, 4
**manifesto** poster, 8
**mano** (*f.*) hand; hand of cards, 10
**manutenzione** maintenance
**manzo** beef, 5
**marca** brand name, 9
**marchio** mark, 9
**martedì grasso** fat Tuesday, Mardi Gras, 6
**maschera** mask; usher, 11
**maschilista** (*m.*) male chauvinist, 3
**masterizzare** to burn (a CD / DVD), 7
**mazziere** (*m.*) card dealer, 10
**mazzo di carte** deck of cards, 10
**medaglia** medal
**medicina** medicine, 12
**melanzana** eggplant, 9
**melodico** melodic, 4
**mensa** cafeteria, 2
**mensile** (*m.*) monthly publication, 2
**mercoledì delle Ceneri** Ash Wednesday, 6
**meritare** to deserve, 1
**merito** credit, 9
**mescolare** to mix, 6
**mescolarsi** to mix, 4
**metodo** method, 2
**mettere** to put, to place, 2
**mettersi** to put on (*clothing, makeup, shoes*), 9
**Mezzogiorno** the South of Italy, 3
**microfono** (*m.*) microphone, 4
**migliaia** (*f. pl.*) thousands
**migliaio** thousand, 2
**millesima** thousandth, 9
**minaccia** threat, 6
**minacciare** to threaten, 1
**minigonna** miniskirt, 9
**miscela** mixture, 1
**mischiare** to mix, to mingle, 10
**miscuglio** mix, 8
**misero** miserable, 1
**misura** size, 9
**mitigare** to mitigate, to appease, 8
**mito** myth, 3
**mitra** machine gun, 3

**mittente** (*m./f.*) sender, 12
**modificare** to modify, to change, 7
**modulare** to modulate, 9
**modulo** form (*to fill out*), 12
**mollare** to let go, 3
**mollica** soft part of bread, 5
**moltiplicare** to multiply, 2
**molto** many, much, 6
**monolocale** studio apartment, 12
**montagne russe** (*f. pl.*) roller coaster, 6
**morbido** soft (*used for food and other objects*), 5
**mordere** (*p.p.* **morso**) to bite, 6
**morto stecchito** stone dead, 1
**mostro** monster, 12
**motore di ricerca** (*m.*) search engine, 7
**motto pubblicitario / politico** (*m.*) slogan
**muovere** (*p.p.* **mosso**) to move (*an object*), 8
**musicale** (*adj.*) musical, 4
**musicista** (*m./f.*) musician, 4
**mutande** (*f. pl.*) underwear, 9
**mutare** to change, 8

## N

**nano/nana** dwarf, 6
**nascere** to be born, 2
**nascondere** (*p.p.* **nascosto**) to hide
**nastro trasportatore** conveyor belt, 2
**Natale** (*m.*) Christmas, 6
**natalizio** pertaining to Christmas, 5
**navigare su Internet** to surf the Internet, 7
**negare** to deny, 7
**nel caso che** in case, 9
**nessuno** no, no one, none, 6
**niente** nothing, 6
**noce moscata** (*f.*) nutmeg, 5
**noleggiare** to rent (*a car, video, etc.*), 1
**non poterne più** to be unable to put up with, 5
**nonostante** even though, 9
**notevolmente** notably, 7
**notizia d'apertura** lead story (*in a newspaper*), 2
**notiziario** (*m.*) newscast, 2
**notizie** (*f. pl.*) news, 2
**nozze** (*f. pl.*) wedding, nuptials
**nubile** (*f.*) single female; bachelorette

**nulla**  nothing, 6
**numero** (*m.*)  shoe size, 9
**numero verde** (*m.*)  800 number, 8
**nuotare**  to swim
**nuoto**  swimming, 10
**nutrire**  to feed, 7

# O

**occhiello**  subheading (*newspaper*), 2
**occorrere** (*p.p.* **occorso**)  to need, to take (*time*), 5
**occulto**  hidden, concealed, 10
**occuparsi di**  to be responsible for, 3; to address, to concern oneself with, 8
**occupato**  busy, 1
**odissea**  odyssey
**odore** (*m.*)  smell, odor, scent, 7
**offendere** (*p.p.* **offeso**)  to offend
**oggetto volante non identificato**  UFO
**ogni**  every
**ognuno/ognuna**  everyone
**ombra**  shadow, shade, 9
**omonimo**  having the same name, 3
**operatore/operatrice sociale** (*m.*)  social worker, 8
**opporre** (*p.p.* **opposto**)  to oppose, 3
**orecchino**  earring, 4
**organico**  workforce, 7
**orgoglio**  pride, 1
**ormoni** (*m. pl.*)  hormones, 5
**oroscopo** (*m.*)  horoscope, 6
**osare**  to dare
**ospite** (*m./f.*)  guest, 4
**ostaggio**  hostage, 2
**osteria**  inn, tavern, 5
**ostracismo**  ostracism, 8
**ostracizzare**  to ostracize, 8
**ottenere**  to obtain

# P

**pacco**  package, 12
**padrone/padrona di casa** (*m.*)  landlord/landlady, 12
**palco**  box seat, 9
**palcoscenico**  stage, 4
**pallacanestro** (*f.*)  basketball, 10
**pallanuoto** (*f.*)  waterpolo, 10
**pallavolo** (*f.*)  volleyball, 10
**pancia**  stomach, belly, 9
**pandoro**  traditional Christmas cake, 6

**panettone**  traditional Christmas cake, 6
**panineria** (*f.*)  sandwich shop, 1
**paninoteca**  sandwich shop, 1
**pannelli solari** (*m. pl.*)  solar panels, 8
**pantaloncini** (*m. pl.*)  shorts, 9
**papillon** (*m.*)  bowtie, 9
**paradello**  oar, 3
**paragonare**  to compare, 9
**parecchio**  some, several, quite a few, 6
**pareggio** (*m.*)  tie / draw, 10
**parere** (*m.*)  opinion, 4
**parere** (*p.p.* **parso**)  to seem, to appear, 3
**pari opportunità** (*f. sing. or pl.*)  equal opportunity/ies, 3
**parità**  equality, 3
**parrocchia**  parish, 10
**parrucchiere/parrucchiera**  hairdresser, 9
**partigiano** (*n. or adj.*)  partisan, 3
**partita**  game, 10
**Pasqua**  Easter, 6
**passatempo**  hobby, 10
**passeggiare**  to take a walk
**passerella**  runway (*for modeling*), catwalk, 9
**pastiglia**  pill, 12
**patito**  wan, sickly, 7
**patrono/patrona**  patron, 6
**pazzesco**  mad, insane, 2
**pazzo da legare**  totally crazy, 1
**peggiorare**  to worsen; to make worse, 2
**pelle** (*f.*)  leather (*clothing, purse*), 9
**pelliccia**  fur coat, 9
**pellicola cinematografica** (*f.*)  film
**pena** (*f.*)  punishment, sentence, 8
**pena di morte**  death penalty, 8
**pensionato/pensionata**  retired person, 7
**pentirsi**  to regret, to be sorry, 8
**pentola**  pot, 4
**per questo**  for this (*reason*), 3
**peraltro**  moreover, 5
**percepire**  to perceive, 7
**perché**  so that, 8
**perdere** (*p.p.* **perso**)  to lose, 10
**peregrinazione** (*f.*)  wandering, roaming, 12
**perfino**  even, 1
**periodico** (*m.*)  newspaper / magazine, 2

**permesso di lavoro**  work permit, 12
**permesso di soggiorno**  residency permit, 12
**pesante**  heavy, 2
**pescare una carta**  to draw a card, 10
**pescatore** (*m.*)  fisherman, 8
**pettegolezzo**  gossip
**pettinare**  to comb, 6
**pezzo**  piece, 3
**piacere**  to be pleasing, to please; to like, 5
**piangere** (*p.p.* **pianto**)  to cry
**pianoforte** (*m.*)  piano, 4
**picche** (*f. pl.*)  spades (*suit in cards*), 10
**picchiare**  to hit, to strike, 2
**piegare**  to fold, 3
**piemontese** (*adj. or n.*)  person from Piedmont, 2
**pieno zeppo**  jam-packed, 1
**pietà**  pity, mercy, 8
**pigiama** (*m. sing.*)  pajamas, 9
**pignolo**  picky, fastidious, 4
**pila**  battery, 8
**piste** (*f. pl.*)  runways, (train) tracks
**piuttosto**  rather, 2
**pizza al taglio** (*f.*)  pizza by the slice, 1
**pizzicare**  to pinch, 4
**pizzico**  pinch, 5
**poco**  few, little, 6
**poggiarsi**  to lean, 10
**poi**  then, next, 3
**poiché**  since, 8
**poliestere** (*m.*)  polyester, 9
**polmonite** (*f.*)  pneumonia, 12
**poltrona**  easy chair, armchair
**polvere** (*f.*)  dust, powder, 5
**pomata**  ointment, 12
**porre** (*p.p.* **posto**)  to establish, to set, 1
**portafoglio**  wallet, 12
**portamento**  modeling, 9
**portare**  to wear, 9
**portare fortuna**  to bring luck, 6
**portare sfortuna**  to bring bad luck, 6
**portatile** (*m.*)  laptop computer, 7
**portatore/portatrice di handicap** (*m.*)  handicapped person, 8
**portiere** (*m.*)  doorman, porter, 2
**posate** (*f. pl.*)  silverware, 5
**possedere**  to possess, 6

**posta aerea** air mail, 12
**posta elettronica** email, 1
**postino** postman, 12
**potenza** power, 7
**potenziamento** strengthening, 8
**povero in canna** dirt poor, 1
**pranzare** to have lunch, 5
**pregio** quality, 2
**premere** to press (*key or button*), 7
**premio** (*m.*) prize, 10
**prendere spunto** to take as a starting point, 10
**prendersi cura di** (*p.p.* **preso**) to take care of, 3
**prendersela** to get angry, 4
**prenotare** to reserve, 2
**prenotazione** (*f.*) reservation, 12
**presenza (al film)** viewer, presence, 11
**preside** (*m./f.*) principal, 9
**presso** at, in care of, for, 3
**presumere** (*p.p.* **presunto**) to presume, 7
**prete** (*m.*) priest, 7
**pretendere** (*p.p.* **preteso**) to demand, 8
**previsione** (*f.*) forecast, 8
**prima** first, 3
**prima che** before, 9
**prima classe** (*f.*) first class, 12
**prima di** before, 3
**prima di + *infinito*** before -*ing*, 3
**prima mano** opening hand (*in cards*), 10
**primo (piatto)** first course, 5
**procurare** to obtain, 8
**prodotto usa-e-getta** disposable product, 8
**produrre** (*p.p.* **prodotto**) to produce, 6
**produttore/produttrice cinematografico/a** filmmaker, producer, 11
**profugo/a** refugee, 8
**programma** (*m.*) program, 2
**promettere** (*p.p.* **promesso**) to promise
**promuovere** (*p.p.* **promosso**) to promote, 3
**pronto soccorso** (*m.*) emergency room, 12
**proporre** (*p.p.* **proposto**) to propose, 6
**proposito** purpose, intention, aim
**proseguire** to pursue

**proteggere** (*p.p.* **protetto**) to protect, 8
**protezione** (*f.*) protection, 8
**protezione dell'ambiente** environmental protection, 8
**provare** to try
**prove** (*f.*) rehearsal, 4
**proveniente** coming from, 4
**pubblicità** (*f.*) publicity, 1
**pubblico** (*m.*) audience, 4
**pulsante** (*m.*) key (*on a keyboard*), 7
**pungere** (*p.p.* **punto**) to sting, 6
**puntata** episode, 11
**punteggio** score, 10
**punti** (*m. pl.*) stitches, 12
**purché** provided that, 9
**purtroppo** unfortunately, 2
**puzza** stink, 12
**puzzare** to stink, 3

# Q

**quadri** (*m. pl.*) diamonds (*suit in cards*), 10
**qualche** some, 6
**qualcosa** something, 6
**qualcuno** someone, some, 6
**qualsiasi** any, 6; whatever, whichever, 9
**qualunque** any, 6
**quantunque** although, 9
**quarantenne** (*m./f.*) person in his/ her forties, 2
**Quaresima** Lent, 6
**questura** police station, Headquarters, 12
**quindi** therefore, then, 3
**quinte** (*f. pl.*) scenes
**quotidiano** daily newspaper, 2

# R

**raccogliere** (*p.p.* **raccolto**) to gather, to collect
**raccolta** collection, 11
**raccontare** to tell (a story), to narrate, 6
**radersi** (*p.p.* **raso**) to shave (oneself)
**radunarsi** to gather, 10
**ragazza madre** young unwed mother with primary care of children, 3
**ragazzo padre** young unwed father with primary care of children, 3

**raggio** ray, 9
**raggiungere** (*p.p.* **raggiunto**) to reach, 10
**ragioneria** accounting, 12
**ragno** spider, 4
**rallegrare** to make glad, 8
**rallegrarsi** to be happy, 8
**rapporto** relationship, 3
**rassicurare** to reassure, 5
**ravvicinare** to bring closer, 1
**razza** race, 8
**re** (*m.*) king, 10
**reagire** to react, 2
**recuperare** to recover, 3
**recupero** recovery, rescue, 8
**redattore/redattrice capo** editor-in-chief, 2
**redattore/redattrice** member of editorial staff, 2
**redazione** (*f.*) editorial office; editing, 2
**reddito** income, 8
**reggere** (*p.p.* **retto**) to support, 8
**regina** queen, 10
**regista** (*m./f.*) film director, 11
**reinserimento** (*m.*) reintegration (*in society after rehab*), 8
**reinserire** reinsert, reinstate, reintegrate, 8
**rendere** (*p.p.* **reso**) to give back; to produce, to result in
**restare** to remain, to be left, 5
**restituire** to return, to give back, 4
**rete** (*f.*) channel, network, 2
**rete (virtuale)** Internet, the Web, 7
**retrocessione** (*f.*) downfall, demotion, relegation 10
**riassumere** (*p.p.* **riassunto**) to summarize, 2
**ribellarsi** to rebel, 3
**ricamare** to embroider, 9
**ricamato** embroidered, 9
**ricavare** to extract, to draw, 5
**ricco sfondato** filthy rich, 1
**ricetta** prescription, 12
**richiedere** (*p.p.* **richiesto**) to require, 8
**richiesta** request, 2; requirement, 8
**riciclaggio** recycling, 8
**riconoscere** (*p.p.* **riconosciuto**) to recognize
**ricorrenza** (*f.*) yearly festivity, 6
**ricorrere** (*p.p.* **ricorso**) to apply, to resort, 9
**ricoverato** hospitalized, 8
**ricovero** hospitalization, 12

**ridere** (*p.p.* **riso**) to laugh
**ridurre** (*p.p.* **ridotto**) to reduce, 6
**riferimento** reference, 4
**rifiutare** to refuse, to reject, 3
**rifiuti** (*m. pl.*) garbage, 8
**rifornimento** replenishment, 8
**rifugio** (*m.*) animal shelter, 8
**rigore** (*m.*) penalty shot, 10
**riguardo a** with regard to, 3
**rilasciare** to release, 7
**rimandare** to postpone, 10
**rimanere** (*p.p.* **rimasto**) to stay, 6
**rimozione** (*f.*) removal, 12
**rimpiangere** (*p.p.* **rimpianto**) to regret, 6
**rimpianto** regret
**rimprovero** reprimand, 12
**rinascimentale** (*adj.*) of (pertaining to) the Renaissance, 7
**rincasare** to return home, 2
**ringiovanito** rejuvenated, 9
**ringraziare** to thank, 9
**rinunciare** to renounce
**rinviare** to postpone, 4
**riparare** to repair, 7
**ripieno** (*adj.*) stuffed; (*n. m.*) stuffing, 5
**riportare** to take; to achieve; to report, 2
**ripresa** reconstruction, resumption, 9; shot (*film*), 11
**ripulirsi** to clean oneself (*in this case to remove hair*), 9
**risalire** to go up again, 9
**risanamento** recovery, 8
**rischio** risk, 5
**riscontrare** to verify, 2
**risorsa** resource, 8
**risparmiare** to save, 9
**rispecchiare** to reflect, 2
**rispetto** respect, 3
**ristampa** reprint, 11
**ritenere** to believe; to retain, 8
**ritmo** rhythm, 4
**ritornello** refrain, chorus (*in a song*), 4
**ritratto** portrait, 2
**ritrovarsi** to find oneself again (*in a place or condition*)
**riunione** (*f.*) meeting
**riuscire** to succeed
**rivista** magazine, 2
**rivolta** revolt, 2
**romanzo** novel
**rossetto** lipstick, 9
**rottura** breakup, 3

**routine** (*f.*) routine, 3
**rovinare** to ruin, 1
**rubare** to steal, 2
**rugby** (*m.*) rugby, 10
**rumore** (*m.*) noise, 6
**ruolo** role, 3

## S

**saggezza** wisdom, 10
**saggio** essay, 1; wise
**sagra** (*f.*) festival, 6
**sala d'aspetto** waiting room, 12
**saldo** sale, 9
**salire** to climb; to board, to get on, 2
**salsa** sauce, 5
**saltimbanco** acrobat, 6
**salumi** (*m. pl.*) cold cuts, 5
**salvare** to save, 7
**salvo** except, 3
**Santo Patrono/Santa Patrona** Patron Saint, 6
**sardo** (*adj. and n.*) from Sardegna, 8
**sarto/a** tailor, 9
**sassofono** saxophone, 4
**sbadigliare** to yawn, 2
**scacchi** (*m. pl.*) chess, 10
**scacciare** to drive away, 6; to download, 7
**scadenza** due date, deadline, 12
**scaduto** expired, 5
**scambio culturale** cultural exchange, 1
**scanner** (*m.*) scanner, 7
**scannerizzare** to scan, 7
**scapolo** (*m.*) single man, bachelor
**scappare** to escape, 6
**scaramantico** superstitious, 6
**scaramanzia** superstitious practice, 6
**scaricare** to download, 7; to upload, to dump, 8
**scartare una carta** to discard (*in a card game*), 10
**scatenare** to stir up, 12
**scattare una foto** to take a photo, 2
**scegliere** (*p.p.* **scelto**) to choose
**scena** scene, 11
**scendere** (*p.p.* **sceso**) to descend; to get off, 2
**sceneggiatore/sceneggiatrice** (*m.*) screenwriter, 11
**scenografo/a** set designer, 1
**schermo** (movie) screen, 7
**scherzare** to joke, 11
**scherzosamente** jokingly, 1

**schiaffetto** little slap, 10
**schiavitù** (*f.*) slavery, 4
**sci** ski, 10
**sciare** to ski
**sciarpa** scarf, 9
**scioccare** to shock, 2
**sciogliersi** (*p.p.* **sciolto**) to loosen, 8
**sciogliersi** to loosen
**sciopero** (*m.*) strike, 2
**sciroppo** medicinal syrup, 12
**scivolare** to slide, 2
**scommettere** (*p.p.* **scommesso**) to bet, 10
**scomparire** (*p.p.* **scomparso**) to disappear, 5
**sconfiggere** to defeat, 10
**sconfitta** (*f.*) defeat, 10
**scongiurare** to ward off bad luck, 6
**scongiuro** superstitious practice, 6
**sconto** discount, 9
**scontrarsi** to clash, 12
**scontro** encounter, 7
**sconvolgere** (*p.p.* **sconvolto**) to upset, to disturb, 10
**sconvolto** upset, 10
**scoprire** (*p.p.* **scoperto**) to discover, 8
**scorrere** (*p.p.* **scorso**) to scroll, 3
**scorrevole** flowing, 3
**scrivere al computer** (*p.p.* **scritto**) to type on a computer, 7
**scuotere** (*p.p.* **scosso**) to shake, 11
**sdraiarsi** to lie down, 12
**sebbene** even though, 9
**seconda classe** (*f.*) second class, 12
**secondo (piatto)** second course, 5
**segnalino** marker, game piece, 10
**segnare un gol** to make a goal, 10
**seme** (*m.*) suit (*of cards*), 10
**sempre meno** less and less, 1
**sempre più** more and more, 1
**senonché** unless, 9
**sentirsi a disagio** to be uncomfortable, 1
**sentirsi a proprio agio** to feel at ease, 8
**sentirsi a proprio agio** to be at ease, 1
**senza che** without, 9
**senzatetto** (*m./f.*) homeless person / people, 8
**separarsi** to separate, 3
**serratura** lock, 6
**servire** to be useful, to need, 5
**seta** silk, 9

**settimanale** (*m.*) weekly magazine or newspaper, 2

**sfilata** parade, 6; fashion show, 9

**sfiorare** to get close to, 1; to touch lightly, to brush against

**sfoggiare** to show off, 7

**sfogliare** to leaf through, 2

**sfottere** to tease, 12

**sfruttamento** exploitation, use, 5

**sfruttare** to make use of, 1; to take advantage of, to exploit, 7

**sguardo** look, glance, 11

**siccome** since, 3

**sigla** acronym (e.g., ASUC *Associazione Uomini Casalinghi*), 3

**sintomo** symptom, 6

**sistemarsi** to settle, 12

**sito** site, 7

**smettere** to stop, 5

**smoking** (*m.*) tuxedo, 9

**smontare** to take apart, 11

**sms** text messaging, 7

**soffiare** to blow, 8

**soffice** soft (*not used for food*), 5

**soffio** breath, whiff, 1

**soffrire** (*p.p.* **sofferto**) to suffer, 3

**soia** soy, 6

**soldatessa** (*f.*) soldier, 3

**soldato** (*m.*) soldier, 3

**solidarietà** solidarity, 8

**solito** usual, 2

**solitudine** (*f.*) solitude, 4

**sollecitazione** (*f.*) solicitation, 9

**solleticare** to tickle, 4

**sollevare** to lift, 3

**sondaggio** survey, 6

**sopra (di)** above, 3

**soprannaturale** supernatural, 6

**sopruso** (*m.*) imposition, injustice, 3

**sorgere** (*p.p.* **sorto**) to rise, 4

**sorpassare** to bypass, 9

**sorpassato** outdated, 9

**sorte** (*f.*) luck, fortune

**sostenere** to sustain, 7

**sottolineare** to underline; to emphasize

**sottoscritto/a** undersigned, 8

**sottotitoli** (*m. pl.*) subtitles, 11

**sovraffollato** overcrowded, 8

**sovrappopolamento** overpopulation, 8

**spade** (*f. pl.*) spades (*suit in cards*), 10

**sparare** to shoot, 3

**sparecchiare** to clear the table, 5

**sparire** to disappear, 7

**spartito** (musical) score, 4

**spaventare** to scare, 2

**specificare** to specify, 7

**spegnere** (*p.p.* **spento**) to turn off, to extinguish, 6

**spendere** (*p.p.* **speso**) to spend (*money*), 7

**spettacolo** (*m.*) show, 4

**spettatore/spettatrice** spectator, 10

**spettatori** (*m. pl.*) audience, 4

**spezzare** to break, 12

**spezzone** (*m.*) film strip, 11

**spicchio** clove (*as of garlic*), segment (*of citrus*), 5

**spiedino** food cooked on a skewer, 5

**spingere** (*p.p.* **spinto**) to push, 6

**spintone** (*m.*) big push, 2

**spogliarsi** to undress, 9

**spogliatoio** dressing room, 9

**sportello** window (*for service*), 12

**sposarsi** to marry

**spostamento** move, shift, 12

**spostare** to move, 4

**spostarsi** to move, 10

**sprecare** to waste, 8

**spuntare** to sprout, to give rise to, 10

**spuntino** snack, 5

**spunto** cue, hint

**squadra del cuore** favorite team, 10

**squilibrato** unbalanced, 12

**squillare** to ring (*phone, buzzer*), 7

**staccare** to take off, to remove, 2

**stadio** stadium, 4

**stage** (*m.*) internship, 12

**stagionale** seasonal, 6

**stampante** (*f.*) printer, 7

**stampare** to print, 7

**stanco morto** dead tired, 1

**starnutire** to sneeze, 2

**stemma** coat of arms, 6

**stendere** (*p.p.* **steso**) to hang

**stereo** (*m.*) stereo system, 4

**stereotipo** (*m.*) stereotype, 1

**stilista** (*m./f.*) fashion designer, 9

**stipendio** (*m.*) salary, wages, 3

**stirare** to iron, 3

**stivale** boot, 9

**stoffa** material, fabric, 9

**stracciare** to tear, to rip, 1

**straniero** foreign, 1

**straniero/a** (*n.*) foreigner

**straripamento** overflowing, 8

**stregare** to bewitch, 6

**striscia** comic strip, 11

**stupire** to astonish, 9

**su misura** made to order, 9

**subire** to undergo, to sustain, 10

**succedere** (*p.p.* **successo**) to happen, 5

**succhiare** to suck, 12

**sudare** to sweat, 4

**sughero** cork, 5

**sugo** sauce (*for pasta*), 5

**suono** sound, 4

**superare** to pass, to overtake

**supplemento rapido** supplemental fare (*for a fast train*), 12

**supporre** (*p.p.* **supposto**) to suppose, 8

**surgelato** frozen, 5

**sussurrare** to whisper, 3

**svago** diversion, amusement, 10

**svanire** to vanish, to disappear, 11

**sviluppare** to develop, 2

**svolgere** (*p.p.* **svolto**) to develop

**svolgersi** (*p.p.* **svolto**) to unfold, to develop (*a situation*)

**svuotarsi** to empty, 3

## T

**tacco** heel, 9

**taglia** size, 9

**tagliare** to cut, 11

**tagliare l'erba** to mow the lawn, 3

**tailleur** (*m.*) woman's suit, 9

**talismano** talisman, 6

**tamburellare** to tap, to drum (*fingers*), 11

**tamburello** (*m.*) tambourine, 4

**tanto** so much, so many, 6

**tanto… quanto** as … as, 1

**tarocchi** (*m. pl.*) tarot cards, 10

**tasca** pocket, 6

**tastiera** keyboard, 4

**tasto** key, 7

**tavola calda** (*f.*) café, 5

**tecnologia avanzata** (*f.*) hi-tech

**telefonino, (telefono) cellulare** cell phone, 7

**telegiornale** (*m.*) television news, newscast, 2

**tempo** (*m.*) period, 10

**tenebre** (*f. pl.*) darkness, 2

**tenerci** to attach importance to, 5

**tenersi** to keep, to hold, 1

**tenersi aggiornato** to keep oneself up-to-date, 2

**tennis** (*m.*) tennis, 10
**tentare** to try, 5
**terrone/terrona** southerner (*derogatory*), 4
**teso** tense, tight, 10
**testardo** stubborn, 1
**testata** masthead, 2
**testo** lyrics, 4
**tifare, fare il tifo** to be a sport's fan
**tifo** (*wild*) support, enthusiasm, 2
**tingere** (*p.p.* **tinto**) to dye, 9
**tinta** dye, 9
**titolo** headline, 2
**toccare ferro** to knock on wood (literally, *to touch iron*), 6
**tocco** touch, 9
**togliere** (*p.p.* **tolto**) to take away, to remove
**togliersi** (*p.p.* **tolto**) to take off (*clothes*), 9
**tombola** Italian bingo, 10
**torace** (*m.*) chest, thorax, 9
**torbido** turbid, 3
**torneo** (*m.*) tournament, 10
**torrone** (*m.*) traditional Christmas nougat candy, 6
**tossicodipendente** (*m./f.*) drug addict, 8
**traccia** guideline, 1
**traditore/traditrice** traitor, 12
**tradurre** (*p.p.* **tradotto**) to translate, 6
**trafittura** stabbing, piercing, 6
**trailer** (*m.*) (movie) trailer, 11
**trama** plot, 1
**tramandare** to pass down, to transmit, 6
**tranne** except, 3
**trascorrere** (*p.p.* **trascorso**) to pass; to spend, 2
**trascurarsi** to neglect oneself, 12
**trasloco** relocation, move, 6
**trasmissione** (*f.*) program, 2
**trasparire** to appear through, 7
**trattarsi** to treat oneself, 3
**tratto: ad un tratto** all of a sudden, 3
**trattoria** (*f.*) family-style restaurant, 5
**tremare** to tremble, to shake, 6

**tritare** to mince, 5
**tromba** trumpet, 4
**troppo** too much, too many, 6
**trottola** spinning top, 4
**truccarsi** to put on makeup, 9
**trucco** makeup, 1
**truffa** fraud, swindle, 5
**tulipano** tulip, 3
**tutto** all, whole, every, 6

## U

**ubriaco fradicio** dead drunk, 1
**uccidere** (*p.p.* **ucciso**) to kill
**udire** to hear, 3
**ufficio di collocamento** employment office, 12
**uguaglianza** equality, 3
**uovo di Pasqua** (*pl.* **le uova**) chocolate Easter egg(s), 6
**urlare** to yell, to cry out, 11
**usa e getta** disposable (*products*), 7
**usanza** (*f.*) custom, 6
**usare Twitter** to use Twitter, 7
**usi** (*m. pl.*) customs, 6

## V

**vaccinazione** (*f.*) vaccination, 12
**vaglia postale** (*m.*) money order, 12
**valere** (*p.p.* **valso**) to value, 7
**valerne la pena** to be worth it, 5
**valutare** to evaluate, to value, 4
**varcare** to cross, to pass, 9
**vario** various, different, 6
**vasca idromassaggio** whirlpool bath, 7
**vederci** (*p.p.* **visto**) to be able to see something, 5
**vegano/a** vegan, 5
**vegetaliano/a** vegan, 5
**vegetariano/a** vegetarian, 5
**veleno** poison, 8
**velluto** velvet, 9
**vergognarsi** to be ashamed of oneself, 3
**verso** toward, 3
**vestirsi** to get dressed, 9

**vestito** suit (*men's and women's*), dress, 9
**vestito da sera** evening gown, 9
**vicenda** business, 2
**vicino a** close to, 3
**video musicale** (*m.*) music videoclip, 4
**(video)cassetta** (*f.*) videotape, 11
**videogioco** videogame, computer game, 10
**videoregistratore** (*m.*) video (VHS) machine, 11
**videoteca** video store, 11
**vietare** to prohibit, 8
**vietato** prohibited, 5
**vigile** (traffic) policeman, 3
**vigilessa** (traffic) policewoman, 3
**vignetta** cartoon, 2
**vincere** (*p.p.* **vinto**) to win, 10
**vincita** win; winnings, 2
**violino** violin, 4
**violoncello** cello, 4
**virus** (*m.*) virus, 7
**visto** visa, 12
**vitello** veal, 5
**vitellone** (*m.*) self-indulgent young man, 3
**vittoria** (*f.*) victory, 10
**volantino** (*m.*) flyer, 4
**voler bene a** to be fond of, to love, 3
**volerci** to take (*impersonal construction*), 1
**volgere** (*p.p.* **volto**) to transform, 5
**volontà** will, willpower, 9
**volontariato** volunteer work, 8
**volontario/a** volunteer, 8
**volpe** (*f.*) fox, 6
**voluttuario** luxury, 7

## W

**western** (*m.*) western (movie), 11

## Z

**zitto** quiet

# Index

## A

**a**
  contractions with, 79
  idiomatic expressions with, 82
  replaced by **ci,** 145–146
  simple preposition, 79
  uses, 79
  verbs followed by, 82
  with **casa** and **lezione,** 82
  with geographical names, 81
  with time expressions, 81

absolute superlatives, 17–18
  of **bene, male, poco, molto,** 21
  of **buono, cattivo, grande, piccolo,** 20

**accedere**
  condizionale passato, 215
    Appendix D, R6

**accendere**
  condizionale presente, 212
  participio passato, 48;
    Appendix D, R6
  passato remoto, 180;
    Appendix E, R7

**accogliere;** *see* Appendix E, R7

**accorgersi**
  participio passato, 48
  passato remoto, 180

adjectives
  comparative, 11–13, 266
  demonstrative, 68
  formation, 68
  indefinite, 185–188
  interrogative, 106
  possessive, 234
  restrictive, 257
  superlative, 16–18, 257, 268
  in direct or indirect discourse, 338–341
  of place (**ci**), 145
  with **ne**, 149

adverbs
  interrogative, 106
  negative, 136

**affiggere**
  participio passato, Appendix D, R6
  passato remoto, Appendix E, R7

**affinché**
  followed by congiuntivo in subordinate clause, 256–257
  replaced by **per** *infinitive*, 256–257

**aggiungere**
  participio passato, 48;
    Appendix D, R6

agreement of past participle
  with impersonal construction **si,** 316
  with **ne,** 149
  with object pronouns, 115, 118, 374
  with reflexive pronouns, 116

**alcuni/-e**
  as indefinite, 187
  as partitive, 149

**altro/-i**
  as indefinite, 187

**ancora**
  with trapassato prossimo, 76

**andare;** *see* also Appendix C, R5; Appendix E, R7
  as auxiliary in passive voice, 311
  condizionale presente, 212
  congiuntivo presente, 244
  futuro semplice, 207
  imperativo, 122
  passato prossimo, 48
  with **ci,** 145

**apparire**
  congiuntivo presente, 245
  participio passato, Appendix D, R6
  passato remoto, 180

**appena (non)**
  with futuro anteriore, 210
  with futuro semplice in dependent clauses, 208
  with trapassato prossimo, 76
  with trapassato remoto, 184

**appendere**
  participio passato, Appendix D, R6

**apprendere;** *see* also Appendix E, R7
  participio passato, Appendix D, R6

**aprire**
  participio passato, 49;
    Appendix D, R6

**-are** verbs (first-conjugation verbs);
  *see* Appendix B, R3–R4

articles, 4
  definite, 4
  indefinite, 4

**assumere**
  participio passato, Appendix D, R6
  passato remoto, Appendix E, R7

**attendere**
  participio passato, Appendix D, R6

**avere;** *see also* Appendixes A–E, R2–R5
  as auxiliary, 48–52
  condizionale presente, 212
  congiuntivo presente, 245
  futuro semplice, 207
  imperativo, 122
  imperfetto, 55
  passato prossimo, 48
  passato remoto, 179
  with **ci,** 147
  with elision of direct-object pronouns, 115
  with reflexive verbs, 50–51
  with verbs of movement, 50–51

## B

**bastare;** *see also* Appendix C, R5
  similar to **piacere,** 155–156

**bene**
  comparative and superlative, 21, 268

**bere;** *see also* Appendix E, R7
  congiuntivo imperfetto, 250
  congiuntivo presente, 244
  futuro semplice, 207
  gerundio, 24
  imperfetto, 55
  participio passato, Appendix D, R6
  passato remoto, 180

**buono**
  comparative and superlative, 20, 268

## C

**cadere;** *see also* Appendix C, R5; Appendix E, R7
  condizionale presente, 212
  futuro semplice, 207
  passato remoto, 180

simple preposition, 79
uses, 86–87

**perché**
with congiuntivo vs. indicativo,
256–257
with trapassato prossimo, 76

**perdere**
participio passato, Appendix D, R6
with **lasciar(e),** 282

**periodo ipotetico con se;** *see*
hypothetical constructions

**permettere;** *see also*
Appendix E, R9
participio passato,
Appendix D, R6

**persuadere**
participio passato,
Appendix D, R6

**piacere;** *see also* Appendix C, R5;
Appendix E, R9
constructions with, 155
formation, 154
in compound tenses, 155
other similar verbs, 155–156
passato remoto, 180
presente, 154
uses, 154–156
with **ne,** 156

**piangere**
participio passato, 49
passato remoto, 180

**piccolo**
comparative and superlative, 20

**piovere**
with auxiliary **essere** or **avere,** 51

**più**
superlative, 16
with **sempre,** 22

**più... che,** 12

**più... di,** 11–12

pluperfect indicative tense; *see*
trapassato prossimo, trapassato
remoto

**poco**
comparative and superlative, 21
to express partitive, 149

**poco/-chi**
as indefinite, 187

**poiché**
with trapassato prossimo, 76

**porre;** *see also* Appendix E, R9
gerundio, 24
participio passato,
Appendix D, R6

possession, expressing
in comparisons, 12
in direct or indirect discourse,
339–340
with **cui,** 218
with **di,** 80

**potere;** *see also* Appendix E, R9
condizionale presente, 212, 213
congiuntivo presente, 244
conjugated with **essere** or **avere,** 52
futuro semplice, 207
passato prossimo, 52
with **ne,** 151
with reflexive verbs, 316

**preferire**
passato prossimo, 52

**prendere**
participio passato,
Appendix D, R6
passato remoto, 180;
Appendix E, R10

prepositions; *see* preposizioni

preposizioni
compound, 90
contracted, 79
**in** vs. **a,** 81, 84
simple, 79–87, 91
uses, 79–87

present conditional tense; *see*
condizionale presente

present indicative tense; *see* presente

present perfect tense; *see* passato
prossimo

present subjunctive tense; *see*
congiuntivo presente

presente (present indicative tense)
direct vs. indirect discourse, 336
of irregular verbs, 40; *see*
Appendix E, R7–R12
of regular verbs; *see*
Appendix B, R3

preterit tense; *see* passato remoto

**prevedere;** *see also* Appendix E, R10
participio passato,
Appendix D, R6

**prima**
with **che** congiuntivo, 256

with **di** *infinitive,* 256

**produrre**
gerundio, 24
imperfetto, 55
passato remoto, 181

progressivo, 24

**promettere;** *see also*
Appendix E, R10
participio passato,
Appendix D, R6

**promuovere;** *see also*
Appendix E, R10
participio passato,
Appendix D, R6

pronomi combinati; *see* double
object pronouns

pronouns
agreement of past participle, 114,
117, 118, 374
combined/double-object,
117–118, 358
direct-object, 114–118, 358
elision, 115
indefinite, 185–188
indirect-object, 117–118, 358
interrogative, 106
neutral invariable **lo,** 116
reflexive, 118, 340–341
relative, 217–218
with direct or indirect discourse,
338–340
with **ecco,** 115
with **fare** and **lasciare** in causative
constructions, 281–283
with gerundio, 376–377
with imperativo, 122–123
with impersonal constructions
with **si,** 315–316
with infinito, 371
with **si passivante,** 313–314

**proporre**
gerundio, 24
participio passato,
Appendix D, R6

**prossimo**
with futuro semplice *time
expression,* 207

**proteggere**
participio passato,
Appendix D, R6

**provare**
with **ci,** 146